# 北印会计硕士
# 案例研究

李治堂　张　颖　主编

BEIYIN KUAIJI SHUOSHI
ANLI YANJIU

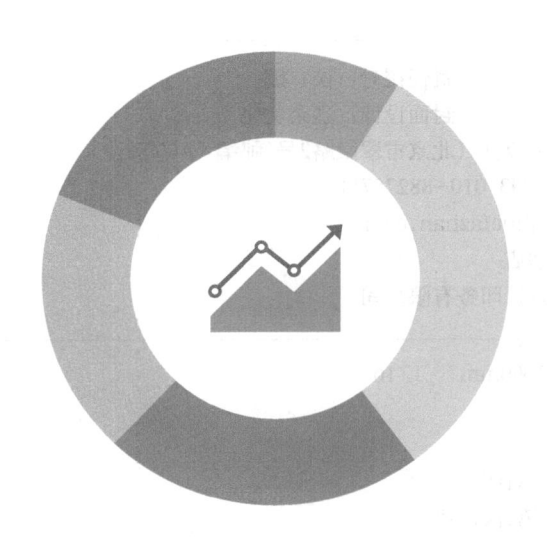

文化发展出版社
Cultural Development Press

·北京·

## 图书在版编目（CIP）数据

北印会计硕士案例研究 / 李治堂，张颖主编．
北京：文化发展出版社，2025.5．— ISBN 978-7-5142-4661-2

Ⅰ．F230-53

中国国家版本馆CIP数据核字第2025FS8803号

## 北印会计硕士案例研究

李治堂　张　颖　主编

| 责任编辑：杨　琪 | 责任校对：侯　娜 |
|---|---|
| 责任印制：邓辉明 | 封面设计：嘉朵文化 |

出版发行：文化发展出版社（北京市翠微路2号 邮编：100036）
发行电话：010-88275993　010-88275711
网　　址：www.wenhuafazhan.com
经　　销：全国新华书店
印　　刷：中煤（北京）印务有限公司

开　本：710mm×1000mm　1/16
字　数：433千字
印　张：23.5
版　次：2025年5月第1版
印　次：2025年5月第1次印刷

定　价：128.00元
ＩＳＢＮ：978-7-5142-4661-2

◆ 如有印装质量问题，请与我社印制部联系　电话：010-88275720

# 目录
## CONTENTS

一 ESG 表现对乳制品企业绩效的影响研究
　　——以伊利集团为例（杨成哲　刘硕）/ 001

二 大华会计师事务所对金通灵审计失败研究（殷焱莹　刘硕）/ 010

三 ESG 对企业财务绩效的影响研究
　　——以比亚迪为例（于甜甜　蔡春霞）/ 017

四 上市公司财务造假案例研究
　　——以泽达易盛为例（张洪婧　李治堂　杨春）/ 024

五 贵州茅台高派现股利政策的动因及对策研究（张沛文　蔡春霞）/ 031

六 上市公司财务舞弊问题探讨——以康得新为例（张一帆　秦必瑜）/ 039

七 *ST 美尚强制退市分析与启示（甄路豪　关晓兰）/ 046

八 内部控制有效性与财务报告可靠性研究
　　——以腾讯集团为例（周佳雯　谢巍）/ 053

九 分拆上市的动因及经济后果研究
　　——以威胜控股为例（周之璃　王关义）/ 059

十 伊利集团数字化转型对价值创造效果的分析（朱浩旗　华宇虹）/ 067

十一 中南出版传媒集团数字化转型对财务绩效的影响
　　（蔡馨怡　付海燕）/ 074

十二　环保企业的税收筹划
　　——以盈峰环境为例（郭晴新　胥力伟）／083

十三　金融赋能助力企业融资创新发展
　　——以海康威视为例（侯婉婷　何玉柱）／090

十四　企业内部审计风险成因及防范机制探讨
　　——以康得新公司为例（李凌霄　黄孝章）／100

十五　会计师事务所审计风险的成因及防范
　　——以瑞华会计师事务所审计千山药机为例（李长春　何志勇）／106

十六　中天运会计师事务所并购审计风险及防范研究（刘怡辰　张颖）／111

十七　对上市公司财务舞弊与审计失败的思考
　　——以东方金钰为例（秦玉洁　黄孝章）／117

十八　安踏公司的融资决策与影响（秦缘　刘寿先）／123

十九　比亚迪营运资金管理问题研究（荣云　刘硕）／129

二十　互联网传媒企业ESG实践是否能提升企业价值
　　——以三七互娱为例（王宁　杨荣）／138

二十一　出版企业数字化实现路径研究
　　——以山东出版为例（王晓月　王关义）／147

二十二　环保类项目绿色债券财务风险研究
　　——以湖北文旅为例（王育媛　杨荣）／153

二十三　传媒企业数据资产确认与计量
　　——以芒果超媒为例（杨华溢　何志勇）／161

二十四　会计师事务所审计失败原因及防范策略研究
　　——以长园集团为例（毕榕欣　华宇虹）／168

二十五　中兴财光华对仁东控股保理业务审计失败研究
　　（陈卓　彭文伟）／175

二十六　"新零售"模式下对超市行业审计风险影响研究
　　　　——以永辉超市为例（董曼茜　华宇虹）/ 182

二十七　绿色债券发行和企业 ESG 表现
　　　　——以 TCL 科技绿色债券为例（杜有凯　刘硕）/ 190

二十八　基于 Z-score 模型的文化类上市公司财务风险防范措施研究
　　　　——以光线传媒为例（范艳慧　杨荣）/ 196

二十九　上市公司审计失败案例分析
　　　　——以南纺股份为例（房语嘉　胥力伟）/ 203

三十　基于平衡计分卡的企业数字化转型绩效研究
　　　　——以格力电器公司为例（付冰慧　杨荣）/ 210

三十一　财务报表分析视角下芒果超媒盈利质量与竞争力分析
　　　　（郝昱君　何志勇）/ 219

三十二　凤凰传媒数字化转型绩效研究
　　　　（黄江蕊　付海燕）/ 227

三十三　审计失败原因及对策分析
　　　　——以天沃科技审计失败案为例（解启迪　胥力伟）/ 234

三十四　借壳上市对创业板企业财务绩效的影响
　　　　——以润泽科技为例（李金璇　王关义）/ 241

三十五　ESG 角度下苏泊尔财务绩效研究（李明阳　孔晓春）/ 251

三十六　价值链视角下光线传媒盈利模式研究（李晴云　佟东）/ 258

三十七　企业财务共享中心存在的问题及对策研究
　　　　——以美的集团为例（梁军宇　华宇虹）/ 266

三十八　新能源汽车公司财务报表分析
　　　　——以比亚迪公司为例（刘芳　秦必瑜）/ 272

三十九　互联网企业并购财务风险分析
　　　　——以阿里巴巴并购网易考拉为例（刘歌　王关义）/ 279

四十　数字化转型对能源汽车企业竞争力影响研究

　　——以比亚迪为例（刘舒宇　杨荣）/ 287

四十一　正中珠江对广东榕泰审计失败的案例研究

　　（刘烨楠　黄孝章）/ 297

四十二　双渠道改革后三只松鼠的企业财务分析（刘瑛　吴仁群）/ 304

四十三　恒锋信息盈利模式及财务评价（马凯旋　刘硕）/ 311

四十四　中兴财光华会计师事务所对蓝山科技审计失败案例研究

　　（马露　何志勇）/ 320

四十五　基于桑克模式下企业战略成本管理研究

　　——以海澜之家为例（马一然　胥力伟）/ 328

四十六　基于 GONE 理论的金正大财务造假事件研究

　　（梅雨　赵慧群）/ 335

四十七　企业财务状况质量与竞争力分析

　　——以恒瑞医药为例（庞云坤　佟东）/ 342

四十八　上市公司反收购动因、策略研究

　　——举伊利反收购事件为例（权文媛　罗荣华）/ 352

四十九　医药企业财务造假案例研究

　　——以康美药业为例（隋心欣　杨春）/ 358

五十　机械工业出版社业财融合问题研究（卫杰龙　李治堂）/ 364

**附录** / 370

# 一 ESG 表现对乳制品企业绩效的影响研究
## ——以伊利集团为例

杨成哲[①]  刘硕[②]

**摘要**：近年来，随着中国乳制品行业的快速发展，乳制品消费量逐步上升，可持续和绿色发展在乳制品行业的发展过程中愈加重要，低碳发展成为乳制品行业高质量发展的路径。伊利集团是乳制品行业较早实施 ESG（Environment, Social and Governance）的公司之一，所以选取伊利集团作为案例研究对象，本文从环境、社会、公司治理三个维度分析了伊利集团实施 ESG 不同方面的表现，分析其对财务绩效和非财务绩效的影响。通过案例分析发现，伊利集团实施 ESG 对其企业绩效是存在正面促进作用的，最后提出对乳品行业其他企业实施 ESG 的启示及建议，促进乳制品企业可持续发展。

**关键词**：ESG 表现；企业绩效；可持续发展；乳制品行业

## 一、引言

ESG 作为衡量企业可持续发展能力的国际评价体系，近年来，随着国内外评级机构和本土化 ESG 评级体系不断健全，且信息披露要求愈加严格，我国众多企业越来越重视 ESG 的实施。畜牧业碳排放量在农业中占有重要比重，乳制品行业占据世界畜牧业温室气体排放量的 20%[6]。在国家"双碳"目标的背景下，低碳发展必将成为乳制品行业高质量发展的必经之路。乳制品企业的可持续发展能力与 ESG 有着密切关联，因此本文选取乳制品行业龙头伊利集团作为案例研究对象，分析其实施 ESG 的具体表现和 ESG 表现对企业绩效的影响。

随着社会文明的不断发展，企业的社会形象对其经营的影响不断增大，无论

---

① 杨成哲，男，会计硕士，研究方向：会计制度与会计实务。
② 刘硕，男，经济学博士、应用经济学博士后，研究方向：大数据分析与处理、公司理财。

是环境污染或是其他有失社会公德的企业行为,都会给企业带来不小的社会影响及经济损失。越来越多的投资者在企业基础财务信息的基础上,逐渐开始关注企业环境保护、社会责任等非财务信息。在此背景下,ESG 的概念应运而生,它将环境、社会和公司治理三个因素进行汇总,作为衡量企业可持续发展能力的重要考量因素。环境主要为自然环境,在衡量企业环境效益时侧重于强调企业的业务活动是否会对自然环境产生重大不利影响及是否采取保护措施。社会是指个人或群体在进行日常的组织生产活动时应承担的有益于社会的责任,在追求自身利益的同时不应损害其他社会公众利益。公司治理是通过在企业内部制定一系列约束及激励机制,协调各利益相关方的利益需求,推动企业高效运作并创造提高价值的制度安排。ESG 表现更关注企业长期的发展而非短期盈利行为,是一种可持续发展的理念。

## 二、文献综述

已有广泛的国内外研究证据显示,企业积极实施 ESG 策略对其长远发展具有显著的推动效应。戚悦等[1]发现许多国家在评估企业社会责任与可持续发展能力时采用 ESG 框架作为核心标准,将此非财务绩效指标引入企业价值评估的综合体系中,旨在引导企业转变视角,从单一追求经济效益的维度迈向全面考量各相关方利益与长远发展的路径。王琳璘等[2]在针对 2009 年第一季度至 2020 年第四季度 A 股 3096 家上市公司的数据分析中,显示企业的 ESG 表现与其价值之间存在显著正相关。席龙胜等[3]认为,卓越的 ESG 表现有效延长了企业盈利能力的持久期限,并为其未来实现绿色、可持续的发展目标奠定了坚实的基础。袁蓉丽等[4]对 ESG 理念在中国的发展进行全面剖析,分别深入研究了 ESG 的内涵、评估方法、理论基础、实践和信息公开等方面,发现优质的 ESG 表现能显著增强企业的财务绩效与市场价值。Serafeim 等[7]将明晟指数公司发布的 ESG 评级指数作为研究变量,研究发现 ESG 评级展现出对未来市场动态的预测能力,对于推动企业可持续发展、提升企业财务绩效具有积极作用。优秀的 ESG 表现有助于提升企业经营效率,缓解企业融资约束,降低财务风险,进而提升企业价值。

## 三、伊利集团实施 ESG 概况

作为中国乳业的龙头企业,伊利集团是行业内最早投身 ESG 实践的企业之一[5]。伊利集团位居全球乳业五强,十年蝉联亚洲乳业第一,是中国规模最大、产品品类最全的乳制品企业。作为最早关注可持续发展的中国食品企业之一，伊利将可持续发展融入企业战略。在 2023 年"十大 ESG 案例"评选中，伊利集团荣获"乳制品行业社会责任发展指数（2023）第一"，获评中国上市公司协会"上市公司 ESG 最佳实践案例"。因此本文以伊利集团为例，根据伊利集团对外披露的可持续发展报告，从环境、社会、公司治理三个维度分析伊利集团 ESG 实践路径。

### （一）环境（E）

首先，伊利集团高度重视环境保护工作，公司积极践行绿色产业链理念，2023 年环保投入合计 2.06 亿元，主要用于污水处理设施改扩建、升级在线监测设备、环保设施运行维护、碳管理相关费用等。为实现 2050 年前全产业链碳中和目标，公司协同供应链伙伴，共创全生命周期的绿色产业链发展路径。此外，公司还发展绿色物流，鼓励绿色办公，营造绿色消费的新氛围。伊利荣获"碳中和领域创新企业奖"，成为乳制品行业唯一获奖单位，伊利供应链"双碳"管理工作荣获 2023 年"年度低碳先锋奖"CSR 单项奖。伊利集团在环境方面积极采取行动，履行责任，并且最大限度地减少生产经营活动对生态环境的影响。伊利在减少污染、应对气候变化、保护水资源、保护生态等多方面作出不懈努力。

### （二）社会（S）

公司贯彻《中共中央　国务院关于做好 2023 年全面推进乡村振兴重点工作的意见》，深入且有序地推动乡村发展进程、乡村基础设施建设以及乡村治理体系的完善，从奶业振兴、营养支持、灾害应急等方面助力乡村振兴。伊利集团促进产业链协同发展，与全产业链合作伙伴共享发展成果，企业建立伊利门店数字化运营平台，数字化赋能帮助经销商发展。打造员工关爱体系，维护员工利益，实现男女同工同酬，女性高级管理人员（副总经理以上）比例为 17.65%，晋升人员中女职工占比达 40.89%，积极推动性别平等。支持青少年成长，以"伊利方舟"和"伊利营养 2030"为核心，长期致力于儿童安全守护与营养健康促进。此外伊利还获得"行动者联盟"2023 公益盛典"抗洪救灾行动奖"。伊利集团在维护员工、供应商、经销商权益，为社会做贡献方面积极采取行动，践行责任担当。伊利集团实现了企业商业价值与社会价值融合，以实际行动回馈社会。

### （三）公司治理（G）

伊利搭建了权责清晰、自上而下的"三会一层"治理架构，持续推进公司治理工作有序开展。同时，伊利严格遵守国家相关法律法规，结合企业实际情况，优化完善公司治理结构，持续提升公司治理水平。同时搭建和完善反舞弊协同防控体系：2023 年，员工签署《反舞弊承诺书》人数为 49,615 人；面向全体员工、供应商等外部合作方开展反舞弊及商业道德培训 12,078 场次，覆盖员工、合作方比例达 100%，公司整体营造一种风清气正的文化氛围。伊利集团在治理方面践行责任担当，搭建了复杂的治理结构，以增强企业的管理效率，不断提高公司的治理质量。

伊利集团在各维度上都获得一定的成果和荣誉。伊利"双碳"案例入选了《中国落实 2030 年可持续发展议程进展报告（2023）》，是唯一一家入选的食品企业，也是伊利第三次入选该报告；伊利成功入选"中国 ESG 上市公司先锋 100"榜单，ESG 指数排名位于中国食品行业第一，ESG 表现处于五星级水平；伊利荣获劳氏质量认证 (LQRA) 颁发的"管理先锋奖"，成为食品行业唯一获得此项荣誉的企业。2023 年，伊利 MSCI ESG 评级由 BBB 级升至 A 级。

## 四、伊利集团实施 ESG 对企业绩效指标影响分析

### （一）环境绩效指标分析

伊利集团通过实施环境保护系列举措，能源消耗量逐年减少，水资源利用率逐年上升，包装材料使用更加高效。如表 1-1 和图 1-1 所示，2023 年较 2019 年能源消耗量下降 59,073.52tce，能源消耗量逐年下降；单吨产品碳排放量下降 43.98t，单吨产品碳排放量逐年下降；2023 年较 2020 年中水回用率上涨 11.9 个百分点，中水回用率逐年增长；2019—2023 年环保总投入整体呈上升趋势；2023 年降低的包装纸使用量 1,193t，减少的包装塑料使用量 1,414t。随着"双碳"目标提出，投资者对 ESG 评级越来越关注，优秀的 ESG 评级可提高投资者投资意愿，促进企业可持续发展。

表 1-1　伊利集团 2019—2023 年环境绩效指标

| 指标 | 2019 年 | 2020 年 | 2021 年 | 2022 年 | 2023 年 |
| --- | --- | --- | --- | --- | --- |
| 环保总投入 / 万元 | 17,476 | 18,943 | 12,270 | 20,391 | 20,571 |
| 能源消耗量 /tce | 459,030.79 | 435,188.67 | 422,842.41 | 418,177.74 | 399,957.27 |
| 单吨产品碳排放量 /t | 213.98 | 222.00 | 185.00 | 181.00 | 170.00 |
| 中水回用率 / % | — | 0.82 | 6.95 | 12.58 | 12.72 |

数据来源：伊利集团 2019—2023 年可持续发展报告

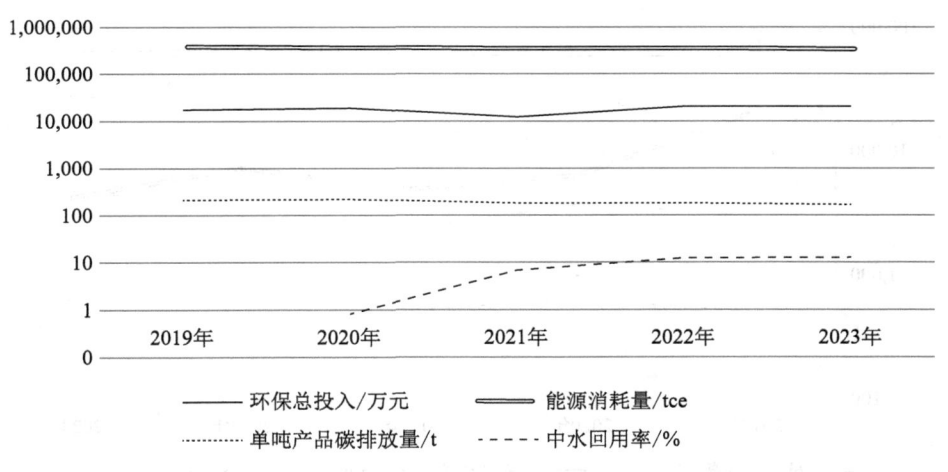

ESG 表现对乳制品企业绩效的影响研究——以伊利集团为例

图 1-1　伊利集团 2019—2023 年环境绩效指标趋势

数据来源：伊利集团 2019—2023 年可持续发展报告

## （二）社会绩效指标分析

伊利集团践行社会责任，保护员工安全，注重公益事业，促进上下游产业链协同发展。如表 1-2 和图 1-2 所示，伊利集团 2023 年员工总人数为 64,305 人，较 2019 年增加 5,253 人，员工总人数整体呈上升趋势；2023 年安全生产投入为 6,096 万元，较 2021 年增长 1,387 万元，整体趋于稳定；ESG 报告显示近年来其信息系统安全事故和产品召回比例均为 0；2023 年对外捐赠较 2019 年增加 21,124 万元，对外捐赠整体呈上升趋势；2023 年支持供应商和支持经销商的户数总和，较 2019 年累计增加 2,174 户。通过积极承担社会责任，伊利集团树立了良好企业形象，获得投资者对品牌的认可。

表 1-2　伊利集团 2019—2023 年社会绩效指标

| 指标 | 2019 年 | 2020 年 | 2021 年 | 2022 年 | 2023 年 |
| --- | --- | --- | --- | --- | --- |
| 员工总人数 / 人 | 59,052 | 59,159 | 61,598 | 67,199 | 64,305 |
| 安全生产投入 / 万元 | 20,041 | 6,144 | 4,709 | 6,975 | 6,096 |
| 对外捐赠 / 万元 | 7,142 | 34,880 | 10,381 | 22,631 | 28,266 |
| 支持供应商 / 户 | 520 | 639 | 531 | 882 | 906 |
| 支持经销商 / 户 | 3,061 | 3,731 | 4,082 | 4,704 | 4,849 |

数据来源：伊利集团 2019—2023 年可持续发展报告

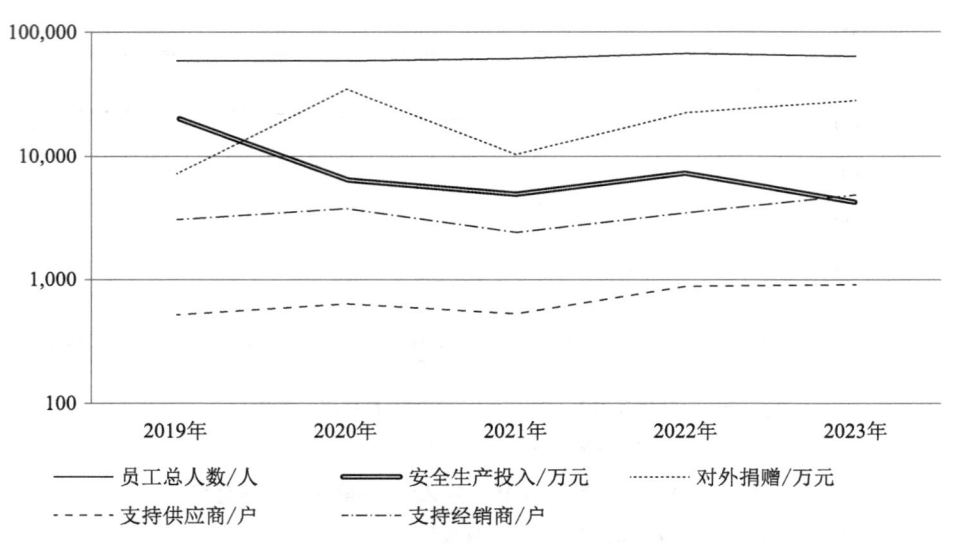

图 1-2　伊利集团 2019—2023 年社会绩效指标趋势

数据来源：伊利集团 2019—2023 年可持续发展报告

### （三）治理绩效指标分析

如表 1-3 和图 1-3 所示，伊利集团注重科研技术的开发，其专利授权量、实用新型专利授权量、研发总投入整体呈上升趋势。2023 年较 2019 年专利授权量增加 158 件，实用新型专利授权量增加 63 件，研发总投入增加 30,835 万元。

表 1-3　伊利集团 2019—2023 年治理绩效指标

| 指标 | 2019 年 | 2020 年 | 2021 年 | 2022 年 | 2023 年 |
| --- | --- | --- | --- | --- | --- |
| 专利授权量 / 件 | 285 | 406 | 380 | 416 | 443 |
| 实用新型专利授权量 / 件 | 49 | 116 | 141 | 160 | 112 |
| 研发总投入 / 万元 | 54,180 | 63,635 | 60,102 | 82,155 | 85,015 |

数据来源：伊利集团 2019—2023 年可持续发展报告

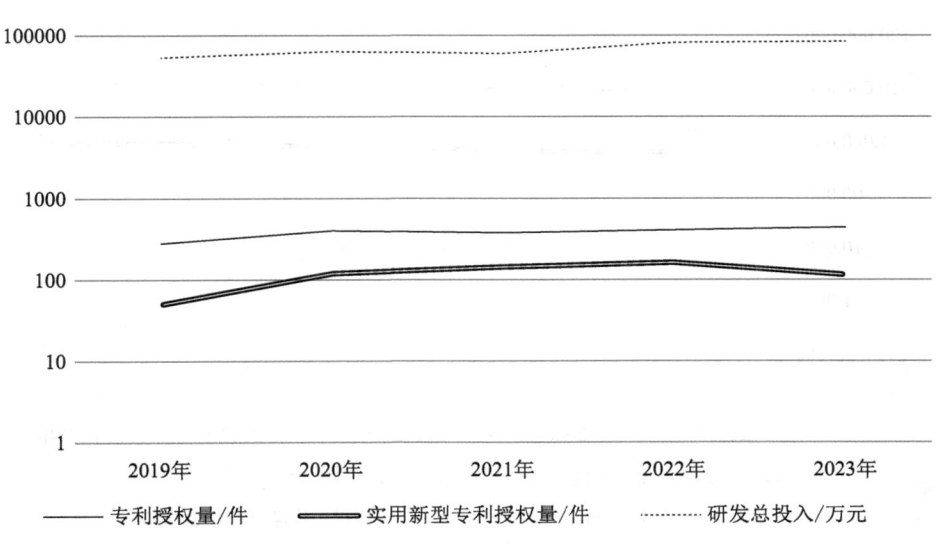

ESG 表现对乳制品企业绩效的影响研究——以伊利集团为例

[图表：伊利集团2019—2023年治理绩效指标趋势的折线图，纵轴为对数刻度（1至100000），横轴为2019年至2023年，包含专利授权量/件、实用新型专利授权量/件、研发总投入/万元三条曲线]

**图 1-3　伊利集团 2019—2023 年治理绩效指标趋势**

数据来源：伊利集团 2019—2023 年可持续发展报告

### （四）经济绩效指标分析

伊利集团高度重视 ESG 评级，通过优化产品结构，开展研发与产品创新，加强品牌建设，将可持续发展理念融入公司的发展战略，在消费者中建立良好声誉，树立了良好企业形象。如表 1-4 和图 1-4 所示，伊利集团的营业总收入和净利润均逐年升高，资产负债率整体呈上升趋势，加权平均净资产收益率整体呈下降趋势。在"双碳"目标背景下，伊利集团取得出色的 ESG 表现和高 ESG 评级进一步印证其在环境、社会和治理领域的卓越管理能力，显著提升其盈利能力与经济效益，并增强企业风险抵御能力。

**表 1-4　伊利集团 2019—2023 年经济绩效指标**

| 指标 | 2019 年 | 2020 年 | 2021 年 | 2022 年 | 2023 年 |
| --- | --- | --- | --- | --- | --- |
| 营业总收入 / 万元 | 9,022,308 | 9,688,564 | 11,059,720 | 12,317,104 | 12,617,946 |
| 净利润 / 万元 | 695,073 | 709,894 | 873,203 | 931,821 | 1,028,431 |
| 资产负债率 / % | 56.54 | 57.09 | 52.15 | 58.66 | 62.19 |
| 加权平均净资产收益率 / % | 26.38 | 25.18 | 25.59 | 19.23 | 20.20 |

数据来源：2019—2023 年伊利集团财务报告

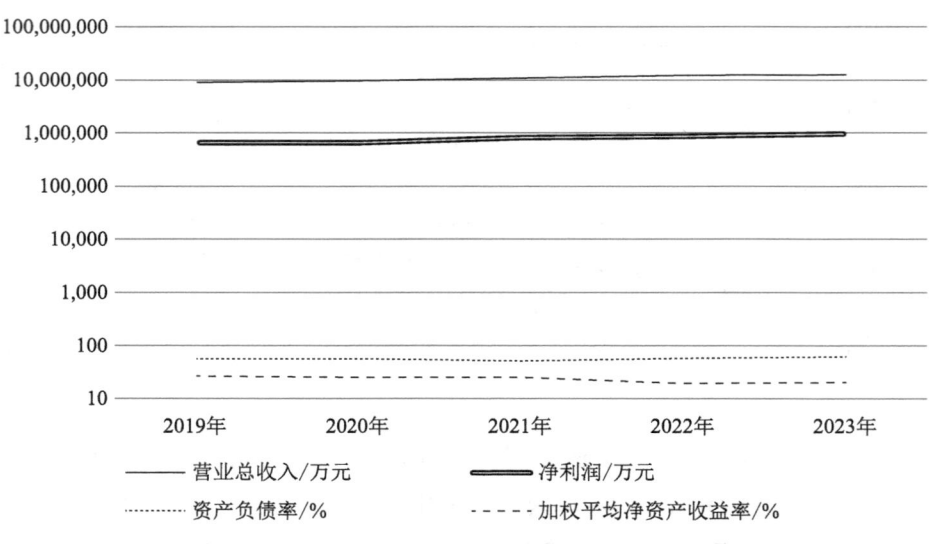

[图表：伊利集团2019—2023年经济绩效指标趋势，纵轴为对数刻度，包含营业总收入/万元、净利润/万元、资产负债率/%、加权平均净资产收益率/%四条曲线，横轴为2019年至2023年]

**图 1-4　伊利集团 2019—2023 年经济绩效指标趋势**

数据来源：2019—2023 年伊利集团财务报告

### 五、ESG 实施经验及启示

以伊利集团为典型案例进行的深入剖析，揭示了 ESG 实践对企业环境、社会、治理及经济绩效指标的全方位正面效应。在乳制品行业中，采纳 ESG 管理模式不仅能显著提升企业的运营效率与盈利能力，还能激发上下游产业链之间的协同增效，共同构建可持续发展的生态体系与环保友好形象，从而有效响应并引领全球绿色低碳转型的时代需求。

基于伊利集团在 ESG 管理领域的丰富实践经验，提炼并归纳出针对乳制品行业实施 ESG 管理的策略性建议：一是在发展战略层面，企业应将 ESG 原则深度融入管理框架，明确 ESG 管理目标，构建一套促进可持续发展的管理体系。为此，需配备专业设备以精准记录 ESG 相关数据，并吸纳专业人才深入分析这些信息，编制详尽报告，同时加强对员工 ESG 意识的培养与能力提升。二是在环境层面，企业应秉持绿色生态理念，强化环境保护措施，致力于研发低碳环保型产品，并采用可持续的生产模式，力求最大限度减少对自然环境的负面影响。三是在社会层面，企业应积极履行社会责任，不仅保障员工合法权益，还促进产业链上下游的和谐共生与共同发展。四是在公司治理层面，需持续优化治理结构，强化内部风险控制机制，不断激发研发创新能力，为乳制品企业的可持续发展奠定坚实的基础。

## 参考文献

[1] 戚悦, 陈慧, 陈素波, 等. 创造社会价值, 衡量可持续发展 [J]. 企业管理, 2023 (3): 26-32.

[2] 王琳璘, 廉永辉, 董捷. ESG 表现对企业价值的影响机制研究 [J]. 证券市场导报, 2022(5): 23-34.

[3] 席龙胜, 赵辉. 企业 ESG 表现影响盈余持续性的作用机理和数据检验 [J]. 管理评论, 2022, 34(9): 313-326.

[4] 袁蓉丽, 江纳, 刘梦瑶. ESG 研究综述与展望 [J]. 财会月刊, 2022(17): 128-134.

[5] 朱琳. 从伊利看中国乳业 ESG 发展之路 [J]. 可持续发展经济导刊, 2023 (10): 50-51.

[6] Gerber P J, Steinfeld H, Henderson B, et al. Tackling climate change through livestock: A global assessment of emisstons and mitigation opportunities[R]. Food and Agriculture Organization of the United Nations (FAO), 2013.

[7] Serafeim G, Yoon A. Stock price reactions to ESG news: The role of ESG ratings and disagreement[J]. Review of Accounting Studies, 2023(28): 1500-1530.

## 二　大华会计师事务所对金通灵审计失败研究

殷焱莹[①]　刘硕[②]

**摘要**：审计作为现代经济体系中不可或缺的一部分，在维护经济秩序、保障国家财经安全、促进司法公正和资源配置等方面发挥着重要作用。近年来，尽管我国市场经济持续增长，上市公司数量不断攀升，但审计失败的案例却呈上升趋势。大华会计师事务所对金通灵审计失败案例尤为引人关注，本文通过分析其审计失败的原因及影响，进而提出针对性建议，旨在为审计市场的规范化发展提供参考。

**关键词**：审计失败；财务舞弊；大华会计师事务所

大华会计师事务所因对金通灵科技集团股份有限公司 2017—2022 年财务报表审计失败，被江苏证监局重罚。金通灵涉嫌连续六年虚增营业收入和利润总额，而大华会计师事务所在审计过程中未勤勉尽责，未能识别重大错报风险。这一案例暴露出金通灵的财务内控缺陷和审计机构的不足，严重损害了大华会计师事务所及金通灵的声誉，对其业务发展造成负面影响。

### 一、大华会计师事务所审计失败案例概况

#### （一）大华会计师事务所简介

大华会计师事务所是中国八大所之一，首批获 H 股上市审计资质，拥有 8000 余名员工，包括 1500 余名注册会计师，提供管理咨询、涉税及工程项目管理等专业服务。

---

① 殷焱莹，硕士研究生，研究方向：审计、财务舞弊。
② 刘硕，硕士生导师，经济学博士、应用经济学博士后，研究方向：大数据分析与处理、公司理财。

## （二）金通灵科技集团股份有限公司简介

金通灵科技集团股份有限公司（以下简称"金通灵公司"或"金通灵"）是一家致力于高端装备制造和系统解决方案的高新技术企业，该公司成立于1993年，专注于新能源、可再生能源等领域，2010年6月在深交所上市，为南通产业控股集团控股子公司。

## （三）案例介绍

### 1. 案例回顾

2024年5月13日晚，江苏证监局对大华会计师事务所及三名签字注册会计师发布行政处罚决定。大华作为知名审计机构，在对金通灵公司审计中失误，导致审计失败并引发关注。金通灵2017—2022年年报存在虚假记载，大华对此期间财报出具无保留意见报告，签字注册会计师为范荣、颜利胜、胡志刚，6年审计收入共6,886,792.14元（不含税）。

大华会计师事务所为金通灵2017—2022年年度财务报表审计时，未勤勉尽责，所出具的审计报告存在虚假记载。

### 2. 金通灵财务舞弊具体情况

金通灵涉及连续舞弊，其2017—2022年均存在财务舞弊，涉及营业收入、利润总额项目。根据相关资料，金通灵2017—2022年年报虚增业绩情况具体如表2-1所示。

表2-1 金通灵2017—2022年年报虚增业绩情况

| 年份/年 | 2017 | 2018 | 2019 | 2020 | 2021 | 2022 |
| --- | --- | --- | --- | --- | --- | --- |
| 虚增营业收入/亿元 | 5.01 | 5.5 | -1.97 | -0.05 | 0.69 | 0.15 |
| 虚增利润总额/亿元 | 1.46 | 1.48 | -0.39 | 0.57 | 0.74 | 0.43 |
| 虚增或虚减的利润总额分别占公司各年度披露利润总额/% | 103.06% | 133.10% | 31.35% | 101.55% | 5774.38% | 11.83% |

金通灵通过伪造文件调节EPC项目完工进度，虚增或虚减营业收入。在未发货时提前确认收入，且未按规定冲减销售退回，导致营收虚增。大华会计师事务所2017—2021年审计报告提及对建造合同收入的重要审计程序，包括了解和评估管理层内部控制设计及测试关键控制执行。但审计底稿中未见相关内部控制活动的了解和关键控制点的测试。评价对被审计单位了解程度的关键在于能否识别和评估财报重大风险。大华的风险评估未识别出建造合同的重大错报风险，因

此证监会认为其存在重大缺陷。

## 二、大华会计师事务所审计失败原因分析

### (一) 金通灵公司主观意图

1. 内部控制与监管存在不足

金通灵通过伪造文件调节 EPC 项目进度，虚增或虚减营收和利润，显示其内部控制存在严重缺陷，无法有效防止和发现财务造假行为。监管部门也存在监督不力，未能及时发现并制止造假行为的发生。

2. 财务压力的影响

金通灵近年来面临业绩不佳和增长疲软的困境[1]，公司为了维持或提升股价，满足市场对其业绩的期望，采取财务造假手段来粉饰财务报表。不仅如此，金通灵在并购过程中可能遭遇了业绩"变脸"的情况。例如，公司在 2017 年 12 月以 7.85 亿元收购了上海运能 100% 的股权，但收购后上海运能的业绩并未达到预期，反而出现下滑。这种并购带来的财务压力可能促使公司采取财务造假手段来掩盖并购后的不利影响。

### (二) 注册会计师未尽责

1. 内部测试程序存在重大缺陷

大华会计师事务所在审计报告中声称了解并评估了金通灵建造合同相关的内部控制，并进行了控制测试。然而，证监会查明审计工作底稿中并无相关内部控制活动的了解和控制测试记录，表明大华的内部测试程序存在重大缺陷。

2. 注册会计师缺乏独立性

大华会计师事务所与金通灵保持着长期合作，因此，不排除大华会计师事务所在审计过程中可能受到了来自金通灵公司的某种压力或影响，这种缺乏独立性的态度使大华所在面对金通灵公司的财务舞弊行为时，未能保持客观、公正的态度。

3. 审计机构的局限性

尽管审计机构在遵循审计准则、恪守职业道德、履行审计程序的前提下进行工作，但在面对集体性且有预谋的财务造假行为时，审计机构仍可能面临一定的局限性。这些局限性可能源于审计手段的限制、信息获取的不全面或审计时间与资源的限制。

## 三、大华会计师事务所审计失败的影响

### (一) 对金通灵公司的影响

1. 信誉形象受损

由于大华会计师事务所的审计失败，金通灵作为被审计的公司，被揭露存在财务造假行为，这无疑对公司的市场信誉和形象造成了严重损害。投资者和公众对公司的信任度降低，可能导致公司股价下跌，市值缩水。

2. 对公司信任度降低

财务造假行为的曝光会导致金通灵的合作伙伴和客户对公司的信任度降低。他们可能会重新评估与金通灵公司的合作关系，甚至终止合同，这对金通灵公司的业务发展和市场份额将产生不利影响。同时，投资者在得知金通灵存在财务造假行为后，对其未来发展的信心会大幅下降。他们可能会抛售金通灵公司股票，进一步加剧股价的下跌。此外，投资者还可能对金通灵公司管理层的能力和诚信产生质疑，从而减少对公司的长期投资。

3. 承担法律责任、受到相关处罚

金通灵因财务造假行为面临着监管部门的处罚，包括罚款、责令改正、暂停上市等。这些处罚措施将对公司的经营和财务状况产生直接影响，增加公司的负担。

### (二) 对大华会计师事务所的影响

1. 经济处罚

由公告可知，大华会计师事务所被江苏证监局以"没一罚五"的措施进行处罚，合计被罚没 4132 万元。其中，没收业务收入 688.68 万元，并处以 3443.4 万元罚款。这一处罚决定在经济上对大华会计师事务所造成了重大打击，减少了其可用于日常运营和未来发展的资金。

2. 业务流失

大华会计师事务所被暂停从事证券服务业务 6 个月，这一措施直接影响了大华所在此期间内承接新的证券服务的业务量。同时，对于大华所已经承接的 IPO 项目，由于中介机构被暂停业务资格，拟 IPO 企业可能面临无法推进 IPO 进程的风险，从而可能导致客户流失。

随着处罚决定的公布，多家上市公司纷纷宣布更换审计机构。据统计，已有超过 40 家公司解聘大华所，包括山西汾酒、伊利股份等知名企业。这些上市公司的决定不仅直接影响了大华所的业务量，还可能对其在行业中的声誉和地位造成长期负面影响。

### 3. 声誉影响

大华会计师事务所因审计失败而声誉受损，社会公信力下降。这将对大华所未来的业务发展产生不利影响，可能导致客户流失和市场份额下降。

## 四、防范审计失败的对策及建议

### （一）金通灵公司防范措施

#### 1. 加强和完善内部控制体系

金通灵应重新评估并设计其内部控制框架，确保覆盖所有关键业务流程，特别是EPC总承包项目的管理和财务处理流程。针对EPC总承包项目等高风险领域，建立专门的风险管理机制，定期进行风险评估和应对措施的制定。同时，需明确各岗位职责权限，实现不相容职务分离以降低舞弊风险。另外，应设立独立的内审部门，定期审计评估内部控制，及时发现并纠正缺陷。

#### 2. 优化并购策略与整合管理

金通灵在选择并购目标时，除了考虑其市场地位、技术实力等因素外，还应重点关注其财务状况、盈利能力及与金通灵业务的协同效应。为了使并购环节更加顺利，金通灵需要设立专门的并购整合团队，负责并购后企业的文化融合、业务整合、人员调整等工作，制订详细的整合计划，明确整合目标、时间表和责任分工，确保整合工作的顺利进行。

### （二）大华会计师事务所防范对策

#### 1. 加强内部控制了解与评估

一方面，会计师事务所在风险评估阶段，应全面深入了解被审计单位合同业务的内部控制环境、制度设计、执行情况及关键控制点。这包括但不限于对实际发生工程成本、合同预估总成本、收入确认等关键环节的内部控制。另一方面，事务所要设计详细的内部控制评估流程，确保评估过程全面、系统、深入。评估过程中应重点关注内部控制的完整性、合理性和有效性。

#### 2. 完善控制测试程序

鉴于大华会计师事务所内部控制测试程序的重大失误，在进行控制测试前，应明确测试目标，即验证内部控制是否按照设计有效执行。测试目标应具体、可衡量、可达成。根据内部控制评估结果，设计针对性的控制测试程序。测试程序应覆盖所有关键控制点，确保测试的全面性和有效性。另外，在执行控制测试时，应严格按照测试程序进行，确保测试的独立性和客观性。测试过程中应详细记录测试步骤、方法、结果及发现的问题。

### 3. 注册会计师保持独立性

会计师事务所出具的报告对公众至关重要，注册会计师需恪守职业道德，遵循诚信、客观、公正及独立性原则。大华可通过设置培训课程、冷却期、项目轮换等方式加强职业道德建设，要求员工了解守则内容、缺失体现及后果。[2]审计时需保持独立客观，不受外部影响，并建立健全内控机制，确保审计独立公正。

### 4. 加强多方面监督与指导

高效监管能促使会计师事务所谨慎承接业务，加强职业敏感，提升审计质量[3]。监管部门应明确分工、简化流程，加大对败德行为的惩罚，建立行业自律机制。同时，建立信誉机制，由专门机构评级并公示，上市公司和投资者可根据评级选择事务所，促使事务所约束自身行为。

## （三）市场防范改进建议

### 1. 加大处罚力度

随着审计收费的提高，应加大处罚力度，增加会计师事务所的违规成本[4]，促使其规范执业行为，在审计过程中秉持充分的职业怀疑。监管部门可以通过完善并严格落实相关法律法规，健全问责机制。可以实施审计项目成员连带责任，督促注册会计师恪守职业道德，进而提高会计师事务所审计服务质量，有效地防止审计失败的发生。

### 2. 谨慎评估被审计单位

在承接审计项目前，对被审计单位的经营资质、社会信用和财务状况进行充分的了解和评估，避免承接超出自身能力范围的审计项目。在审计过程中，对被审计单位的财务报表和相关信息进行深入的审查和验证，确保审计结论的准确性和可靠性。

在被审计单位涉及业绩承诺时，注册会计师需谨慎分析舞弊动机与压力，不应因长期合作而削弱独立性，忽略对当前环境的深入了解。应通过线上线下结合的方式全面掌握业务特征和客户信息，深入了解财务、公司治理、内部控制及客户行业状况。[5]同时，初步评估潜在造假风险，并据此决定是否接受审计委托。因此，会计师事务所在承接业务前应充分评估自身能力，不应为追求利益而给注册会计师过大压力，应重视审计质量而非数量。

## 五、总结

本文立足于"十四五"时期国内经济发展这一背景，以大华会计师事务所对金通灵公司审计失败为切入点，对大华会计师事务所被处罚的情况以及金通灵财务舞弊的具体情况进行简要阐述，从不同的审计主体出发分析审计失败的主要原因，发现审计失败是由多种因素造成的，其中审计人员在提供审计服务时没有严格遵守相关商业伦理与职业道德，从而成为审计客户进行财务造假的助推器。审计失败不仅是个案问题，更是审计行业普遍会面临的挑战。大华会计师事务所具备较高知名度，且本次审计失败影响较大，本案例更具一定的代表性。大华案例为整个行业敲响了警钟，促使审计行业更加关注审计质量和职业道德，共同维护资本市场的公平、公正和透明。

## 参考文献

[1] 李艳伟. L 上市公司审计失败案例探究 [J]. 投资与创业，2024, 35(9): 28-30.

[2] 邱玉婷. 会计师事务所审计失败案例分析 [J]. 合作经济与科技，2024(13): 163-165.

[3] 张宇昕，王世进. 会计师事务所审计失败预防策略研究——以新疆同济堂审计失败案为例 [J]. 财会研究，2024(2): 53-61.

[4] 刘悦，邱晨鑫. 康美药业审计失败问题探析 [J]. 现代营销（下旬刊），2024(3): 148-150.

[5] 李娅，张宏霞. 瑞华对康得新财务造假审计失败的案例探究 [J]. 投资与创业，2024, 35(16): 37-39.

# 三　ESG 对企业财务绩效的影响研究
## ——以比亚迪为例

于甜甜[①]　蔡春霞[②]

**摘要**：近年来，ESG 表现走进人们视野，成为衡量企业可持续发展的一个标准。越来越多的企业开始重视公布企业的 ESG 表现，向公众传递可持续经营状况良好的信号。本文以比亚迪为例，从比亚迪在环境、社会责任和公司治理三个方面的表现分析其对公司财务绩效的影响。研究发现，良好的 ESG 表现能够在一定程度上提高企业绩效。

**关键词**：新能源企业；ESG 表现；财务绩效

## 一、引言

我国在第 75 届联合国大会上首次提出碳达峰、碳中和两个目标，标志着中国将采取积极措施应对气候变化，推动绿色低碳的可持续发展。党的二十大报告也明确指出，为推进绿色低碳发展，要协同推进降碳、减污、扩绿、增长，积极稳妥地推进碳达峰、碳中和目标。基于此背景，ESG 表现受到广泛关注，越来越多的企业开始重视 ESG 信息的披露。

ESG 是环境（Environmental）、社会（Social）和治理（Governance）的英文缩写，是衡量企业可持续发展的三个重要维度。它关注企业在经营过程中对环境、社会和公司治理方面的影响和表现。ESG 可以帮助投资者、利益相关方和企业自身全面地了解企业的可持续发展表现，从而提高企业形象，降低企业融资成本，提高企业的预期回报等。比亚迪作为新能源汽车领域的领军企业，在节能减排和资源节约等方面做出了巨大贡献。本文以比亚迪为例，分析了该公司当前的 ESG 实施现状及对财务绩效的影响，并给出相应建议。

---
① 于甜甜，女，会计硕士，研究方向：传媒产业经济分析。
② 蔡春霞，女，副教授，研究方向：传媒经济与管理。

## 二、ESG 影响企业财务绩效的文献回顾

近年来，大量学者对 ESG 表现对企业财务绩效的影响进行了广泛而深入的研究，但是目前学术界尚未得出统一的结论。部分学者认为，ESG 表现与财务绩效呈负相关关系。Garcia（2017）认为企业在积极开展 ESG 实践的过程中，常常难以与公司的经济发展相协调，从而对公司的财务绩效产生不利影响[1]。大部分学者认为 ESG 表现对企业财务绩效有促进的作用。彭满如等（2023）的研究发现，良好的 ESG 表现能够提升企业的创新能力，从而提高企业的竞争力，进而推动企业绩效提升[2]。张鲜华等（2024）运用 PVAR 模型对企业的 ESG 表现与财务绩效进行实证分析，结果表明 ESG 表现越好的企业，其财务绩效越好[3]。王双进等（2022）认为从长远的角度来看，良好的 ESG 表现可以开括企业的市场，提升企业的竞争力，从而推动企业财务绩效的提高[4]。

## 三、比亚迪的 ESG 表现对其财务绩效影响的机理分析

### （一）比亚迪简介

比亚迪股份有限公司（以下简称"比亚迪"）在广东省深圳市成立，注册资本 29.11 亿元，公司前身为深圳市比亚迪实业有限公司。公司的业务布局覆盖以新能源汽车为主的汽车、手机部件及组装、二次充电电池及光伏、城市轨道交通等领域。

作为全球新能源汽车领域的领军企业，比亚迪积极响应国家关于"绿水青山就是金山银山"的号召，致力于推动企业可持续发展。自 2010 年开始，比亚迪每年都会在其企业社会责任报告中披露公司的 ESG 相关信息。且自 2016 年以来，针对国内及海外投资者，比亚迪对其 ESG 的信息披露进行了更全面的完善。比亚迪在社会和环境方面做出巨大贡献，曾多次荣获 ESG 相关奖项。

### （二）比亚迪的ESG现状对财务绩效影响的机理分析

#### 1. 环境（E）维度

比亚迪长期以来积极响应国家绿色发展的号召，致力于降低能源消耗，减少废物排放，发展绿色创新技术。在降低能源消耗方面，比亚迪注重节约能源，通过规范、完善能源管理体系有效减少能源消耗。在减少废物排放方面，比亚迪严格控制废气排放，使用高效净化设备对废气进行处理，确保符合国家及行业排放标准要求。通过技术对生产设备进行优化改造，有效降低噪声排放。同时，公司建立了完善的废水处理系统，实现了废水的高效处理和循环利用。2023 年，比

亚迪废水、废气、噪声等污染物排放达标率均为 100%。在发展绿色创新技术方面，比亚迪建立了十大技术研究院，大力发展电动汽车和混合动力汽车，减少对传统燃油的依赖，并推动能源结构的转变。所以，比亚迪在环境治理方面践行其自身责任，将绿色环保始终贯穿其发展的全过程，不仅减少了能源消耗，提高了资源的回收利用率，还提高了生产效率，节约了生产成本，实现了经济效益和环境保护的双丰收。

2. 社会（S）维度

比亚迪十分关注社会问题，积极履行社会责任。在热心慈善事业方面，2023年，比亚迪共计捐赠 3000 万元现金用于抗震救灾。在教育支持发展方面，比亚迪持续开展助学、奖学、改善教育设施等公益项目，助力国家培养高质量人才。在帮扶弱势群体方面，比亚迪持续为农村留守老人提供生活补助，支持脑瘫困境儿童康复训练，开展残疾人就业培训项目，切实做好特殊人群的关爱工作。在员工培养方面，比亚迪始终坚持以人为本，尊重员工权利，重视人才培养，鼓励员工技术创新，为员工提供公平公正的晋升机会和丰厚的福利待遇。比亚迪在履行社会责任方面的积极作为，不仅彰显了企业的社会责任感与正面价值观，还提升了比亚迪的社会形象与品牌声誉，增强消费者信心，吸引潜在投资者，对企业的财务绩效产生积极的促进作用；比亚迪在人才培养方面的良好表现，不仅促进了员工个人能力及归属感的提升，还提升了团队凝聚力和工作专注度，提高了员工的工作效率和工作质量，为企业的可持续发展奠定坚实的基础。

3. 公司治理（G）维度

在公司治理方面，比亚迪严格按照法律法规要求，不断完善公司的治理体系，建立健全公司内部管理和控制制度，不断提高公司的治理水平。比亚迪董事会架构合理，独立董事占比较高，确保决策的公正性和透明度。董事会下设多个专业委员会，如战略委员会、审计委员会等，负责专项事务的审议和监督，提高了决策的专业性和效率。比亚迪还建立了完善的高管激励机制，通过股权激励、绩效奖金等方式将高管利益与公司长期发展绑定，激发了高管的积极性和创造力。高管团队拥有丰富的行业经验和专业背景，能够为公司制定科学合理的战略规划，推动公司持续成长。良好的公司治理机制能够提升公司的透明度和信誉度，增强投资者信心，降低融资成本，促进股价上涨和市值提升，为公司的发展提供充足的资金支持，从而推动企业的可持续发展，进而实现财务绩效的稳步提升。

## 四、比亚迪的 ESG 表现对其财务绩效的影响分析

### （一）盈利能力

良好的 ESG 表现会降低生产经营成本、降低融资成本、节约生产成本、降低管理成本，促进产品利润的提升和销售收入的提高，从而影响企业的财务绩效。从表 3-1 可以看出比亚迪的营业成本呈逐年递增的趋势，但是其单位成本呈现出逐年下降的趋势，说明公司的 ESG 表现对企业的成本管控是有效的。企业的营业收入、净利润和净资产收益率整体呈上升趋势，表明其综合盈利能力整体在提升。具体来说，企业通过节能减排、重视员工等举措降低了生产成本、管理成本，通过技术创新提高了产品质量和服务，从而拓展了市场，增加了企业收入和利润。公司的净资产收益率从 2019 年的 2.62% 增长至 2023 年的 24.40%，体现了企业自有资产的获利能力不断提升，说明企业的 ESG 表现对于资产管理有效，企业内部治理水平较高。

表 3-1　比亚迪盈利能力部分财务指标近五年数值

| 类型 | 2019 年 | 2020 年 | 2021 年 | 2022 年 | 2023 年 |
| --- | --- | --- | --- | --- | --- |
| 营业收入 / 亿元 | 1277.39 | 1565.98 | 2161.42 | 4240.61 | 6023.15 |
| 营业成本 / 亿元 | 1069.24 | 1262.51 | 1879.98 | 3518.16 | 4805.58 |
| 净利润 / 亿元 | 21.19 | 60.14 | 39.67 | 177.13 | 313.44 |
| 净资产收益率 / % | 2.62 | 7.43 | 3.73 | 16.14 | 24.40 |

数据或资料来源：同花顺 iFinD

### （二）营运能力

从表 3-2 可以看出，比亚迪的应收账款周转率、存货周转率在近五年整体呈上升趋势，总资产周转率在 2019—2022 年呈上升的趋势，在 2023 年略有下降，但变动幅度较小，表现较为稳定，说明公司良好的 ESG 表现有助于企业维持稳定的运营状态。具体来说，公司收回应收账款的速度加快，存货周转速度增加，说明比亚迪通过内部治理流程的优化，提高了应收账款的回款速度，从而减少因资金短缺而需要支付的融资成本，有助于提升企业的市场信誉和形象，赢得消费者的信任与青睐，进而推动产品的销售，提高产品销售额和增加营业收入，促进公司财务绩效的提高[5]。公司的总资产周转率从 2019 年的 0.65 次增长至 2023 年的 1.03 次，说明公司资产的资产利用效率在增加，资产运营能力有提升，体现出比亚迪较强的产品竞争力和销售优势。

表 3-2　比亚迪营运能力部分财务指标近五年数值

| 类型 | 2019 年 | 2020 年 | 2021 年 | 2022 年 | 2023 年 |
| --- | --- | --- | --- | --- | --- |
| 总资产周转率 / 次 | 0.65 | 0.79 | 0.87 | 1.07 | 1.03 |
| 应收账款周转率 / 次 | 2.74 | 3.68 | 5.58 | 11.30 | 11.96 |
| 存货周转率 / 次 | 4.12 | 4.43 | 5.03 | 5.75 | 5.76 |

数据或资料来源：同花顺 iFinD

## （三）偿债能力

从表 3-3 可以看出，比亚迪的流动比率和速动比率都呈现波动。两个指标在 2019—2020 年较为稳定，之后逐年降低，说明比亚迪的短期偿债能力有待提升。究其原因是比亚迪在践行 ESG 的同时持续加大其在新能源汽车领域的研发投入，比如招聘大量研发人员而产生的职工薪酬以及研发物料消耗的增加，因而导致流动资产减少。此外，比亚迪的资产负债率近五年来整体呈现上升趋势，说明公司有一定的偿债压力，这主要是由于公司在技术研发、市场开拓和产能扩张等方面进行了大量投资，这些投入的增加导致负债规模的扩大。不过，该指标的增加也体现了其较强的融资能力，说明公司在环境方面的良好表现吸引了潜在投资者，获得了投资者的支持，降低了企业的融资约束[6]，促进了企业的进一步发展，进而提高了企业的财务绩效[7]。

表 3-3　比亚迪偿债能力部分财务指标近五年数值

| 类型 | 2019 年 | 2020 年 | 2021 年 | 2022 年 | 2023 年 |
| --- | --- | --- | --- | --- | --- |
| 流动比率 / % | 0.99 | 1.05 | 0.97 | 0.72 | 0.67 |
| 速动比率 / % | 0.67 | 0.67 | 0.65 | 0.42 | 0.44 |
| 资产负债率 / % | 68.00 | 67.94 | 64.76 | 75.42 | 77.86 |

数据或资料来源：同花顺 iFinD

## （四）发展能力

从表 3-4 可以看出，比亚迪近五年的总资产增长率和营业收入增长率整体均呈现出上升的趋势，在 2022 年达到顶峰。这两个指标的激增反映了比亚迪在新能源汽车市场的强劲表现和业务扩张的加速，这表明比亚迪长期以来在 ESG 方面的研发投入，使其在扩大生产规模、加强研发能力和市场拓展方面取得了显著成效[8]。尽管 2023 年两个指标的增长率相比 2022 年有所放缓，但仍保持了强劲的增长势头，显示出公司在新能源汽车领域的持续竞争力和市场地位。比亚迪的净利润增长率在近五年看来是波动较大的，呈现出先升后降再升的趋势。但是净利润增长率在 2020 年和 2022 年的飞速增长也说明比亚迪早期在 ESG 方面的研发投入，促进了公司的销售额与销售收入的增加，提升了公司的财务表现，提高了企业的财务绩效，进一步说明践行 ESG 是非常必要的。

表 3-4  比亚迪发展能力部分财务指标近五年数值

| 类型 | 2019 年 | 2020 年 | 2021 年 | 2022 年 | 2023 年 |
| --- | --- | --- | --- | --- | --- |
| 总资产增长率 / % | 0.55 | 2.75 | 47.14 | 66.97 | 37.60 |
| 营业收入增长率 / % | -1.78 | 22.59 | 38.02 | 96.20 | 42.04 |
| 净利润增长率 / % | -41.93 | 162.27 | -28.08 | 445.86 | 80.72 |

数据或资料来源：同花顺 iFinD

## 五、结论与启示

### （一）结论

本文选取新能源汽车企业比亚迪作为研究对象，利用 2019—2023 年数据分析 ESG 表现对企业财务绩效产生的影响，得出以下结论：良好的 ESG 表现有利于提高企业绩效。比亚迪通过积极履行 ESG 责任，不仅能够树立良好的企业形象和品牌形象，增强消费者和投资者对公司的信任和认可，提升公司的市场竞争力，还有助于吸引更多的人才和投资，为公司的可持续发展提供了有力的人才保障，从而在整体上提升企业的财务绩效。

### （二）启示

提升 ESG 理念意识，建立 ESG 运营管理机制。企业拥有良好的 ESG 表现可以在一定程度上提升企业的形象，开拓市场，提升企业竞争力，进而提高企业的财务绩效。因此，企业应积极培养 ESG 理念意识，重视 ESG 信息披露，将 ESG 的各个层面融入企业日常的生产经营中，切实实现企业的可持续发展。同时，企业还应建立健全 ESG 运营管理机制，完善企业 ESG 管理架构，完善 ESG 内部制度，提升 ESG 披露水平，推动 ESG 与企业业务的深度融合，助力企业更好地履行社会责任、提升治理水平并实现高质量、可持续发展。

完善 ESG 信息披露机制，制定统一的 ESG 评价体系。政府监管机构应出台适合我国企业、充分体现行业特征的信息披露政策准则，加强信息披露监管，鼓励企业自愿披露，对于未按规定披露 ESG 信息的企业，应加大处罚力度，提高违规成本。同时借鉴国外先进经验，立足我国国情，建立适合我国的统一的

ESG 评价体系，并且随着 ESG 理念的深入推广和市场环境的变化，持续优化和完善 ESG 评价体系，助力提升我国企业的可持续发展水平。

## 参考文献

[1] Garcia AS, Mendes-Da-Silva W, Orsato RJ. Sensitive industries produce better ESG performance: Evidence from emerging markets [J]. Journal of Cleaner Production, 2017, 150: 135-147.

[2] 彭满如，陈婕，殷俊明. ESG 表现、创新能力与企业绩效 [J]. 会计之友，2023 (7): 11-17.

[3] 张鲜华，秦东升. ESG 履责表现与财务绩效的协同效应检验 [J]. 财会月刊，2024, 45(12): 43-49.

[4] 王双进，田原，党莉莉. 工业企业 ESG 责任履行、竞争战略与财务绩效 [J]. 会计研究，2022(3): 77-92.

[5] 蔡雯霞，邓琳琳，刘宇. "双碳"目标下 ESG 表现与企业财务绩效——基于外部压力的调节作用 [J]. 金融理论与实践. 2023(6): 69-81.

[6] 刘秀丽. "双碳"背景下企业 ESG 对企业绩效的影响及路径研究 [J]. 财会通讯，2024(18): 64-69.

[7] 杨睿博，邓城涛，侯晓舟. ESG 表现对企业财务绩效的影响研究 [J]. 技术经济，2023, 42(8): 124-134.

[8] 薛龙，张倩瑜，李雪峰. 企业 ESG 表现与绿色技术创新 [J]. 财会月刊，2023, 44(8): 135-142.

# 四 上市公司财务造假案例研究
## ——以泽达易盛为例

张洪婧[①] 李治堂[②] 杨春[③]

**摘要**：面对资本市场和全球化的飞速发展，财务造假事件频发，企业为稳住其行业地位，会对其财务报表进行粉饰，通常通过编造虚假数据、操纵利润、隐瞒重要事实等方式。本文基于 GONE 理论对泽达易盛公司的财务造假案例进行分析，并提出从企业文化、内部控制、融资渠道和监管处罚等多个方面入手，预防和识别企业发生的财务造假行为。

**关键词**：泽达易盛；财务造假；GONE 理论

## 一、引言

我国证券市场历经三十余年发展，构建了稳固体系，对经济建设贡献显著。科创板是中国资本市场的一项创新举措，旨在促进科技创新和经济转型升级[1]。然而，在科创板的注册制下，监管的挑战日益凸显，尤其是针对初创期、高风险企业的财务透明度问题。有一些上市公司的管理层为了一己之私，不惜牺牲广大投资者的利益，进行财务造假。这不仅会导致投资者对投资对象产生不信任，还会影响到整个经济的健康发展[2]。泽达易盛作为科创板"欺诈发行第一股"，上市仅 882 天就遭退市警示，暴露出财务造假对市场的严重冲击。本文基于 GONE 理论，深入剖析泽达易盛财务造假根源，旨在通过动因分析提出针对性防控策略，强化监管效能，保护投资者利益，维护科创板市场健康有序发展，推动资本市场高质量前行。

---

① 张洪婧，女，会计硕士，研究方向：企业内部控制与审计实务。
② 李治堂，男，教授，研究方向：企业财务管理、企业内部控制与审计、传媒产业经济。
③ 杨春，女，讲师，研究方向：基于数据的商务决策、财务管理理论与实践。

## 二、泽达易盛财务造假案例

### (一) 公司简述

泽达易盛（天津）科技股份有限公司（以下简称"泽达易盛"）于 2013 年 1 月 15 日登记成立，2020 年 6 月在上交所科创板成功挂牌上市。公司主要研究方向为新信息技术和医疗产业的融合，为医疗行业提供高度定制化服务。其服务范围广泛覆盖中国 22 个省自治区、直辖市，不仅促进了医药产业的数字化转型与智能化升级，更在推动中国医药行业向高质量发展阶段迈进的过程中发挥了积极作用。

### (二) 泽达易盛财务造假

经证监会查明，泽达易盛自 2016 年起就持续存在财务造假行为，分上市筹备与上市后两阶段。筹备期（2016—2019 年），公司伪造合同、虚构交易、夸大在建工程，并利用金融理财掩盖关联交易，美化财报以欺瞒投资者与监管。上市后（2020—2021 年），造假行为未收敛，继续沿用并微调欺诈手法，如虚假合同、虚构业务等，持续误导市场，严重损害资本市场的公正与透明。泽达易盛的欺诈行为横跨上市前后，性质恶劣，影响深远。

1. 隐瞒营业收入和利润

如表 4-1 所示，2016—2019 年，虚增营收占比均值高达 55%，虚增利润远超实际，显示严重财务欺诈。上市后，该行为未收敛，2020—2021 年继续以相同方式操纵财务数据，虚增利润比例均超 50%，误导投资者与市场，损害资本市场公信力。

表 4-1　2016—2021 年虚增营业收入和营业利润

| 年份 | 营业收入/万元 | 虚增营收/万元 | 虚增营收比例/% | 利润总额/万元 | 虚增利润/万元 | 虚增利润比例/% |
|---|---|---|---|---|---|---|
| 2016 | 7219.11 | 3557.37 | 49.28 | 2142.70 | 2243.82 | 104.72 |
| 2017 | 12383.50 | 7388.88 | 59.67 | 4108.38 | 3740.76 | 91.05 |
| 2018 | 20227.73 | 11803.90 | 58.36 | 5967.71 | 6160.85 | 103.24 |
| 2019 | 22130.03 | 11479.48 | 51.87 | 9644.21 | 6528.10 | 67.69 |
| 2020 | 25570.41 | 15216.86 | 59.51 | 9269.59 | 8246.92 | 88.97 |
| 2021 | 32901.68 | 7104.35 | 21.59 | 4740.99 | 2665.78 | 56.23 |

数据来源：公司年报

2. 隐瞒交易和股权代持

泽达易盛通过委托理财隐瞒资金占用，多年间将巨额资金转至未披露关联方，上市后更甚，且未如实披露关联交易。同时，公司还隐瞒了隋田力的重大股权代持情况，掩盖了真实的控制主体。这些财务造假行为严重误导了投资者与市场，损害了资本市场的公平与透明。

3. 虚增在建工程

泽达易盛通过虚构设备采购款，虚增在建工程款 3623 万元，以减少折旧并虚增利润。采购方浙江观滔与泽达易盛多个关联方存在复杂关系，包括股权、高管及业务往来。泽达易盛利用这些关系，将资金通过资管计划和设备采购转移至关联方，隐藏真实交易，误导投资者，增加了监管难度。

## 三、基于 GONE 理论的泽达易盛财务造假动因分析

### （一）贪婪因子分析

贪婪因子和每个人的道德品质息息相关[3]。泽达易盛的崛起之路，便是贪婪驱动的鲜明例证。林应，作为公司的实际控制人，也是财务造假的主要责任人，其野心勃勃，不断通过并购扩张，力求打造信息化业务的全产业链帝国。上市后，泽达易盛虽募集了巨额资金，看似风光无限，实则隐患重重。公司的业务虽覆盖广泛，却缺乏深度与精耕，如同空中楼阁，难以支撑长远发展。

高管层，作为公司利益的紧密绑定者，手握大量股份，自然对公司上市后的价值提升充满期待。因此，股权激励计划中的"营业收入"指标便成了他们追求短期利益的工具。应岚，作为公司的重要人物，非但未能阻止，反而同流合污，违规减持股票，进一步加剧了公司的损失。

### （二）机会因子分析

机会因子涉及财务舞弊的发现可能性和后果[4]。泽达易盛的内部治理显著失衡，内部控制形同虚设，为财务造假提供了温床。公司设定的重大缺陷标准被轻易突破，而内部控制报告却宣称有效，并且审计机构也未察觉异常。如表 4-2 所示，2016—2019 年的财务数据中虚增利润均超过了公司重大缺陷的定量标准。

表 4-2　内部控制缺陷评价的定量标准

| 指标名称 | 重大缺陷定量标准 | 重要缺陷定量标准 | 一般缺陷定量标准 |
| --- | --- | --- | --- |
| 资产、负债和权益类 | 错报漏报金额≥资产总额的2% | 资产总额的2%＞错报漏报金额≥资产总额的1% | 错报漏报金额＜资产总额的1% |
| 损益类 | 错报漏报金额≥资产总额的5% | 利润总额的5%＞错报漏报金额≥利润总额的3% | 错报漏报金额＜利润总额的3% |

数据来源：2021年泽达易盛内部控制评价报告

此外，公司管理层的权力过于集中，如董事长林应兼任总经理、财务总监等多个职位，且控制权高度集中于林应及其丈夫，公司缺乏多元化决策机制，导致内部监督失效，管理层容易滋生舞弊行为。

审计机构天健会计师事务所对泽达易盛的审计服务明显到位，未能及时发现其财务造假行为，为造假提供了外部机会。保荐机构东兴证券在推荐和督导过程中，未能切实履行职责，核查报告反差巨大，引发对其保荐及督导能力的质疑。此外，我国资本市场监管制度的不完善，如监管资源有限、注册制下审核标准相对较低等，也为企业财务造假提供了土壤。这些因素共同构成了泽达易盛财务造假的外部动因，凸显了加强中介机构监管和完善市场机制的重要性。

### （三）需要因子分析

需要因子指的是财务报告舞弊的压力和动机[5]。泽达易盛作为医药健康产业的数据赋能高新技术企业，面对医疗信息化的发展机遇，急需扩展业务并筹集资金，而上市会帮助其解决资金难题。与此同时，科创板宽松的上市条件为泽达易盛提供了机会，但高市盈率环境下，利润成为影响募资规模和上市难易度的关键因素。为迅速获取充足现金流以支持发展，泽达易盛最终选择以违法手段达成上市目标。此外，科创板的退市制度相较于其他板块更为严苛，尤其是财务指标。泽达易盛上市后，利润持续下滑，可能会面临退市风险，进行财务造假可以在短期内维持假象，一旦恢复真实数据，将会使企业遭受重创。因此，为避免退市，公司只能继续采用关联方交易、虚增资产等手段欺骗市场，掩盖企业经营困境的事实。

### （四）暴露因子分析

暴露因子是指舞弊行为被发现的概率及行为受到惩罚的力度[6]。泽达易盛财务造假案例显示，其内控体系不完善与外部监管失效共同降低了造假暴露概率。公司控制权集中，使得监督缺失，外部审计与保荐机构受雇佣关系影响，难以保持中立，甚至互相协助遮掩造假行为。内控与外部监管的双重失效，降低了造假行为暴露的风险，促使管理层等萌生造假动机，通过虚增利润等手段谋取私利。

此外，证监会原处罚力度有限，造假成本低于利益，促使企业铤而走险。新证券法虽已完成修订，但震慑力仍显不足。因此，财务造假频发是因处罚力度过轻，导致企业甘愿冒险造假以谋取非法利益。

### 四、上市公司财务造假的防范措施

#### （一）遏制上市公司的造假贪婪心理

遏制造假贪婪心理需从企业文化与道德建设入手。企业应树立可持续发展的利益观，追求长期价值及多方共赢，摒弃短期利益诱惑，通过诚信守法经营，构建正向企业文化，提升员工归属感与责任感，净化企业氛围。管理层作为核心，应具备正面价值观与道德观，通过高管信用评价体系、周期性考核及职业道德培训，强化自律与榜样作用。内部控制部门应定期调查工作环境，维护良好氛围，并对全员进行职业道德教育，鼓励举报不道德行为，构建全员参与的道德廉政文化。此举旨在从根本上降低财务舞弊风险，促进企业健康、持续发展。

#### （二）减少上市公司财务造假机会

为了有效防止上市公司财务造假，首要任务是强化内部控制与治理。这包括完善公司治理结构，确保董事会、监事会与管理层之间形成有效的权力制衡机制，防止权力过度集中于个别人或部门。通过引入独立董事制度并增加外部董事比例，可以显著提升公司决策的独立性和科学性。同时，必须建立健全内部控制体系，明确界定各部门职责，确保关键控制环节有效执行。定期进行内部控制的自我评估和审计，能够及时发现并纠正潜在问题，防患于未然。

此外，加强对审计机构、保荐机构等中介机构的监管，实施严格的资质审核与持续监督，确保其具备高度的独立性和专业性，是防止财务造假等违规行为的第一道防线。建立中介机构信用评价体系和黑名单制度，对违规行为进行严厉处罚并公开曝光，可以显著提高违法成本，震慑潜在的不法行为。同时，完善资本市场监管体系，提高监管效率和扩大覆盖面，特别是在注册制下加强上市前的审核力度，提高上市门槛，确保上市公司的质量。

#### （三）降低上市公司的造假需求

企业在日常运营中应积极寻求多样化的融资策略，比如通过改进内部管理流程来加快资金回笼，利用售后回租、融资租赁等灵活手段来获取所需资金，减少对银行贷款的单一依赖，从而避免因资金压力而诱发的财务报表粉饰行为。

同时，政府作为重要推手，应发挥其协调优势，通过提供税收减免、优化市场退出与重生机制，并构建创新的金融服务体系，来拓宽科创企业的融资渠道。比如，支持科创企业通过发行债券、利用政府引导的政策性金融工具等方式筹集资金，尤其要加大对初创企业的资金扶持力度。此外，政府还应建立更加完善的融资风险共担机制，帮助金融机构提高贷款审批效率，鼓励其为科创企业提供量身定制的金融服务，确保企业在不同成长阶段都能获得必要的资金支持，从根本上消除因资金匮乏而粉饰财务报表的问题，共同营造一个健康、可持续发展的金融环境。

**（四）完善上市公司财务造假暴露的监管机制**

为有效遏制上市公司的财务造假问题，政府监管部门需双管齐下。一方面，应当不断完善相关法律法规，为打击财务造假行为提供坚实的法律基础，确保造假者无处遁形。另一方面，构建健全的信用体系至关重要，通过正向激励守信行为和严厉惩罚失信行为，营造诚实守信的市场环境。同时，保障信息流通的畅通无阻，使投资者能够迅速获取企业的真实经营状况，为投资决策提供有力支持。此外，退市制度需兼顾灵活性与公正性，既要保护投资者利益，又要支持中小企业的健康成长，避免"一刀切"的僵化做法。

在应对财务造假问题上，要明确责任方是核心。保荐机构和会计师事务所作为中介机构，应肩负起更大的责任，确保所推荐和审计的企业信息真实可靠。上市公司内部则需强化自律机制，董监高及独立董事需严格履行监督职责，保障信息披露的准确性和完整性。同时，倡导多方合作监督模式，政府引导行业协会、公众等力量共同参与，形成全方位、多层次的监管网络。企业方面需加强内部控制，培养专业审计人才，并设立匿名举报系统，鼓励内部监督。中小股东也应提升财务和法律素养，积极关注并监督上市公司行为，维护自身合法权益。对于财务造假行为，坚持"零容忍"原则，一旦发现即迅速行动，全链条追责，严惩不贷，以此形成强大震慑力，维护资本市场的健康稳定发展。

## 五、结语

泽达易盛财务造假案件是一起典型的上市公司财务造假案例。通过对该案例的深入分析，我们可以看到财务造假行为的严重性和危害性。为了防范和治理上市公司财务造假行为，我们需要从企业文化、内部控制、融资渠道和监管处罚等多个方面入手，形成全方位、多层次的防范体系。只有这样，才能确保资本市场的健康稳定发展，保护广大投资者的合法权益。

**参考文献**

[1] 刘子恒. 资本结构对企业绩效影响的实证研究——以科创板为例 [J]. 商展经济, 2024 (3): 168-172.

[2] 李君清. 上市公司内控失效案例研究——以泽达易盛为例 [J]. 中国市场, 2023 (30): 89-92.

[3] 许浪. 基于 GONE 理论的 AST 公司财务舞弊案例探究 [J]. 投资与创业, 2024, 35(13): 17-19.

[4] 庞江华. 基于 GONE 理论的上市公司财务舞弊动因及防范研究——以易见股份为例 [D]. 昆明：云南财经大学, 2024.

[5] 张宏霞, 张新龙. 基于 GONE 理论的舞弊动因机理及防范策略分析 [J]. 老字号品牌营销, 2024 (13): 102-104.

[6] 施金龙, 韩玉萍. 基于 GONE 理论的上市公司财务舞弊分析 [J]. 会计之友, 2013 (23): 98-100.

# 五 贵州茅台高派现股利政策的动因及对策研究

张沛文　蔡春霞

**摘要**：股利政策是很多上市公司财务管理的重中之重，伴随着我国证券市场的完善，相关部门也在积极促进企业推行高派现的股利政策，维护投资者权益。本文以我国白酒龙头企业贵州茅台为研究对象，对其高派现股利政策进行深入探讨。

**关键词**：贵州茅台；股利政策；高派现

## 一、引言

长期以来，上市公司的股利政策都备受各方关注。优良的股利政策能够对企业外在形象产生积极的影响，提高投资者的信心，维护我国资本市场的稳定与健康。然而近年来，许多企业实施了较为消极的股利分配政策，股利支付水平极不稳定。本文以白酒行业企业贵州茅台为研究对象，希望通过对其长期实施的积极股利政策进行研究，分析贵州茅台高派现股利政策背后的具体动因和所带来的影响，并针对其在实施过程中产生的风险提出对应的解决措施，从而促进该企业的高质量发展。这对于白酒行业的其他上市公司股利政的策制定具有一定借鉴意义，对我国证券市场的广大投资者和未来的投资者决策也具有较高的参考价值。

## 二、文献综述

针对上市公司的股利政策，国外早在 20 世纪 60 年代就对其展开了研究与探讨。Gordon（1959）提出了著名的"一鸟在手"理论，即为了避免投资的不确定性，投资者都会偏向于获取风险较低的当期切实收益。Shleifer（1997）的研究发现上市公司股东的性质及该股东的持股份额很大程度上会对公司的股利支付率产生影响。Baker 和 Wurgler（2004）提出了股利迎合理论，认为管理者为了实现公司价值最大化，会迎合投资者偏好制定现金股利分配政策。

随着我国证券市场的完善，国内学者对上市公司的股利政策如何影响企业价值、投资者回报等开展了大量研究。易颜新（2008）指出，公司的股利分配政策能够左右股票价格，并传递出公司盈利能力及发展前景的信息。汪金祥等（2016）认为现金股利分配加剧了对中小投资者利益的损害。苏欣荣（2023）通过研究高派现企业股利政策得出结论，股权高度集中的企业应当对大股东采取一定制约机制，保护中小投资者的权益。

综上所述，国内外学者针对上市公司的股利政策开展了充分的研究。但是由于国内资本市场起步晚，国内学者对上市公司的高派现行为关注较少。因此本文以我国企业贵州茅台为例，结合其相关财务数据，深入剖析了其高派现股利政策，并得出了相关结论。

### 三、贵州茅台的股利分配现状

#### （一）贵州茅台股权结构

贵州茅台酒股份有限公司于 2001 年在上海证券交易所上市。由表 5-1 可以看出，截至 2023 年 12 月 31 日，贵州茅台的最大股东是中国贵州茅台酒厂（集团）有限责任公司，持股比例高达 54.07%。紧随其后的是香港中央结算有限公司，其持股比例为 6.87%，虽是第二大股东但持股数量远远落后于第一大股东。除去第三大股东和第四大股东，剩余六大股东皆为投资机构，股权占比均未超过 1%。而贵州省国资委拥有中国贵州茅台酒厂（集团）有限责任公司 90% 的控股权，可以说是贵州茅台的实际控制人。由此可见，贵州茅台的股权结构是典型的"一股独大"，股权较为集中，中小股东的股权相对分散。

表 5-1　2023 年贵州茅台前十大股东持股情况

| 排名 | 股东名称 | 持股数量/股 | 持股比例 | 股本性质 |
| --- | --- | --- | --- | --- |
| 1 | 中国贵州茅台酒厂（集团）有限责任公司 | 6.79 亿 | 54.07% | 流通 A 股 |
| 2 | 香港中央结算有限公司 | 8631.29 万 | 6.87% | 流通 A 股 |
| 3 | 贵州省国有资本运营有限责任公司 | 5699.68 万 | 4.54% | 流通 A 股 |
| 4 | 贵州茅台酒厂（集团）技术开发有限公司 | 2784.97 万 | 2.22% | 流通 A 股 |
| 5 | 中央汇金资产管理有限公司 | 1039.71 万 | 0.83% | 流通 A 股 |
| 6 | 中国证券金融股份有限公司 | 803.94 万 | 0.64% | 流通 A 股 |

续表

| 排名 | 股东名称 | 持股数量/股 | 持股比例 | 股本性质 |
| --- | --- | --- | --- | --- |
| 7 | 深圳市金汇荣盛财富管理有限公司－金汇荣盛三号私募证券投资基金 | 792.25 万 | 0.63% | 流通 A 股 |
| 8 | 中国工商银行－上证 50 交易型开放式指数证券投资基金 | 765.44 万 | 0.61% | 流通 A 股 |
| 9 | 珠海市瑞丰汇邦资产管理有限公司－瑞丰汇邦三号私募证券投资基金 | 675.1 万 | 0.54% | 流通 A 股 |
| 10 | 中国银行股份有限公司－招商中证白酒指数分级证券投资基金 | 492.27 万 | 0.39% | 流通 A 股 |

数据来源：贵州茅台 2023 年年度报告

## （二）贵州茅台高派现股利政策执行情况

贵州茅台自 2001 年上市起至今，每一年都会发放现金股利给股东，23 年间从未间断，累计现金分红高达 2200 亿元人民币。本文选取了贵州茅台最近 8 年的股利分配数据进行分析，具体情况见表 5-2。

表 5-2　贵州茅台历年股利分配情况

| 会计年度 | 送股/（股/10 股） | 转增/（股/10 股） | 派息/（元/10 股） | 股利支付率/% | 派现水平排名 |
| --- | --- | --- | --- | --- | --- |
| 2016 | 0 | 0 | 67.87 | 51.00 | 1 |
| 2017 | 0 | 0 | 109.99 | 51.02 | 1 |
| 2018 | 0 | 0 | 145.39 | 51.88 | 1 |
| 2019 | 0 | 0 | 170.25 | 51.91 | 1 |
| 2020 | 0 | 0 | 192.93 | 51.90 | 1 |
| 2021 | 0 | 0 | 216.75 | 51.90 | 1 |
| 2022 | 0 | 0 | 259.11 | 51.90 | 1 |
| 2023 | 0 | 0 | 308.76 | 51.90 | 1 |

数据来源：国泰安数据库整理得出

由表 5-2 可知，贵州茅台自 2016—2023 年派现水平逐年大幅度递增，从每 10 股派息 67.87 元一路井喷式上涨至每 10 股派息 308.76 元，并且派现水平连续多年都在同行业内拔得头筹，股利支付率也从未低于 50%，是所有上市公司里出手最阔绰的。贵州茅台的高派现股利政策有以下特点：

（1）股利政策较为稳定。观察贵州茅台最近 8 年的分红方案，贵州茅台分派现金股利的金额都明显高于其他上市公司。贵州茅台的股利分配政策具有较强的连续性，即使在白酒行业处于低谷的年间，分配给股东的现金股利也并未出现大幅缩水现象。

（2）以分派现金股利为主。在初上市阶段，贵州茅台采用了分派现金股利、股票股利以及转增股本相结合的方式，但这种分配形式并未长期存在。贵州茅台在最近 8 年的时间都没有出现过现金股利以外的股利分配形式。

（3）股利支付率较高。贵州茅台集团在经营中，股利支付率保持在稳定的高水准。除去个别年份股利支付率较其他年份有所降低，自 2016 年起，股利支付率每一年份均高于 51%。在我国的上市企业中，很少有企业愿意用一半左右的净利润进行分红。

（4）属于高派现股利政策。根据国际惯例，当一个企业的现金股利大于等于 0.3 元每股的时候，该企业实行的便是高派现行为。贵州茅台自上市以来，除了 2002 年每股派息为 0.2 元以外，其余各年每股支付的现金均大于等于 0.3 元。上市期间有十二个会计年度每股股息高于 1 元，三个会计年度每股股息在 0.3 元至 1 元。

### （三）贵州茅台高派现股利政策动因分析

（1）盈利能力强。销售毛利率是反映企业盈利能力最基础的指标。由表 5-3 可以看出，多年间贵州茅台的销售毛利率一直稳定在 90% 左右。销售净利率也基本呈逐年稳定上升趋势，大致是同行业企业平均水平的 6 倍，这和贵州茅台强大的成本控制能力息息相关。随着贵州茅台的销量增幅变大，该公司获取净利润的效果也会更加显著。2016—2023 年，贵州茅台的资产收益率平均值为 29.6%，显著高于其他白酒企业，说明贵州茅台利用净资产取得利润的能力很强。综上分析可知，贵州茅台拥有长期稳定盈利的能力，能够满足企业的高派现股利政策。

表 5-3 贵州茅台盈利能力相关指标

| 指标 | 2016 年 | 2017 年 | 2018 年 | 2019 年 | 2020 年 | 2021 年 | 2022 年 | 2023 年 |
| --- | --- | --- | --- | --- | --- | --- | --- | --- |
| 销售毛利率 / % | 91.23 | 89.8 | 91.14 | 91.3 | 91.48 | 91.62 | 94.19 | 94.12 |
| 销售净利率 / % | 46.14 | 49.82 | 51.37 | 51.47 | 52.18 | 52.47 | 52.68 | 52.49 |
| 资产收益率 / % | 22.94 | 29.61 | 31.2 | 30.3 | 28.95 | 27.68 | 31.75 | 34.65 |

数据来源：东方财富网整理得出

（2）偿债压力小。由表 5-4 可以看出，贵州茅台 2023 年资产负债率为 17.98%，并且连续多年低于 30%。另外，贵州茅台 2023 年流动比率为 4.62%，速动比率为 3.67%，且在过去八年间基本比同行业上市公司平均数值高。综上分析可知，贵州茅台的偿债能力较为可靠，货币资产储备量充足，流动资产变现速度快，对外负债少，流动比率和速动比率较高，资产负债率长期保持较低的数值，偿还债务的压力小，呈现出良好的经营态势。

表 5-4 贵州茅台偿债能力相关指标

| 指标 | 2016 年 | 2017 年 | 2018 年 | 2019 年 | 2020 年 | 2021 年 | 2022 年 | 2023 年 |
| --- | --- | --- | --- | --- | --- | --- | --- | --- |
| 流动比率 / % | 2.44 | 2.91 | 3.25 | 3.87 | 4.06 | 3.81 | 4.41 | 4.62 |
| 速动比率 / % | 1.88 | 2.34 | 2.69 | 3.25 | 3.43 | 3.23 | 3.62 | 3.67 |
| 资产负债率 / % | 32.79 | 28.67 | 26.55 | 22.49 | 21.40 | 22.81 | 19.42 | 17.98 |

数据来源：东方财富网整理得出

（3）补贴地方财政收入。贵州茅台的第一大股东是中国贵州茅台酒厂（集团）有限责任公司，其拥有贵州茅台 54% 的股份，其他股东持股比例较小，没有过多话语权，而中国贵州茅台酒厂（集团）有限责任公司由贵州省国资委实际控制，当地方财政吃紧的时候，企业就会通过提高现金分红补贴地方财政收入。

（4）激发投资者信心。高现金回报可以给企业树立一个良好的形象，向市场传递了企业拥有良好发展前景的信号，展示企业优良的财务状况和强大的业绩，激发投资者对企业的信心。高派现股利政策不仅增加了股东的收益，还能够吸引大量优质投资者进行投资，有助于提升公司的股票价格、促进公司未来的扩张与发展。

（5）货币资金存储量过多。近年来贵州茅台的对外投资并不多，这与国有资本求稳的经营策略有一定关系。伴随着贵州茅台资金持有量连续上涨，但是并未将其进行大量对外投资，这就造成了公司货币资金大量积压，资金无法运转。除此之外，贵州茅台为了预防资金用于回购股票导致股价上升降低股票流动性，选择将大量持有的现金进行分配。

## 四、贵州茅台高派现股利政策对公司的影响分析

### （一）股票价格

随着贵州茅台每年现金分红数量的增加，该公司的股价一路飙升，稳定在

每股1300元至1500元。贵州茅台为了适应证券市场的发展，于2009年将其全部股份转为流通股，吸引了大量投资机构持股贵州茅台，而机构持股比例的增加有利于维持企业股票的稳定性。同时个人投资者也会被贵州茅台的现金股利所吸引，争相向贵州茅台注入资金，提高了其股票市价。由此可以说明贵州茅台的高股利派现政策对其股价具有积极的作用，也说明了市场是十分认可这个企业的。

### （二）形象声誉

贵州茅台连续多年积极的现金股利政策无时无刻不在向市场传递着公司优秀的经营状况，并且公司获得高额利润也能够实实在在地给予所有投资者，增加了他们对公司的信任与信心。贵州茅台的高派现股利政策给公司无论是在投资市场还是在白酒行业中都树立了一个良好的形象，提升了其日后的发展空间。

### （三）股东收益

在贵州茅台的高派现股利政策下，获益最多的显然是公司的第一大股东，通过现金分红，中国贵州茅台酒厂（集团）有限责任公司每年都能从中获得巨额收益。2023年，该企业获得了高达340亿元人民币的分红金额。贵州茅台的高度集中的股权结构，使其收益源源不断地流入企业的实际控制人手中。并且由于贵州茅台的股价居高不下，也很少有个人投资者长期持有大量该公司股票。

### （四）企业价值

从某种程度来说，一个企业的股票价格能够直接体现其公司价值。贵州茅台发行股票的高额收益不仅吸引了大量投资机构也吸引了大量个人投资者争相购买公司股票，使贵州茅台股票价格迅猛提升。截至2023年12月31日，贵州茅台的总市值为21681.97亿元。除此之外，贵州省政府出台了一系列政策支持企业的发展壮大，并大力打击茅台假酒，维护贵州茅台的品牌形象。由此可见，贵州茅台在制定股利政策的时候迎合了各种层级股东的需求，与其建立了良好的投资关系，有助于提升公司的价值。

## 五、贵州茅台高派现股利政策存在的问题以及相应对策

### （一）股权结构过于集中

贵州茅台的第一大股东持有贵州茅台54%的股份，对贵州茅台拥有绝对控制权。而贵州茅台的实际控制人为贵州省国资委，因此其对贵州茅台的分红政策话语权最大，这就导致头部股东收益远大于中小投资者。

所以贵州茅台应该适当优化其治理结构及股权结构，促进控股股东手中股

份的流通，使得公司股权结构呈现多元化，相互之间形成制衡。多考虑中小投资者的利益，向市场发行新股，引进更多资本。同时还可以制定相应的股东制约条例，设立独立董事机制，对企业的控股股东进行约束与监督，并多给予中小股东话语权。

## （二）货币资金管理不够合理

尽管贵州茅台的货币资金十分充裕，但是该公司并未将多数现金用于其他投资项目，或是开发专利进行产品研发，而是将大部分现金存入银行、补充当地财政收入，降低了其现金投资收益率，造成了大量资金的闲置与浪费。

贵州茅台可以在未来加强对货币资金的管理，提高资金利用率和投资回报率。将闲置的资金用于对外投资或者对内开发新产品等，扩大生产规模，向市场传递企业经营状况良好的讯号。投资后的剩余现金用于分红，使公司价值最大化。

## （三）股利政策比较单一

贵州茅台上市初期还存在送股、转增股本等方式，然而近年来，其股利分配方式只有高额现金股利。这导致了公司股价快速上涨，很多个人投资者无法负担长期持有大量企业股票所需的资金，极大地阻止了大量中小投资者对贵州茅台的投资行为。而分配股票股利可以增加企业股本数量，降低每股股价，增加企业股票流动性。

贵州茅台在未来应当更加合理化其股利政策，除了继续保持其稳定的现金股利分配模式，还应当使股利分配模式更具有丰富性、公平性，满足各类型投资者的投资需求，激发其投资积极性，保障中小股东的利益。

## 参考文献

[1] Baker M, Wurgler J. A Catering Theory of Dividends[J]. The Journal of Finance, 2004, 59(3): 1125-1165.

[2] 魏佳璇. 茅台集团内部会计控制存在问题及对策分析 [J]. 老字号品牌营销, 2019 (11): 26-28.

[3] 刘念. 上市公司高现金股利政策的原因分析——以贵州茅台为例 [J]. 全国流通经济, 2019 (31): 86-87.

[4] 牛雨. 高股利政策的选择性陷阱探究——以茅台集团为例 [J]. 会计师, 2016（8）: 25-26.

[5] 刘李晗幸. 我国家族上市企业股利政策探讨——以曹德旺家族控制下的"福耀玻璃"为例 [D]. 南昌：江西财经大学, 2016.

[6] 黄金卫. 我国上市公司股利分配存在的问题及对策 [J]. 财会学习, 2017（20）: 221+223.

[7] 汪金祥, 吴育辉, 吴世农. 我国上市公司零负债行为研究：融资约束还是财务弹性?[J]. 管理评论, 2016, 28(6): 32-41.

[8] 苏欣荣. 上市公司高派现股利政策问题及启示——以某公司为例 [J]. 天津经济, 2023 (10): 85-87.

[9] 易颜新, 柯大钢, 王平心. 股利分配动因与股利决策——基于上市公司股利分配决策的实证分析 [J]. 经济管理, 2008 (4): 45-54.

# 六 上市公司财务舞弊问题探讨
## ——以康得新为例

张一帆[①]　秦必瑜[②]

**摘要**：在市场经济和资本市场发展的背景下，财务舞弊行为对市场秩序和投资者信心构成威胁。本文以康得新公司为例，基于GONE理论对其财务舞弊行为产生的动机和原因进行分析，并提出旨在促进资本市场健康发展的预防和遏制措施。

**关键词**：康得新公司；财务舞弊；GONE理论

## 一、案例背景

康得新自2001年成立以来，由康得投资集团绝对控股，在深圳上市。2007年，公司收入激增，股价和市值创新高。然而，2017年深圳证券交易所对公司异常财务指标发出问询函，康得新回应后股价继续上涨。2018年，公司财务问题显现，董事长钟玉涉嫌违规被调查。2019年，康得新爆发债务危机，无法偿还到期债券，尽管账上显示有巨额资金。随后，公司股票被标记为*ST，证监会介入调查，年报显示净利润大幅下降，市场对公司财务状况的疑虑加深。

7月6日，证监会正式出具《行政处罚事先告知书》，认定康得新公司存在涉嫌虚增收入和成本、非法占用资金等多项违法事实。

中国证监会对康得新公司处以60万元罚款，并对前董事长钟玉给予警告及90万元罚款，同时对其他责任人采取市场禁入措施。瑞华会计师事务所因审计延迟被认定存在审计责任。表6-1所显示的是康得新虚增利润的具体数额。

---

[①] 张一帆，男，会计硕士，研究方向：会计信息分析与决策。
[②] 秦必瑜，女，硕士生导师，研究方向：传媒信息资源管理、出版产业信息化。

表 6-1　2015—2018 年康得新公司虚增利润情况

| 年份 | 虚增利润总额 / 元 | 占当期披露的经审计的利润总额的比例 / % |
| --- | --- | --- |
| 2015 年 | 2,242,745,642.37 | 136.22 |
| 2016 年 | 2,943,420,778.01 | 127.85 |
| 2017 年 | 3,908,205,906.90 | 134.19 |
| 2018 年 | 2,436,193,525.40 | 711.29 |

资料来源：中国证监会下发给康得新公司的中国证监会行政处罚决定书（康得新复合材料集团股份有限公司、钟玉）〔2021〕57 号

2021 年 4 月 6 日，深圳证券交易所对外发布公告，宣布对康得新复合材料集团股份有限公司作出终止上市资格的决定。自公告之日起，康得新进入为期 30 个交易日的退市整理期。5 月 31 日，康得新正式从深圳证券交易所摘牌，结束了其在资本市场的上市地位。

## 二、康得新公司财务舞弊的动因分析——基于 GONE 理论

GONE 理论是有关企业财务舞弊的著名理论。该理论提出，企业陷入财务舞弊的深渊通常由四个关键因素共同组成，分别是贪婪（Greed）因子、机会（Opportunity）因子、需要（Need）因子和暴露（Exposure）因子。

### （一）贪婪（Greed）因子

贪婪因子主要体现在道德层面，指舞弊者不惜违背道德，过度追求利益。公司起初在预涂膜产业取得成功，得益于中国经济的快速发展和国际贸易的增长，其高质量的产品赢得了海外市场。随着预涂膜市场潜力的限制，康得新将目光转向了规模庞大的光学膜产业，该产业核心技术长期被垄断。在钟玉的领导下，康得新迅速成为全球光学膜产业的领军企业[1]。

然而，连续的成功使钟玉过于自信，错误评估了公司在裸眼 3D 和碳纤维产务的前景。在这些领域遭遇失败后，他没有选择适时调整策略，而是继续寻求资金以维持扩张。在传统融资手段用尽之后，钟玉转向了财务造假，非法挪用大量资金。康得新与北京银行和审计机构合谋，对外出具了无保留意见的审计报告，掩盖了财务问题。这种行为最终未能逃过监管机构的审查，康得新因信息披露违法违规被立案调查。综上，康得新财务舞弊的贪婪因子可以归因于企业领导人对自己过于自信，过于急迫进入目前不适合企业的产业。

## （二）机会（Opportunity）因子

机会因子是指舞弊者利用企业股权结构、内部控制机制漏洞、中介机构独立性弱等缺陷，获得财务舞弊的机会。康得新因内部控制缺陷及管理层权力集中滋生了财务舞弊。在内部控制方面，公司与北京银行西单支行的"现金管理协议"允许康得投资集团与康得新的账户实现资金联动，使得康得新账户内的资金能够在不被察觉的情况下被转移，而对外仍显示正常的应计金额。在管理层方面，钟玉作为董事长兼任总经理，且其妻子徐曙担任公司总裁，公司内部对钟玉存在个人崇拜现象，导致管理层权力过于集中。在面对资金亏空挪用资金的情况下，管理层的过度集中权力削弱了独立董事的监督能力，影响了公司内部控制的有效执行。这种权力结构和管理缺陷，最终导致了康得新内部控制机制的失效，为财务舞弊行为的发生提供了机会。综上，康得新财务舞弊的机会因子可以归结于康得新的内部控制缺陷和管理层的权力集中导致。

## （三）需要（Need）因子

需要因子是公司财务舞弊最根本的动机。康得新在光学膜产业的成功之后，因高调入局碳纤维产业并设定过高标准，加之产业资金需求巨大，导致巨额研发投入未获回报。2013—2018年，虽然康得新的经营性现金流累计净流入72.51亿元，但是投资性现金流累计净流出113.48亿元，反映了康得新在研发上的过度支出。面对主业经营难以覆盖投资的局面，康得新不得不依赖持续融资缓解资金压力。但长期的资金不足，使得康得新面临现金流断裂的风险。为了维持研发能力，康得新最终采取了财务舞弊手段挪用资金。因此，康得新财务舞弊的需要因子可以归因于企业在投资方面投入过多，没能及时收回资金，导致现金流断裂，只能通过财务舞弊来获取资金。

## （四）暴露（Exposure）因子

暴露因子是指财务舞弊被发现的概率和被处罚的力度。康得新公司在2015—2019年通过虚构销售和采购等手段虚增了收入和利润，与此同时存货占比异常下降，周转天数减少，引起外界质疑。尽管如此，瑞华会计师事务所连续6年为其出具无保留意见的审计报告，在历年的审计报告中均未对康得新超百亿元现金的真实性表示过质疑[2]，掩盖其财务造假行为。此外，2018年以来，中信建投等多家证券公司的分析师发布文章，强调康得新的优势地位，进一步隐蔽了其财务造假。

另外，我国资本市场监管力度尚需加强。尽管证监会指出康得新信息披露违法行为特别严重，但相较于119亿元人民币的财务造假，仅对公司罚款60万元，对钟玉给予警告，并处以 90 万元罚款，其中作为直接负责的主管人员罚款 30 万元，作为实际控制人罚款 60 万元。处罚力度太小、太轻，给了康得新公司财务舞弊的底气。

综上，通过以 GONE 理论的四个因素为基础分析了康得新舞弊的动因，为分析舞弊产生的影响以及应采取的治理措施提供了前提。

### 三、康得新财务舞弊手段分析

#### （一）虚增营业利润

康得新公司通过内部协调和外部操作来实现虚增营业利润的目标。根据 2020 年 9 月 24 日证监会发布的处罚公告，2015—2018 年，康得新累计虚增利润高达 119.21 亿元。这一过程涉及年初由董事长和财务总监确定虚增目标，随后分配至子公司，并制作相应的虚假账目。子公司根据目标和自身财务结构，编制虚增收入和成本的底稿，再由财务副总汇总，确保数据与客户和供应商匹配。

康得新通过国内外虚假销售合同，将低质量 PET 膜假冒为高价值光学膜，利用真实物流文件制造合法出口假象，进而在账上虚增应收账款和收入。当印度客户因质量问题退货，康得新利用货权放弃声明处理货物，成为揭露其造假的关键证据。内销造假手法相似但更简化。通过这些手段，康得新在账面上完成了虚假收入的确认，这是其财务舞弊行为的一部分。

#### （二）货币资金存在虚假记录

1. 资金归集

在康得新公司这一宗特大财务造假案中，122 亿元资金的去向成为公众关注的焦点。康得新之所以能在账户余额为零的情况下维持 122 亿元的账面余额，是依赖于与北京某银行签署的"现金管理合作协议"。该协议允许康得新及其子公司的资金实时归集至上级账户，即康得投资集团指定的账户，形成资金池[3]。这种做法实际上构成了未披露的上市公司与控股股东之间的关联交易。这种安排使得康得投资集团能够方便地使用康得新的资金，即便在需要进行付款操作时，资金也能实时从集团账户转至下级账户，确保支付的顺畅。连续 4 年，这种交易未被披露，且瑞华会计师事务所每年的函证也未能发现问题，反映出监管上的严重缺失。康得新和康得投资集团的资金混同使用和管理，不仅违反了会计准则，还为控股股东占用上市公司资金提供了便利。

2. 募集资金转出

康得新通过定向增发募集的资金本应用于光学膜和裸眼 3D 项目。然而，公司高层却指示将这笔资金转给主要供应商——中国化学赛鼎宁波工程有限公司，并在账上以预付供应商款项的名义记录了 21.74 亿元。这笔资金表面上看似符合募集资金的既定用途，实则并非用于购买设备。康得新与供应商达成了秘密协议，一旦资金到账，便转给由钟玉控制的关联方。

3. 资金回笼

康得新或康得投资集团转出的资金通过两种方式流向国外，形成资金循环。第一种方式涉及换汇公司，它们将资金转换为外汇，并按预定金额转给康得新的 15 家外国客户。这些客户随后以购买商品的名义将资金转回康得新。第二种方式通过过桥公司进行，资金被转移给在国外有分支机构的国内公司。这些公司利用内保外贷的方式，即国内母公司担保，让国外分支机构从当地银行借款，再将这些资金转给康得新的 15 家客户。

至此，康得新公司已经构成了一个完整的资金造假循环，通过所谓的"资金回流"机制，使得康得新能够循环使用该笔资金进行利润虚增，进而在财务报表中呈现出比实际更为亮眼的业绩表现。

### （三）虚增存货存量

康得新的财务造假不仅限于账目上的虚构，还涉及复杂的操作以维持毛利率和利润率的稳定。公司通过虚构销售业务虚增收入，同时通过虚构采购、生产、研发和运输费用虚增成本，以此来确保毛利率不出现大幅波动。此外，研发费用和销售费用也同步虚增，以保持利润率的正常水平。尽管制造业企业通常需要保持一定量的存货以应对突发事件，康得新的存货策略却显得异常。尽管公司规模不断扩大，但其存货余额增长并不明显。2013—2017 年存货增长缓慢，到 2018 年第三季度存货为 8.51 亿元。然而，存货占总资产的比例却逐年下降，2011 年和 2013 年超过 10%，而到了 2017 年和 2018 年降至 2.3%，与一般制造业企业的存货管理不符，这引起了对公司财务真实性的怀疑。

## 四、对康得新财务舞弊行为的防范和建议

### （一）完善公司董事制度

独立董事的聘任、问责和鼓励制度需要得到完善，使其更加合法、合理、合规。事实上，独立董事常由大股东任命，其独立性受限，难以有效行使决策权和监督权。这种结构导致独立董事往往与大股东利益一致，缺乏真正的监督作用。在财务舞弊发生时，独立董事很少主动揭露问题，常常等到问题被监管机构发现后才表明立场。而此时，对独立董事的责任追究可能存在处罚力度不足、责任界

定模糊等问题,导致其未能充分承担相应法律责任。因此,企业需建立健全独立董事的问责机制和风险共担制度。此外,独立董事自身也要承担相应的责任,一旦出现违规或失职问题,应受到适当的处罚,以增强其责任感和独立性,避免因轻罚而导致的责任逃避。

### (二) 加强内部控制

首先,企业必须强化内部控制的合法性,避免因职责不清和分工不明导致财务造假。要确保董事会、监事会和管理层之间权力平衡、分工明确,并能相互制约,有效预防控制人滥用内部控制。其次,企业需要确立清晰的奖惩机制,加强内部审计的独立性和职责,明确其权利与义务,以此降低舞弊行为的发生。最后,为防止股权集中导致的决策偏颇,企业应优化股权结构,减少大股东对公司决策的不当影响,从而提升公司治理的透明度和公平性。

### (三) 加强外部监管,提高舞弊成本

监管机构如国家金融监督管理总局、证监会和会计师事务所在金融市场中扮演着监督的关键角色,在金融市场中担负着至关重要的监督职能,致力于维护市场的透明度与公平性。这些机构必须加强对财务舞弊行为的监管力度,通过优化和强化监管框架,以预防和减少此类不当行为的发生。同时,应提升监管人员的专业和道德水准,构建有效的防范体系,保护投资者利益。上市公司财务造假的动机在于其潜在收益远高于成本。以康得新案为例,该公司通过虚报手段夸大了高达 119.21 亿元的利润,而最终证监会对其施加的罚款却仅有 256 万元,罚款与虚增利润之比极低,显示出对舞弊行为的处罚力度不足。此外,对于那些参与协助造假的第三方机构缺乏相应的处罚,间接纵容了造假行为。因此,必须加大财务舞弊的处罚力度,增加违法成本,形成有效震慑,以维护资本市场的公正和秩序。

### (四) 强化注册会计师、审计师的责任

首先,注册会计师在开展审计工作时,应恪守独立性这一核心原则,秉承诚信原则和客观公正的立场,对会计资料的真实性进行细致严格的审核。一旦发现异常,应及时上报并与企业管理层沟通,以判断是否存在违法情况。其次,审计工作应基于审慎和怀疑的态度,对疑点进行深入审查,并主动与管理层及第三方沟通,预防并识别潜在的财务不正当行为,确保所审计会计信息的准确性与公正性,维护审计工作的诚信与透明度。此外,审计人员应运用数据分析技术,比对数据,识别和评估舞弊风险,采取适当审计程序,以确认或排除风险,从而提高审计质量,防止财务舞弊现象发生。

## 五、结语

综上所述，企业财务舞弊行为的发生并不是一时造成的，而是在企业漫长的发展过程中逐步出现的。这种违法现象的出现不仅损害了大小股东的利益，也对资本市场的信誉造成了难以消除的负面影响。然而，正是因为社会的监管不到位，企业自身存在侥幸心理而导致了舞弊行为的发生。因此，我们需要不断加强监管，完善相关的法律法规来避免这种行为的再度发生。

## 参考文献

[1] 唐芝明. 基于 GONE 理论的上市公司财务舞弊动因分析及防范——以 QX 公司为例 [J]. 中国管理信息化, 2024, 27(2): 25-27.

[2] 中国证监会行政处罚决定书（康得新复合材料集团股份有限公司、钟玉）〔2021〕57 号 [A]. 2021.

[3] 刘浩斐, 叶思凡, 施辰阳, 等. 浅析瑞华会计师事务所对康得新的审计失败 [J]. 中国集体经济, 2022 (5): 139-140.

# 七 *ST 美尚强制退市分析与启示

甄路豪[①]　关晓兰

**摘要**：伴随着中国经济的快速发展，股票市场已成为社会生活中不可或缺的一部分，而中国无论是在公司治理还是退出机制上，都存在着许多不完善的地方。上市公司治理和公司退市制度方面存在着各种问题[1]。这就造成了一批"不良企业"，以及"假账"等一系列问题的存在，严重削弱了投资者对中国的股票市场的信心，这对我国资本市场的长远发展是不利的。本文针对*ST 美尚的退市原因进行分析，找到了导致其退市的原因为信息违规披露、财务状况恶化和公司治理问题。最后基于多个角度提出建议，警示有类似情况的上市公司。

**关键词**：强制退市；财务造假；信息披露

## 一、引言

在不断变化的资本市场中，*ST 美尚的退市就像一颗重磅炸弹，引起了社会各界的高度重视。该公司由盛转衰，反映了公司缺乏有效的治理结构，不断恶化的财务状况和僵化的市场法规。*ST 美尚的退市，既是对*ST 美尚的一种惩戒，也是对整个市场的一种警示。本文从财务困境、治理漏洞到会计师事务所的失职等多方面分析了造成该公司退市的多种因素，对*ST 美尚退市背后的内在逻辑进行了较为系统的分析。同时，本文还将为上市公司、投资者和监管部门的决策提供一定的参考，从而促进我国资本市场的健康、稳定发展。

国内学者李若山（2022）从整个资本市场的角度分析了 43 家案例公司，认为退市新规的出现，使得证券市场的审计质量得到了一定的提升，中小股东的维权意识更加强烈，资本市场正常的配资功能得到了更好的发展[2]。而于鹏（2019）聚焦在具体的公司层面，认为完备的退市制度能够加快公司扭转不利经营局面，根据市场发展趋势，来优化自身公司的资本结构[3]。国外学者 Edelman（2016）认

---

[①] 甄路豪，男，会计硕士，研究方向：会计制度与会计实务。

为上市公司被强制退市后，融资渠道减少，融资能力降低，公司也会面临经营瓶颈，短期内不可能复牌[4]。本文将对 *ST 美尚的退市进行财务分析，指出其带来的影响，并给予其他公司警示，提醒其他公司防患于未然。

## 二、*ST 美尚公司概况

美尚生态景观股份有限公司，也称为 *ST 美尚，是一家专注于生态景观建设的公司，成立于 2001 年 12 月 28 日，总部位于广东省深圳市。这是一家以生态园林建筑为主的 A 股上市公司，主要业务包括三个方面：生态修复、生态文旅、生态产品。形成了集策划、规划、设计、研发、融资、建设、生产、招商以及旅游运营为一体的完整产业链，为客户提供生态环境建设与运营的全方位服务。

*ST 美尚在 2016 年 4 月 1 日，股价创下该股的历史新高：每股 153 元。2016 年 4 月 27 日，该股每 10 股转赠 20 股，将股价摊低至 54.09 元（开盘价）；此后一年该股的价格基本围绕 54 元波动。2017 年 4 月 27 日，该股再次大幅送股，每 10 股转赠 15 股，将股价摊低至 16.75 元（开盘价）。此后该股一路下跌，至 2024 年 2 月 8 日前后的股市震荡中，创下每股 0.76 元的最低价，并收于 0.92 元。2024 年 5 月 9 日，*ST 美尚发布公告称，深交所拟决定终止该公司股票上市交易，即退市。

## 三、*ST 美尚退市原因分析

### （一）基于财务指标的内部成因纵向分析

#### 1. 盈利能力

上市公司的综合实力可以通过盈利能力指标体现，盈利能力越强，则回报率越高，公司价值就越高[5]。本文用以下三个指标来衡量 *ST 美尚的盈利能力，如表 7-1 所示。

表 7-1  *ST 美尚 2019—2023 年盈利指标

|        | 2019   | 2020   | 2021     | 2022     | 2023     |
| --- | --- | --- | --- | --- | --- |
| 营业利润率 | 15.66% | -4.28% | -551.81% | -132.59% | -514.07% |
| 总资产净利率 | 3.24%  | -1.21% | -15.63%  | -13.94%  | -13.84%  |
| 净资产收益率 | 10.97% | -3.58% | -54.76%  | -66.04%  | -130.24% |

数据来源：本论文所有数据都来自 *ST 美尚财务报表

从表 7-1 可以看出，公司经营利润在过去五年出现了大幅波动，特别是 2020—2023 年全部为负数。主要原因是 2012—2019 年虚增净利润总计 9158 万元，虚计银行利息收入。2012 年至 2020 年 6 月，通过编制虚假原始凭证计提利息入账，共虚增 4073 万元。另外，公司的总资产净利率整体偏低，2020—2023 年度处于负值，表明公司的利润水平非常低下，持续经营的能力不强。与总资产净利率类似，*ST 美尚公司在 2020—2023 年度均出现了负增长，说明 *ST 美尚公司的经营绩效较差。

2. 偿债能力

一家企业的偿债能力，可以直接影响到企业的融资成本与效率、投资机会的多样化、财务风险的水平。通过以下指标看 *ST 美尚的偿债能力，如表 7-2 所示。

表 7-2  *ST 美尚 2019—2023 年偿债指标

|  | 2019 | 2020 | 2021 | 2022 | 2023 |
| --- | --- | --- | --- | --- | --- |
| 流动比率 | 1.07 | 0.93 | 0.58 | 0.65 | 0.58 |
| 速动比率 | 0.82 | 0.84 | 0.49 | 0.61 | 0.56 |
| 资产负债率 | 66.29% | 66.48% | 76.07% | 82.68% | 96.17% |

由表 7-2 可知，从短期偿债指标来看，*ST 美尚的流动比率均在 1 左右，说明其短期偿债能力不强。此外，*ST 美尚 2021—2023 年速动比率均不到 0.65，表明 *ST 美尚的流动资金能够及时偿付短期债务的能力正在逐步下降；在长期偿债方面，*ST 美尚的资产负债率在 2022 年和 2023 年都在 80% 以上，相对来说，它占据了总资产的很大一部分，*ST 美尚的资产负债率在不断地上升，给债权人带来了很大的困难，这也说明了它的长期偿债能力很差。

3. 营运能力

企业营运能力反映企业对经济资源管理、运用的效率高低[6]。表 7-3 从以下三个方面，对 *ST 美尚的经营状况进行了分析。

表 7-3  *ST 美尚 2019—2023 营运指标

|  | 2019 | 2020 | 2021 | 2022 | 2023 |
| --- | --- | --- | --- | --- | --- |
| 存货周转率 | 1.44 | 1.81 | 1.80 | 1.22 | 1.15 |
| 应收账款周转率 | 0.64 | 0.44 | 0.13 | 0.11 | 0.10 |
| 固定资产周转率 | 22.20 | 10.69 | 1.38 | 1.13 | 1.07 |

由表 7-3 可知，*ST 美尚存货周转率在 2019—2021 年逐年上升，说明其存货管理较为有效，能够较好地将存货转换为销售。但在 2022 年、2023 年存货周转率下滑严重，表明存在积压或销售不畅。此外，其应收账款周转率均小于 0.65，表明其应收账款回收期较长，可能导致现金流危机。再看其固定资产周转率，在 2019 年和 2020 年，固定资产周转率较高，但在 2021 年骤降到 1.38，此后一直维持在 1 附近，表明其固定资产利用率较低，可能有资源浪费的存在。

4. Z-SCORE 模型

Z-SCORE 模型是 1968 年国外闻名的财务专家 Edward Altman 根据制造业的上市公司及非上市公司的财务特点，对所研究的公司运用数理统计方法进行分析，构建了一套财务预警模型。

模型判别式为：

$$Z= 0.12X_1 + 0.14X_2 + 0.33X_3 + 0.06X_4 + 0.999X_5 \quad (7-1)$$

表 7-4　*ST 美尚 2019—2023 年 Z-SCORE 模型各项指标

| 指标列示 | 2019 | 2020 | 2021 | 2022 | 2023 |
| --- | --- | --- | --- | --- | --- |
| $X_1$= 营运资本 / 资产总额 | 3.83 | -3.84 | -28.48 | -22.82 | -32.47 |
| $X_2$= 留存收益 / 资产总额 | -3.52 | -7.99 | -27.22 | -56.70 | -72.54 |
| $X_3$= 息税前利润 / 资产总额 | 4.52 | 0.72 | -17.72 | -10.91 | -7.00 |
| $X_4$= 股权市场价值 / 负债账面价值 | 139.12 | 92.84 | 38.03 | 55.72 | 25.18 |
| $X_5$= 销售收入 / 资产总额 | 22.17 | 17.77 | 3.56 | 3.24 | 2.21 |
| Z | 1.20 | 0.60 | -1.04 | -1.06 | -1.46 |
| 财务状况 | 堪忧 | 堪忧 | 堪忧 | 堪忧 | 堪忧 |

由表 7-4 可知，从因素分解的角度来看，2019—2023 年 $X_1$—$X_5$ 呈现不同程度的降低，$X_1$ 从 2019 年的 3.83% 下降至 2023 年的 -32.47%，表明公司的短期流动性和偿债能力急剧下降。$X_2$ 从 2019 年的 -3.52% 大幅下降到 2023 年的 -72.54%，反映出公司不仅未能积累留存收益以增强其资本基础，反而消耗了大量现有资本，表明公司可能面临持续的亏损。$X_3$ 从 2019 年的 4.52% 转变为负数，并在后续年份中继续恶化，至 2023 年达到 -7.00%。这表明公司的盈利能力显著下降，且目前处于亏损状态，这将对公司的财务状况产生严重影响。$X_4$ 从 2019 年的 139.12% 降至 2023 年的 25.18%，显示出市场对公司的估值大幅下降，且股权价值相对于负债价值的比例显著下降。$X_5$ 从 2019 年的 22.17% 降至 2023 年的 2.21%，表明公司的资产利用效率大幅下降，资产未能有效转化为销售

收入。这进一步证明了公司的运营效率和盈利能力出现了问题。

综合以上各项财务指标和 Z 值的变化，可以判断 *ST 美尚的财务状况极其堪忧。公司面临着严重的流动性差和偿债能力低的问题，盈利能力急剧下降，资产利用效率低下，且市场对公司的估值大幅下降。

## （二）基于财务指标的内部成因横向分析

通过将强制退市的 *ST 美尚、主动退市的 *ST 亚星以及正常持续经营的奥瑞德的净资产收益率进行比较，以便更好理解强制退市，如表 7-5 所示。

表 7-5　2019—2023 年不同模式的三家公司的净资产收益率对比情况

| 代码 | 简称 | 基本情况 | 净资产收益率 ROE / % ||||| 
|---|---|---|---|---|---|---|---|
| | | | 2019 | 2020 | 2021 | 2022 | 2023 |
| 300495 | *ST 美尚 | 强制退市 | 8.68 | -3.77 | -75.26 | -99.37 | -374.53 |
| 600213 | *ST 亚星 | 主动退市 | 8.02 | -935.34 | 9.53 | 123.88 | — |
| 600666 | 奥瑞德 | 持续经营 | 9.05 | -1204.60 | — | 3.49 | -63.68 |

由表 7-5 可知，*ST 美尚在 2020—2023 年的净资产收益率均值为负值，主要起因于 2012—2020 年的财务造假被强制退市。*ST 亚星主动退市，其净资产收益率波动性很大，主动退市的原因有经营困难、业绩不佳、战略调整不当等。主动退市是公司根据自身情况做出的决策，旨在降低市场关注度，减少信息披露压力，并为公司提供更多的发展空间。相对来说，这种规避型的主动退市方式以现金选择权代替退市整理期能够减少中小股东在退市过程中的损失，有其可取之处。此外，仍持续经营的奥瑞德，虽说 2021 年经审计的期末净资产为负值，被实施退市风险警告，但奥瑞德通过优化业务结构、加强成本控制等措施，逐步改善财务状况。在 2024 年上半年，奥瑞德实现扭亏为盈，说明了其持续经营能力的明显恢复。可以看出，强制退市对中小股东的冲击最大，而后续的经营决策对公司的可持续发展也具有重要意义。

## （三）基于非财务指标的内部成因分析

### 1. 信息披露违规

*ST 美尚存在招股说明书、定期报告及发行文件中的虚假记载问题。公司采用提前确认应收账款收回，虚计银行利息收入，不按审定金额调整项目收入，虚增子公司收入，这种做法严重违背了信息披露的真实与准确原则。同时，公司未充分披露与关联方的交易及资金占用情况，导致投资者无法全面了解公司的经营状况和潜在风险。

2. 内部控制失效

*ST美尚的财务造假行为暴露了公司内部控制系统的严重缺陷。内部控制的失效使得公司能够长期进行财务造假而不被发现，进一步加剧了公司的经营风险。公司时任董事长、总经理、实际控制人王迎燕等高管人员对公司财务造假行为负有直接责任。他们的行为不仅损害了公司的声誉和利益，也严重违反了相关法律法规和职业道德规范。

3. 内幕交易和违规操作

王迎燕等高管人员涉嫌内幕交易，通过控制多个证券账户进行交易，累计买入和卖出金额巨大。这样的行为不仅影响了证券市场的正常运行，而且还会给其他投资者带来损失。

同时，公司还存在违规对外提供担保的行为，进一步增加了公司的财务风险和法律风险。

### （四）基于非财务指标的外部成因分析

1. 会计事务所失职

在*ST美尚2012—2016年的年报审计项目中，天衡会计师事务所及其相关责任人存在明显失职，未保持合理职业怀疑，未关注到银行询证函和应收账款询证函回函的异常情况，未能发现*ST美尚提供虚假银行询证函和应收账款空收、虚增项目收入的情况。在2021年5月中兴华会计师事务所在审计过程中也未能充分揭示出公司的财务问题。这些失职行为不仅损害了投资者的利益，也加剧了公司的退市风险。

2. 财务行为严重但处罚较轻

*ST美尚存在长期且严重的财务造假行为，从2012年至2020年，通过多种手段虚增净利润高达4.57亿元。尽管*ST美尚的财务造假行为规模巨大，但监管部门对其及其相关责任人的处罚金额相对较低。例如，对公司实控人王迎燕给予警告，并处以一定金额的罚款，但对于其违法套现高达45亿元的行为来说，这样的处罚显然难以形成有效的震慑。与国际上一些成熟的资本市场相比，我国对上市公司财务造假的处罚力度相对较轻。

## 四、*ST美尚退市的启示

### （一）完善信息披露制度

在资本市场中，最主要的问题是信息不对称。有些上市公司在追求利润最大化的同时，还会对某些信息进行隐藏或存在披露不实的情况，这给中小股东的利益造成了很大的损害，对资本市场的健康发展也造成了很大的影响。因此要建立健全资本市场，企业就必须树立责任意识与诚信意识。上市公司应当严格按照有关的信息披露规定，及时、真实地向公众披露有关的信息。从而提高企业的信誉度，吸引更多的投资者，促进资本市场的发展。

### （二）加大对财务造假的处罚力度

上市公司为增加利润，通过会计舞弊来获取短期利润，忽略了中小股东的合法权益。目前，一些上市公司频繁地将自己的资产进行转移，并通过与中小股东的不对称信息来进行财务舞弊，这是因为他们的利益远超他们所面临的风险。所以，为了预防上市公司的财务舞弊，更好地保护小股东的利益，需要增加对上市公司违法行为的惩罚，增加其违法成本，让上市公司对资本市场保持敬畏，对中小股东有责任感。

### （三）健全内部控制体系

健全的内部控制体系是企业稳健运营的基石。*ST美尚的退市部分源于财务造假和信息披露不当，这提示企业必须严格遵循财务报告的规范，确保数据的真实性与准确性。加强对关键业务流程的监控尤为重要，企业应定期评估内部控制的有效性，及时识别和纠正潜在风险，以防止因管理失误而导致的重大损失。

## 参考文献

[1] 张妍妍. 证券市场的上市公司退市制度比较研究 [J]. 现代经济信息, 2018(25): 299.

[2] 李若山. 对证券市场"零容忍"政策下退市新规的思考——兼对43家退市公司的案例分析 [J]. 财会月刊, 2022 (16): 11-17.

[3] 于鹏, 宋瑶, 樊益中. 退市制度与审计延迟 [J]. 审计研究, 2019 (06): 96-104.

[4] Baker H K, Edelman R B. AMEX to NYSE Transfers, Market Micro structure, and Share holder Wealth[J]. Financial Management, 2016(4): 60-72.

[5] 万光彩, 李少辉. 宏观审慎政策有效性分析——基于银行系统性风险贡献度视角 [J]. 河北工程大学学报（社会科学版）, 2022, 39(1): 32-40.

[6] 桂涛然. 基于哈佛分析框架的山东太阳纸业股份有限公司财务分析 [J]. 现代工业经济和信息化, 2024, 14(2): 221-224.

# 八 内部控制有效性与财务报告可靠性研究
## ——以腾讯集团为例

周佳雯 谢巍

**摘要**：21世纪会计丑闻频发，如瑞幸咖啡和康美药业财务造假事件，其根源直指内部控制的薄弱和财务报告的不实。社会在飞速发展，企业不仅要接受外界的严格监督，更需强化其内部控制体系。有效的内部控制不仅能够规范经营流程，促进盈利增长，还能进一步提升企业形象。同时，内部控制对财务报告的可靠性具有直接影响，低可靠性的报告可能会误导投资者，进而引发严重的财务风险。本文以腾讯集团为例，对其在"老干妈风波"中的内部控制有效性和财务报告可靠性进行分析，并提出相应的解决措施，以期帮助其他企业在开展经营活动时能做到更好的风险控制，提高内部控制有效性。

**关键词**：腾讯集团；内部控制有效性；财务报告可靠性

## 一、引言

随着全球经济一体化的深入，内部控制已成为企业经营中不可或缺的一环，而财务报告则是企业运营状况的直观反映。在快速发展的现代经济中，尽管众多企业乘势而上，但经营之路并非一帆风顺。当前环境下，内控薄弱和财务造假成为一些企业发展的瓶颈，这些问题凸显了内部控制有效性和财务报告可靠性的重要性。

在全球经济化的大背景下，企业内部组织日趋复杂，外部市场竞争日益激烈，这些变化使得企业面临的风险和挑战不断增加。内部控制作为现代企业管理的重要手段，必须与时俱进，不断完善其结构框架，以适应企业发展的需要。而内部控制的有效性直接关系到企业的经营成果，因此近年来，关于内部控制有效性的研究和实践成为企业管理领域的热点话题。在构建内部组织架构和内部控制体系时，持续地审视和重建至关重要。通过不断发现问题、提出改进方案，可以确保内部控制体系更加合理有效，进而促进企业目标的实现，减少损失。

同时，财务报告的可靠性也深受内部控制的影响。[1]财务报告分析是企业评估财务状况、总结经营成果、规划未来发展的重要工具。然而，由于会计政策选择、会计系统局限性和财务报表真实性等因素，财务报告的可靠性受到质疑。因此，市场对财务报告可靠性的关注度日益提升。

## 二、案例分析——以腾讯集团为例

### （一）腾讯集团简介

近年来，互联网行业蓬勃发展，腾讯集团作为中国互联网行业的领军企业，自1998年成立以来，始终坚持"用户价值为先"的经营理念，不断拓展业务领域，积极创新。腾讯在互联网通信、网络支付、网络游戏等多个领域拥有大量专利申请，并于2007年在北京、上海、深圳设立了首家中国互联网研究院，致力于自主研发核心基础技术。

### （二）腾讯集团内部控制有效性分析

2019年3月，腾讯集团与老干妈公司携手，达成了一项市场推广合作协议。根据协议内容，腾讯集团将利用其市场资源，对老干妈公司的产品进行广泛的推广宣传。之后的时间里，腾讯集团在旗下一款网络游戏中，为老干妈公司的产品提供广告宣传、定制广告视频等营销宣传服务。但是在次年腾讯集团并未收到合作款项，以合同纠纷为由起诉老干妈公司并申请财产保全，后由深圳市南山区人民法院发布民事裁定书，查封老干妈公司财产。判决执行后，老干妈公司发布公告称，从未直接或授权委托他人与腾讯集团达成市场推广协议，为维护自身合法权益，即刻报案处理。[2]之后经过警方调查通报，实际情况是有三名犯罪嫌疑人用萝卜伪造老干妈公司印章，冒充业务团队与腾讯集团签约，并倒卖游戏兑换码获利。随后，腾讯集团与老干妈公司发布联合声明，表示已厘清误解，并将配合法律程序。至此，这一商业乌龙事件进入尾声。但是从这一场声势浩大的乌龙事件中却明显反映出腾讯集团的内部控制系统对此要负很大的责任。

在一般情形下，企业在进行销售行为的流程中，内部控制分为事前、事中和事后控制。目前大部分的大型企业在进行数字化改革转型，在企业内部控制流程中，销售方面的数据是产生最多的，如果对销售数据加以收集和分析，运用内部控制发现销售管理方面的问题，并将问题具体化到销售行为过程的某一环节，做到以风险为导向来规避内控风险。

下文将从内部控制有效性的角度，就事前控制、事中控制和事后控制三个阶段入手，分析腾讯的销售业务在这三个阶段中的内控风险。

## 1. 事前内部控制缺陷分析

企业经营初期，风险评估是首要任务。风险定性是基础，但风险定量同样重要，需全面控制风险。初期应调研合作方财务数据，评估其盈利水平、偿债能力及信用风险。业务过程中，内部控制管理应跨部门沟通，涉及市场部、财务部等多方，确保各部门在业务中各司其职，共同推动企业发展。

腾讯集团作为大规模的经济企业应具备完善的经营流程和应对风险的机制。在进行商业合作前，应对合作的企业进行内部控制过程中的事前控制，以此判断未来会存在的收益与风险。事前控制涉及企业间联络沟通、合作方背景调查、合同签订等过程，需要企业多个部门参与其中。老干妈公司此前未与腾讯集团有相关的合作，对于腾讯集团来说是一个新的伙伴，背景调查十分重要。而在这次事件中，腾讯集团对于客户的信用档案，并没有采取有效审核措施，对于信用审核和信用保证制度执行不到位，[3] 从而将诈骗分子误认为老干妈公司的委托人员。在商业合作的合同签署之前，企业部门理应进行细致监督，要详尽地审核查验合作方的具体信息，包括法人登记证书、工商与资质证明等。签订合同时，企业要认真审查合作方的财务信息、经营状况、经营资格等信息。对于大交易额的合作，企业法务部门、财务部门都应到税务、工商、银行等单位参与进行调查。三名非法人员冒充老干妈市场部职员，携伪造公章与腾讯签约，凸显了腾讯集团在运营流程中的漏洞。在合同签订前，业务团队未能深入细致地进行背景审查，让虚假身份得逞。法务部门在执行合同登记管理时，未严格依照规定行事，忽视了关键的审核环节。参与项目的员工内部控制执行不力，未能建立有效的风险预防机制，从而未能从源头阻断潜在威胁。这无疑说明了腾讯集团内部控制中事前控制存在的不足。

## 2. 事中内部控制缺陷分析

内部控制中的事中控制与事前控制同样起着重要作用。事中控制包括加强联络追踪、继续风险控制等手段，忽视这些会使内部控制有效性大大降低。

在腾讯集团与三名诈骗人员签订合同后，一整段合作推广期间，业务人员并没有实施不断追踪，与合作对接人员交流项目情况。在腾讯集团与老干妈公司的产品推广合作过程中，两家公司的市场部门、设计部门等多个部门的参与是不可或缺的，两方都应该保持交流沟通，完善项目进程以取得良好成果。在推广方案制作的过程中，腾讯集团业务人员需要得到老干妈公司的 CI（企业识别系统）、品牌 LOGO 授权证明等品牌信息，腾讯集团的业务人员却一直对这些信息的真伪没有去进行求证。在达成合作之后的几个月里，腾讯集团与冒充人员只通过个人邮箱和个人电话进行沟通，说明腾讯集团在业务执行过程中信息沟通的内部控制还有明显不足。

内部控制的事中控制虽然没有事前控制需要注意的内容那么多，但是在合作的过程中是需要不间断地去执行，事中控制中琐碎的核实行为是降低业务损失的必要手段，也是减少经营风险的重要方法。

3. 事后内部控制缺陷分析

事后内部控制主要包括关注应收账款相关事项，涉及业务部门、法务部门和财务等部门。根据腾讯集团的财务年报，2019年的应收账款为358亿元，其中超过三个月的应收账款是50亿元。这次和老干妈公司的合作业务应收账款为1600万元，占比总额不超过0.1%。虽然这个数据从整体角度看并不高，但是就单个业务金额来说，这并不是一个小数目。同时，对于账龄超过90天的应收账款，企业应给予高度重视。在此情况下，业务部门和财务部门应当保持警觉，并与对方进行持续、密切的沟通。然而据老干妈公司透露，他们从未收到来自腾讯集团的催收信息，那么腾讯集团是否对此予以关注？可想而知，内部控制在事后阶段也没有发挥应有的作用。

### （三）腾讯集团财务报告可靠性分析

腾讯集团在与假冒老干妈公司人员的诈骗分子合作中，内控失效引发对财务报告的质疑。虽然1600万的游戏道具损失对腾讯集团而言并不大，但在公共声誉上却造成了显著负面影响。2019年事件后，腾讯集团内部多次会议提出完善方案，其中销售管理数字化内部控制成为核心。该方案要求业务流程人员提供详尽销售数据，腾讯集团凭借其数据优势，易于实施。通过追踪业务数据，预警潜在风险，助力管理层做出明智决策。此方案有效防止了类似"老干妈合作乌龙"事件的重演，确保了财务报告的可靠性。若腾讯集团当时能及时关注销售数据，便可发现收款问题，也能够做到及时止损。如表8-1所示，在采取了这一新的内部控制政策之后，腾讯集团2020年资产负债表保持稳定，未受负面事件影响。

表8-1 腾讯集团2019年乌龙事件损失发生的数据对比　　　　单位：亿元

| | 2019年 | 2020年 |
| --- | --- | --- |
| 应收账款 | 358.4 | 449.8 |
| 其他金融资产 | 14.01 | 11.33 |
| 资产总额 | 9540 | 13330 |
| 负债总额 | 4652 | 5554 |
| 所有者权益总额 | 4888 | 7780 |

数据来源：腾讯集团2020年年报

现金流量表方面，因为在风波事件之后腾讯在内部控制方面采取改进措施，现金流数据没有受到太大的影响和波动。现金流量表反映的是一个企业现金流入和流出的状况，主要围绕投资、融资及经营这三个核心视角进行阐述。通过表8-2数据显示，腾讯集团在2019整个年度获利情况还是不错的。及时采取措施跟进，弥补损失。这样看来，腾讯集团未来的前景还是可观的。

表 8-2　腾讯集团 2019—2021 年现金流量表指标　　　　单位：亿元

| | 2019 年 | 2020 年 | 2021 |
|---|---|---|---|
| 营运资金变动前经营溢利 | 1505 | 1870 | 2028 |
| 经营活动所得现金 | 1658 | 2144 | 2037 |
| 经营活动所得现金净额 | 1486 | 1941 | 1752 |

### 三、案例对企业内控及财务报告质量提高的相关启示

#### （一）充分认识内部控制有效性和财务报告可靠性的重要作用

企业应深化对内部控制的理解，摒弃旧观念，充分认识内部控制有效性和财务报告可靠性的重要作用，并将其视为企业管理的核心要素。有效的内部控制不仅有助于企业规范运营流程、减少风险，还能提升企业的整体运行效率，确保资产的安全和完整。如果腾讯集团在合作前能够充分重视起内部控制的重要性，建立完善的内部控制机制，对合作方进行严格的审核和确认，这一误会或许就不会发生。同时，财务报告的公信与权威是连接企业与外部利益相关者的重要纽带，其准确性直接关乎企业的市场声誉与信誉。只有确保财务报告的真实、准确、完整，企业才能赢得市场的信任和认可，进而吸引更多的资本投入，推动企业的持续健康发展。由此，针对财务报告可靠性和财务报告质量的研究以及完善企业内部控制制度很有必要。

#### （二）完善企业内部控制系统

为追求稳健的成长，企业应确立内部控制的明确目标与原则，并持续优化其制度，同时投入必要资源以保障内部控制的高效运作。这包括全程追踪经营项目，控制风险，并根据经营模式和未来方向不断完善内控模式，以减少潜在损失。首先，在明确内部控制目标和原则的基础上，企业首先要建立有效的内部控制组织结构，落实各部门的职责和权限，确保内部控制工作的顺利进行。其次，企业可考虑结合网络管理模式，引入尖端的信息技术，以增强内控效率。这些技术不仅能实时监控业务活动，还能进行数据分析，从而显著提升内部控制的准确

性。最后，企业需要强化反思意识，对内部控制系统的执行情况进行全面评估，针对过往问题创新工作方案，不断完善内部控制，降低经营风险，确保企业的长期稳定发展。

### （三）加强企业财务报告可靠性

要改善我国企业财务报告可靠性不稳定的市场现状，内部监管和外界监督两个方面同样重要。企业财务成果的核心价值在于为内部决策提供坚实的依据，并指引企业运营与发展方向。为强化此作用，企业应完善金融管理、内部审计及会计监督体系，确保财会信息的准确无误与高度可信，进而将其打造为企业扩张规模、保持稳健发展的核心支撑与有力证明。[4]因此，加强财报可靠性首先要逐步完善企业的内部控制制度，积极落实到日常活动中做到有效执行。其次，内部控制制度发挥作用离不开人的因素，尤其是员工的素质在一定程度上保证内部控制制度发挥相应的作用。[5]企业要着重关注企业员工的素养，在聘用时强调，在任用时考查，在日常时不断加强培养。最后，企业的各种行为和内部制定的制度往往受到外部环境的制约，但正是通过外部环境的引导和约束，才能做到影响企业内部的各个方面。内外审计结合，从外部环境的多个维度入手，达到提高我国企业财务报告可靠性的目的。

## 参考文献

[1] 高红. 目标导向内部控制对上市公司高管薪酬的影响研究 [D]. 沈阳：沈阳理工大学，2016.

[2] 云皓琛. 基于销售业务的内部控制缺陷对审计风险的影响研究——以腾讯起诉老干妈乌龙事件为例 [J]. 商场现代化，2020 (15): 115-117.

[3] 刘敏文. 腾讯与老干妈合同纠纷案例研究——基于内控和风险管理视角 [J]. 江苏商论，2020 (11): 102-103+107.

[4] 钱家欢. 财务会计信息可靠性改进策略分析 [J]. 上海商业，2021 (5): 104-105.

[5] 吴军辉. 我国内部控制制度现状及其对财务报告可靠性的影响 [J]. 中国市场，2015 (29): 149-150.

# 九 分拆上市的动因及经济后果研究
## ——以威胜控股为例

周之瑀[①] 王关义[②]

**摘要**：本文聚焦于威胜控股分拆威胜信息这一案例，依托于融资需求和管理层激励等理论框架，采用财务分析等多种方法，全面剖析了威胜信息分拆上市的动机及其后续影响。研究涵盖了威胜控股分拆威胜信息的动机、威胜信息分拆前后的市场表现和财务绩效评估，并深入探讨了其背后的原因。基于本文的分析，得出了案例研究的结论，并提出启示。

**关键词**：分拆上市；威胜信息；动因

## 一、引言

在经济高速增长的背景下，为了适应市场的变化，公司会积极地进行资产重组，实现规模经济。然而，类似以扩张为主导的资产重组，需要集团的资源支持，而对于技术密集型公司来说，它对研究和开发资金的要求更高。所以，分拆上市在20世纪就已经成为资产重组的方式，其核心就是用已上市的公司通过分拆子公司的方式，将其子公司另行公开招股上市。

2019年，我国开启了境内分拆上市的时代。本文的案例公司——威胜信息就是首批利用科创板注册制成功分拆上市的公司之一。2019年威胜控股提出分拆威胜信息，最终于2020年1月正式在科创板上市。本文将从这一案例出发，深入探讨威胜控股分拆威胜信息上市的分拆过程和动因，以及威胜信息分拆前后的绩效变化的原因，为计划分拆上市的公司提供一些经验。

---

① 周之瑀，女，会计硕士，研究方向：财务管理实务。
② 王关义，男，教授，博士生导师。

## 二、文献综述

国内学者对于分拆上市进行研究，王春燕等学者通过研究生益科技分拆上市对企业价值的影响，全面分析了生益科技在 2021 年 2 月完成分拆后其业务结构与融资渠道等变化的研究。以生益科技为例，探讨了分拆上市对企业价值产生的具体效果。[9]

国内学者王淇、马生昀通过实证研究，分析企业分拆上市行为绩效。随着政策环境的优化和资本市场的成熟，企业分拆上市的活动愈加频繁。论文将企业的分拆上市过程细分为孵化与转化两个阶段。深入探究企业分拆上市的行为机制，不仅有助于企业聚焦核心业务、提升管理效率，还能促进企业估值的增长。[10]

国内学者张国富，刘闻锴通过对企业分拆上市动因及经济后果探析，发现在当前的新经济形势下，各企业之间呈现显著的相互依存的状态。因此，企业开始积极探索新的产业布局模式和路径，以规避因不合理扩张和并购导致的资源分配不均等问题。[11]

## 三、威胜控股分拆上市案例分析

### （一）相关企业介绍

1. 子公司威胜信息简介

威胜信息创立于 2004 年，于 2017 年改为股份有限公司，于 2020 年在科创板股票市场成功挂牌上市，截至 2024 年 9 月 20 日，股价为 34 元，总市值 168.7 亿元，高出母公司威胜控股的总市值将近 3 倍。该公司在大数据应用管理、通信芯片等领域拥有核心自主研发技术。

2. 母公司威胜控股简介

威胜控股有限公司在 2005 于香港主板上市，截至 2024 年 9 月 20 日，总市值为 56.96 亿港元。该公司是我国第一家在境外挂牌的能源计量和节能技术服务企业。

威胜控股公司的主营业务为先进智慧计量业务和智慧配用电与能效管理业务。该公司拥有广泛的经营领域，除在中国，还与很多国家和地区保持着商业往来，并一直与国家电网等高质量的用户保持着良好合作，该公司在计量产品的国内市场占有率超 20%。

## (二) 威胜信息上市动因分析

### 1. 扩大融资需求

威胜信息当时正处于快速发展期，在分拆上市前，公司经营活动净现金流持续增长，说明业务发展情况良好。而威胜信息的资金筹集能力较弱，仅在 2016 年由银行借款募集到 1500 万元，2018 年和 2019 年并没有筹资活动形成的现金流量，表明投资与筹资活动之间存在缺口。但公司若能在科创板上市，就可以筹集到资金，进而保障企业的资金需求。

表 9-1  威胜信息 2016—2019 年现金流量统计

|  | 2016 年 | 2017 年 | 2018 年 | 2019 年 |
| --- | --- | --- | --- | --- |
| 经营活动产生的现金流量净额 | 0.89 | 1.79 | 2.39 | 2.27 |
| 投资活动产生的现金流量净额 | 2.29 | -1.18 | -0.48 | 0.16 |
| 筹资活动产生的现金流量净额 | -4.26 | 0.08 | 0 | 0 |

数据来源：公司年报

### 2. 管理层激励

分拆上市之前，威胜信息的高管人员的绩效评价仅限于考核，且没有对公司的高层管理者进行股权激励。这是由于母公司以总体绩效作为衡量指标的股票激励方案与威胜信息的绩效并无太大关联，且威胜信息的经营状况对威胜控股的经营状况几乎没有什么影响，因此，其对公司高层管理者的激励效果并不显著。

威胜信息在分拆上市后，企业的管理层李鸿等人获取一定比例的股份。公司招股书提到，分拆上市前已成立 4 家员工持股平台，其将用于对公司的高管和 35 位对公司有重要贡献的员工进行分配，这表明了对公司员工的一种鼓励。

## 四、企业分拆上市效果研究

### (一) 财务指标研究

#### 1. 偿债能力

（1）母公司威胜控股偿债能力

威胜控股近 6 年偿债能力指标如表 9-2 所示。

表 9-2  2017—2022 年威胜控股偿债能力指标

| 项目 | 2017 年 | 2018 年 | 2019 年 | 2020 年 | 2021 年 | 2022 年 |
| --- | --- | --- | --- | --- | --- | --- |
| 流动比率 | 1.71 | 1.65 | 1.5 | 1.69 | 1.67 | 1.66 |
| 速动比率 | 1.55 | 1.43 | 1.42 | 1.59 | 1.49 | 1.47 |
| 资产负债率 | 40.89% | 44.91% | 52.00% | 49.63% | 52.02% | 52.95% |

数据来源：公司年报

威胜控股的流动比率在 2017—2019 年基本保持稳定，稍有所下降，但在 2020 年完成分拆上市后有所回升。这主要是由于威胜控股在分拆上市后募集到资金使流动资产增加，因此提升其偿债能力。

2017—2022 年该公司的资产负债率平稳，均在 50% 上下浮动。2020 年，资产负债率由 2019 年的 52% 降至 49.63%，主要是威胜控股在分拆上市后募集大量资金以及股权融资，进而减少了公司的资产负债率，优化了公司的资产结构。

（2）子公司威胜信息偿债能力

如表 9-3 所示，该公司在分拆上市后的流动比率有一定程度的上涨，进一步展现威胜信息的短期偿债有所增强。但在 2019 年流动比率较低，可能是由于当年应付票据增长 203.26% 导致的。2020 年 1 月威胜信息完成分拆上市，流动比率达到了 3.08，有将近 33% 的涨幅。在 2019 年速动比率下降到 2.14，原因主要也是 2019 年应付票据增加引起的速动比率下降。而资产负债率，随着分拆上市的进行，由 36.01% 降至 28.30%。说明本年度公司的融资规模扩大，完善了公司的资本结构。

表 9-3  2017—2022 年威胜信息偿债能力指标

| 项目 | 2017 年 | 2018 年 | 2019 年 | 2020 年 | 2021 年 | 2022 年 |
| --- | --- | --- | --- | --- | --- | --- |
| 流动比率 | 2.51 | 2.65 | 2.31 | 3.08 | 3.04 | 2.96 |
| 速动比率 | 2.24 | 2.44 | 2.14 | 2.94 | 2.82 | 2.73 |
| 资产负债率 | 29.98% | 29.74% | 36.01% | 28.30% | 29.01% | 29.82% |

数据来源：公司年报

## 2. 盈利能力
（1）母公司威胜控股盈利能力

表 9-4　2017—2022 年威胜控股盈利能力指标

| 项目 | 2017 年 | 2018 年 | 2019 年 | 2020 年 | 2021 年 | 2022 年 |
| --- | --- | --- | --- | --- | --- | --- |
| 销售毛利率 | 28.51% | 29.68% | 31.39% | 31.57% | 32.65% | 32.95% |
| 净资产收益率 | 7.25% | 6.48% | 6.68% | 5.29% | 5.86% | 6.97% |

数据来源：公司年报

威胜控股的毛利率在分拆上市后，较之前有所提升，上市后整体较为稳定。究其原因可能是通信及流体业务上升了 0.9 个百分比。由此可见，分拆上市对威胜控股有着正面的作用。另外，分拆上市当年，威胜控股的净资产收益率下降较为明显，直到 2022 年提升至 6.97%。分析原因，威胜控股 2017—2022 年的净资产上升幅度高于净利润涨幅，从而导致净资产收益率的下降，而该企业获利能力并未下降。

（2）子公司威胜信息盈利能力

表 9-5　2017—2022 年威胜信息盈利能力指标

| 项目 | 2017 年 | 2018 年 | 2019 年 | 2020 年 | 2021 年 | 2022 年 |
| --- | --- | --- | --- | --- | --- | --- |
| 销售毛利率 | 35.61% | 32.68% | 34.05% | 36.03% | 34.93% | 37.12% |
| 净资产收益率 | 15.15% | 14.26% | 15.05% | 14.07% | 13.77% | 15.05% |

数据来源：公司年报

威胜信息近几年的毛利率在 33%～38% 之间波动，但在 2018 年这一数据有所下降，究其原因，是该年通信行业原材料价格大幅增长。分拆上市后，产品结构的优化及营业收入的增加，使公司毛利率持续增加，2022 年上升 2.19%。而净资产收益率一直较为平稳，从而证明盈利能力比较稳定。但在 2020—2021 年有所下降，可能因为该公司资产负债率仅为 29%，而流动比率和速动比率都接近 3 倍，存在资产配置过度的问题，所以净资产收益率表现得不太明显。

## 3. 营运能力
（1）母公司威胜控股营运能力

表 9-6　2017—2022 年威胜控股营运能力指标

| 项目 | 2017 年 | 2018 年 | 2019 年 | 2020 年 | 2021 年 | 2022 年 |
| --- | --- | --- | --- | --- | --- | --- |
| 应收账款周转率/次 | 1.18 | 1.3 | 1.21 | 1.1 | 1.14 | 1.37 |
| 存货周转率/次 | 5 | 3.71 | 3.79 | 5.14 | 4.09 | 5.65 |

数据来源：公司年报

威胜控股在近6年的应收账款周转率均保持在1.1以上。但2020年出现下滑，因为2020年的应收账款比2019年大幅增长，增幅达到18.89%。而该公司2020年营业收入比2019年增幅仅8.02%，远低于应收账款的增幅，因此影响应收账款周转率。

在分拆上市后，存货周转率明显上升，2022年达到6年顶峰5.65。因此，分拆上市给母公司的营运能力带来的影响是正面的。

（2）子公司威胜信息营运能力

表9-7　2017—2022年威胜信息营运能力指标

| 项目 | 2017年 | 2018年 | 2019年 | 2020年 | 2021年 | 2022年 |
| --- | --- | --- | --- | --- | --- | --- |
| 应收账款周转率/次 | 1.54 | 1.5 | 1.76 | 2.06 | 2.24 | 1.92 |
| 存货周转率/次 | 4.44 | 5.52 | 6.1 | 4.75 | 3.98 | 3.4 |

数据来源：公司年报

威胜信息的应收账款周转率在分拆上市前后有明显的上涨。2020年，周转率达到了2次/年，是全新突破。但2022年应收账款周转天数下降主要原因为受到疫情影响，部分客户履约周期延长。

威胜信息的存货周转率均在4.5～7之间，在分拆上市后，存货周转率明显达到高水平，2022年公司交货需求上涨，有关产品备货增加，因此库存量同比增长467.12%，导致存货周转率下降至5.04%。对于营运能力而言，经过分拆上市，子公司的营运能力有一定提升。

### （二）非财务指标研究

#### 1. 提升创新能力

从母公司的视角审视，2022年度的研发投入已逼近6亿元，彰显了公司对技术创新的高度重视。尤为显著的是，自成功完成分拆上市以来，研发支出的占比实现了显著提升。这一积极变化的核心驱动力之一，在于威胜信息通过分拆上市获得了充裕的资金支持，为其后续的研发投入提供了坚实的资金保障。

从子公司进度来看，在2016—2019年，公司的研发费用占同期营业收入7%左右。而在分拆上市后的2022年，研发支出总额为1.99亿元，相较于上一年提升了12.22%。

#### 2. 加强内部治理

为了优化内部治理结构，子公司创建了独立于母公司的组织架构。从表9-8中可以看出子公司在董事会成员中仅有一名成员在母公司担任非执行董事，其余八位董事均独立于威胜控股之外，这一安排确保了子公司董事会的独立运作与决策能力。同时，威胜信息的高级管理人员无一在母公司威胜控股中兼任董事或任何管理职位，进一步强化了组织间的独立性原则。

表 9-8　2020 年威胜信息分拆上市董事会成员

| 姓名 | 职位 | 是否为威胜控股董事 |
| --- | --- | --- |
| 吉喆 | 董事长 | 是 |
| 李鸿 | 董事、总经理 | 否 |
| 王学信 | 董事 | 否 |
| 张振华 | 董事、总经理助理 | 否 |
| 丁方飞 | 独立董事 | 否 |
| 王红艳 | 独立董事 | 否 |
| 董新洲 | 独立董事 | 否 |
| 李先怀 | 董事、副总经理 | 否 |
| 范律 | 董事、总经理 | 否 |

数据来源：招股书

## 四、结论与启示

### （一）结论

本文通过分拆威胜信息的案例发现，威胜信息最终于 2020 年初在科创板成功上市。在该时期实施分拆上市，的确是坐上了发展的顺风车，一上市便成功募集到巨额资金，为其研发提供强大支持。

为了探索分拆上市的效果，从财务指标和非财务指标方面进行探讨。其中对母公司威胜控股来说，分拆威胜信息能够有效促进其偿债、盈利两方面能力的提升；对于子公司威胜信息而言，分拆上市对其财务指标均有积极的影响，给企业的长期发展提供动力。而非财务指标体现，分拆后母子公司对研发的投入力度加大，还加强了内部治理。总体来看，威胜控股分拆威胜信息上市是有积极意义的。

### （二）启示

随着境内分拆上市新政的到来，企业纷纷开始寻找合适自身的分拆上市模式。威胜控股第一次提交分拆上市申请时，因未能考虑威胜信息在上市板块的特点而导致了失败。因此，企业要想分拆上市，应先考虑子公司适合的板块，并且制定合适的分拆方案，以确保分拆上市的顺利进行。

通过梳理近几年案例，发现有一个共同点那就是分拆出来的子公司都是优质的。这些子公司分拆上市后会吸引更多机构投资者，让投资者充分认识到子公司的高成长性。在分拆之前，子公司的业务板块与母公司业务板块一起编制财务报表，导致外部投资者难以洞察到子公司独立的发展潜力与价值，因此，投资者往往会对母公司给出较低的估值。一旦子公司被市场发掘并认可，其价值将会得到重新评估并提升。

## 参考文献

[1] 黄思瑜. 年内逾 20 单"A 拆 A"失败有公司换道重谋上市路 [N]. 第一财经报，2024-09-19(A03).

[2] 王睿诗，王慧青. 企业分拆上市的动因及经济后果探析——以金山软件为例 [J]. 老字号品牌营销，2024 (16): 139-141.

[3] 王军. "A 拆 A"降温 17 家公司终止分拆上市计划 [N]. 证券时报，2024-06-22(A04).

[4] 洪尉航，周诗涵，柳伊淇. 境内分拆上市的价值创造路径研究——以江苏国泰分拆瑞泰新材上市为例 [J]. 财务管理研究，2024 (05): 61-68.

[5] Lang, Poulsen and Stulz. Asset sales, firm performance, and the agency costs of managerial discretion [J]. Journal of Financial Economics, 1995, 37(1): 3-37.

[6] 赵霞. 分拆上市能否创造价值——基于用友网络分拆畅捷通上市的案例 [J]. 财会通讯，2020 (16): 98-102.

[7] Schipper and Smith. A comparison of equity carveouts and seasoned equity offerings: share price effects and corporate restructuring[J]. Journal of Financial Economics, 1986, 15(1/2): 153-186.

[8] 沈佳烨，郭飞. 中概股回归国内资本市场的路径及动因——药明康德"一拆三"回归的案例分析 [J]. 财会月刊，2018 (21): 95-102.

[9] 王春燕，王曼，刘玉婷，等. 分拆上市对企业价值的影响研究——以生益科技为例 [J]. 中国资产评估，2024 (4): 45-51.

[10] 王淇，马生昀. 企业分拆上市行为绩效研究 [J]. 中小企业管理与科技，2024 (5): 82-84.

[11] 张国富，刘闻锴. 企业分拆上市动因及经济后果探析 [J]. 商场现代化，2024 (5): 132-134.

# 十　伊利集团数字化转型对价值创造效果的分析

朱浩旗[①]　华宇虹[②]

**摘要**：数字化转型已成为当今企业管理和发展的重要趋势，随着数字技术的不断创新和应用，企业也面临着更多的机遇和挑战。反观传统的商业模式即将面临淘汰，企业应积极寻找适合自己的数字化转型道路。行业龙头伊利集团已率先推进数字化转型进程，为实现2030年"全球乳业第一"的长期战略目标做准备。本文采用案例分析法，选取伊利集团作为研究对象，分析数字化转型对企业价值创造的影响。通过研究发现企业数字化转型是一个长期的过程，伊利集团已经取得一定的成果。

**关键词**：数字化转型、价值创造、伊利集团

## 一、引言

随着大数据、云计算、人工智能等技术的飞速发展，企业正面临着前所未有的变革机遇与挑战。传统的商业模式已经难以满足现代企业的发展需求。在数字经济时代，数字化转型已成为企业迈向高质量发展、增强核心竞争力的关键路径。

伊利集团，作为中国乳制品行业的领军企业，其数字化转型的实践不仅为行业树立了标杆，也为研究数字化转型对企业价值创造的影响提供了宝贵的案例。本文以伊利集团为例，对伊利集团数字化转型的动因、路径及成效进行分析。

## 二、文献综述

现有关于数字化转型对企业绩效的影响研究大致分为正面和负面，并没有得出统一定论，这是因为在选取数字化转型效果的研究对象时，往往缺乏统一的标

---

① 朱浩旗，女，会计硕士，研究方向：资本市场与公司治理。
② 华宇虹，女，教授，博士，研究方向：资本市场与公司治理。

准。不同研究可能关注数字化转型的不同方面，导致研究结果难以比较。肖旭和威肀东（2019）[1]从价值维度论证了数字化转型带来的技术升级能够推动生产效率的提升，助力产业实现高质量发展，为企业创造可观的销售业绩。研究表明数字化转型对企业有正面影响，而周青等（2020）[2]通过实证研究的方法得出当数字化转型达到一定程度时会对企业绩效产生非正面的影响，呈现出倒"U"型的状态。

通过梳理相关文献发现数字化转型在当今时代确实必不可少，且大部分研究选取的企业案例集中在工业制造企业。基于上述研究，本文选取了前述学者较少分析的食品行业中的乳制品企业伊利集团作为具体研究对象，总结出其数字化转型过程中值得其他企业学习的优势以及自身还需改进的问题，并提出可行建议，为其他企业数字化转型提供一定参考。

## 三、伊利集团数字化转型动因及数字化转型阶段

### （一）转型动因

1. 行业环境变化和消费者生活方式变化

随着数字化社会的推进，消费者对数字化生活方式的需求不断加深，伊利集团紧跟这一趋势，加速推进数字化转型，以更好地满足消费者的需求。

2. 国家政策的推动

国家战略方向为伊利集团的数字化转型提供了政策支持和动力。伊利集团积极响应国家政策，通过数字化转型提升全产业链的数字化水平，推动中国乳业的数字化发展。

3. 提升市场竞争力和企业价值

数字化转型是提升企业市场竞争力和企业价值的重要手段。伊利集团通过数字化转型，构建"全周期、全流程、全渠道、全链条、全域运营"的消费者数字化平台，为消费者提供更高品质的健康产品与服务，从而提升企业在市场上的竞争力。

### （二）伊利集团数字化转型阶段

1. 数字化阶段

（1）建立数字追溯系统

在2003年数字化初创阶段，伊利集团建立数字追溯系统，通过不断升级和完善追溯体系，从最初的数字码手工采集，到后来的一维条码、二维条码追溯，直至实现开放式的手机追溯，确保了产品信息的全面化、及时化和信息化。这一系统不仅提升了消费者对产品的信任度，也为伊利集团赢得了良好的市场口碑。

（2）部署企业资源计划系统

2008年随着业务的不断扩张，伊利集团部署ERP系统，ERP系统作为伊利集团数字化转型的重要支撑，通过集成企业内部的各项管理职能，实现了资源的优化配置和业务流程的高效协同。伊利集团经过市场调研和对比分析，选择了合适的ERP系统供应商，并制订了详细的实施计划。

2. 数智化阶段

（1）打造全自动化生产线

2012年伊利集团实现了自动化加工、数据采集系统的应用。乳制品生产线的自动化加工，标志着伊利集团在生产环节向智能化迈出了重要一步。自动化加工不仅提高了生产效率，还确保了产品质量的稳定性和一致性。

（2）信息精细化管理

伊利集团在2015年部署了CRM（客户关系管理）系统，通过CRM系统，伊利集团可以实现对客户信息的全面管理，包括客户基本信息、购买历史、偏好等，为个性化营销和服务提供了可能。除此之外，伊利集团引入了APS（高级计划与排程）系统，该系统能够基于企业的生产能力和资源状况，对生产计划进行优化和排程。

3. 智能化阶段

（1）建立制造执行系统

伊利集团自2017年开始实施液态奶智能制造项目，该项目以MES系统为核心，实现了生产过程的自动化、智能化和可追溯性。MES系统根据生产任务生成操作步骤，让操作人员必须按照顺序完成操作，确保了生产过程的规范性和一致性。MES系统的应用显著提升了伊利集团的生产效率。通过实现生产过程的自动化控制和优化调度，减少了人工干预和等待时间，提高了生产线的运行效率和产能。这有助于伊利集团完善现有的工艺防错体系和质量管理体系，确保产品质量的稳定性和可靠性。

（2）成立数字化中心

2019年伊利集团成立了独立的数字化转型部门——数字化中心。数字化中心目前涉及众多前端产品，为保证统一技术框架，避免重复建设，技术团队在前端框架上以组件化为主体思路，结合实际业务场景，建设符合需求的组件库，最大化沉淀和复用，降低前端投资成本。负责制定伊利集团的数字化转型战略规划，明确转型目标、路径和关键举措，为集团的数字化转型提供方向指引和顶层设计。伊利集团成立数字化中心是其数字化转型战略的重要里程碑，标志着伊利集团在智能化方面的深入布局和加速推进。

## 四、伊利集团数字化转型提升企业价值的创造路径及效果分析

### (一) 伊利集团数字化转型价值创造路径分析

1. 构建转型基础

伊利集团内部和供应商团队都使用统一的 DevOps 平台，从需求提报到开发测试再到上线的整个过程都通过这个平台来进行统一的管理和控制。这种方式大大提高了交付效率和质量，实现了从一个月或一季度两到三次版本发布到一天多达上百次的快速发布。该产品可以满足公司内部的一些业务需求，如智能客服、智能对话以及文生图、图生图等功能。这些成果不仅提升了伊利集团的运营效率和市场竞争力，还为整个乳制品行业的数字化转型提供了宝贵的经验。

2. 数业深度融合

将数字化技术与业务深度融合，推动业务模式的创新和变革。实现上、中、下游全覆盖。在上游，伊利集团打造"智慧牧场"，以信息化为奶源品质保驾护航。在中游，伊利集团建设"智能工厂"，从生产线到质检、包装、自动化生产线、智能化机器人、生产、抽检、灌装、装箱、码垛一气呵成。在下游，伊利集团洞察消费需求，预判流行口味和营养功能，根据不同地区、人群，优化口味、创新产品。综上所述，伊利集团通过实现上、中、下游的全覆盖，构建了从奶源到终端的完整数字化产业链[3]。这一战略不仅提升了伊利集团的市场竞争力，还为消费者提供了更加优质、便捷、个性化的产品和服务，提升了用户的体验感。

3. 数据驱动运营

通过数据分析和智能决策，优化运营流程，提升运营效率和效益。为实现从品牌营销到消费者数字化运营的升级，伊利集团采用了重点突破、务实渐进的策略，首先在品牌和消费者"距离最近"的私域阵地里试点并迭代运营模式，通过对各触点的数据采、存、建、管、用，依托消费者数字化运营平台（CXP），自主研发了小程序组件化配置管理工具，统筹规划并以极快的速度开发了近 30 个小程序。在此基础上，伊利集团今年将进一步提升数字化产品和运营能力，升级 CXP 平台内九大核心功能模块，实现"通过数字化能力重塑消费者体验"的目标[4]。这些成果不仅为伊利集团自身的发展提供了有力支持，也为整个乳制品行业的转型升级树立了标杆和典范。

### (二) 价值创造效果分析

1. 盈利能力分析

从表 10-1 数据可以看出伊利集团的盈利能力整体变强。根据年报分析该现象出现的原因是伊利集团在 2019 年组建了数字化中心，搭建了大数据雷达平

台，覆盖了全网 90% 以上的有效数据，更高效、更直接、更准确地实时洞察消费者需求，不断优化产品，更加了解消费者的喜好，了解本行业产品走势，从而使自身的盈利能力变强。

股东权益报酬率呈先降后升的趋势，这是因为 2022 年 6 月伊利集团发行股票募集资金接近 130 亿元，这导致 2022 年股东权益报酬率下降，募集资金主要用于液态奶生产基地建设等项目。为加速数字化转型，打造全产业链的乳业创新基地，公司还将募集资金用于数字化转型和信息化升级战略，打造中国"智慧乳业"新标杆。有望通过优化产品结构与数字化转型，来提高公司的盈利能力。

表 10-1　2021—2023 年伊利集团盈利能力指标　　　　单位：%

| 指标 | 2021 年 | 2022 年 | 2023 年 |
| --- | --- | --- | --- |
| 销售毛利率 | 30.62 | 32.26 | 32.58 |
| 销售净利率 | 7.93 | 7.59 | 8.18 |
| 股东权益报酬率 | 22.02 | 18.11 | 18.45 |

数据或资料来源：伊利集团年报

2. 营运能力分析

从表 10-2 中可以看出三年来，伊利集团的存货周转率逐年下降，整体来看伊利集团的存货周转速度变慢了，这是因为伊利集团拥有全球速度最快的生产线，这使得伊利集团的商品库存大大增加。随着新乳制品品牌的加入、产品同质化程度扩大，行业整体下行压力不断加剧，资产周转效率不可避免会受到影响。在数字化转型的十年里，伊利集团率先完成了全链数字化布局，全智能无人挤奶机器人、饲喂机器人、推料机器人这些智能设备的投用，使得前期资金投入巨大，但后期可以提升牧场的运营效率。

表 10-2　2021—2023 年伊利集团营运能力指标　　　　单位：次/年

| 指标 | 2021 年 | 2022 年 | 2023 年 |
| --- | --- | --- | --- |
| 存货周转率 | 9.28 | 7.00 | 6.20 |
| 流动资产周转率 | 2.80 | 2.20 | 1.92 |
| 总资产周转率 | 1.27 | 1.05 | 0.89 |

数据或资料来源：伊利集团年报

### 3. 偿债能力分析

**（1）短期偿债能力分析**

近三年，伊利集团的流动比率、速动比率呈下降趋势，这是因为一方面，伊利集团为自身信息化升级和数字化转型投入大量资金，构建了供应链管理系统、物流系统等，进而减少了企业内部的流动资产，对企业偿债能力造成了一定影响；另一方面，伊利集团还在国内、东南亚以及大洋洲等地新建生产基地，为此加大了融资规模，进而导致企业偿债能力有所下降。但从长远来看，不管是对内投入大量资金进行数字系统升级，还是对外扩大产能，都有助于企业的数字化转型，实现企业的高质量发展（表10-3）。

表10-3　2021—2023年伊利集团短期偿债能力指标

| 指标 | 2021年 | 2022年 | 2023年 |
| --- | --- | --- | --- |
| 流动比率 | 1.16 | 0.99 | 0.90 |
| 速动比率 | 0.95 | 0.75 | 0.74 |
| 现金比率 | 0.72 | 0.53 | 0.56 |

数据或资料来源：伊利集团年报

**（2）长期偿债能力分析**

从长期偿债能力指标来看，伊利集团偿债能力有所下降，这与其当年投资建设数字中心平台有关，在此过程中需要投入大量资金（表10-4）。

表10-4　2021—2023年伊利集团长期偿债能力指标

| 指标 | 2021年 | 2022年 | 2023年 |
| --- | --- | --- | --- |
| 权益乘数 | 2.09 | 2.42 | 2.65 |
| 利息保障倍数 | 13.49 | 8.58 | 6.35 |

数据或资料来源：伊利集团年报

### 4. 发展能力分析

伊利集团的利润规模不断扩大，利润增长率呈先降后升趋势。这是因为伊利集团利用数字化技术在生产端，借助数据驱动的决策体系，能够根据终端订单数据迅速调整生产计划，不仅降低了生产成本，更保证了产品质量，进而增强了伊利集团的市场竞争力。除此之外，伊利集团数字化赋能产业营销环节，打造智慧运营体系，有助于企业利润的稳步提升，为企业的发展保驾护航，这体现出数字化转型对伊利集团发展的正面影响（表10-5）。

表 10-5  2021—2023 年伊利集团发展能力指标　　　　　单位：%

| 指标 | 2021 年 | 2022 年 | 2023 年 |
| --- | --- | --- | --- |
| 营业收入增长率 | 14.11 | 11.40 | 2.49 |
| 总资产增长率 | 43.30 | 28.44 | 15.77 |
| 利润增长率 | 24.08 | 5.12 | 10.26 |

数据或资料来源：伊利集团年报

## 五、结论与启示

### （一）结论

经过上述分析，伊利集团在数字化转型过程中，主要通过构建转型基础、数业深度融合、数据驱动运营的方式来实现企业价值的创造。对伊利集团数字化转型的分析表明，数字化转型对伊利集团的财务绩效、价值创造等方面都有提升作用。

### （二）启示

伊利集团应该不断利用数字技术升级产业链、布局创新链、优化供应链、提升价值链，以新动能推动新发展，全力深化与数字经济的融合，通过对最前沿数字技术的应用，不断提升全产业链数字化水平。伊利集团未来发展应继续坚持创新驱动和可持续发展战略，加强质量管理体系和研发创新投入，优化渠道布局和营销策略以及加强企业社会责任感和品牌形象建设。

## 参考文献

[1] 肖旭，戚聿东. 产业数字化转型的价值维度与理论逻辑 [J]. 改革，2019 (8): 61-70.

[2] 周青，王燕灵，杨伟. 数字化水平对创新绩效影响的实证研究——基于浙江省 73 个县（区、市）的面板数据 [J]. 科研管理，2020(7): 120-129.

[3] 陆小苹，毛鹏程，李晔秋，等. 数字技术在乳业质量管理过程中的应用 [J]. 中国质量，2023(3): 49-52.

[4] 洪稳杰. 数字化转型与企业价值链成本管理研究 [D]. 郑州：河南财经政法大学会计学院，2023.

# 十一　中南出版传媒集团数字化转型对财务绩效的影响

蔡馨怡[①]　付海燕[②]

**摘要**：为抓住市场变革机遇，度过产业阵痛时期，实现企业高质量发展，出版集团积极推进数字化转型战略实施。在借鉴和综合国内外研究成果的基础上，本文选取中南出版传媒集团自 2010 年上市以来到 2023 年财务报表为研究样本，从财务绩效角度来研究中南出版传媒集团数字化转型带来的影响。研究结果表明：数字化转型后中南传媒企业规模扩大，资产负债风险没有显著提升，营运风险管理得当，但企业盈利、成长能力表现波动性较大，新兴产业发展相对缺乏稳定性；数字化转型对中南传媒的财务绩效没有产生显著正向影响，但是整体上增强了中南传媒抵抗风险的能力。本文认为中南传媒在数字化转型过程中需要不断完善企业产业结构，寻找新的盈利增长点，增强企业可持续发展能力。

**关键词**：出版企业；数字化转型；财务绩效

## 一、引言

自我国推进工业化以来，企业一直走在转型升级的路上。面对互联网、大数据、云计算、人工智能等新兴科技飞速发展的现状，企业必须紧跟时代步伐，走数字化转型这条必由之路来迎接更多的机遇和挑战。

企业的数字化是以企业信息化为基础，不断完善和丰富自身，从而实现跨越式发展的企业升级方式。传统出版作为过去文化的主要传播方式，其存在有着不可磨灭的意义，但随着传播方式不断更新迭代，传统出版逐渐失去主流传播途径的地位。传统出版企业如何面对优势地位丧失带来的冲击是现在亟待解决的问题。本文通过分析中南出版传媒集团的数字化转型带来的影响，为其他中小出版

---

① 蔡馨怡，女，会计硕士，研究方向：会计制度与会计实务。
② 付海燕，女，硕士研究生导师，研究方向：传媒产业经济分析、对外经济分析。

传媒企业提供经验和借鉴。

## 二、文献综述

自 2000 年，我国出版企业转型升级的研究就开始了，虽有众多讨论但出版业数字化最初落地是以方正等为代表的数据库厂商拉动的，后在政府的不断推动下主体逐步转移到出版社及出版企业。陈芳（2004）提出市场、版权、产业链是数字出版的三大关键问题[1]。刘美华、王谷香(2010)认为价值链整合能优化配置出版资源，形成一批区域性综合集团和行业性专业集团，最终实现建设具有国际竞争力的跨国出版传媒集团的目标[2]。孙利军、孙文瑾（2021）提出内生、并购、联合三种出版企业的转型方式，并以中南传媒为例阐述了出版企业依靠联合的方式实现了多元业务拓展的可行性[3]。秦晓芳（2022）提出企业实现数字化转型需要注重企业战略、资源、技术、人才、运营五个内容，通过搭建数字化平台，以期实现全渠道数字化转型升级的目标[4]。政策指导要求出版业要加快推动深度媒体融合发展，构建数字时代新型出版传播体系[5]。数字时代背景下出版企业纷纷选择转型，从单一的业务内容不断进行改革扩张，众多出版企业以集团形式向文化综合服务商转变。

## 三、中南传媒数字化转型历程

中南出版传媒集团股份有限公司（以下简称"中南传媒"）是国内首只以全产业链形式上市的发行媒体股票，包含了出版、印刷、发行、报刊、新媒体、金融六大产业。中南传媒集团下属出版社在细分类图书的市场上占有一定的优势。具有独立知识产权的新课标实验教材的市场份额、销售收入和利润均位居全国各地图书集团前列。

通过对中南传媒 2010—2023 年年报中提及的数字化相关词汇出现的词频来测量中南传媒数字化战略的实施力度。

研究表明中南传媒数字化转型经历了全面布局、初步建设和稳步推进三个阶段。从年度情况分析来看，2011 年、2013 年是数字化词频出现的相对增长点，这是由于处在中南传媒数字化转型的全面布局阶段，将数字化转型提升到企业发展战略的高度。2015 年、2018 年、2019 年也出现了相对较高的频率，数字化转型布局的各项产业进入初步构建阶段，短视频的兴起让中南传媒看到了新的发展重点，文创区的规划提上日程，因此在年报中数字化相关词汇有所增加。

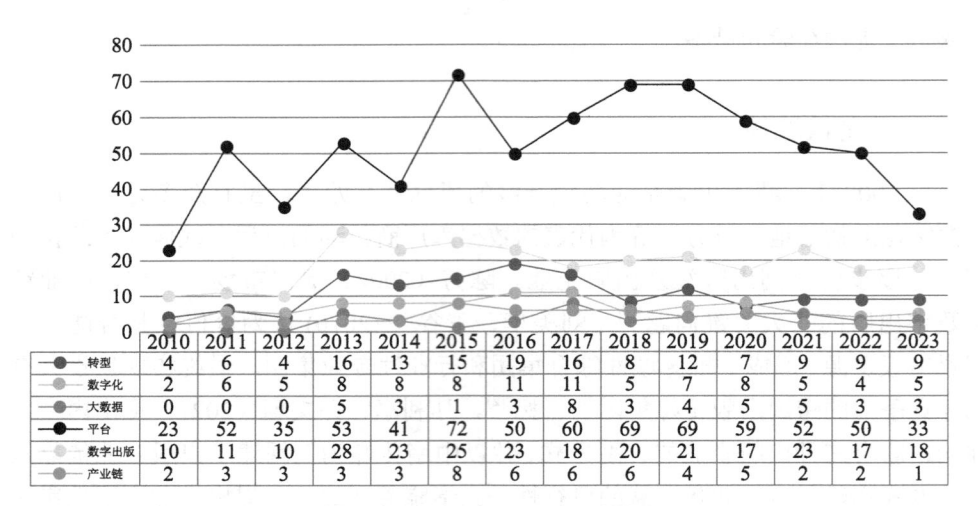

| | 2010 | 2011 | 2012 | 2013 | 2014 | 2015 | 2016 | 2017 | 2018 | 2019 | 2020 | 2021 | 2022 | 2023 |
|---|---|---|---|---|---|---|---|---|---|---|---|---|---|---|
| 转型 | 4 | 6 | 4 | 16 | 13 | 15 | 19 | 16 | 8 | 12 | 7 | 9 | 9 | 9 |
| 数字化 | 2 | 6 | 5 | 8 | 8 | 8 | 11 | 11 | 5 | 7 | 8 | 5 | 4 | 5 |
| 大数据 | 0 | 0 | 0 | 5 | 3 | 1 | 3 | 8 | 3 | 4 | 5 | 5 | 3 | 3 |
| 平台 | 23 | 52 | 35 | 53 | 41 | 72 | 50 | 60 | 69 | 69 | 59 | 52 | 50 | 33 |
| 数字出版 | 10 | 11 | 10 | 28 | 23 | 25 | 23 | 18 | 20 | 21 | 17 | 23 | 17 | 18 |
| 产业链 | 2 | 3 | 3 | 3 | 3 | 3 | 8 | 6 | 6 | 4 | 5 | 2 | 2 | 1 |

**图 11-1 中南传媒 2010—2023 年数字化词汇词频情况**

数据来源：公司年报

中南传媒自上市以来，积极推进企业数字化转型。2011 年是中南传媒在数字化转型的初始阶段的关键节点。2011 年中南传媒决定重点发展数字阅读、社区动漫游戏、全媒体传播等业务。坚持数字出版为第一发展战略，打造一体化的数字产业体系；通过与国内优秀游戏公司战略合作，为青少年打造以动漫游戏角色为基本功能的娱乐平台；构建新技术环境下锁定社区人群生活服务的辐射式媒体格局。

2015—2019 年中南传媒数字化的实施专注搭建全版权运营、在线教育、红网党网、老年产业、户外媒体、生活社区、金融投资七大平台；运营品牌 IP，抢占具有重大 IP 价值的资源和题材故事，积极探索在影视、动漫、非成瘾性游戏领域的开发运营；依靠原有 B2B 平台资源的基础上努力向 B2C 的转型，传统报刊线上移动端产品矩阵搭建完成。

2020 年以来，中南传媒专注于企业内部管理水平的提升，注重人才培养和内部控制制度的完善；以马栏山数字出版基地为契机，以人工智能等技术为新引擎，打造融合传播精品；整合公司旗下数字教育资源，从教学平台应用、教育信息化、教育质量监测考试服务三个方向布局打造在线教育产品集群；加强新媒体运营，完善"自播＋短视频＋达人带货"模式。

## 四、中南传媒绩效表现分析

数字化转型会降低企业融资成本，拓宽销售渠道，提高企业经营效率，而反映在财务活动方面,可以通过偿债能力、营运能力、盈利能力、成长能力四个相关财务指标衡量企业的价值创造表现。因此通过分析中南传媒 2010—2023 年的财务数据,对其数字化转型后的财务表现进行数据分析。

## (一)偿债能力分析

企业的流动比率、速动比率反映企业的资产流动变现能力,近十年出版行业资产负债率为 34.82%,呈现逐年上升的趋势。如图 11-2 所示,中南传媒流动比率、速动比率相对较稳定。

### 1. 短期偿债能力

中南传媒的流动比率总体上从 2016 年开始呈现下降的趋势。2010—2015 年流动资产的增长幅度均超过 10%,2016 年后流动资产的增长幅度仅维持在 4% 左右,中南传媒在 2015 年后进入数字化转型的初步推进阶段,相比于上市之初的大规模资金流入和开发新兴业务的大量前期投入,资产和负债的增长渐趋平缓。与此同时流动负债增长幅度同步放缓,但因财务公司吸收存款数额增长导致其他流动负债增长,其涨幅下降比例小于流动资产,导致流动比率、速动比率稍有下降,但整体高于行业水平。

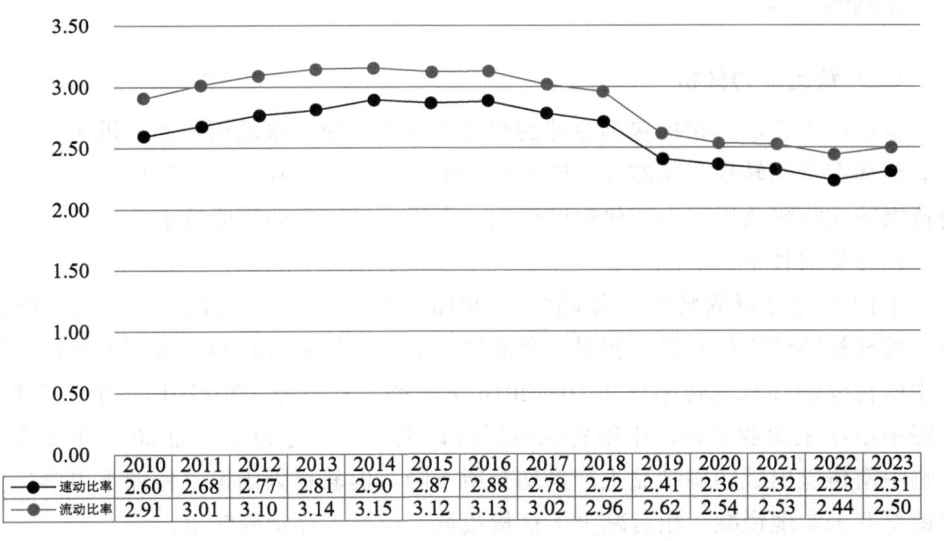

| | 2010 | 2011 | 2012 | 2013 | 2014 | 2015 | 2016 | 2017 | 2018 | 2019 | 2020 | 2021 | 2022 | 2023 |
|---|---|---|---|---|---|---|---|---|---|---|---|---|---|---|
| 速动比率 | 2.60 | 2.68 | 2.77 | 2.81 | 2.90 | 2.87 | 2.88 | 2.78 | 2.72 | 2.41 | 2.36 | 2.32 | 2.23 | 2.31 |
| 流动比率 | 2.91 | 3.01 | 3.10 | 3.14 | 3.15 | 3.12 | 3.13 | 3.02 | 2.96 | 2.62 | 2.54 | 2.53 | 2.44 | 2.50 |

图 11-2 中南传媒 2010—2023 年流动比率、速动比率变动折线

数据来源:公司年报

### 2. 长期偿债能力

中南传媒 2017 年前资产负债率控制在 30% 以下,2018 年后呈现上升态势。

2010—2015年资产规模涨幅平均在11.44%左右，2016至今涨幅平均在4.53%，2010—2018年总负债变动幅度与总资产规模相似。但2019年总资产规模增幅7.63%，而总负债规模增幅达到了20.84%，这是由于中南传媒2019年收到国有资本预算金，同时财务公司吸收存款约7.45亿元导致了中南传媒长期应付款和其他流动负债增加，但负债率的提高对中南传媒的影响并不显著（图11-3）。

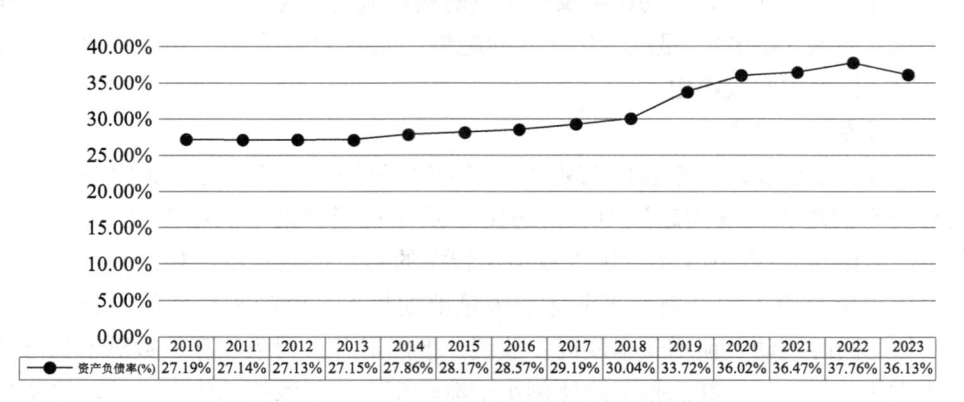

| 年份 | 2010 | 2011 | 2012 | 2013 | 2014 | 2015 | 2016 | 2017 | 2018 | 2019 | 2020 | 2021 | 2022 | 2023 |
|---|---|---|---|---|---|---|---|---|---|---|---|---|---|---|
| 资产负债率(%) | 27.19 | 27.14 | 27.13 | 27.15 | 27.86 | 28.17 | 28.57 | 29.19 | 30.04 | 33.72 | 36.02 | 36.47 | 37.76 | 36.13 |

图11-3　中南传媒2010—2023年资产负债率变动折线

数据来源：公司年报

### （二）营运能力分析

营运能力选取的指标包括企业的存货周转率和应收账款周转率，近十年出版行业整体存货周转率为4.22%，整体应收账款周转率8.91%。如图11-4所示，中南传媒的应收账款周转率变化幅度较大，存货周转率变动幅度较小。

#### 1. 存货周转率

中南传媒存货周转率变化趋势是2010—2016年上升，2017年后呈下降态势。教材教辅经销模式具有相对可预测性，退货率稳定且相对一般图书较低，因此中南传媒的存货周转率在2010—2016年保持上升态势。2017年国内政策呼吁减轻中小学生课业负担，中南传媒减轻应试类教辅发行力度，而2020年受疫情影响中南传媒出版印刷制品生产量均有所下降，但教材因国家"停课不停学"要求销量并未实现锐减，相对减少了存货数量，提高了存货周转率。

#### 2. 应收账款周转率

中南传媒的应收账款周转率波动较大，2011—2018年有幅度较大的下降，但高于行业平均水平，是因为中南传媒教辅教材方面是由国家拨款，几乎实现"现款现收，应收账款清零"。随着企业转型和数字化发展，其他产业板块的发展规模逐渐扩大，但因面对的消费群体转向也给"现款现收"的实现带来了挑战。2018 年后随着企业内部管理控制水平的不断提高，企业资金风险管理水平提高，实现了应收账款周转率的抬升。

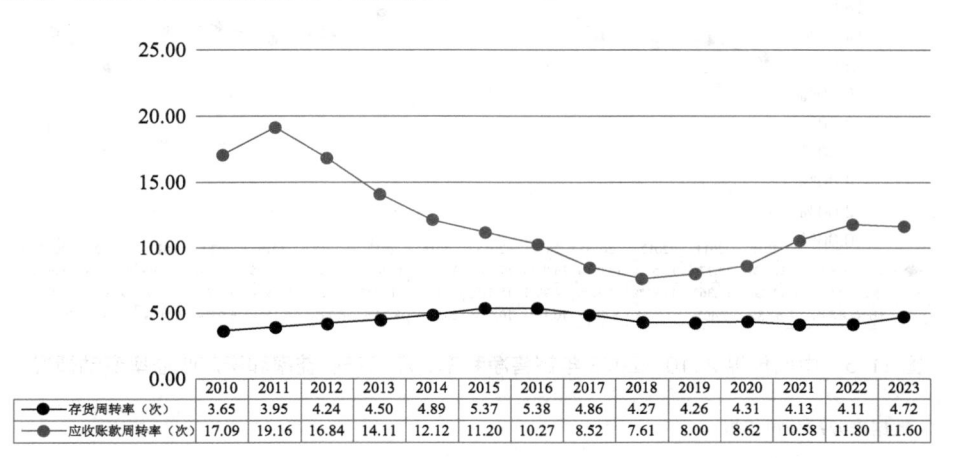

| | 2010 | 2011 | 2012 | 2013 | 2014 | 2015 | 2016 | 2017 | 2018 | 2019 | 2020 | 2021 | 2022 | 2023 |
|---|---|---|---|---|---|---|---|---|---|---|---|---|---|---|
| 存货周转率（次） | 3.65 | 3.95 | 4.24 | 4.50 | 4.89 | 5.37 | 5.38 | 4.86 | 4.27 | 4.26 | 4.31 | 4.13 | 4.11 | 4.72 |
| 应收账款周转率（次） | 17.09 | 19.16 | 16.84 | 14.11 | 12.12 | 11.20 | 10.27 | 8.52 | 7.61 | 8.00 | 8.62 | 10.58 | 11.80 | 11.60 |

图 11-4 中南传媒 2010—2023 年存货周转率、应收账款周转率变动情况

数据来源：公司年报

### （三）盈利能力分析

企业的销售净利率、资产收益率、净资产收益率的高低，与企业盈利能力、资金使用效率表现呈现正相关。近十年出版行业整体净利率为 10.32%，资产收益率为 5.97%，净资产收益率为 9.18%。如图 11-5 所示，中南传媒三项指标变动趋势基本相似，且与行业整体变动趋势类似。

销售净利率呈现波动状态，2010—2015 年呈现上升趋势，2015—2022 年呈现波动式下降态势，在中南传媒数字化转型初期，传统纸媒转型向户外传媒，品牌展会发展向好，企业拥有新兴的盈利增长点，销售净利率呈现上升趋势。但受到电子媒体持续冲击，导致市场需求不断减少，政府部门在 2018 年对出版业提出了提质减量的要求，中南传媒的发行业务受到影响，其销售净利率持续走低，形成了 2018 年的低点。资产回报率和净资产回报率与销售净利率的变化趋势与整个市场的变化情况相适应。

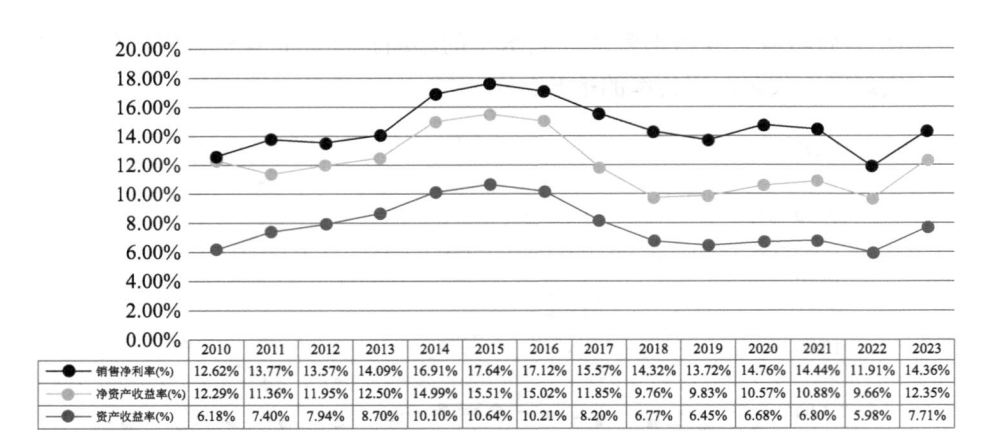

| | 2010 | 2011 | 2012 | 2013 | 2014 | 2015 | 2016 | 2017 | 2018 | 2019 | 2020 | 2021 | 2022 | 2023 |
|---|---|---|---|---|---|---|---|---|---|---|---|---|---|---|
| 销售净利率(%) | 12.62% | 13.77% | 13.57% | 14.09% | 16.91% | 17.64% | 17.12% | 15.57% | 14.32% | 13.72% | 14.76% | 14.44% | 11.91% | 14.36% |
| 净资产收益率(%) | 12.29% | 11.36% | 11.95% | 12.50% | 14.99% | 15.51% | 15.02% | 11.85% | 9.76% | 9.83% | 10.57% | 10.88% | 9.66% | 12.35% |
| 资产收益率(%) | 6.18% | 7.40% | 7.94% | 8.70% | 10.10% | 10.64% | 10.21% | 8.20% | 6.77% | 6.45% | 6.68% | 6.80% | 5.98% | 7.71% |

图 11-5 中南传媒 2010—2023 年销售净利率、净资产收益率和资产收益率变动情况

数据来源：公司年报

**（四）成长能力分析**

净利润规模变化以及净利润增长率是判断企业在未来发展中是否具有长期发展前景的依据。近十年出版行业整体净利润增长率为 13.16%。

中南传媒净利润增速变化幅度较大，表明中南传媒的发展具有一定的不稳定性，且公司 2011 年、2014 年、2018 年、2022 年净利润增速存在几个关键节点。2011 年公司成功上市，数字化改革全面推进，营销渠道拓展提升销量；印刷端持续进行技术变革，生产效率提升。中南传媒在 2014 年因为财务公司的设立，资金使用效率提升，财务业务带来的收益大幅提升，在净利润增速上实现了提升。由于市场需求和政策影响，导致企业 2017 年、2018 年经营范围缩小，经营状况相对低迷，没有产销量的拉动，利润空间缩小，利润规模缩小。2020 年后净利润的下降主要是由于疫情影响、企业教辅资料发行费用大幅增加、数字出版和文化园区项目加大研发投入增加企业成本的同时，公司人工成本的提高等原因，导致中南传媒主营业务利润率下降。

**（五）研究结论**

中南传媒的偿债能力表现平稳，产融结合保证了企业资金风险在可控范围内，但存在资产闲置的风险；数字化转型提升企业治理能力优化了企业营运能力，但新兴产业相对不稳定的产业特征给营运能力的维护增加了难度；企业盈利波动性较大，净利润增长率受主营业务教辅教材、数字出版、金融服务业务的影响较大，产业转型升级导致收入不够稳定，但是产业转型升级增强了企业可持续发展的能力。

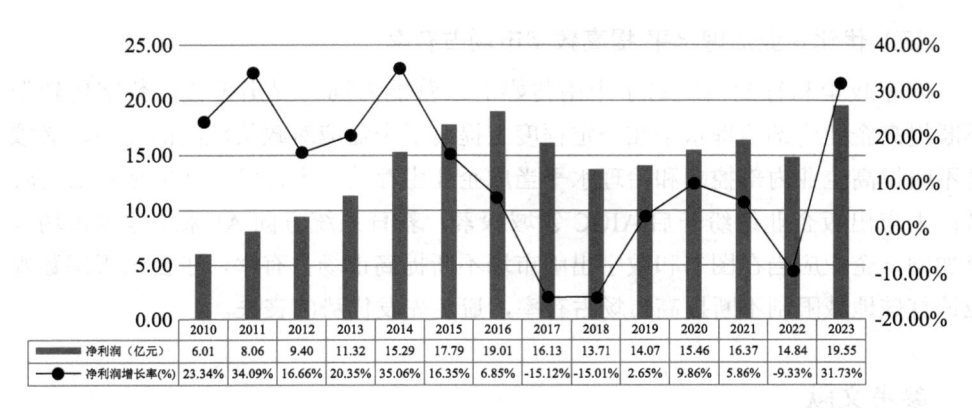

图 11-6 中南传媒 2010—2023 年净利润和净利润增长率变动情况

数据来源：公司年报

## 五、发展建议

### （一）稳固主营业务市场领先地位 完善企业产业结构

出版业受到国家政策影响较大，主营业务发展稳定可持续才能保证企业的长足发展，因此中南传媒应该提高教辅教材的送审通过率，完善教辅教材体系构建。产融结合提高资金使用效率，注重投入产出比，提前优化布局、选择适当的投资项目，保证产业经营的稳定和回报。随着疫情结束，人民群众近年来对于文化产品和文化服务的需求不断提升，中南传媒应该平衡企业产业结构，大力发展其他支柱产业，抓住机会，利用企业子公司原有的动漫及游戏资源，大力开发符合消费者需求的展会和文化产品，改善单一利润点盈利的现象，扩大收入来源，降低盈利风险。

### （二）推进IP项目运作和营销 提升企业品牌影响力

数字化转型，是企业不断提高核心竞争力并且适应市场发展的过程，近年来随着互联网和移动设备、短视频的发展，图书市场受到冲击，但互联网和短视频的兴起同样给图书宣传扩大了渠道，提高了传播速度，中南传媒应该面对市场挑战迎难而上，完善宣传平台和自媒体账号联动建设，保持用户黏性，扩大宣传范围，降低宣传成本；提高中南传媒签约作者版权开发水平，完善版权影视化产业链的构建，积极推进 IP 项目的创建和营销，提升品牌效应，提高 IP 变现的能力。

## （三）优化企业治理水平 提高数字市场占有率

国家政策和行业情况对于中南传媒的运营能力同样提出考验，数字化转型不断提高企业内部治理水平在一定程度上提高了企业应对政策风险的能力，必须把不断提高企业内部控制和治理水平当成企业生存的基本保障，才能成功实现转型；上市出版企业纷纷开启 AIGC 领域探索，教育系统方向 AI 系统建设市场竞争加剧，企业应当在图书和数字出版市场不断提高市场占有率，子公司天闻数媒应该打破地域限制不断提高市场占有率，避免先发优势的丧失。

## 参考文献

[1] 陈芳. 市场版权产业链——数字出版的三大关键问题 [J]. 中国出版, 2004 (2): 54-55.

[2] 刘美华, 王谷香. 竞合战略导向下的出版企业价值链整合 [J]. 出版发行研究, 2010 (12): 26-29.

[3] 孙利军, 孙文瑾. 内生·并购·联合：三大出版传媒集团数字化转型路径研究 [J]. 新闻爱好者, 2021 (5): 69-73.

[4] 秦晓芳. 企业数字化程度对经营绩效的影响研究 [J]. 营销界, 2022 (18): 104-106.

[5] 陈洁. 全媒体传播体系下出版深度融合发展探究 [J]. 中国出版, 2023 (3): 5-11.

# 十二　环保企业的税收筹划——以盈峰环境为例

郭晴新[①]　胥力伟

**摘要**：在环保企业享有较高的税收优惠背景下，企业的税收风险和税收合规筹划成了大家关注的问题，本文通过案例分析的方法，选取了环保企业中的龙头企业盈峰环境现行的税收方案进行分析，发现了环保企业具有税收风险的广泛性与复杂性，并进一步对环保企业从采购、生产、销售多环节提出税收筹划方案与意见。

**关键词**：税收筹划；税收优惠；税收风险

## 一、引言

环保企业是指以环境保护为核心，以减少环境污染、节约能源、废弃物资源化等为主要经营目标的企业。目前我国碳达峰、碳中和构成的"双碳"战略目标为环保行业注入了驱动发展的新动能，催生了节能环保产业的新机会。在国家支持绿色发展税收政策大量出台背景下，环保企业的合规税收筹划非常重要，一旦不能正确享受税收优惠，将带来企业税收风险。

## 二、文献综述

第一，国家基于环保行业出台大量针对性税收政策，给环保企业合规适用政策提出了较高要求，环保企业面临提高税务管理、降低税收风险的迫切性。王鸥、姜嘉敏（2023）认为节能环保企业目前有较大的发展前景，且该行业在国内属于新兴行业，为促进其发展，国家出台大量税收优惠政策，但与此同时环保企业也面临着很大的税收风险[1]。环保企业要实现可持续发展，需要解决影响环保目标达成的各种问题，其中税务风险管理的有效性对于目标的达成具有重要影响，因此需要对其进行分析和控制。况腾云（2023）认为我国环保企业在税务风

---

[①]　郭晴新，女，会计硕士，研究方向：会计制度与会计实务。

险管理方面面临的内外部风险，以及环保企业面临税务风险问题所带来的实际影响，并针对这些税务风险问题提出了应对策略，旨在为完善税务风险管理方法提供有益借鉴[2]。牛珂鑫（2023）认为"营改增""费改税"以及国地税部门整合等结构性改革促使税征管理水平越来越高，税收管理体制也越来越规范，如果环保企业还固守原来的发展思路，不能从自身的实际出发对税务风险问题进行全面的思考，将会被经济发展大潮所淹没。所以，在环保企业的未来发展中，怎样防范和化解税务风险，是其迫切需要关注并解决的问题[3]。

第二，环保企业合规运用税收政策进行税收筹划，不仅降低自身涉税风险，还践行了国家政策导向，助力了双碳目标实现。林春华（2023）认为税收政策的调整将直接影响到企业的财务状况和发展前景，当税收政策紧缩时，企业面临更高的税负和成本压力，增加了财务风险；而税收政策宽松时，企业将享受到更多的税收减免和优惠政策，提高了盈利能力和财务稳定性。为了应对税收政策调整带来挑战和机遇，企业需要积极提高自身的经营效率，降低成本，寻求更多的融资渠道，同时提高环保标准和技术水平，加强与政府相关部门的沟通和合作，为企业的可持续发展创造更多的机会[4]。税收筹划研究具有一案一议的特点，因此本文采取案例研究方法探讨环保企业合规税收筹划方案与注意事项。

## 三、环保企业的税收筹划

### （一）环保企业案例背景

1. 案例企业主要经营业务

盈峰环境科技集团股份有限公司，旗下拥有 249 家子公司，全国建有 3 大产业基地，15 个研发创新平台，329 个服务网点。公司主营业务涵盖环保装备、城市服务、科学仪器、环卫机器人等，是中国环保企业中的龙头企业。

2. 案例企业主要财务指标

2023 年盈峰环境实现营收 126.31 亿元，同比增长 3.06%。在 2023 年中国环保设备行业上市公司业绩排行榜中，盈峰环境营业收入位于第一，可见盈峰环境在环保企业的龙头地位（表 12-1）。

表 12-1　上市公司主要财务指标

|  | 2021 年 | 2022 年 | 2023 年 |
| --- | --- | --- | --- |
| 营业收入 / 元 | 11,813,537,444.48 | 12,255,992,938.42 | 12,631,050,967.34 |
| 国内营业收入 / 元 | 11,770,703,070.74 | 12,237,181,369.71 | 12,584,153,957.04 |
| 国外营业收入 / 元 | 42,834,373.74 | 18,811,568.71 | 46,897,010.30 |

续表

| | 2021 年 | 2022 年 | 2023 年 |
|---|---|---|---|
| 研发费用 / 元 | 262,619,127.29 | 340,775,707.34 | 344,030,239.33 |
| 智慧环卫毛利率 / % | 21.47% | 21.67% | 21.92% |
| 其他行业毛利率 / % | 24.06% | 28.17% | 28.04% |
| 资产收益率 / % | 2.6% | 1.6% | 1.8% |
| 净资产收益率 / % | 4.3% | 2.4% | 2.9% |
| 总资产周转率 / 次 | 0.40 | 0.43 | 0.43 |
| 流动比率 / % | 1.25% | 1.27% | 1.29% |
| 研发费用 | 262,619,127.29 | 340,775,707.34 | 344,030,239.33 |

数据或资料来源：同花顺 Find

## （二）案例企业基本税收情况

### 1. 案例企业缴纳税种（表 12-2）

表 12-2 案例企业缴纳税种

| 税种 | 计税依据 | 税率 |
|---|---|---|
| 增值税 | 以按税法规定计算的销售货物和应税劳务收入为基础计算销项税额，扣除当期允许抵扣的进项税额后，差额部分为应交增值税 | 3%、6%、9%、13%，出口货物实行"免、抵、退"税政策，退税率为 13% |
| 城市维护建设税 | 实际缴纳的流转税税额 | 7%、5% |
| 企业所得税 | 应纳税所得额 | 15%、20%、25% |
| 房产税 | 从价计征的，按房产原值一次减除 30% 后余值的 1.2% 计缴；从租计征的，按租金收入的 12% 计缴 | 1.2% 或 12% |
| 教育费附加 | 实际缴纳的流转税税额 | 3% |
| 地方教育附加 | 实际缴纳的流转税税额 | 2% 或 1% |

数据或资料来源：盈峰环境科技集团股份有限公司 2023 年年度报告

### 2. 案例企业所得税税收优惠（表 12-3）

表 12-3 案例企业所得税税收优惠

| 序号 | 公司名称 | 税收优惠 |
|---|---|---|
| 1 | 中联环境公司、峰云物联科技有限公司、淮安晨洁环境工程有限公司、优力仕公司、仙桃公司、佛山市顺德区华盈环保水务有限公司 | 根据高新技术企业所得税优惠政策，该公司 2023—2025 年度企业所得税减按 15% 的税率计缴 |

续表

| 序号 | 公司名称 | 税收优惠 |
|---|---|---|
| 2 | 上专股份、盈峰科技公司、华清源公司、广东盈峰智能环卫科技有限公司、廉江公司 | 根据高新技术企业所得税优惠政策，该公司 2022—2024 年度企业所得税减按 15% 的税率计缴 |
| 3 | 华清源公司、佛山市顺德区华盈环保水务有限公司、佛山市顺德区源润水务环保有限公司、佛山市顺德区华博环保水务有限公司 | 根据《资源综合利用企业所得税优惠目录（2008 年版）》，2023 年度减按 90% 计入企业应税收入总额 |
| 4 | 深圳盈峰城市服务智能科技有限公司、佛山市顺德区华博环保水务有限公司、佛山市顺德区源溢水务环保有限公司、定南中联环境产业有限责任公司等子孙公司 | 根据《财政部税务总局关于进一步实施小微企业所得税优惠政策的公告》，2023 年 1 月 1 日至 2027 年 12 月 31 日，对小型微利企业年应纳税所得额不超过 300 万元的部分，减按 25% 计入应纳税所得额，按 20% 的税率缴纳企业所得税 |
| 5 | 平顶山盈合环境卫生管理有限公司、合阳盈合城市环境服务有限责任公司、张家界盈联环境管理有限责任公司、醴陵兆阳环保有限公司等子孙公司 | 根据《中华人民共和国企业所得税法》及其实施条例、《财政部 国家税务总局 国家发展改革委关于公布环境保护节能节水项目企业所得税优惠目录(试行)的通知》，上述公司从事的业务符合《2021 年版目录》，相关项目仍可享受环境保护企业所得税"三免三减半"的优惠 |
| 6 | 瑞丽市盈联环境产业有限公司 | 根据国务院《云南瑞丽重点开发开放试验区建设实施方案》，对入驻试验区的新办企业，应缴纳企业所得税 40% 地方性税收优惠部分实行"五免五减半"优惠 |

数据或资料来源：盈峰环境科技集团股份有限公司 2023 年年度报告

3. 近三年案例企业税收情况（表 12-4）

表 12-4 案例企业税收情况

| 年份 | 增值税/元 | 企业所得税/元 | 税额合计/亿元 | 当年营业收入/亿元 | 企业税收负担 |
|---|---|---|---|---|---|
| 2021 | 286840085.10 | 98886992.08 | 6.90 | 118.66 | 5.81% |
| 2022 | 395521540.57 | 28080586.2 | 7.84 | 122.55 | 6.40% |
| 2023 | 276389089.86 | 8539797.23 | 5.88 | 126.31 | 4.66% |

数据或资料来源：盈峰环境科技集团股份有限公司 2023 年年度报告

### （三）案例企业税收筹划方案设计

#### 1. 盈峰环境采购环节税收筹划方案设计

根据 2023 年盈峰环境采购情况表，可知环保企业每年都需采购大量设备与材料，这就要求采购部门购买企业所需设备时，严格敦促销售方开具专票，严格检查发票中注明的信息。要求发票填写规范完整，并且在进行设备购买时，尽量挑选名录中有的设备，尽可能享受一定的税收扶持政策。

表 12-5　2023 年盈峰环境采购情况表

| 关联方 | 本期发生额 / 元 | 关联交易内容 | 上期发生额 / 元 |
| --- | --- | --- | --- |
| 广东天枢新能源科技有限公司 | 8,393,506.88 | 材料 | 7,638,710.54 |
| 天健创新（北京）监测仪表股份有限公司 | 3,572,705.19 | 材料 | 9,239,400.36 |
| 广东弗莱士新能源科技有限公司 | 518,435.64 | 材料 | 0 |
| 长沙酷哇中联智能科技有限公司 | 150.98 | 材料 | 10,847,784.36 |
| 中联重科公司 | 77,364,306.08 | 材料 | 105,493,871.91 |

数据或资料来源：盈峰环境科技集团股份有限公司 2023 年年度报告

#### 2. 盈峰环境生产环节税收筹划方案设计

盈峰环境作为综合性企业，经营项目繁多，产品有应税、免税，有征税、退税，有高税率、低税率等。可以扩大经营资源综合利用产品，如污水处理劳务、垃圾发电、沼气利用等产品。通过开展资源综合利用，享受增值税即征即退的税收优惠。以垃圾发电为例，一般电力产品，适用 13% 税率；而综合利用垃圾产生的电力，适用 100% 退税率，相差巨大。

#### 3. 盈峰环境销售环节税收筹划方案设计

盈峰环境去年营业收入为 126.31 亿元，其产品已远销全球多个国家和地区，深受客户认可。以 2023 年度经营为例，当期出口 4680.01 万元，占同期收入比例低，但毛利率高于内销产品，可以考虑扩大产品的出口份额，享受制造业出口免抵退税政策。出口免抵退税政策降低了企业出口货物的生产经营成本，并且可以在海外打响产品的知名度的同时享受税收扶持政策。

表 12-6　2023 年盈峰环境国内外营业收入

|  | 2021 年 | 2022 年 | 2023 年 |
| --- | --- | --- | --- |
| 国内营业收入 / 元 | 11,770,703,070.74 | 12,237,181,369.71 | 12,584,153,957.04 |
| 国外营业收入 / 元 | 42,834,373.74 | 18,811,568.71 | 46,897,010.30 |
| 国外营业收入占比 | 0.36% | 0.15% | 0.37% |

数据或资料来源：盈峰环境科技集团股份有限公司 2023 年年度报告

### （四）案例企业税收筹划风险提示与防范

**1. 增值税税负风险**

根据中国税务网上行业增值税税负预警值，电力、热力的生产和供应业对应的增值税税负预警值为 4.95%。分析发现盈峰环境税负低于税负预警，造成这种情况的原因较为复杂，可能在对进项税额进行抵扣的税务工作方面存在明显的漏洞，增加企业的税务风险（表 12-7）。

表 12-7　盈峰环境 2023 年增值税税负率

| 本期应纳税额 / 元 | 本期主营业务收入 / 元 | 增值税税负率 | 增值税税负预警值 |
| --- | --- | --- | --- |
| 276389089.86 | 12,631,050,967.34 | 2.19% | 4.95% |

数据或资料来源：盈峰环境科技集团股份有限公司 2023 年年度报告

**2. 研发费用细化风险**

盈峰环境研发费用 2023 年较 2022 年提升了 0.96%，且在整个环保行业中研发费用投入排名第三，但观察企业在如此高的研发费用下，毛利率却提升效果不明显，猜测原因可能是因为高毛利的环卫装备占比有所下降，也有可能是企业未按要求核算研发费用，核算不够准确。目前我国非常重视研发费用的可抵税范围与抵税力度，也加强了对研发费用的审查程序。如果企业下一步未做好研发费用的细化和严格把控工作，可能会造成一定的税收风险。

**3. 高新技术企业认定风险**

根据盈峰环境 2023 年企业年报可以看出盈峰环境及子公司共有 11 家适用于高新技术企业所得税优惠政策；企业所得税减按 15% 缴纳，其余多家子公司也有多项研发投入，旨在不断向高新技术创新型企业迈进，突破技术难点。国家高新技术企业认定，其中有四个常见涉税风险，例如认定过程弄虚作假，被取消资格须补缴税款；将境外所得错误适用优惠税率；未按规定留存备查资料，因其他原因被取消高新技术企业资格而补税。因此在如此多的子公司可以享受到高新企业此项税收优惠的背景下，盈峰环境在内的多家环保企业应在日常生产经营中切实增强风险防控意识，及时检查认证高新技术企业的相关资料。

### 四、总结

对环保企业的税收风险进行识别是至关重要的，国家制定相应的财税政策，引导企业的转型和发展。企业也需要严格按照财税政策执行，再通过纳税筹划，积极响应国家相应的政策，有益于环保企业长足的发展。本文在阐述环保企业现在面临的税收风险的同时，也从采购、生产、销售三个环节提出了固定资产充分利用税收优惠进行筹划，扩大经营资源综合利用产品，扩大产品的出口份额，享受制造业出口免抵退税政策等新税收优惠方案与建议，在此基础上对企业的税收提出可能存在的风险，例如企业增值税税负风险、研发费用细化风险、高新技术企业认定风险。以期为环保企业提升税务风险管理水平、实现健康发展提供建设性意见。

## 参考文献

[1] 王鸥，姜嘉敏. 节能环保企业税收优惠及风险防范 [J]. 合作经济与科技，2023 (15): 164-166.

[2] 况腾云. 环保企业税务风险管理问题与应对策略 [J]. 中国产经，2023 (18): 179-181.

[3] 牛珂鑫. BX 环保企业税务风险管理问题研究 [D]. 兰州：兰州财经大学，2023.

[4] 林春华. 环保企业税收政策变化对其财务状况的影响分析 [J]. 财经界，2023 (30): 132-134.

# 十三　金融赋能助力企业融资创新发展
## ——以海康威视为例

侯婉婷[①]　何玉柱[②]

**摘要：** 融资作为企业快速成长和发展的有力手段，其效果离不开金融服务的赋能。为了帮助企业实现经济的高质量发展，近年来监管部门着力探索构建金融支持体系以满足科技创新企业融资的需求。海康威视作为荣获上市公司100强等荣誉的科技型龙头企业，自成立以来始终专注于技术创新，借助创新的产品和服务，企业的经营业绩实现了持续增长、综合实力不断提高。本文运用案例分析法，通过对海康威视的经营业务、融资环境、融资结构、融资方式、融资规模进行分析，利用固定资产规模、营收规模、研发能力、市场占有率指标对其融资效果进行评价，最后总结出具有借鉴意义的启示供其他企业参考。

**关键词：** 海康威视；融资管理；融资效果

## 一、引言

在我国经济高质量发展的背景下，各大企业根据自身的发展不断扩张商业版图，其对资金的需求量也日益增加。实际情况是众多企业在发展过程中未能获得充足的资金而无法实现其战略目标。融资作为企业充实资金池、解决资金不足的重要途径而深受企业青睐。杭州海康威视数字技术股份有限公司（以下简称"海康威视"）作为科技型企业需要大量资金进行研发创新，因此对其融资情况进行分析可以判断其融资效果，并对企业的融资决策进行指导，使企业实现可持续发展，也可以为其他公司提供一些有借鉴意义的启示。

---

[①] 侯婉婷，女，会计硕士，研究方向：资本运营与财务管理实务。
[②] 何玉柱，男，硕士生导师，研究方向：公司财务与内部控制、传媒企业管理。

## 二、 海康威视融资情况

### （一）海康威视经营业务

海康威视成立于 2001 年并于 2010 年成功上市。公司的主营业务是以视频技术为核心，打造从研发、制造到营销的完整价值链。主要产品和服务为智能物联产品及服务、建造工程、前端与后端音视频产品、中心控制设备等；其创新业务为机器人业务、智能家居业务、热成像业务、汽车电子业务、存储业务等。

### （二）海康威视融资环境

近些年来，由于疫情对全球经济的冲击以及全球经济的不确定性，贸易紧张局势加剧，导致投资者对风险投资的兴趣下降，对创业公司的投资意愿减弱。技术创新遇到瓶颈，部分科技领域的创新速度放缓，为了支持经济高质量发展，近年来监管部门着力探索构建符合科技创新企业融资需求的金融支持体系。[1]2023 年 6 月 16 日，国务院总理李强主持召开国务院常务会议，研究推动经济持续回升向好的一批政策措施[2]，审议通过《加大力度支持科技型企业融资行动方案》，更关注于构建金融支持科技创新企业融资需求等长期性政策，这也为下一阶段金融机构开展科创金融指明了方向。

### （三）海康威视融资结构

海康威视的融资结构包括直接融资和间接融资。通过直接融资，企业可以立即获得广大投资者的投资，不需要等待银行的审批，但企业发行成本较高，投资者需承担较高的市场风险等；间接融资是企业通过银行或其他金融机构所进行的资金融通行为，企业可广泛筹集社会资金，增强资金流动性，降低融资成本并提高融资效率。截至 2023 年，海康威视的融资总额为 154 亿元，其中直接融资方式下获得的资金为 44 亿元，在间接融资渠道下获得的资金为 110 亿元。间接融资占比较大，高达 71.43%，直接融资占比 28.57%。

### （四）海康威视融资方式

融资方式是指企业获取融资的手段与方法。海康威视的融资方式如下。

1. 直接融资

在直接融资渠道中，海康威视的融资方式包括债权融资和股权融资。其中，截至 2023 年海康威视股权融资占比较大，占比 77.27%，债权融资占比 22.73%。在股权融资方式下，海康威视的资金来源主要来自 IPO 融资。IPO 可以提供更加深入的全面融资，并为公司发展开启新的机遇。此外，IPO 还可以改善公司信用，提高其品牌价值，增加公司股东群体，吸引更多智慧资源，形成良性循环。

在债权融资方式下,海康威视通过发行短期融资券进行融资。发行短期融资券可以降低企业的融资成本,提高资金利用效率,有助于满足企业资金流动性的需求。

海康威视直接融资的具体明细如表 13-1 所示,分别是海康威视公司于 2010 年在深圳证券交易所挂牌交易时公开募集股票,发行人民币普通股(A 股)5000 万股,发行价格为每股 68 元,共募集资金人民币 34 亿元,以及 2020 年海康威视发行的超短期融资券,发行价格为 100 元/百元面值,发行利率为 1.75%,共募集资金 10 亿元。

表 13-1 海康威视直接融资明细

| 融资年度/年 | 融资类别 | 发行价格/元 | 融资金额/亿元 |
| --- | --- | --- | --- |
| 2020 | 短期融资券 | 100 | 10 |
| 2010 | IPO | 68 | 34 |

数据来源:同花顺

2. 间接融资

海康威视通过间接融资获得的资金为 110 亿元,其间接融资模式包括短期借款与长期借款。如表 13-2 所示,海康威视通过长期借款获得的资金为 89.1 亿元,通过短期借款获得的资金为 20.9 亿元。短期借款占比 19%,长期借款占比 81%。说明企业为了解决发展需要、项目投资、运营资金不足等问题,正不断扩大经营规模。对于企业而言,合理利用长期借款可以更好地支持企业发展,实现长期可持续发展的目标。

表 13-2 海康威视间接融资明细

| 年度/年 | 短期借款/万元 | 长期借款/万元 | 总计/万元 |
| --- | --- | --- | --- |
| 2010 | -2737 | -2900 | -5637 |
| 2011 | -- | -- | -- |
| 2012 | -- | -- | -- |
| 2013 | 18080 | -- | -- |
| 2014 | 18152 | 24476 | 42628 |
| 2015 | 51428 | 43099 | 94527 |
| 2016 | -84431 | 104645 | 20214 |
| 2017 | 6482 | -123221 | -116739 |
| 2018 | 336854 | -5000 | 331854 |

续表

| 年度 / 年 | 短期借款 / 万元 | 长期借款 / 万元 | 总计 / 万元 |
| --- | --- | --- | --- |
| 2019 | -82557 | 416417 | 333860 |
| 2020 | 135916 | -264300 | -128384 |
| 2021 | 7572 | 132320 | 139892 |
| 2022 | -73189 | 423794 | 350605 |
| 2023 | -122412 | 141781 | 19369 |
| 总计 | 209157.8 | 891112.3 | 1100270.1 |

数据来源：同花顺 iFinD

### （五）海康威视融资规模

海康威视的融资规模在 2018—2023 年有一定波动，如表 13-3 所示，海康威视上市至今累计融资总量为 154.04 亿元，其中 2018—2023 年海康威视的融资总量为 114.73 亿元，近 6 年的融资总量接近总量的四分之三。说明海康威视近几年有大量资金流入企业或项目，企业得到了扩张与发展，有利于其实现战略目标，增强市场竞争力。

表 13-3　海康威视融资总量明细

| 年度 / 年 | 融资总量 / 亿元 |
| --- | --- |
| 2010 | 33.44 |
| 2013 | 1.81 |
| 2014 | 4.26 |
| 2015 | 9.45 |
| 2016 | 2.02 |
| 2017 | -11.67 |
| 2018 | 33.19 |
| 2019 | 33.39 |
| 2020 | -2.84 |
| 2021 | 13.99 |
| 2022 | 35.06 |
| 2023 | 1.94 |
| 总计 | 154.04 |

数据来源：同花顺 iFinD

## 三、海康威视融资效果评价

### （一）固定资产规模扩大

固定资产规模对科技型企业的影响力是巨大的，有了一定的硬件支持才能帮助企业更好地创新发展。如图 13-1 所示，随着海康威视数字化进程的不断推进，其固定资产规模也在不断扩大，尤其是 2018—2023 年，其增长速度尤为明显。截至 2023 年，其固定资产账面价值已达到 115.08 亿元。从企业的财务报表来看，海康威视获得的融资大量用于企业的前端产品、后端产品以及中心控制产品的研发投入与生产。

单位：万元

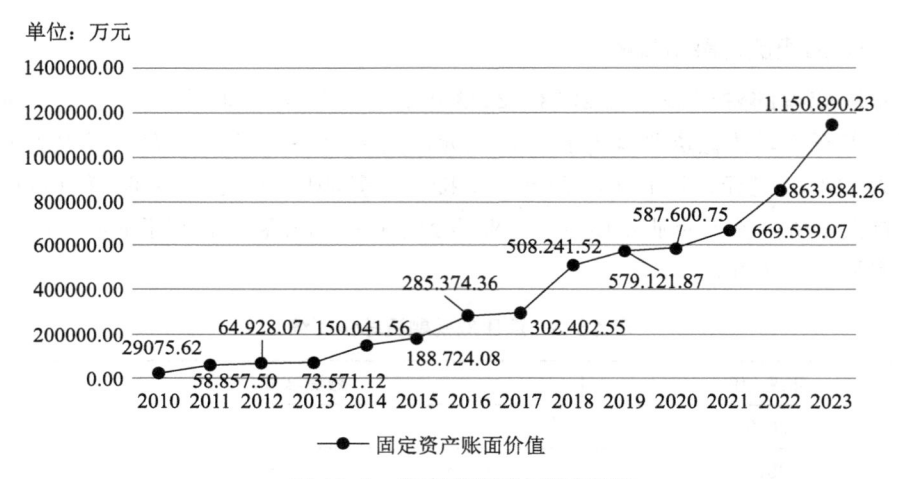

图 13-1 海康威视固定资产规模

数据来源：同花顺 iFinD

### （二）营收规模扩大

如图 13-2 所示，海康威视的营业收入，尤其是创新业务的营业收入均在逐年增长。2023 年的创新业务总收入 185.53 亿元约是 2018 年 26.97 亿元的 7 倍。2023 年创新业务营业收入占公司整体收入的 20.77%。说明企业持续的研发投入带来了一定的产出结果，给企业带来了一定的收益。作为科技型企业，海康威视不断研发创新产品可以帮助企业在市场中脱颖而出，增强市场竞争力，增加利润和收益，这对企业来说具有重大的意义。

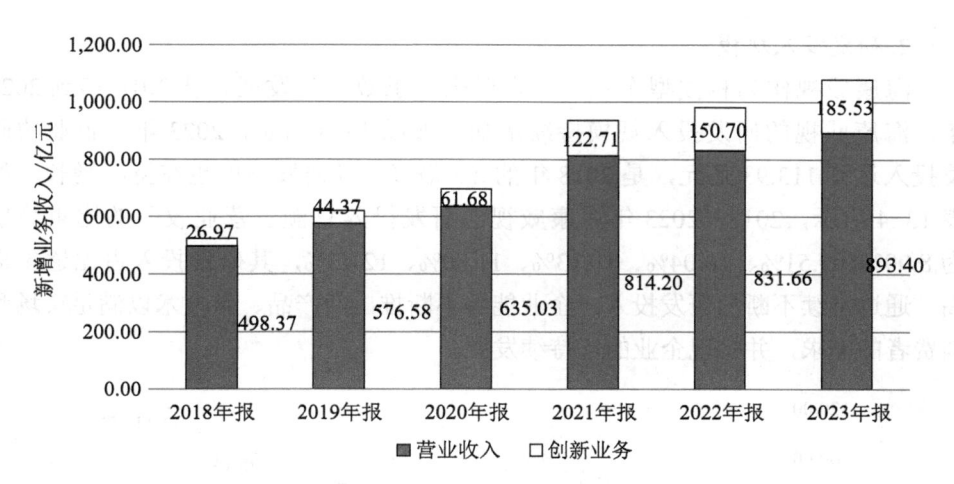

图 13-2 海康威视创新业务收入

数据来源：同花顺 iFinD

### （三）研发能力增强

1. 研发团队

海康威视的成长动力来自科技创新，通过不断增加研发投入，扩充研发团队，促进科技成果的转化，使其在产业竞争中处于领先地位。如图 13-3 所示，从 2018 年至 2023 年，海康威视的研发人员数量保持着持续增长的态势，截至 2023 年底，海康威视拥有 28479 名高级技术工程师，约占在职人员总数的一半，并建立了以杭州为中心，辐射国内北京、上海等七个城市以及加拿大蒙特利尔、英国伦敦、阿联酋迪拜等国外城市的全球研发中心体系。

图 13-3 海康威视研发团队

数据来源：同花顺 iFinD

## 2. 研发投入规模

海康威视作为科技型企业，一直以来追求数字化发展。从 2018 年到 2023 年，海康威视的研发投入规模持续增加。如图 13-4 所示，2023 年，企业的研发投入达到 113.93 亿元，是 2018 年的 2.5 倍多。其研发强度也在持续增长，如表 13-4 所示，2018—2023 年海康威视的研发投入总额占营业收入的比重分别为 8.99%、9.51%、10.04%、10.13%、11.80%、12.75%，其研发投入占比逐年提高。通过持续不断的研发投入，企业能够不断推出新产品、新技术以满足市场和消费者的需求，并实现企业的可持续发展。

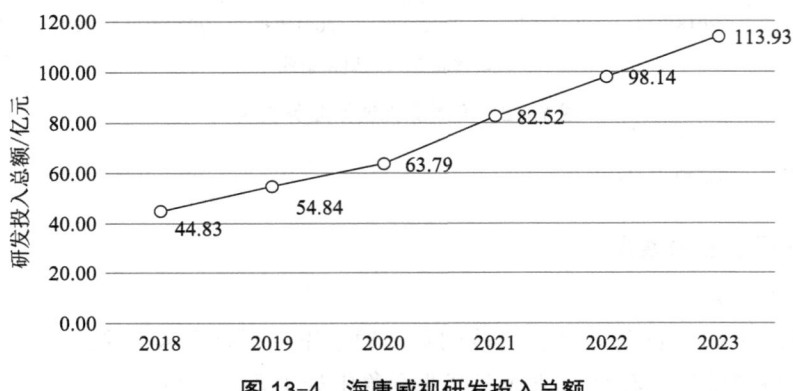

图 13-4　海康威视研发投入总额

数据来源：同花顺 iFinD

表 13-4　海康威视研发投入占比

| 年份 / 年 | 2018 | 2019 | 2020 | 2021 | 2022 | 2023 |
| --- | --- | --- | --- | --- | --- | --- |
| 研发投入总额占营业收入比例 / % | 8.99 | 9.51 | 10.04 | 10.13 | 11.80 | 12.75 |

数据来源：同花顺 iFinD

## 3. 创新业务

面对势不可当的数字化转型浪潮，海康威视以全面的感知技术、创新的数字技术助力数字化转型主体夯实数据基础；以丰富的产品体系、强大的平台能力响应各行各业高度定制化的数字化转型需求。2018—2023 年，海康威视研发并推出了 AI 开放平台、物信融合数据平台、智慧城市数智底座、智能物联、场景数字化等创新成果。其取得的各项成就离不开资金的支持。

4. 研发成果

如表 13-5 所示，截至目前，海康威视共获得知识产权数 12083 个，其中商标 1008 个、专利权 9541 个、作品著作权 89 个、软件著作权 683 个、证书 753 个、网站 9 个。如图 13-5、图 13-6 所示，海康威视的商标和专利数呈大幅上升的态势，尤其近十年间其增长速度尤为明显，说明海康威视的自主创新机制不断完善，企业积极开展自主创新活动，不断增强企业的竞争优势。

表 13-5 海康威视知识产权数量

| 知识产权类别 | 商标 | 专利权 | 作品著作权 | 软件著作权 | 证书 | 网站 | 总计 |
| --- | --- | --- | --- | --- | --- | --- | --- |
| 数量/个 | 1008 | 9541 | 89 | 683 | 753 | 9 | 12083 |

数据来源：同花顺 iFinD

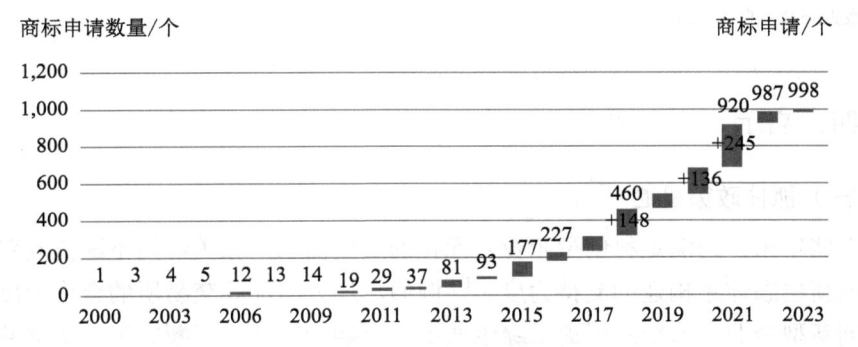

图 13-5 海康威视商标数

数据来源：同花顺 iFinD

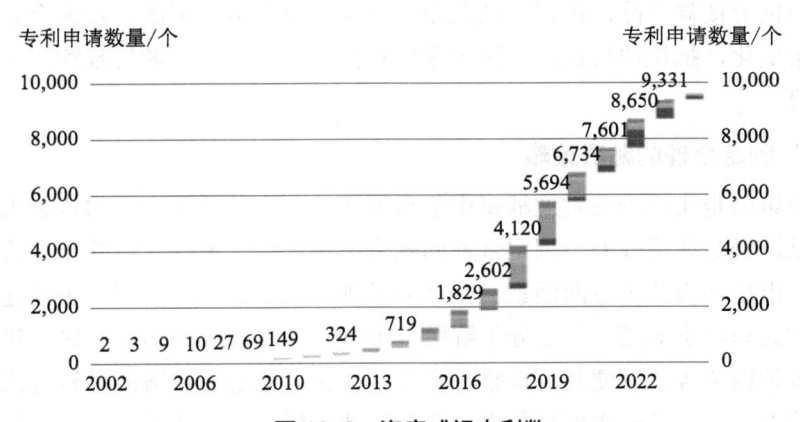

图 13-6 海康威视专利数

数据来源：同花顺 iFinD

## （四）市场占有率提高

根据 IHS 发布的《全球视频监控信息服务报告》，如表 13-6 所示，2018 年，海康威视在全球视频监控市场份额达到 37.97%，[3]2020 年至 2023 年的市场份额达 25.9%，海康威视旗下的视频监控产品连续 8 年维持全球第一的行业排名，并拥有近四分之一的全球视频监控市场份额。在快速变化的市场中，海康威视必须不断调整其研发方向和策略，才能在全球市场中站稳脚跟，使自己立于不败之地。

表 13-6　海康威视视频监控全球市场占有率

| 年份 | 2018 | 2019 | 2020 | 2021 | 2022 | 2023 |
| --- | --- | --- | --- | --- | --- | --- |
| 全球市场占有率/% | 37.97 | 22.6 | 25.9 | 25.9 | 25.9 | 25.9 |

数据来源：自行整理

## 四、启示

### （一）抓住政策机遇

近些年来，为满足科创型企业多元化的融资需求，相关部门不断提高对科技金融创新生态体系构建的支持力度。[4]例如，加大与证券交易所的合作力度，为科技创新型企业进入新三板提供绿色通道。金融管理部门不断完善金融支持科技创新的政策框架，优化市场机制、丰富金融工具，初步建成包括银行信贷、债券市场、股票市场、创业投资、保险和融资担保等金融服务体系。推出科创票据、科创公司债等债券产品，拓宽科技型企业直接融资渠道。因此，各大企业需实时了解政策变化，把握住机遇，利用国家对科技型企业出台的融资政策，不断发展壮大自己。

### （二）制定合理的融资策略

融资策略是实现企业发展战略中的重要环节，它关系到企业的资金来源、资金成本以及资金使用效率。制定合理的融资策略需综合考虑企业的发展阶段、财务状况、市场环境等多方面因素。企业应明确融资目标，这有利于企业选择合适的融资方式和融资规模；[5]充分了解融资市场，关注市场的动态变化，包括利率变化、政策调整等，以便及时调整融资策略；企业应选择合适的融资方式，选择成本低的渠道；在策略实施过程中应充分评估融资过程的各种风险，根据相应的风险制定出应对措施，使企业免受不必要的风险冲击。

## （三）合理利用融资资金

企业通过各种融资渠道获得了供其不断发展的资金，这些资金能否被合理规划使用是提升融资效果的关键因素。首先企业需根据项目需求进行分析，充分了解项目的实际需求，包括具体用途、金额、投入节点等等，确保资金的使用与项目目标充分匹配；其次企业需合理配置资金，避免过于集中的投入资金，应多元化使用资金，最大限度地降低融资风险；企业还应该制定详细的预算管理制度，制定资金预算和使用计划，确保资金的使用在可控范围内，避免资金使用超支或闲置；另外企业需建立资金使用监控机制，及时发现和解决资金使用中的问题，并建立完善的绩效评估体系，对资金的使用效果进行定期评估和总结，为以后的项目实施提供经验借鉴。

## 参考文献

[1] 马梅若. 以多元化接力式金融服务解科创企业资金之渴 [N]. 金融时报, 2023-06-20(002). DOI: 10. 28460/n. cnki. njrsb. 2023. 003081.

[2] 李强主持召开国务院常务会议 研究推动经济持续回升向好的一批政策措施等 [J]. 中国注册会计师, 2023(7): 5.

[3] 何芳. 股权激励与公司技术创新：基于海康威视的案例分析 [D]. 云南：云南财经大学, 2020. DOI: 10. 27455/d. cnki. gycmc. 2020. 000374.

[4] 张冬冬. 构建科技金融创新生态体系思考 [J]. 国际商务财会, 2022 (16): 80-83.

[5] 刘爱沅. 企业筹融资管理概述 [J]. 西部资源, 2015 (3): 110-112.

# 十四　企业内部审计风险成因及防范机制探讨
## ——以康得新公司为例

李凌霄[①]　黄孝章[②]

**摘要**：随着中国经济的快速发展，社会经济环境愈加复杂多样，企业规模也在逐步扩大，这就使得企业中的内部审计在中国监管体系中发挥着关键作用。本文选取康得新公司财务造假事件作为案例分析的对象，以审计风险模型为依据，对造成企业内部审计风险的因素、预防机制及失效的原因进行分析，以此为鉴，最终提出了构建企业内部审计风险预防机制的建议，来提高企业应对内部审计风险的能力，促进我国企业在经营管理中更好地发挥内部审计评价、监督的职能。

**关键词**：内部审计；风险防范；康得新

## 一、引言

近年来，随着国家颁布与修订的有关内部审计工作管理规定广泛应用并落实，说明新时期背景下企业加强内部审计的重要性。尤其是对于企业集团财务公司来说，其受自身发展规模巨大的影响面临着严峻的发展形势，要想保障自身的稳定发展，就应加强财务管理，加大内部审计建设力度，结合新发展时期出现的各种风险问题和发展特点，制定适应企业的未来发展并能够有效应对风险的管理决策。强化内部审计职能落实，加强有关审计工作的风险管控体系建设，有效解决企业集团财务公司在内部运营管理中出现的各种风险。

---

① 李凌霄，女，会计硕士，研究方向：会计制度与会计实务。
② 黄孝章，男，教授，研究方向：数字出版传媒、大数据分析、企业信息化。

## 二、文献综述

近年来，内部审计在企业中发挥越来越重要的作用，是重要的监督机构，在国内外学术界引起广泛注意。张庆龙（2013）认为，风险是治理型内部审计的根本，服务和咨询服务的确认是治理型内部审计的主要方法，风险治理的目标是增加组织的价值[1]；王兵和刘力云（2015）研究发现，促使内部审计发挥作用的关键在于领导的重视程度，对于民营企业和国有企业更是如此[2]；郑伟等（2014）经研究得知，内部审计质量的提升对建立完善的内部控制系统有关键作用。企业内部审计及内部控制在本有的内控基础结构和风险管理结构中表现出"耦合"的一种关系。[3]

## 三、康得新审计风险案例分析

### （一）康得新背景介绍

初始注册资本为354090万元的康得新公司成立于2001年8月21日。最初，公司主要生产预涂膜。2010年7月16日，康得新公司在深圳证券交易所中小企业板A股上市，每股为14.20元，共发行4040万股，筹募资金一共为57368万元。随着公司资本积累和产业升级，开始研发和销售光学膜产品，逐渐形成了预涂膜和光学膜两大主营业务。

### （二）康得新内部审计失败原因分析

1. 客观上内部审计难度较高

康得新公司的业务板块多样，生产基地众多，子公司众多，研发中心遍布全球，产品品类繁多，种类繁多，人员关系复杂，业务形态多样，这使得内部审计人员在繁杂的关联交易中难以察觉舞弊行为。除此之外，存在较大审计风险的原因还在于康得新公司开展了部分海外业务，因地域因素的影响，工作的困难程度较大。

2. 内部控制存在重大缺陷

在治理结构和内控制度方面，康得新公司存在很大的问题。首先体现在股权集中程度过高。康得新公司上市之后，持股比例为24.05%。康得投资集团成了康得新公司的最大股东，约是第二大股东浙江中泰持股比例的4倍，加之其他股权持比较为分散，导致这种局面的出现。又因高度集中的股权必然使得最大股东占据首位，拥有绝对的掌控权以及大股东和小股东之间本身存在的利益冲突，造成企业实现共同管理和控制困难的局面。此外，康得新公司在2018年的内控自评报告中就提到，由于未建立完善健全的内部控制制度，公司在管理结构、内部监管、风险控制和信息分享等方面均存在一些问题，从而出现大股东非法挪用资金的丑闻。在对外提供金额超过近期净资产50%的抵押担保时，康得菲尔实业有限公司甚至都没经过董事会和股东大会的商议批准，就私自进行，这些不合规问题的频发都证明企业在内部控制方面存在严重的问题。

3. 内部审计部门形同虚设

在2015—2018年康得新公司一直存在虚增利润的不当行为。通过表14-1可以计算出，康得新2016年营业收入同比增速是23.77%，应收账款同比增速是71.8%，2017年营业收入同比增速是27.7%，应收账款同比增速是-8.15%，而2018年同比增速则为-22.39%，应收账款同比增速是10.34%，对比各年营业收入和应收账款可以明显看到是不相匹配的。此外，通过表中虚构利润占比可得知虚构的利润金额是巨大的，但如此明显的造假财务报表仍通过了每一层的审批，说明公司的监管机构没有发挥其应有的职能，制衡机制在企业内部彻底失去其作用。钟玉是康得新公司内部的实际控制人，具有最高的掌控权，其他的制衡方一般处于被动地位。此外，公司的董事会、监事会和经营层之间也没有发挥出本身应具有的制衡作用。因钟玉和陈曙是夫妻关系，在公司中又分别为实际控制人和未来总经理，而在董事会、监事会和经营层的三名监事又不具备一些专业知识，致使公司实际掌控人钟玉有2/3的关联监事，在履行监督职责时就会出现缺少独立性、独立性减弱等一系列问题。事实上，为保证公司具有一定的独立性和正常运营，三位独立董事应当及时揭露并改正这种舞弊行为，但面对康得新公司内部一直缺乏应有的监督制衡机制和连续造假等严重恶劣的财务舞弊行为，既缺失了应有的职业道德素养又未保持应有的专业判断。在一定程度上，原来的总经理管理下的内审机构，失去了与其他部门同级的独立性。监事会和内审部不作为，独立董事没有发挥其应有的职能，公司的监管体系和公司内部审计部门的监督约束机制形同虚设。

表14-1 康得新2015—2018年收入和利润表

| 年份 | 营业收入/亿元 | 应收账款/亿元 | 账面净利润/亿元 | 虚构净利润/亿元 | 扣除虚构业务收入后的净利润/亿元 | 虚构利润占账面利润比 |
|---|---|---|---|---|---|---|
| 2015 | 74.59 | 27.94 | 14.09 | 23.81 | -9.72 | 168.98% |
| 2016 | 92.32 | 48.00 | 19.63 | 30.89 | -11.26 | 157.36% |
| 2017 | 117.89 | 44.09 | 24.74 | 39.74 | -15.00 | 160.63% |
| 2018 | 91.50 | 48.65 | 2.81 | 24.77 | -21.06 | 881.49% |

数据来源：康得新公司财务报表

### 4. 内部审计方法程序不健全

造假大量销售收入、应收账款、货币资金等，康得新公司主要是通过关联方及虚构客户。一般来说，在众多上市公司中，在资产负债表中货币资金科目造假最为困难的，康得新公司的账面显示拥有大量现金，但却仍然大量借债，导致财务费用急剧增加。与同行业相比，公司的毛利率偏高，但应收款项却异常高，这引起了人们的怀疑。在审查资金、销售与收款、采购与付款、生产与存货四大循环中，可以发现往来账款、购销合同等问题，但内部审计人员却缺乏判断能力和行动力，未能完整执行日常内部审计程序，这说明了公司存在严重的问题。

### 5. 内部审计风险防范不到位

在资金管理的过程中，专业人员针对企业内外可能存在的潜在风险进行识别和分析是企业实施风险管理的目的所在，以实现对风险及时有效地防控。但在工作中还有很多疏漏：在监管人员分配上，对企业的内部控制和经济活动进行监督管理的董事仅有三名，与专业团队发挥的效力甚远，从风险信息的收集到评估无法有效完成，也不能针对一些风险提出专业的风险防范应对策略；在风险管理的内容上，康得新公司其管理流程和内容上没有明确的规定，只是制定了针对一些重大突发事件的应急方案和责任追究制度。除此之外，康得新公司还应加强管理内部的审计风险机制和加强控制机制，对内部审计质量的管理规范程度不够，这必然导致不能真正实现对审计复核与质量的有效控制，风险不能及时应对。

## （三）完善内部审计风险防范机制的建议

### 1. 运用风险导向审计

以风险为指引的审计是现代审计模式下的关键，企业在面临风险日益多样化的今天，对固有的风险和控制风险企业内部审计部门可以进行量化分析，结合企业自身情况和可承担的内部审计风险，将有限的资源能放置在重点领域上，针对不同的风险制定对应的内部审计策略，从而实现对风险的有效把控。具体地说，把握好企业的日常内部审计是关键，要控制调节好审前、审中、审后各个环节的关口。首先，做好事前各项调控措施。明确各个岗位负责的内容和职责，在工作前进行风险测试，制定监督检查管理制度进行有效预防。其次，在行善上要有所控制。以科学的指标为依据，对各个工作内容的预计完成情况与实际完成情况进行比对，评估整个工作过程，打牢基础。最后，要关注对整个工作内容和流程的总结。对还存在的一些缺陷，及时总结经验教训加以完善，以保证后续工作的顺利开展和有效施行。而且，面对世界环境愈加复杂多样，企业随时会面临各种风险。对此，企业中内部审计绝不能只关注其内部情况。要不断关注宏观市场环境的变化，关注国际上的政治经济情况和国家政策等方面的变化，深度调研同行业在市场上的运行情况，这些虽然对企业而言属于不可控因素，但企业的未雨绸缪，对多种因素的了解有助于企业在风险实际来临时更好地应对，对加强企业内部控制机制的有效实施和加强风险防范意识有重要意义。

2.完善内部审计法规制度

从国家的角度看，首先应规范企业行为，使得企业工作流程进一步走向标准化。应促使内部审计相关法律法规更加完整，使用法律措施严格限制企业的不当行为，来规范企业行为。此外，还要对企业是否严格遵守内部审计相关法律法规进行监管，对不遵守法规的企业采取相应惩戒措施，让企业在自身层面提高内部审计工作的规范程度。从企业的角度看，首先企业在开展内部审计工作时要严格按照相应的法律法规进行，确定内部审计的工作内容和应起到的作用，再结合企业自身的真实情况制定完整的内部审计工作流程，在工作中不断进行优化整改。

3.加强内部审计质量控制

内部审计在企业整体管理和运营中扮演着至关重要的角色，因此在企业内建立严格的内部审计质量控制制度是必要的，强化内部审计风险控制机制，在日常经营管理中不断优化其内部审计质量控制系统，企业对质量控制复查与考查要严格按照规定执行，加强对内部审计质量监控。此外，企业还可以利用信息系统，要求相应部门针对风险设定一个最高值以达到预警作用，能让监管者对内部风险的实时情况进行精准把控，还要以报告的方式展现出定期全面评估风险管理工作的成效、流程、化解危机问题的及时性等内容，定期深度了解工作的执行情况，从而更好地进行接下来的工作。

4.建立内部审计风险预警系统

企业可以利用一些先进技术例如：应用云审计、大数据和区块链等，针对公司内部审计风险构建带有监控和分析功能的预警系统和资料库，输入符合企业情况的内部控制环境评估数据和相应的财务数据，在系统中优先规定好相应规则及预警触发条件（即在内部审计中企业所能承受的风险最高值），系统中的数据会随着企业每日经济活动实时更新，以助于内部审计能及时发现端倪并找到相应证据。一旦系统检测到内部审计风险超过设定阈值，系统会立即发出异常提示，从而实现内部审计风险的及时预警。

**参考文献**

[1] 张庆龙. 我国企业内部审计职业通用胜任能力框架设计研究——基于问卷调查的分析 [J]. 会计研究, 2013(1): 84-91.

[2] 王兵, 刘力云. 中国内部审计需求调查与发展方略 [J]. 会计研究, 2015(2): 73-78.

[3] 郑伟, 徐萌萌, 戚广武. 内部审计质量与控制活动有效性研究——基于内部审计与内部控制的耦合关系及沪市上市公司经验证据 [J]. 审计研究, 2014(6).

# 十五  会计师事务所审计风险的成因及防范
## ——以瑞华会计师事务所审计千山药机为例

李长春[①]  何志勇[②]

**摘要**：近年来，我国经济政策日益完善，越来越多的社会资本和政府投资进入市场，给市场经济带来了新的发展机遇。但同时因企业数量不断增多、规模不断扩大，给这些企业审计的会计师事务所面临的审计风险也随之加大。审计风险的成因因不同的审计案例而不同，只有对审计风险的成因进行深入的特例研究，才能提出针对性强的审计风险防范建议。基于此，本文首先阐述审计风险概念，其次结合瑞华会计师事务所审计失败案例，分析会计师事务所审计风险的成因，最后提出相应防范建议，力求有效降低会计师事务所审计风险发生概率。

**关键词**：会计师事务所；财务审计；审计风险；风险成因；风险防范

## 一、引言

在审计研究中，会计师事务所审计风险的问题一直以来都是重点。未成功防范审计风险而导致的审计失败，既关系到会计师事务所每一名注册会计师个人的工作前途，也关系到整个审计行业的发展，并且影响着整体经济的发展质量，因此审计风险防范措施变得越来越重要[1]。

本文以瑞华会计师事务所对湖南千山制药机械股份有限公司（又称千山药机）审计失败为案例进行审计风险成因研究，能较有针对性地找出会计师事务所面对审计风险具体的防范措施。

---

① 李长春，女，会计硕士，研究方向：资本运营与财务管理实务。
② 何志勇，男，副教授，研究方向：财务管理、公司治理、传媒经济管理。

## 二、审计风险概述

审计风险是指总结报告中存在漏洞、不足和问题，以致注册会计师不能提出有建设性的意见和建议，进而影响到审计工作质量，导致存在分歧和错误判断的审计意见和建议，会给审计总结报告的使用者带来损失[2]。同时，会计师事务所也会面临法律诉讼而承担经济损失。

在会计师事务所审计面临的一众风险中，审计风险往往存在于审计工作的各个环节，这是在审计工作中所产生的风险[3]。

## 三、会计师事务所审计风险案例

瑞华会计师事务所于2013年由原国富浩华和原中瑞岳华两大事务所合并而来，是一家专业化、规模化、国际化的大型会计师事务所。瑞华会计师事务所在合并后的多项指标均位于全国事务所排名前列，业务数量、注册会计师人数等指标常位居全国第一，多年来一直保持着内资第一所的成就，与立信会计师事务所、天健会计师事务所等合称为"内资八大所"。

然而在针对千山药机2015—2016年的年报审计业务中，瑞华会计师事务所审计失败。中国证监会于2021年4月13日发布了文号为〔2021〕21号的处罚决定书。公告指出千山药机存在2015年违规确认销售收入、虚增利润，2016年虚增利润、虚增在建工程，2017年未按规定对关联方非经营性占用公司资金履行临时报告义务等财务舞弊行为。瑞华会计师事务所在具体执业过程中存在审计报告虚假记载、审计样本选取不恰当、对已识别的异常情况未给予充分关注、未实施进一步的审计程序以及不合理的执行函证程序等问题[4]。证监会最终做出了责令瑞华会计师事务所改正，处以没收140万元业务收入并处以280万元罚款的处罚决定，对签字注册会计师程红彬、刘兴武、刘杰进行警告，并分别处以5万元的罚款。

## 四、会计师事务所审计风险成因分析

### （一）审计程序执行存在不足

瑞华会计师事务所在对千山药机2015年、2016年两年的年报审计中，均存在对于重要的有频繁资金往来的银行账户抽查样本金额数量过少的问题。"1166账户"和"3894账户"是千山药机2015年、2016年借贷额最大的两个银行账户。瑞华会计师事务所在实际执行审计工作时也认定货币资金项目存在高风险，基于风险导向审计的要求，对于该类金额性质均重大的银行账户注册会计师在执行具体的审计程序时更应当确保样本量的充分性以及样本覆盖的全面性，但是审计人员在执业过程中对于样本的选取却存在明显缺陷。以"3894账户"为例，2015年仅从该账户中抽取了2笔收款记录进行检查，检查的金额占比当年该账户总体发生额的4.40%，2016年收款记录和付款记录分别仅抽取了4笔和2笔，分别占比当年发生额的22.00%和0.54%，且以上6笔记录均是企业内部之间的往来记录。瑞华所在执行审计抽样的过程中对重要的账户不仅抽查金额数量不足，同时也没有按照准则要求确保所有项目均有被选择的可能，审计程序的执行存在重大缺陷。

### （二）审计业务承接独立性不足

在会计师事务所开展审计工作前，需要经历业务承接环节。在新项目业务承接中，由事务所领导和委托方沟通决定是否承接项目。但在很多具体操作过程中，第一业务承接人和业务承做人可能是同一合伙人，因此，即便在业务承接环节，事务所有严格的筛选制度，但是由于天然的信息不对称以及合伙人的利益驱动，业务承接环节的风险识别可能存在缺失[5]。而在承做环节，由于承接人和承做人相同，客观上导致项目组以及合伙人可能为了留住客户、增加业绩，忽略审计过程中发现的财务舞弊的蛛丝马迹，更有甚者，与被审计单位勾结舞弊，蒙蔽风险控制部门，从而加大财务审计风险。

### （三）事务所内部控制存在缺陷

事务所内部控制是提高内部管理、防范审计风险的前提和基础，但从当前来看，很多事务所缺乏完善的内部控制，主要表现为：会计师事务所的风险管理部门过于强调风控人员的独立性；风控人员没有深入到业务一线，对风险的识别和控制片面停留在审计底稿层面，这很可能导致因信息不对称引发控制风险。专业胜任能力管理存在缺陷。

## 五、会计师事务所审计风险防范建议

### （一）规范审计程序执行行为

会计师事务所要想降低审计风险，应以《中国注册会计师审计准则》为导向，通过了解被审计单位及其环境，识别和评估重大错报风险的要求，规范审计评估程序执行行为。首先，在了解被审计单位及其环境的过程中，会计师事务所应根据被审计单位现有财务报表中的各类交易、账户余额和披露信息，系统识别风险；其次，根据识别结果，评估有关风险是否更广泛地影响财务报表多项认定结果[7]。

### (二) 提升审计人员职业能力

一是会计师事务所在招聘审计人才时，应从知识储备和道德素质等角度出发，考查应试者的职业能力是否符合审计工作需求。二是在审计人员入职后，会计师事务所应组织从业经验丰富的审计人员，通过一对一帮扶的方式，协助新入职审计人员快速了解审计步骤和工作要求，提升审计人员职业能力。三是定期开展审计培训活动。会计师事务所可以邀请审计专家，在单位内部定期开展审计培训活动，让审计专家在活动上分享各项审计方法应用技巧，阐明审计中如何精准识别和评估潜在隐患，使审计人员通过专家培训不断提升自身职业能力。

### (三) 强化审计工作独立性

会计师事务所要想避免审计结果受到被审计单位经济因素的影响，就应注重强化审计工作的独立性。一方面，在承接审计工作前期，会计师事务所应对客户提供的各项客户因素资料进行综合评估分析，按照分析结果与客户沟通协商，结合协商结果决定是否承接审计工作，防止审计结果受到自身与客户之间经济利益的影响，出现审计认定结果失真的问题，避免会计师事务所出现审计风险[8]。另一方面，会计师事务所应积极创新传统业务模式，在承接审计业务的过程中，先让客户在审计委员会处提交审计申请书，通过招标形式，确定最终承接审计事务的人员，并避免审计人员与客户之间出现直接经济沟通的情况，确保审计工作的独立性，使审计人员能够不受外在经济因素影响，有效完成审计认定任务，最大限度降低审计风险。

### (四) 进一步加强内部控制制度

风险控制审核前移，完善风险控制体系。事务所的风险控制部门是把控审计风险的最后一道防线，事务所在提高对风险控制部门审核水平的同时，应积极探索更开放更有效的风控体系。还应进一步强化业务类别、分行业管理，提升专业胜任能力。事务所在进一步加强对合伙人业务专业胜任能力培训提升的基础上，更应该充分认识到，实施专业化分工的现实意义和必要性[9]。

### (五) 进一步完善法律法规建设

没有规矩，不成方圆。会计师行业的发展需要一个良性的外部审计环境，而良性的外部审计环境离不开法律法规的约束与规范。外部审计环境的改善需要我们更多地强调被审计单位这一主体责任，进一步加大对造假主体的惩罚力度，同时切实追究配合被审计单位造假的其他机构，如供应商、客户、银行等主体责任[10]。

## 六、结语

会计师事务所审计风险的形成受多种因素的影响，为了提高审计工作质量，降低审计风险发生概率，会计师事务所应结合具体案例，系统分析审计风险的形成原因，并采取相应的防范措施。会计师事务所可以通过规范审计程序执行行为、提升审计人员职业能力、强化审计工作独立性、进一步加强内部控制制度、进一步完善法律法规建设等措施，降低审计风险发生概率，切实提高审计工作质量。

## 参考文献

[1] 王权锋.会计师事务所财务审计风险成因及控制策略[J].现代企业,2023(4): 184-186.

[2] 聂瑞泽.会计师事务所审计失败原因及防范对策——以康美药业案为例[J].老字号品牌营销,2023(14):123-125.

[3] 罗春晓.论会计师事务所审计风险成因及防控措施[J].中国集体经济,2021(26):46-47.

[4] 胡华夏,李怡雯,熊毅.审计风险水平与审计师应对策略的优序选择[J].财会通讯,2021(11):40-44.

[5] 单细苏.会计师事务所财务审计风险及控制策略探析[J].理财周刊,2021(11):75+77.

[6] 周敏李,郑石桥.论政府部门财务报告审计风险[J].会计之友,2021(9):141-148.

[7] 孙辉.新时期会计师事务所财务审计风险及控制策略分析[J].首席财务官,2021(4):224-225.

[8] 罗聪.浅析会计师事务所的审计风险和防控策略[J].理财(审计版),2021(1):28-29.

[9] 梁东玲.探讨会计师事务所的审计风险和应对措施[J].理财(经论),2020(12):29-31.

[10] 苗璐璐.会计师事务所审计风险研究[J].产业创新研究,2019(10):4.

# 十六　中天运会计师事务所并购审计风险及防范研究

刘怡辰[①]　张颖[②]

**摘要**：为了适应经济的不断发展，在企业寻求战略转型和升级的过程中，并购交易逐渐成为企业增强自身竞争力的重要举措之一。并购作为一项高风险、高收益的经济活动，对审计人员的执业水平提出了较高的要求，审计人员需要在各个审计阶段综合考虑并购双方的实际经营情况和战略目标，精准识别审计风险，提供合理有效的审计结论，以便并购双方做出有益于自身发展的决策。本文对"粤传媒并购香榭丽"事件进行了研究，通过列举中天运会计师事务所在并购审计过程中的具体表现，分析了其可能面临的审计风险，并对中天运会计师事务所并购审计失败的原因进行总结，提出了相关防范建议，期望能够帮助注册会计师和会计师事务所在执行并购审计业务时规避一定的风险。

**关键词**：中天运会计师事务所；并购审计；审计风险

## 一、案例介绍

中天运会计师事务所于1994年3月成立，2008年加入华立信国际，成为其成员所，2013年12月完成了特殊普通合伙企业的转型。自成立以来，该所规模持续扩大，综合实力稳步增强，经过近三十年的发展，目前已经进入稳定阶段。

2013年5月，基于对自身转型升级战略以及收购方案披露可能带来的利好行为的考虑，粤传媒与香榭丽确定了并购事宜。2013年9月，作为该并购项目的审计机构，中天运会计师事务所出具了"无保留意见"的审计报告。2013年10月，粤传媒与香榭丽达成了2.07亿的对赌协议。2014年7月，粤传媒正式完

---

[①] 刘怡辰，女，会计硕士。
[②] 张颖，女，讲师。

成对香榭丽的并购。并购完成后，于 2014 年 9 月至 2015 年 1 月期间，香榭丽向粤传媒提供了两份通过虚构收入和隐瞒债务造就的"业绩良好"的虚假财务报告，并借此再次获得粤传媒的两次增资，共计 4500 万元，此后在三年内又接连亏损 4.04 亿元。同时，粤传媒还发现香榭丽隐瞒了其在并购前形成的高达 1800 万元的债务。香榭丽的一系列操作令粤传媒备受打击，为了止损，粤传媒将其告上了法庭。2016 年 3 月，香榭丽负责人叶玫等高层涉嫌合同诈骗等违法违规行为被立案调查。2018 年底，作为此次并购项目审计机构的中天运会计师事务所，因其在审计工作中的失职，收到证监会的行政处罚决定书。

## 二、中天运会计师事务所并购审计失败案例分析

### （一）中天运会计师事务所并购审计失败的具体表现

1. 缺乏谨慎性和职业怀疑态度

并购前，香榭丽的应收账款情况在一定程度上可以反映出企业的财务状况。香榭丽的应收账款金额自 2011 年起呈现显著上升趋势，且上涨幅度偏大，此类程度的异常财务数据理应引起审计人员的重视。然而在风险评估阶段，中天运会计师事务所的审计人员并未对其进行重点关注，这表明审计人员缺乏足够的谨慎性和职业怀疑态度，在执行风险评估程序时没能充分发挥作用，没能帮助并购方识别审计风险，在一定程度上助长了香榭丽财务舞弊行为的发生。

香榭丽的业务合同也存在诸多可疑之处。在 2011—2013 年期间涨幅异常的应收账款中，由叶玫个人承接的广告业务占比显著，而这类业务合同与普通业务合同相比也存在不同，不仅涉及金额极其高昂，远超出业内平均行情，审批流程也被显著简化，甚至缺少重点审批人的签名。此外，这类合同的发起流程同样存在异常，普通合同由销售部的工作人员发起，而这类合同则是由销售管理部总监发起。值得关注的是，面对如此之多的显著异常，中天运会计师事务所并未表现出警觉从而展开深入调查，反而出具了"控制有效并得到执行"的审计结论。这表明中天运会计师事务所在识别风险时并未保持充分的谨慎性和职业怀疑态度，才使得香榭丽并不高明的舞弊手段未被识破。

2. 对于函证的审计程序执行不当

在对香榭丽营业收入和应收账款执行函证审计程序时，中天运会计师事务所并未严格按照审计标准执行。在香榭丽审计底稿中发出和回函的快递单均存在缺失的情况下，审计人员并没有追加必要的审计程序进行调查和追踪，也没有对询证者的信息真实性加以核实。后期经调查，这些缺失的函证所涉及的公司几乎均

存在不同程度的舞弊行为，这直接表明了中天运会计师事务所在此次审计工作中的失职。

3. 对于审计证据的获取和复核执行不当

首先，中天运会计师事务所在获取审计证据时，并未直接向第三方获取审计资料，而是选择接受了香榭丽提供的审计证据，导致审计证据的可信度大打折扣。其次，中天运并未按规定对香榭丽销售客户执行现场询问程序，而是采用了立信会计师事务所的资料作为审计证据，虽然中天运会计师事务所称针对审计证据是否真实公允与立信会计师事务所进行了沟通，但在审计底稿中并未找到相关沟通记录，其真实性难以评判。此外，中天运会计师事务所的审计底稿中还缺乏对于第三方审计证据的可靠性的复核记录，审计证据的及时性与准确性也就难以定夺。

### (二) 中天运会计师事务所并购审计过程中面临的审计风险

1. 被审计单位内部风险

被审计单位不合理的内控和股权结构是导致审计风险较高的重要因素之一。经调查，香榭丽的治理结构中缺少内部审计部门，叶玫等高管利用其持有的高比例股权凌驾于内部控制之上，由于缺乏管理层的监督，高管合谋进行财务造假才得以顺畅开展。这反映出香榭丽的内部控制并未起到有效控制管理风险的作用，不利于并购方做出正确决策，也为审计单位增加了风险。

对于传媒企业而言，一个不可忽视的风险就是高估值风险。文化传媒类企业在并购过程中大部分采用收益法或市场法对自身价值进行估值，由于该行业的特色属性以及这两种估值方法的特性，使得最终的估值结果难免偏高，更何况被收购企业香榭丽还提供了虚假的评估材料，通过虚增收入、隐瞒债务等方式故意抬高了企业价值，影响了并购方与审计人员的判断。

根据表 16-1 可以看出，在并购前香榭丽的应收账款和坏账准备占总资产的比重均呈现大幅上升的趋势，说明香榭丽在并购前其经营状况和财务状况就存在较大风险。在这种情况下粤传媒仍然对香榭丽采取高估值并购，其背后的风险可想而知。中天运会计师事务所应当基于谨慎性原则给予重点关注，否则将会存在比较大的审计风险。

2. 会计师事务所内部风险

一方面，中天运会计师事务所在此次并购事件中存在独立性风险。通过调查粤传媒往年年报可以得知，中天运会计师事务所与粤传媒连续四年保持了业务合作，且签字会计师一直以来都是朱晓崴、李朝阳，出于对其友好合作关系的考虑，难以排除中天运会计师事务所出具有利于粤传媒的审计报告的嫌疑，存在审计机构与被审计单位合谋的可能性。此外，中天运会计师事务所在审计香榭丽时，并未对其提供的审计证据进行复核，而是选择盲目相信其真实性，这同样影响中天运会计师事务所的独立性。

表 16-1　香榭丽并购前部分财务数据

|  | 2011 年 | 2012 年 | 2013 年 1～6 月 |
| --- | --- | --- | --- |
| 应收账款 / 元 | 117760662.27 | 204379995.70 | 251986310.82 |
| 坏账准备 / 元 | 2291153.95 | 3664430.47 | 7292379.86 |
| 资产总额 / 元 | 313877628.41 | 424343057.18 | 413944950.20 |
| 负债总额 / 元 | 88808645.92 | 162321546.83 | 150777325.60 |
| 应收账款占资产总额的比重 | 37.52% | 48.16% | 60.87% |
| 坏账准备占资产总额的比重 | 0.73% | 0.86% | 1.76% |

数据来源：香榭丽公司年报

另一方面，中天运会计师事务所在对香榭丽的审计过程还存在一定的职业能力风险。对于香榭丽并购前如此显著的应收账款和坏账准备占比过高现象，中天运会计师事务所并未给予重点关注；并且在了解了香榭丽的内部控制和控制测试程序之后，对于其不合理的内控结构以及不充分的审计证据仍然出具了不合理的审计结论。这些审计行为使得审计人员的职业能力遭受质疑，也增加了并购审计过程的风险。

**（三）中天运会计师事务所并购审计失败的原因**

1. 注册会计师方面

首先，独立性不足。中天运会计师事务所与粤传媒之间保持着友好的长期合作关系，双方彼此熟悉，长期合作关系使得双方在审计工作进行的过程中容易受到情感的影响，可能做出有利于双方但未必符合审计标准的判断，导致注册会计师在审计过程中无法维持独立性，影响审计质量。

其次，缺乏谨慎性与职业怀疑态度。在对香榭丽的审计过程中，注册会计师在面对其显著异常的应收账款和坏账准备数据以及大量不规范合同等重大关键事项时，没有采取进一步的验证手段，均未保持谨慎性和职业怀疑态度，导致未能识别出风险，做出了错误的职业判断。

最后，审计程序执行不当。审计程序是否执行到位，将密切关系到最终审计质量的高低。根据前文分析可以得知，注册会计师在审计底稿中记载的执行函证程序以及审计证据的复核均未严格遵守相关的审计流程，盲目相信被审计单位和其他事务所，这表明审计人员在审计过程中并未认真履行其职责，导致审计程序执行不到位，影响了审计质量。

2. 会计师事务所方面

一方面，风险评估程序未全面落实。会计师事务所在承接审计业务前，应当全面落实风险评估程序，了解客户的实际经营情况并识别潜在风险，谨慎做出决策。然而中天运会计师事务所并没有充分做到这一点。首先，中天运会计师事务所在项目开展之前并未实施任何风险评估程序，在接到粤传媒的紧急委托后，对于香榭丽的调查存在严重缺陷，并没有实施足够充分的审计程序，自然也就没能识别出审计风险。其次，中天运会计师事务所对于并购项目的审计并未充分结合双方实际经营情况和战略目标，对于双方行业在并购过程中涉及的评估方法以及经营风险的特殊性缺乏了解，忽视了双方是否存在信息差或故意隐瞒行为等的风险，这些因素都会影响审计工作的顺利开展。

另一方面，审计质量复核制度存在缺陷。审计工作底稿在审计过程中是不可或缺的，不仅完整地记录了审计人员的审计过程，便于辅助后续相关调查或反馈，还可以用来判断审计人员的工作成效。中天运会计师事务所虽然设置了较为合理的审核系统，但在实施时却效力不足，审计底稿中缺少有关审计证据可靠性的重要审计信息，审计人员并未对此进行补充完善；审计人员和复核人员之间缺乏独立性，存在相互勾结舞弊嫌疑，使复核无法发挥真正的作用；复核工作执行时间没有严格符合审计标准，部分业务的复核工作在事后才进行，丧失了实际功能。复核工作的低质量实施使得中天运会计师事务所的审计工作底稿质量难以得到保证，也就难以预防审计风险。

## 三、 防范并购审计失败的建议

### （一）注册会计师方面

1. 确保注册会计师的独立性和职业怀疑态度

注册会计师保持独立性和职业怀疑态度是充分识别审计风险的基本前提，也是审计工作成功实施的重要保证，更是对并购双方以及事务所自身的负责。并购审计工作涉及范围之广、内容之多对注册会计师的职业素养提出考验，此时身为审计人员，更应当谨记审计规范准则，在每个审计阶段充分保持独立性和职业怀疑态度，认真评估并购双方的实际经营情况和发展走向，充分识别潜在风险，帮助并购双方更准确地相互了解，以便做出正确的决策。

2. 加强业务培训，提高执业能力

并购审计与一般的审计业务相比，涉及的范围更广、内容更复杂，因此对于注册会计师的专业能力也提出了更高的要求。及时关注并购审计方面的政策法规，积极参加并购审计相关的业务培训，增强与经验丰富的审计人员的沟通，分行业分阶段总结并购经验，有利于满足注册会计师对于并购审计知识的迫切需求，帮助其提高核心竞争力。只有不断地更新所掌握的审计技术，提高执业能力，注册会计师才能成长为难以被替代的高素质人才，为高质量审计添砖加瓦。

### （二）会计师事务所方面

#### 1. 规范并购审计程序

尽管审计风险难以消除，但审计程序执行的合规性能够有效降低审计风险，帮助企业在一定程度上减少损失。并购审计涉及并购双方的未来发展，其重要性可想而知，因此，会计师事务所必须严格规范并购审计过程中的每一项审计程序，明确充分了解并购双方内外部控制环境及控制测试实施效果的重要性，结合并购双方的经营现状和战略目标严格执行对应的审计流程，在满足并购审计要求的前提下精准识别和防控审计风险，为并购双方提供真实合理的参考信息。

#### 2. 加强对审计质量的监管

严格的监督机制有利于提高审计质量，对于并购审计而言同样如此。审计的复杂性使得重复现场审核的成本过高，扎实推进复核管理工作能够在一定程度上帮助审计人员减少独立性不足或专业胜任能力不足造成的审计质量下降。除此之外，还应当努力将审计质量的监管贯穿于审计的全过程，通过建立常态化考核机制，科学地评判各审计阶段的复核质量，并相应地设置奖惩措施，以激励审计质量监管人员着力提升审计质效。

## 参考文献

[1] 李凤娟. 上市公司并购重组业绩承诺期的审计风险和防范 [J]. 现代审计与会计，2022(5): 42-44.

[2] 王菀涵. 中天运会计师事务所审计失败的原因及对策研究——基于多案例研究 [D]. 长春：吉林财经大学，2023.

[3] 邵逸菡. 上市公司并购审计风险及防范研究——以粤传媒并购审计为例 [D]. 郑州：河南农业大学，2019.

[4] 刘培培. 并购中的审计风险评估与管理 [J]. 天津经济，2024 (1): 88-90.

[5] 张小燕. 事务所应对公司并购审计风险控制研究 [J]. 财讯，2023 (20): 36-38.

# 十七 对上市公司财务舞弊与审计失败的思考
## ——以东方金钰为例

秦玉洁[①]　黄孝章[②]

**摘要**：近年来，我国的资本市场呈现向上发展的趋势，但关于上市公司财务舞弊的事件却频频发生，使投资者对资本市场的信心下降，不禁怀疑上市公司财务信息的质量。东方金钰案是近两年市场影响较为恶劣的案例，本文从公司治理和第三方独立审计的角度思考并分析其主要的舞弊手段，最后基于上述分析提出建议，以减少财务舞弊行为的发生。

**关键词**：财务舞弊；公司治理；审计

## 一、引言

近几年，我国资本市场上频繁出现财务舞弊的案例。从早期的绿大地、蓝田股份、万福生科和红光实业等，到近期曝出的康得新、康美药业、瑞幸咖啡、金正大等重大欺诈案件，使得社会公众和投资者开始质疑我国上市公司对外披露的会计信息的真实性和可靠性，使投资者对资本市场的信心大打折扣。

故意提供带有误导性的会计信息的财务舞弊行为，一直是审计学术界研究的热点话题。随着经济市场的快速发展，财务信息作为投资者进行判断和决策的主要依据，扮演着极其重要的角色。鉴于此，本文选取东方金钰为研究对象，对其进行深入分析，并提出相应的应对策略，以减少财务舞弊行为的发生。

## 二、文献综述

李铁群（2004）以近年曝光财务舞弊案件的 17 家公司为研究对象进行统计

---

① 秦玉洁，女，会计硕士，研究方向：资本运营与财务管理实务。
② 黄孝章，男，教授，研究方向：数字出版传媒、大数据分析、企业信息化。

数据分析，旨在探究企业收入舞弊的一般特征及常用手段。研究发现，企业收入舞弊的金额较大，通常由虚构收入与提前确认收入两种类型组成，其中，企业虚构收入通常是采用伪造销售合同、虚构交易对手方、出具虚假出入库凭单，以及虚开增值税专用发票等违规手段，即假账真算的记账方式；而提前确认收入通常是在商品的相关风险与报酬尚未完全转移之前，在财务报表中提前予以确认，这种以真实交易为基础的收入舞弊方式具有隐蔽性的特征[1]。Glancy（2011）等人提出将企业年度报告中的 MD&A 等部分作为构建计算机舞弊识别模型的文本输入值，这种以年报中的文本信息为基础进行数据分析的方法，有利于寻求新的财务舞弊识别标志。[2]

### 三、东方金钰财务舞弊案例介绍

#### （一）东方金钰背景介绍

东方金钰，全称为"东方金钰股份有限公司"，坐落于广东深圳，公司注册资本为 13.5 亿元，其股票代码是 600086，是我国首家于 1996 年在上海交易所挂牌上市的民营翡翠公司。2005 年业内颇有名气的"赌石大王"赵兴龙斥资 5747 万元入主多佳股份成为其第一大股东，并通过资产重组的方式将其持有的云南兴龙珠宝公司的相关翡翠资产注入上市公司中，实现借壳上市，并将公司更名为东方金钰。

#### （二）东方金钰舞弊事件回顾

东方金钰作为典型的财务舞弊案例，在 2016 年、2017 年以及 2018 年为了使业绩任务达标，通过伪造合同、虚构交易等手段，累计虚增利润 3.6 亿元。2018 年 8 月，上海证券交易所对东方金钰及其注册会计师发出《问询函》，由于公司信息披露不及时，引起湖北证监局的关注。2019 年 1 月，东方金钰因重大资产重组之后信息披露违规，于是证监会正式成立专门的调查小组对其开展立案调查，由此揭开了东方金钰财务造假的真实面纱。2020 年 4 月，根据证监会公布的调查结果显示，东方金钰在 2016 年 12 月至 2018 年 5 月期间存在财务舞弊的事实，其目的是虚增利润和收入，通过其关联公司伪造数名供应商与客户完成虚假的采购交易，然而根据真实数据显示，公司 2019 年度实际净利润的亏损额为 18.32 亿元。

| 时间 | 具体事件 |
| --- | --- |
| 2018.07 | 媒体报道东方金钰因债务利息逾期支付问题而致使相关账户被冻结。 |
| 2018.08 | 上海交易所发出《问询函》，公司及其审计师回复，未出现异常。 |
| 2019.01 | 东方金钰因重大信息披露违规，引起证监会介入并立案调查。 |
| 2020.04 | 证监会公布东方金钰存在财务造假事实，并出具处罚意见书。 |
| 2021.01 | 上海交易所对东方金钰股票做出终止上市交易的决定。 |
| 2021.03 | 东方金钰股票被正式摘牌。 |
| 2021.11 | 东方金钰及其子公司的资产被尽数拍卖、变卖处理。 |

图 17-1　东方金钰舞弊事件回顾

数据来源：根据东方金钰相关公告整理

最终，在 2021 年东方金钰被证监会判定为确实存在财务舞弊的现象，并于 2021 年 1 月被交易所摘牌，终止上市。

## 四、东方金钰审计失败的原因

通过回顾东方金钰案件的起始，查阅东方金钰公开披露的一些信息和中国证监会立案调查的相关内容和结果，归纳出最终致使东方金钰审计失败的原因可能是以下几点。

### （一）大股东过于追求自身的利益

2017 年，赵宁为了鼓励公司的内部员工增持本企业股票，发布公告并承诺，如果员工所持的本公司股票发生亏损，由赵宁本人全额承担；若产生收益，则全部归属于员工个人。在这次增持计划中，共有 32 名员工增持股票 14.16 万份，总金额高达 157 万元。然而在 2017 年 9 月和 11 月，东方金钰大股东通过减持计划分别抛售 2700 万及 1.08 亿股股票，致使东方金钰的市值处于持续下降趋势。此后，东方金钰发布公告称，赵宁于 2019 年 2 月将其所持有控股的兴龙实业的全部股份转让给了中国蓝田股份有限公司，股份转让完成之后，东方金钰的实际控制人便由赵宁转换为蓝田股份。但由于蓝田股份早在 2002 年初因业绩爆雷、债务逾期等事项而被证监会认定为财务舞弊，已经被强制退市。

综上可知，东方金钰的控股股东为过度谋求自身利益最大化而忽视公司声誉和员工利益，痴迷于资本市场运营与炒作。

### （二）上市公司治理层方面

首先，公司的治理层与管理层对自己的权责并没有一个明确的划分界限。东方金钰的治理层与管理层之间存在明显的职责相混的情况，董事长赵宁同时还兼任着公司的总裁，董事宋孝刚同时也是公司的财务总监，董事刘福民还是之前多佳股份的管理层。这种职位相互重叠的结构，就会导致公司治理层和管理层的权力高于公司的内部控制。

其次，东方金钰的内部管理在其施行上面也存在着很大的问题。东方金钰公司虽然设置了财务部门和内部审计部门，但是财务部门与内部审计部门并不能给东方金钰直接创造利益，因此得不到公司管理层的重视。并且，这两个部门在大股东的影响和干预下，并没有办法做到完全的独立，因此，高层一旦对这两个部门进行施压，那么他们就会屈服于高层的权力之下，违背职业道德，忽视工作职责。

### （三）注册会计师对审计风险的评估与识别不到位

| 现金流量表(证券代码：143040.SH 名称：17金钰债)（单位：万元） | | | | | | | | | | | | | |
|---|---|---|---|---|---|---|---|---|---|---|---|---|---|
| | 2022 年报 | 2018 年报 | 2017 年报 | 2016 年报 | 2015 年报 | 2014 年报 | 2013 年报 | 2012 年报 | 2011 年报 | 2010 年报 | 2009 年报 | 2008 年报 | 20 |
| 一、经营活动产生的现金流量： | | | | | | | | | | | | | |
| 销售商品、提供劳务收到的现金 | -- | 237,996.43 | 1,062,364.63 | 788,826.18 | 909,194.15 | 448,192.24 | 615,445.30 | 744,631.42 | 307,890.50 | 184,931.98 | 126,676.59 | 80,261.15 | 3 |
| 向其他金融机构拆入资金净增加额 | -- | 1,943.31 | 24,265.00 | -- | -- | -- | -- | -- | -- | -- | -- | -- | |
| 收取利息、手续费及佣金的现金 | -- | 5,840.00 | 6,485.86 | -- | -- | -- | -- | -- | -- | -- | -- | -- | |
| 收到的税费返还 | -- | 0.56 | 126.59 | 0.08 | -- | -- | -- | -- | -- | -- | 0.08 | -- | |
| 收到其他与经营活动有关的现金 | 214.08 | 55,807.26 | 933,446.92 | 649,588.72 | 130,685.47 | 23,244.13 | 51,404.10 | 32,414.76 | 64,182.91 | 7,288.54 | 5,382.62 | 17,253.83 | 1 |
| **经营活动现金流入小计** | **214.08** | **301,587.55** | **2,026,689.00** | **1,438,414.98** | **1,039,879.62** | **471,436.36** | **666,849.40** | **777,046.18** | **372,073.41** | **192,220.52** | **132,059.30** | **97,514.98** | **4** |
| 购买商品、接受劳务支付的现金 | -- | 237,408.79 | 1,188,617.57 | 859,789.18 | 1,045,205.30 | 487,284.38 | 656,468.67 | 718,428.04 | 307,060.48 | 212,413.51 | 144,590.29 | 77,235.18 | 5 |
| 客户贷款及垫款净增加额 | -- | 8,375.00 | 78,695.00 | -- | -- | -- | -- | -- | -- | -- | -- | -- | |
| 支付利息、手续费及佣金的现金 | -- | 2,666.08 | 635.03 | -- | -- | -- | -- | -- | -- | -- | -- | -- | |
| 支付给职工以及为职工支付的现金 | 116.36 | 2,288.48 | 4,582.65 | 3,551.04 | 3,247.31 | 2,627.27 | 1,986.57 | 1,161.52 | 1,080.77 | 1,002.31 | 923.50 | 946.67 | |
| 支付的各项税费 | -- | 1,186.25 | 10,787.35 | 14,726.96 | 5,414.68 | 3,437.14 | 6,109.12 | 5,047.26 | 3,780.14 | 2,239.15 | 2,005.14 | 847.43 | |
| 支付其他与经营活动有关的现金 | 108.23 | 64,354.06 | 921,459.79 | 669,284.34 | 154,050.33 | 12,080.59 | 34,170.61 | 18,441.25 | 79,471.84 | 10,810.20 | 16,148.64 | 12,761.49 | |
| **经营活动现金流出小计** | **224.59** | **316,278.67** | **2,204,777.40** | **1,547,351.51** | **1,207,917.61** | **505,429.38** | **698,734.96** | **743,078.07** | **391,393.23** | **226,465.17** | **163,667.56** | **91,790.76** | **6** |
| 经营活动产生的现金流量净额差额(合 | 0.00 | 0.00 | 0.00 | 0.00 | 0.00 | 0.00 | 0.00 | 0.00 | 1,000.00 | 0.00 | 0.00 | 0.00 | |
| **经营活动产生的现金流量净额** | **-10.51** | **-14,691.12** | **-178,088.40** | **-108,936.53** | **-168,037.99** | **-33,993.01** | **-31,885.56** | **33,968.10** | **-18,319.82** | **-34,244.65** | **-31,608.27** | **5,724.22** | **-1** |

**图 17-2 东方金钰 2008—2022 年现金流量**

数据来源：公司年报

通过东方金钰 2008—2018 年的年报中所披露的现金流量，可以看出公司的偿债能力并不强，无法产生大量的现金流量。从 2009 年起，公司的生产经营活动所产生的现金流量持续为负，仅 2008 年与 2012 年的经营活动所创造的现金流量为正数。由此可以看出，公司生产经营活动创造现金流量的能力和偿债能力都非常差，随时都面临资不抵债的风险。

东方金钰的产品主要是黄金制品、翡翠原石及翡翠制品，从表 17-1 中可以看出，在 2016—2018 年，珠宝玉石所占的比重逐渐增高。黄金制品的成本追溯起来比较容易，但是翡翠定价存在较大的主观因素，很难有一个准确的标准，因此核查起来也比较困难。东方金钰主要销售的产品就是翡翠和翡翠原石，从表17-1中可以看出，翡翠销售占比的增加，是公司的经营战略，其目的是调节利润虚增收入，应成为舞弊核实的重点关注对象。

表 17-1　东方金钰收入细分情况

| | 2015 年 | 2016 年 | 2017 年 | 2018 年 | 2019 年 |
| --- | --- | --- | --- | --- | --- |
| 黄金制品收入 / 营业收入 | 88.27% | 84.41% | 78.16% | 56.49% | 82.70% |
| 珠宝玉石收入 / 营业收入 | 11.54% | 15.25% | 21.02% | 42.24% | 16.61% |
| 货币资金 / 元 | 2,567,511,743 | 733,035,142 | 390,924,618 | 6,348,798 | 6,267,304 |
| 应收账款 / 元 | 399,274,338 | 186,806,567 | 256,956,271 | 472,519,429 | 425,795,108 |

数据来源：东方金钰公司财务报表

上述这些情况说明，东方金钰所披露的财务信息，违反了会计职能，存在着严重的不真实的情况。但大华会计师事务所作为东方金钰的审计机构，在其审计过程中，并没有发现东方金钰存在上述的异常情况。在中国证监会对大华会计师事务所公布的行政处罚中，证监会认为大华会计师事务所并没有对东方金钰进行充分的审计工作和风险评估，只对其进行了简单的风险评估，也没有对其重要组成部分姐告宏宁珠宝有限公司进行充分的风险评估，因此才会没有发现东方金钰的财务舞弊行为。

## 五、启示与建议

### （一）上市公司治理层面

在上市公司的舞弊案例中，"一股独大"的管理模式为企业财务舞弊提供了机会，这也就提醒公司应该注意自己的股权结构，首先，合理优化自己的股权结构从而降低企业财务舞弊存在的可能性。其次，公司还应该建立健全的内部控制体系，进一步加强上市公司的财务部门、内部审计和独立董事的责任意识，让他们清楚地认识到财务舞弊应当承担的连带责任，坚持不相容职务原则，从源头上遏制财务舞弊的发生。

### （二）审计师层面推进数字化审计

审计师的审计工作作为公司外部第一道防线，对防范财务舞弊起着至关重要的作用。财务舞弊中最常见的手法就是通过关联方交易，虚构客户或者供应商，采用签订虚假合同的方式，实现体内资金体外化，这就要加强对隐性关联方的审计[3]。这种资金流闭环的财务舞弊方式，给审计师的审计工作带来了非常难的挑战，要识别这类的舞弊行为，则需要推进数字化审计。区块链技术的去中心化模式通过平衡节点确保了数据安全，其不可复制性以及不可篡改性最大限度地防止了财务舞弊的发生。

### 参考文献

[1] 李铁群.企业收入舞弊行为的一般财务特征、手段及具体审计技术方法[J].财会研究, 2004(5): 55-57.

[2] Glancy F H, Yadav S B. A computational model for financial reporting fraud detection[J]. Decision Support Systems, 2011, 50 (3): 595-601.

[3] 傅顾, 刘馨, 赵子怡.上市公司收入舞弊识别与应对——基于索菱股份的案例分析[J].财会通讯, 2023(9): 122-127.

# 十八　安踏公司的融资决策与影响

秦缘　刘寿先

**摘要**：安踏公司通过不断地创新和多元化发展，不仅在中国市场上占据重要地位，也在国际舞台上崭露头角。在不断扩大业务和市场份额的过程中，安踏公司需要资金来支持其战略增长和创新计划。公司面临的融资决策包括股权融资、债务融资、并购或合资等多种选择。这个研究关注了安踏公司在其融资决策中所面临的挑战、选择的背后原因以及融资对公司业务和财务状况的影响。研究采用了混合研究方法，包括文献综述、公司财务数据的收集与分析。财务数据主要包括安踏公司的资产负债表、现金流量表、损益表等财务报告。市场数据包括股票价格、市值、竞争对手表现等信息。根据分析和研究，主要结论：安踏公司选择了股权融资作为其融资方式，通过发行股票来筹集资金。这一决策在当前市场条件下被认为是合适的，因为它有助于降低债务负担，提高公司的资本结构灵活性。融资决策对安踏公司的业务产生了积极影响，支持了公司的扩张和创新计划，提高了市场竞争力。同时，它也对公司的财务状况产生了一定影响，包括股价波动和股东权益结构的变化。安踏公司的融资决策是一项长期决策，需要持续监测和管理，以确保公司能够有效应对市场变化和风险。

**关键词**：融资决策；股权融资；融资方式

## 一、引言

在全球体育用品行业，中国的安踏公司以其卓越的表现和战略规划已经崭露头角。自1994年成立以来，安踏公司已经发展成为一家领先的体育用品制造和零售企业。安踏公司以其卓越的品质、创新性和市场敏锐性在国际市场上赢得了广泛认可。在这个竞争激烈的行业中，安踏公司的成功不仅取决于其产品质量，还取决于其战略决策，尤其是融资决策。

本研究的核心问题在于，安踏公司的融资决策如何影响其业务和财务状况。随着不断扩大业务和市场份额，安踏公司需要资金来支持其战略增长和创新计划。这些融资决策涉及股权融资、债务融资、并购或合资等多种选择，每一个都可能对公司的未来产生深远的影响。因此，本研究旨在分析安踏公司的融资决策，并探究这些决策对公司业务和财务状况的实际影响。

## 二、文献综述

国内学者对我国体育鞋服上市公司融资分析。徐飞、唐建新、汪伟华通过研究发现，体育鞋服上市公司营业现金比率与长期融资率正相关；资产负债率与长期融资率负相关、与商业信用融资率正相关；存货周转率与长期融资率负相关、与商业信用融资率正相关。邓婕对安踏体育转型前后的财务数据进行分析，研究转型后的轻资产运营模式下的财务战略的作用及存在的问题。最后对文章进行总结，并对安踏体育轻资产运营模式下的财务战略所存在的问题，给出针对性的对策。

## 三、融资方案

### （一）描述安踏公司的融资需求和目标

安踏公司旨在继续扩大其在中国国内市场的份额，并在国际市场上扩张。一方面，需要资金用于市场推广、零售店铺扩建和市场渗透。为了保持竞争力，安踏公司需要不断创新和开发新产品。这包括研究新材料、设计新款式和提高产品性能，需要投资在研发部门和创新项目中。另一方面，安踏公司积极推广其品牌，包括签约明星代言人、赞助体育赛事和开展营销活动。这需要大量资金来支持品牌建设和市场推广。并且，公司的国际市场扩张计划需要资金来进一步推广其品牌和产品，进军国际市场。

安踏公司的首要目标是支持其战略增长，包括增加市场份额、扩张业务范围和提高国际市场影响力。公司的目标是保持在体育用品行业的领先地位，通过不断创新和高品质产品来满足客户需求。通过融资来增加公司市值，为股东创造价值。

### （二）融资计划的背景

安踏体育刚刚以配售现有股份及先旧后新认购新股份的方式，募集到约117.43亿港元（约108.19亿元人民币）的资金，用于偿还公司未偿付的财务负债或作为一般营运资金。

根据募集说明书，安踏体育本次债券发行总额不超过人民币100亿元（含人民币100亿元），其中，期限超过1年的中长期公司债券发行规模不超过人民币80亿元，期限为1年及以内的短期公司债券的债券余额不超过人民币20亿元。债券期限不超过10年（含10年）。在扣除发行费用后，本次债券募集资金拟将不超40亿元用于偿还本集团债务，剩余部分用于补充流动资金、股权投资、项目建设等法律法规允许的用途。

值得注意的是，在本次债券发行前的几个月，安踏体育便已通过配股的方式获得百亿募资。2023年4月18日，安踏体育在港交所发布公告称，拟配售1.19亿股新股，认购事项的所得款项总额预计约为118.02亿港元。

据募集说明书注册稿披露，2020—2022年，安踏体育的收益分别为355.12亿元、493.28亿元、536.51亿元。安踏体育表示，收益逐年上升，主要是由于业务增长带来收益增加所致。2020—2022年，安踏体育的毛利分别为206.51亿元、304.04亿元、323.18亿元，毛利率分别为58.15%、61.64%、60.24%，年内溢利率分别为15.68%、16.66%、15.37%，均保持在较高水平。2020—2022年末，安踏体育的资产总额分别为518.67亿元、626.68亿元、691.95亿元；负债总值分别为260.43亿元、310.05亿元、313.56亿元；资产负债率分别为50.21%、49.48%、45.32%。

在资产总额中，2020—2022年，安踏体育的流动资产总额分别为327.17亿元、399.02亿元、425.96亿元，占资产总值比例分别为63.08%、63.67%、61.56%。现金及现金等价物分别为153.23亿元、175.92亿元、173.78亿元，占资产总值比例分别为29.54%、28.07%、25.11%。

2020—2022年，安踏体育的流动负债分别为117.15亿元、159.43亿元、262.07亿元，流动负债占负债总额的比例分别为44.98%、51.42%、83.58%。

同期，安踏体育流动比率分别为2.79、2.50、1.63，速动比率分别为2.32、2.02、1.30，均呈下滑趋势。

在流动负债中，2020—2022年，安踏体育的借贷分别为19.68亿元、17.48亿元及121.98亿元，占负债总值比例分别为7.56%、5.64%及38.90%。其中2022年安踏体育的借贷较2021年增加104.50亿元，增幅597.83%。

2020—2022年，安踏体育的有息负债余额分别为68.14亿元、62.31亿元、54.78亿元，占负债总值的比例分别为26.16%、20.10%、17.47%。

截至2022年末，安踏体育的银行借款余额为29.59亿元，占有息负债余额的比例为54.02%；银行借款与公司债券外其他公司信用类债券余额之和为44.78亿元，占有息负债余额的比例为81.75%。

截至2022年末，安踏体育的未偿还全部银行融资余额为39.59亿元，其中银行贷款 29.59 亿元、银行承兑汇票 10.00 亿元，银行贷款主要为外币计价贷款，可换股债券欧元计价等值人民币 72.12 亿元。

截至 2022 年末，安踏体育及合并范围内的附属公司共获得主要贷款银行授信额度合计 201.77 亿元，已使用额度 40.56 亿元，尚未使用的授信额度为 161.21 亿元。

报告期内，安踏体育及附属公司累计发行境内外债券 3 只，88.96 亿元，累计偿还债券 0 亿元。截至 2022 年 12 月 31 日，安踏体育及附属公司已发行尚未兑付的债券余额为 88.96 亿元，明细如表 18-1 所示：

表 18-1  安踏体育用品有限公司 2023 年面向专业投资者公开发行公司债券募集说明书

| 序号 | 债券简称 | 发行主体 | 发行日期 | 到期日期 | 债券期限 | 发行规模 | 票面利率 | 余额 |
| --- | --- | --- | --- | --- | --- | --- | --- | --- |
| 1 | 22 安踏体育 MTN001（绿色） | 安踏体育用品有限公司 | 2022-07-11 | 2025-07-13 | 3.00 | 5.00 | 2.80 | 5.00 |
| 2 | 20 安踏体育 MTN001 | 安踏体育用品有限公司 | 2020-08-20 | 2023-08-24 | 3.00 | 10.00 | 3.95 | 10.00 |
| | 债务融资工具小计 | - | - | - | - | 15.00 | - | 15.00 |
| 3 | ANLLIAN CAPITAL 0% CB20250205 | ANLLIAN Capital Limitel | 2020-02-05 | 2025-02-05 | 5.00 | 73.96 | 0.00 | 73.96 |
| | 其他小计 | - | - | - | - | - | - | 73.96 |
| | 合计 | | | | | | | 88.96 |

数据或资料来源：安踏体育用品有限公司 2023 年面向专业投资者公开发行公司债券募集说明书

## 四、融资决策问题

### （一）分析安踏公司在融资决策过程中面临的主要问题和挑战

在融资决策过程中，安踏公司可能面临多个主要问题和挑战，这些问题和挑战会影响公司的决策。安踏公司需要考虑融资的成本，包括债务利率、股权成本和与合资伙伴的协议。不同融资方式的成本可能会影响公司的盈利能力和现金流。债务融资可能会带来财务风险，特别是公司无法按时支付借款时。公司需要评估其还款能力，以避免不必要的财务风险。股权融资可能会导致现有股东的股份被稀释，降低每股盈利。安踏公司需要权衡股东权益稀释与资金筹集之间的关系。融资决策通常受到市场条件的影响，包括利率水平、投资者信心、股市表现和债券市场状况。公司需要在市场情况有利时融资，以获得有利的融资条件。融资方式应与公司的战略目标一致。公司需要确保融资决策与其长期增长计划和战略规划相符。不同融资方式可能会产生不同的税收后果。公司需要考虑税务因素，以最大限度地减少财务成本。如果选择合资作为融资方式，公司需要选择合适的合作伙伴，并达成有利的合作协议。合资伙伴的选择和合作协议可能会影响业务成功和风险共担。公司需要考虑未来的资本需求，以确保融资方式可以满足其未来的扩张和增长计划。

综合考虑这些问题和挑战，安踏公司需要进行仔细的风险评估和财务分析，以确定最合适的融资方式，以满足其战略和资本需求，并最大限度地降低风险。融资决策应综合考虑这些因素，以取得最佳的融资结果。

### （二）安踏公司股权融资对策

首先，有必要为企业建立证券市场。由于债券市场的处理体系相对复杂，许多公司更倾向于股权融资。公司债券市场的增长和其提供更加便利的金融渠道，也是股权融资应对公司债券选择的一种方式。其次，要持续完善资本市场相关法律法规。中国的资本市场起步较晚，但发展迅速，因此存在监管不全面的问题，中国企业的经济模式大多由政府和银行主导。因此，政府应制定和改革相关法律法规，保护企业的金融权益，引导银行和金融机构推出创新的金融产品，降低企业银行贷款的财务成本。最后，需要改善公司治理。在企业融资框架下，内部借贷风险最低，所占份额最大。安踏以股权融资为主，本地资金相对较少，因此应加强资金管理，增加本地贷款，以降低金融风险。

## 五、结论

通过分析不同融资方式，我们发现安踏公司可以优化其资本结构，平衡债务和股权，以最大限度地提高股东价值。不同融资方式对公司估值和市场反应产生显著影响。一方面，公司的股价、市盈率和市值会随着融资方式的变化而波动，这需要在融资决策中加以考虑。另外，融资决策会直接影响公司的财务状况，包括利润、现金流、财务稳定性等。此外，不同融资方式还会影响股东权益的稀释程度。另一方面，融资决策多角度考虑。公司应根据具体情况综合考虑融资决策，包括资本结构优化、估值影响和市场反应。不同融资方式的利弊需权衡，以满足公司战略需求。应定期监测股价和估值的变化，以了解市场对融资决策的反应。这有助于调整融资策略以满足市场需求。公司还需要认识到不同融资方式带来的风险，特别是债务融资可能带来的财务风险。建议公司建立有效的风险管理机制，以降低潜在的财务风险。与此同时，政府和监管机构可以加强法律法规的透明度，以确保公司融资决策的合规性和可行性。这有助于保护投资者利益和市场稳定。政府可以推动创新融资方式的发展，以鼓励公司更好地满足其资本需求，特别是对于新兴产业和创新型企业。

总的来说，研究发现了融资决策对安踏公司的重要影响，尤其是在资本结构、估值和市场反应方面。管理建议包括多角度考虑融资决策，定期监测市场情况和有效风险管理。政策建议涉及法律法规透明度和支持创新融资方式。这些建议有助于公司更好地进行融资决策，并为政府和监管机构提供指导，以促进融资市场的发展。

## 参考文献

[1]　邓捷. 安踏体育轻资产运营模式下财务战略问题研究[D]. 广东财经大学, 2022. DOI: 10.27734/d.cnki.ggdsx.2022.000904.

[2]　鲍晓娜, 张舒畅, 任曙明, 等. 技术机会窗口、债务融资决策对后发企业创新的影响——基于海康威视的探索性案例研究[J]. 管理案例研究与评论, 2023, 16(5): 567-581.

[3]　梁广明. 产业园公募REITs融资案例分析[J]. 大众投资指南, 2023(17): 44-46.

[4]　梁友. 公立医院项目融资新渠道研究——以Q市二医院PPP项目为例[J]. 中国总会计师, 2023(8): 32-35.

[5]　林晓峰. 新能源项目投融资模式研究及案例分析[J]. 建筑经济, 2023, 44(z1): 177-181. DOI: 10.14181/j.cnki.1002-851x.2023S1177.

[6]　方玮. 纺织服装企业ESG实践对企业价值的作用及影响路径研究以安踏集团为例[D]. 北京外国语大学, 2023. DOI: 10.26962/d.cnki.gbjwu.2023.000400.

[7]　许檬亚. 市值管理对企业投资行为的影响研究——以安踏集团为例[D]. 浙江工商大学, 2022. DOI: 10.27462/d.cnki.ghzhc.2022.000574.

[8]　于春雨. 企业跨国并购的财务风险研究——以安踏体育并购亚玛芬为例[D]. 长安大学, 2022. DOI: 10.26976/d.cnki.gchau.2022.000538.

[9]　李强. 中国内地体育用品企业的融资策略研究[D]. 复旦大学, 2008.

[10]　李鑫. 安踏体育并购Amer Sports的财务风险探析[D]. 天津财经大学, 2020. DOI: 10.27354/d.cnki.gtcjy.2020.000785.

[11]　徐飞, 唐建新, 汪华伟. "后奥运时代"我国体育鞋服上市公司融资分析——基于产品多元化与市场竞争研究[J]. 体育科学, 2016, 36(2): 80-91+封三. DOI: 10.16469/j.css.201602010.

# 十九　比亚迪营运资金管理问题研究

荣云[①]　刘硕[②]

**摘要**：企业应该摒弃传统的营运资金管理理念和方法，以现代的财务管理理念指导公司的运营，以提高其运营资本的能力。本文以比亚迪为研究对象，对该公司 2018—2022 年五年的财务状况进行了研究，发现比亚迪存在应付账款规模大、存货周转率不高和应收账款信用风险低等问题，提出优化内部基金结构、加强应收账款管理和加强存货管理的具体改善意见。

**关键词**：营运资金管理；优化；比亚迪

## 一、引言

营运资金，是一家企业在正常经营活动中所需的资金，是维系企业正常运转的一根支柱。所以，对企业进行有效的资金运作和资金风险管理就显得非常重要。当国民的收入越来越高时，他们对汽车的需求也就越来越大，以比亚迪为研究对象，通过测算其流动资产占比、流动负债占比、存货周转率、应收账款周转率、流动比率等，并将所得数据与公司及汽车行业企业进行综合对比，发现其在经营资本管理方面的不足之处，并根据存在的问题，针对性地对资金结构进行优化，强化应收账款管理，强化存货管理，使其经营资本管理结构更加健全，为其他企业提供参考。

## 二、营运资金管理理论基础

流动资金的内涵有狭义与广义之分。狭义上，流动资金为流动资产和流动负债之差。营运资金管理是否有效，首先要通过企业的偿债能力来体现。如果营

---

① 荣云，女，会计硕士，研究方向：资本运营与财务管理实务。
② 刘硕，男，副教授，硕士生导师，经济学博士、应用经济学博士后，研究方向：资本运营与财务管理实务、大数据分析与处理。

运资金的数量不断增加，就意味着公司能够迅速地变现的资本也就越多，这就意味着公司的偿债能力越来越强，财务风险也在不断地下降。反之，如果公司的营运资本下降或者为负值，那就意味着公司的偿债能力下降，财务风险也会随之增加，企业很有可能会因为现金流的问题而导致资金链的断裂，这一点应该受到管理层的关注。但是，企业的营运资金的大小，必须由管理层来决定，这也关系到公司的稳定和长期发展。广义上，营运资金是指企业在正常的生产、经营活动中，直接使用已有流动资产的资金。营运资金管理的目的就是要让公司的价值最大化，提升投入产出比率，以最小的投入换取最大的产量，并将财务杠杆和经营杠杆原则运用到企业的管理中去。而企业的经营资本，就是要用最小的流动资本来获得利润。通过对相关指标的量化测算，来具体测度比亚迪营运资金经营的有效性。而经营资本管理则是对各要素的周转天数进行控制，使之处于一个合理的区间，以达到最大限度地使用营运资本。

### 三、比亚迪汽车营运资金管理现状

#### （一）比亚迪背景介绍

比亚迪是一家致力于"用技术创新，满足人们对美好生活的向往"的高新技术企业。比亚迪成立于 1995 年 2 月，经过 20 多年的高速发展，已在全球设立 30 多个工业园，实现全球六大洲的战略布局。比亚迪业务布局涵盖电子、汽车、新能源和轨道交通等领域，并在这些领域发挥着举足轻重的作用，从能源的获取、存储，再到应用，全方位构建零排放的新能源整体解决方案。比亚迪是香港和深圳上市公司，营业额和总市值均超过千亿元。

#### （二）比亚迪营运资金经营状况

营运资金包括流动资产和流动负债。企业经营活动的效益，主要体现在企业的资产流动性与偿债能力两个方面。为此，本文对这两个问题展开了研究。

#### （三）营运资金组成情况分析

1. 流动资产组成情况分析

流动资产中的大部分构成为货币资金、短期投资、应收账款、应收票据，由表 19-1 可知，在 2018—2022 年，比亚迪的流动资产所占比例略有变动，但是整体上没有太大的变动，流动资产的比重始终大于固定资产。而相较于行业均值，比亚迪在 2018 年、2021 年的流动资产比重与同行业均值基本一致，但仍处于正常区间，整体来说流动资产构成相对比较合理。

十九 比亚迪营运资金管理问题研究

表19-1 流动资产占比

|  | 2018年 | 2019年 | 2020年 | 2021年 | 2022年 |
| --- | --- | --- | --- | --- | --- |
| 比亚迪流动资产占比 | 59.2% | 54.7% | 55.52% | 56.15% | 48.75% |
| 汽车行业流动资产占比 | 58.14% | 59.53% | 59.57% | 58.9% | 61.57% |

资料来源：比亚迪年报，国家统计局数据计算整理

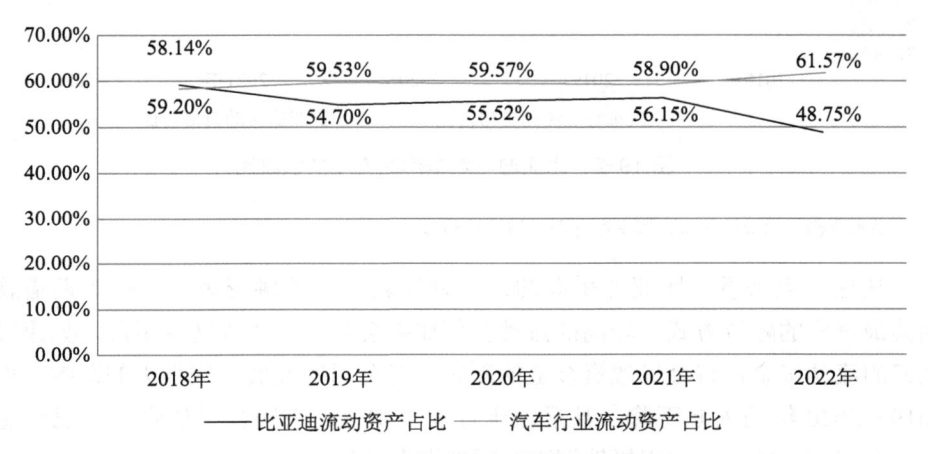

图19-1 比亚迪与汽车行业流动资产占比

数据来源：比亚迪年报，国家统计局数据计算整理

2. 流动负债组成情况分析

表19-2 流动负债占比

|  | 2018年 | 2019年 | 2020年 | 2021年 | 2022年 |
| --- | --- | --- | --- | --- | --- |
| 比亚迪流动负债占比 | 87.08% | 81.2% | 77.89% | 89.45% | 89.48% |
| 汽车行业流动负债占比 | 86.26% | 87.09% | 87.6% | 88.17% | 88.9% |

资料来源：比亚迪年报，国家统计局数据计算整理

比亚迪的流动负债是企业在短时间内必须偿还的短期借款，从上述数据来看，其流动负债均值约为85.02%，而2021年、2022年以及行业平均值则略高于行业平均值。这说明比亚迪的流动资产结构中有相当大一部分为流动资产，而长期负债则只占很少的一部分。

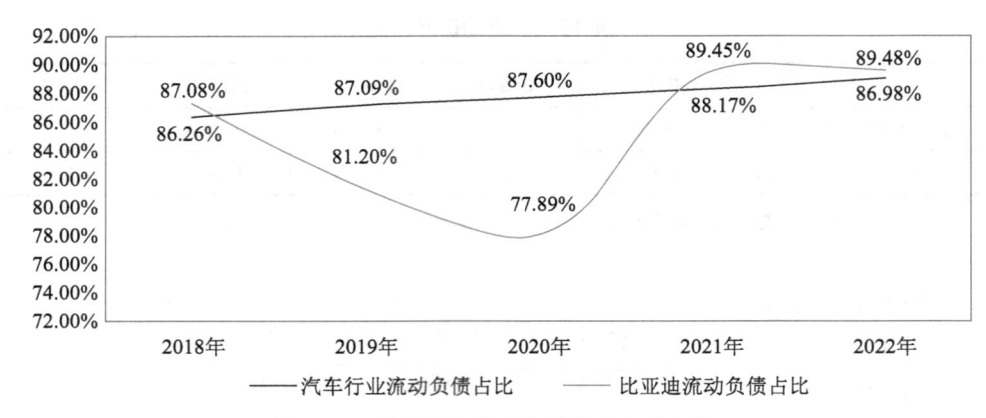

```
92.00%
90.00%                                                    89.45%        89.48%
88.00%          87.08%      87.09%       87.60%
86.00%                                                                  86.98%
84.00%          86.26%                                    88.17%
82.00%                      81.20%
80.00%
78.00%                                   77.89%
76.00%
74.00%
72.00%
                2018年       2019年      2020年          2021年        2022年
                ——汽车行业流动负债占比          ——比亚迪流动负债占比
```

**图 19-2　比亚迪与汽车行业流动负债占比**

数据来源：比亚迪年报，国家统计局数据计算整理

从这一点来看，比亚迪采取的是一种比较激进的融资策略，把短期借款作为其最重要的融资方式。较高的流动负债比率会导致资本周转率下降。如果没有足够的流动资金，将会导致资金链的断裂，对公司的发展造成很大的影响。而在2019—2020年的大幅下降，甚至低于行业平均值，表明公司的管理层已经意识到这个问题，并且正在积极地调整公司的财务状况。

2. 短期偿债能力分析

表 19-3　流动比率

| 名称 | 年份 | 2018 | 2019 | 2020 | 2021 | 2022 |
|---|---|---|---|---|---|---|
| 流动比率 | 比亚迪 | 0.99 | 0.99 | 1.05 | 0.97 | 0.72 |
|  | 长城汽车 | 1.21 | 1.26 | 1.23 | 1.13 | 1.12 |
|  | 长安汽车 | 1.08 | 1.01 | 1.07 | 1.11 | 1.35 |

资料来源：各公司年报计算整理

表 19-4　速动比率

| 名称 | 年份 | 2018 | 2019 | 2020 | 2021 | 2022 |
|---|---|---|---|---|---|---|
| 速动比率 | 比亚迪 | 0.76 | 0.75 | 0.75 | 0.72 | 0.49 |
|  | 长城汽车 | 1.13 | 1.14 | 1.13 | 0.99 | 0.89 |
|  | 长安汽车 | 0.96 | 0.94 | 1.07 | 1.11 | 1.28 |

资料来源：各公司年报计算整理

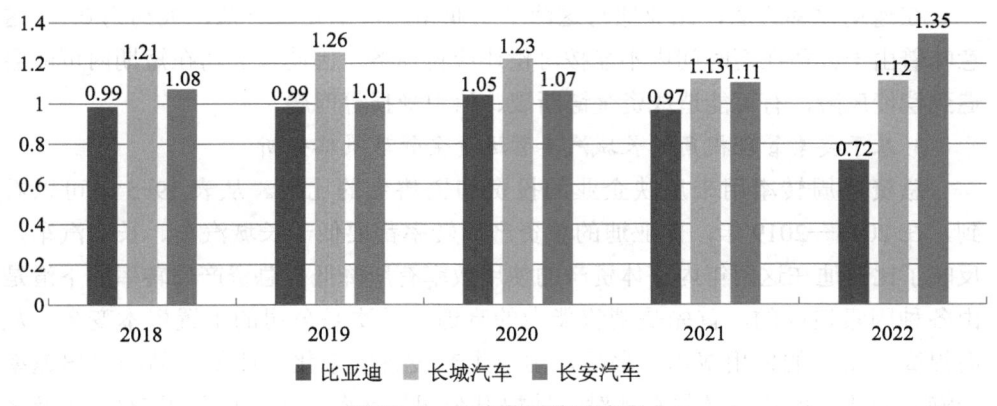

十九 ● 比亚迪营运资金管理问题研究

图 19-3 三家公司流动比率

数据来源：各公司年报计算整理

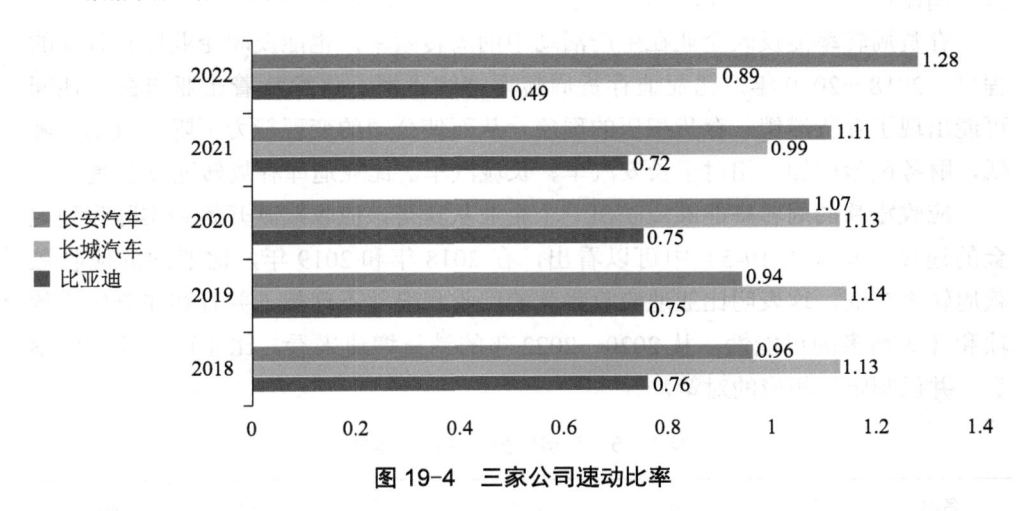

图 19-4 三家公司速动比率

数据来源：各公司年报计算整理

流动比率，其数值是指公司能够在短期债务到期之前，将其变现来偿还负债的能力。一般来说，速动比率在 2 左右比较合适。从以上的数据来看，比亚迪在 2018—2020 年的流动比呈现出不断增长的趋势，从 0.99 增长到 1.05，增长了 6%。可以看到，在这个时期，比亚迪的短期偿债能力得到了提高。这三年来，它的流动资产增长率不低，而它的流动负债增长率却比它的流动资产要慢。在 2021 年之后，流动比率会比以前更低，在 2022 年会降到 0.72，远远低于合理值 2。比亚迪比长安、长城都有较低的速动比率。因为比亚迪的流动资产包括了库存等短期不能变现的流动资产，所以我们也要用速动比率对其进行评估。

在速动比率方面，比亚迪与这两个企业相比，都要低一些，大约为0.7。这意味着由于公司在短时间内不能按时偿还应付债务，因此，公司在短期内可能会遇到偿债风险，有可能造成资金链断裂、信用受损等问题。

3. 基于要素管理视角的长城汽车营运资金管理策略分析

总资产周转率用来反映企业的投资和销售额的比例。从表19-5中可以看到，在2018—2019年，比亚迪的总资产周转率都要低于长城汽车、长安汽车，反映了比亚迪在这两年内整体资产的使用效率有所降低。总资产周转率的下滑是由各种因素造成的，首先是销售能力的衰退，其次是公司的闲置资本变多，从而提高了资本的使用费用，最后，由于生产设备的老化，使得产品的产出速率变慢。为此，比亚迪必须有针对性地提升公司的运营水平。而到了2020年及之后，比亚迪的总资产周转率高于长安汽车、长城汽车，这意味着虽然比亚迪的经营利润比自己要高，且在汽车产业中也有不错的表现。

存货周转率能反映企业在生产活动中的周转效率，也能反映企业库存管理的程度。2018—2019年，比亚迪存货周转率持续下滑，这意味着比亚迪在此期间可能出现了存货滞销、存货积压的现象，从而使公司的变现能力下降，流动性降低，财务风险增加。相对于长安汽车、长城汽车，比亚迪库存周转速度较慢。

应收账款的周转率能够反映出一个企业从获得该应收账款开始到实际收到现金的速度。从（表19-5）中可以看出，在2018年和2019年，比亚迪的应收账款周转率较低，这表明比亚迪应收账款的回收状况并不理想，并且存在着应收款项和坏账增多的可能性。从2020—2022年的销量增速来看，比亚迪对此有所察觉，并已制定了相应的对策。

表 19-5  营运能力相关财务指标

| 名称 | 年份 | 2018 | 2019 | 2020 | 2021 | 2022 |
| --- | --- | --- | --- | --- | --- | --- |
| 总资产周转率 | 比亚迪 | 0.7 | 0.65 | 0.79 | 0.87 | 1.07 |
|  | 长城汽车 | 0.88 | 0.85 | 0.77 | 0.83 | 0.76 |
|  | 长安汽车 | 0.66 | 0.74 | 0.77 | 0.83 | 0.86 |
| 存货周转率 | 比亚迪 | 4.71 | 4.12 | 4.43 | 5.03 | 5.75 |
|  | 长城汽车 | 16.26 | 14.92 | 12.46 | 10.66 | 6.09 |
|  | 长安汽车 | 11.81 | 14.53 | 15.51 | 13.67 | 15.21 |

续表

| 名称 | 年份 | 2018 | 2019 | 2020 | 2021 | 2022 |
|---|---|---|---|---|---|---|
| 应收账款周转率 | 比亚迪 | 2.57 | 2.74 | 3.68 | 5.58 | 11.3 |
| | 长城汽车 | 46.39 | 29.1 | 28.98 | 29.15 | 22.83 |
| | 长安汽车 | 41.23 | 62.82 | 56.77 | 55.1 | 51.12 |

资料来源：各公司年报计算整理

## 四、比亚迪营运资金管理优化建议

从上述数据中可以看出，比亚迪目前面临的最大问题是：流动负债占比高、应收账款周转率低、存货周转率低。针对上述问题，给出了如下对策。

### （一）优化内部资金结构

从比亚迪的债务状况来看，比亚迪的流动负债占总负债的比例很高，这也就决定了比亚迪在短期内要偿还更多的债务，从而加大了比亚迪的金融风险，因此比亚迪应该适当降低其流动债务的比重。比亚迪的速动比率接近1，但自2020年起呈下滑趋势，这表明比亚迪内部流动资产与流动负债之间的比例也存在着一定的不合理性，资本结构亟待优化。

第一，比亚迪应该对流动负债构成比例进行调整，可以适当降低部分流动负债。第二，要关注各个特定项目在流动负债中所占的比重。在流动负债方面，比亚迪应充分发挥公司的商业信誉，因为比亚迪的应收账款为无息贷款，所以它可以把一部分资金投入到其他的工程中去，从而获得更大的利润。第三，比亚迪应该制定一个合理的分析监控系统，对每一个特定的项目中的流动资产和流动负债所占的比例进行分析，对占比发生了突然增减的项目进行分析，并对其原因进行分析，以便迅速地解决。

### （二）加强应收账款管理

从上面的数据来看，比亚迪的应收账款周转率在持续增长，但在2018—2021年，其收入水平仍然偏低，导致比亚迪的应收账款管理费用和坏账风险增大。所以，应加强对应收账款的管理。首先，要建立一个合理的信贷等级体系，比亚迪应该设置专人对客户的信用等级进行评估，可以运用5C法则对客户的信用等级进行评估，综合客户的品德、能力、资金、抵押品以及条件等方面来对客户的信用等级进行评估。

根据以上 5 个方面，首先，在与信用评分相结合的基础上，对每个客户进行详细、详细的信用状况分析，最终把客户的信用等级从高到低分为优良、良好和一般等。其次，比亚迪在向顾客提供商务信贷时，还需要考虑应收账款的成本，其中包括机会成本、管理成本和坏账成本。管理人员要对每个应收账款进行合理的预算，将发放应收账款给公司带来的销售额和所承担的费用进行比较，使应收账款的收入最大化。

### （三）加强存货管控

库存管理的根本目标就是要解决企业库存的安全和库存水平的合理保持，以达到利润的最大化。比亚迪的库存周转率已经连续两年下滑，这是由于要加强对库存的控制而导致的库存积压。

首先，考虑到存货成本与订购数量、订购成本呈反比变化，需要对存货的经济批量进行合理的选择，也就是在某一段时间里，存货成本与订货成本之和均为极小的情况下，需要利用经济批量的计算公式来求得最优的经济批量。其次，比亚迪应该通过电子方式来实现对特定数据的快速输入和分析，实时掌握库存信息，并使库存的周转率得到及时的提升，同时也要使权利和义务分开，避免发生欺诈。比亚迪也应该发挥好第三方物流的作用。随着物流行业的迅速发展，零库存企业的运营管理理念得以实现，借助第三方物流平台，能够加速存货的流转，降低库存货物的数量，从而降低仓储费用，减少存货占用的流动资金，加速运营资本的周转。

## 五、结语

伴随着市场经济的持续发展，上市公司面临着大量商业机会。但在公司数量越来越多，规模也越来越大的情况下，这些公司仍然面临着融资渠道单一，运营资本管理理念不强，营运资本管理制度不健全等问题。通过对比亚迪流动资产、流动负债、流动比率、速动比率等指标的测算和分析，认为比亚迪在营运资金方面，流动负债占总比重较高，应收账款回款缓慢，存货周转率偏低。

针对上述问题，本文提出了如下对策：一是优化企业内部资本结构，即降低企业的流动负债比重，降低企业的金融风险，发挥企业信贷的作用；二是要强化应收账款的管理，在贷款前，可以运用 5C 方法对顾客进行综合评价，还可以利用现金折扣来加速资金的回笼。在此基础上，进一步强化库存管理，采用最优经济订购批次等措施，以达到最大的库存效益，加速库存周转。

当下国内外关于营运资金管理的研究暂未有完整的系统框架，可供借鉴的国外研究成果有限，因此本文的研究相对存在局限性。

## 参考文献

[1] Yeboah Samuel, Kjærland Frode. Impact of dynamic working capital management on operational efficiency: empirical evidence from Scandinavia[J]. Managerial Finance, 2024, 50(6): 1196-1214.

[2] Vlismas Orestes. The moderating effects of strategy on the relation of working capital management with profitability[J]. Journal of Accounting & Organizational Change, 2024, 20(2): 276-306.

[3] 赵芮. 数智供应链视角下零售企业营运资金管理研究——以京东为例 [J]. 国际商务财会, 2024 (9): 78-81+97.

[4] 贲绍华. 安踏体育营运资金管理优化研究 [J]. 合作经济与科技, 2024 (13): 86-88.

[5] 陈红. 价值链视角下家电行业营运资金管理研究——以 HD 集团为例 [J]. 财务管理研究, 2024 (4): 45-49.

[6] 王晓天, 张蓉静. 价值链视角下格力电器营运资金管理研究 [J]. 财务管理研究, 2024 (3): 97-102.

[7] 郭甜甜. 制造业企业营运资金管理问题研究——以制造业 A 企业为例 [J]. 商场现代化, 2024 (4): 131-133.

[8] 郑南平. 中小新能源车企营运资金管理探析——以蔚来、小鹏、理想、零跑新势力车企为例 [J]. 财务管理研究, 2024 (1): 47-53.

# 二十　互联网传媒企业 ESG 实践是否能提升企业价值——以三七互娱为例

王宁　杨荣

**摘要**：近些年来，上市公司 ESG 评级表现成为投资者选择投资目标的标准之一，ESG 实践也成了上市公司关注的重点，同时，企业 ESG 实践对提升企业价值的作用也是学术界研究的热点。本文选取互联网传媒行业中 ESG 评级表现突出的三七互娱，通过分析其 EGS 实践、市场反应与企业财务业务改善之间的关系，得出结论，即互联网企业开展 ESG 实践不能只注重"面子"，只是为了提升评级，而应该落到实处，以提升企业财务绩效与企业价值为目标。

**关键词**：互联网企业；ESG 实践；企业价值

## 一、引言

2020 年 9 月，习近平总书记在第 75 届联合国大会一般性辩论上庄严宣布我国力争在 2030 年前实现碳达峰，在 2060 年前实现碳中和，也就是"双碳"目标。与该目标匹配的企业行为就是 ESG，2004 年，联合国秘书长安南第一次提出了 ESG 概念，认为 ESG 有助于企业的可持续发展，可以帮助投资者更全面地认知企业从而做出决策。ESG 是环境（Environmental）、社会（Social）和治理（Governance）三个英文单词的首字母缩写，是一种关注企业环境、社会、治理绩效而非传统财务绩效的投资理念和企业评价标准。

本文选取在互联网企业中 ESG 表现最突出的企业之一，即三七互娱。该公司 2021 年成为国内首家获得 MSCI 评级 A 级的互联网传媒行业企业，但是伴随着三七互娱 ESG 评分高企的是，三七互娱的企业市值存在止步不前甚至下滑的趋势。本文首先分析得出三七互娱的 ESG 实践并未得到市场正面反应，其次探究互联网企业 ESG 实践对企业财务绩效与企业价值的作用及其原因，最后总结三七互娱 ESG 实践的经验教训。

## 二、文献综述

### （一）ESG 内涵的相关研究

学者们通过不同的角度，对 ESG 内涵做出了相应的界定。比如，Baldini 等（2018）在研究国家和企业层面的 ESG 影响因素时，将 ESG 看作是组织出于获得合规性和合法性的考虑，对公众在环境、社会和治理方面的期望做出的回应。Parfitt（2019）在探讨责任投资与政治行动的关系时，将 ESG 视为一种将环境、社会和治理风险整合到投资分析中的责任投资战略。Drempetic 等（2020）在研究企业规模对 ESG 的影响时，将 ESG 看作是第三方机构对企业可持续性发展状况进行评价的工具或结果。

### （二）ESG 信息的投资价值研究

周方召等（2020）基于上市公司数据研究结果表明，A 股市场中投资者具有显著的 ESG 投资偏好，其中机构投资者对 ESG 表现好的企业更为青睐。马险峰（2021）认为鼓励投资者将 ESG 信息纳入投资决策不仅能够促进企业披露 ESG 信息，同时能够促使投资者由短期投机转向长期价值投资，从而推动资本市场健康、平稳地发展。李瑾（2021）认为 ESG 投资的理念与策略已经被我国 A 股市场接受，对于投资收益产生了重要影响；并且企业的 ESG 绩效具有市场筛选作用，在市场行情不利的条件下这种筛选作用得到了增强。

### （三）ESG 表现的经济效果研究

大部分学者的研究表明良好的 ESG 表现可以提高企业的财务绩效。王双进等（2022）以我国 2010—2019 年的上市工业企业为研究样本，采用层次回归分析法和系统 GMM 法分析得出结论，工业企业 ESG 责任履行对财务绩效的影响呈 U 型非线性影响。周昕灏（2022）以 A 股上市公司为样本进行分析，得出 ESG 绩效对公司的会计绩效和市场价值均产生积极影响的结论。

大多数学者的研究表明，良好的 ESG 表现可以增加企业价值。伊凌雪等（2022）以 2008—2019 年沪深 A 股上市公司作为研究样本，研究发现 ESG 表现对企业当期价值呈现明显负向作用，但随着 ESG 实践价值效应的积累，最终会通过提升企业竞争力和降低系统性风险使企业利益与社会利益相统一，从而对企业价值具有正向影响。Atan R（2018）研究了 ESG 因素对马来西亚上市有限公司（PLC）在盈利能力、企业价值和资本成本方面的影响，通过面板回归发现环境、社会或公司治理这三类指标都无法单独对公司的盈利能力与公司价值产生影响，但三者的综合得分对公司资本成本会产生积极显著的影响。

也有部分学者认为ESG表现对企业价值起负向作用，比如，Sassen等（2016）以欧洲企业为样本，研究ESG表现对企业风险的影响，得出较好的ESG表现会削弱企业价值的结论。而且企业最根本的经营目的是为股东创造利益，若在ESG上投入过多，则会增加企业的额外开支，损害股东利益，进而降低企业价值（Garcia和Orsato，2020）。

### 三、三七互娱ESG实践

本文整理了自2018年来三七互娱公布的社会责任实践，分为环境（Environmental）、社会（Social）和治理（Governance）三个层面。

#### （一）环境（Environmental）层面

作为一家互联网文创企业，三七互娱对环境的影响主要体现在企业生产经营所需电力在生产环节因燃烧化石燃料所排放的温室气体（以二氧化碳为主）。因此，三七互娱邀请国际权威认证机构SGS对公司温室气体盘查和报告提供专业指导意见，完成公司实际碳排放的计算和披露。根据SGS指导意见，三七互娱将2019年设定为公司的碳排放基准年，确定公司2025年实现企业的碳中和应对气候变化策略，并制定2022年实现第一阶段碳中和目标——2022年碳净排放量较基准年下降15%，碳市场交易覆盖碳排放量30%。从2020年开始，三七互娱着手探索绿色电力交易，购买了秦皇岛昌黎大滩风电场48兆瓦工程、巢湖观湖风电场49.8兆瓦二期项目生产的绿色电力，实现抵偿碳排放的同时也支持国内可再生能源生产。

但根据三七互娱发布的2022年、2023年社会责任报告，其中并未披露具体的与碳排放目标相关的内容与进度，这样就会造成投资者对企业的不信任，尽管环境层面不是三七互娱重点投入的方向，但是这种不清晰的披露带来的不信任是可以确认的。

#### （二）社会（Social）层面

三七互娱积极投身公益事业，通过其发起成立的广东省游心公益基金会，长期关注欠发达地区高中教育高质量、均衡发展，从创新思维、文化知识、经济资助等角度切入，在支持高中学生顺利完成学业的基础上进行多元赋能，培育乡村潜力人才。三七互娱2022年和2023年一共在乡村教育振兴、响应社会重大事件、社区关怀支持等方面对外捐赠2068.12万元。三七互娱在公益上的大量投入带来了良好的企业声誉，并且获得了一些荣誉，得到了政府的认可。

在员工方面，三七互娱在"五险一金"法定保障的基础上，打造了以"七彩福利 快乐有你"为核心的员工福利关怀体系，围绕七大领域设置丰富的福利项目和活动，并将部分项目延伸至员工的家人，助力员工消除后顾之忧，支持员工在有爱、好玩、有趣的工作环境中提升幸福感；设立"薪酬管理制度"，打造对外具有竞争性、对内具有公平性的薪酬管理体系，并根据企业发展需求和市场变化情况定期检视薪酬设置情况，保障员工薪酬待遇。

除了上述内容，三七互娱在未成年人保护、用户隐私以及文化输出方面均有相应的措施。但是作者认为，在经历过疫情的冲击和行业新政的颁发之后，三七互娱依然还在公益上加大投入，这是否对公司的企业价值有促进作用就需要打一个问号了。投资者也许并不会在游戏行业整体低迷且无爆款游戏的前提下，因为三七互娱的公益而选择投资它。

### （三）治理（Governance）层面

三七互娱认为，高质量的公司治理，需要顶层设计，建立负责任的董事会治理机制，形成自上而下的履责变革推动力量；需要建立符合法律要求与社会期待的商业伦理准则，为企业的市场行为进行自我约束；需要建立上下游供应商合规管理体系，让企业的履责影响力沿价值链传导。因此，三七互娱花费更多的精力和金钱来组织了一个新的治理团队，具体情况如下：

董事会整体上负责对公司可持续发展相关的重大事项进行决策。董事会设有专门委员会，其中战略委员会承担评估ESG相关风险与机遇、制定公司可持续发展相关政策并监督实施的职责，推动公司关注相关方重点关切的实质性议题在公司内的履责实践。审计委员会对反舞弊等负责任商业行为和供应商管理相关制度实施情况进行监督审核，由内控审计部向其汇报相关工作。薪酬与考核委员会对公司可持续发展绩效完成情况进行考评，并将可持续发展绩效情况纳入高级管理人员薪酬制定与考核的考量因素。

毋庸置疑，良好的治理体系是公司向上发展的必备体系要求，但是为了ESG评级的提升或者为了投资者的青睐，花费大功夫建立新的治理体系，在我国游戏行业发展受阻的大环境下，这个行为的效果至少在短期看来，不会有较大的提升效果。对于游戏公司来说，最重要的一定是做出一款爆款游戏，这种情况带来的口碑和曝光度都是远超进行ESG实践。

## 四、三七互娱 ESG 评级提升后的市场反应

本文选择三七互娱 ESG 评级提升至行业领先的 AA 级作为研究市场反应的事件，事件日为 2023 年 8 月 23 日，运用事件研究法，分析该事件的发生引起资本市场对三七互娱的反应情况。

2023 年 8 月 23 日 MSCI 将三七互娱的 ESG 评级上调至 AA 级后，成为目前中国互联网行业唯一达到此评级的企业，也是国内唯一一家进入 MSCI 全球传媒娱乐行业 ESG 评级 AA 级的企业。评级机构发布 ESG 评级后，也向市场传递了企业 ESG 实践表现优异的信息，有助于投资者基于此进行投资决策，进而影响企业的市场价值表现。因此，本部分对 MSCI 在 2023 年三七互娱 ESG 评级上升至行业领先的 AA 级后的市场反应进行分析。具体来说，主要是通过分析评级结果发布日前后的 AR 和 CAR 值的变动情况，来探究市场对三七互娱 ESG 评级上升的反应，一般认为累计超额收益率呈上升趋势且大于 0，则说明公司该事件短期市场反应良好，事件的发生对此有一定的提升作用。

首先，确定本次的研究事件及研究事件的发生日、事件发生的窗口期以及事件的估计期。本部分的研究事件为 MSCI 将三七互娱的 ESG 评级评为中国互联网传媒行业首家 AA 级的事件。选择事件日方面，本文以 2023 年 8 月 23 日作为研究的事件日，即 0 时点。选择事件日发生前后的 10 个交易日作为事件的窗口期，即 [-10, 10]，合计 21 个交易日。事件估计期确定为 [-130, -10]，合计 120 个交易日，估计期内无其他评级机构发布三七互娱的 ESG 评级，因此不会对模型的建立造成影响。

其次，选择市场模型用来估计正常的收益率。本文选取国证 A 指同期日收益率作为市场收益率，用 $R_{it}$ 表示三七互娱在第 $t$ 天的实际收益率，用 $R_{mt}$ 代表第 $t$ 天的市场收益率，$\alpha$ 与 $\beta$ 为公式的回归系数，$\varepsilon t$ 为误差残差项，由此建立如下的计算模型：

$$R_{it}=\alpha+\beta R_{mt}+\varepsilon t \qquad 式（1）$$

再次，对估计期 [-130, -10) 期间三七互娱的实际收益率与国证 A 指同期日收益率进行线性回归，得到回归系数 $\alpha$ 和 $\beta$ 的值，建立回归函数的公式，拟合结果见图 20-1。

$$R_{it}=0.7541R_{mt}-0.3018 \qquad 式（2）$$

最后，结合建立的回归函数与窗口期内的国证 A 指收益率 $R_{mt}$，通过计算可以得到三七互娱在窗口期内的预期收益率 $R'_{it}$。再根据式（3）和式（4）计算得到三七互娱在窗口期内的异常收益率 $AR_{it}$ 和窗口期内的累计异常收益率 $CAR$。

$$AR_{it}=R_{it}-R'_{it} \qquad 式（3）$$

$$CAR（t_1,\ t_2）=\sum_{t1}^{t2} AR_{it} \qquad 式（4）$$

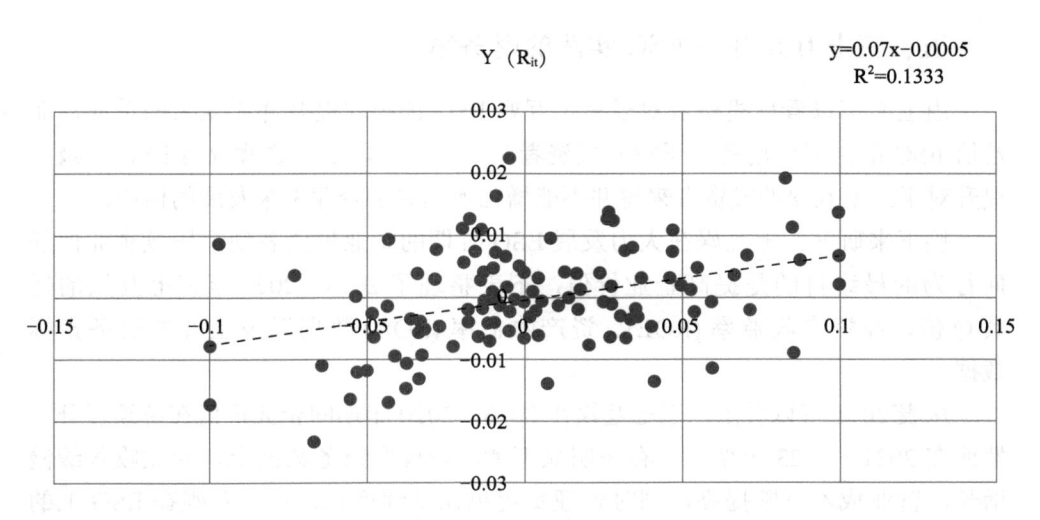

## 互联网传媒企业 ESG 实践是否能提升企业价值——以三七互娱为例

图 20-1　事件日拟合结果

其中，$R_{it}$ 表示在事件窗口期内三七互娱的实际收益率，$CAR(t_1, t_2)$ 表示三七互娱在 $t_1$ 到 $t_2$ 的期间内异常收益率的和。

由图 20-2 可知，由于在事件日后 10 天的时间内 AR 的趋势和事件日前 10 天并无太大区别，且并未因为事件的发生而产生上升的趋势，同时 CAR 数据显示，事件日后甚至出现了下降的趋势，由此可知，对于三七互娱 ESG 评级的提升，投资者并不认可，所以不能起到提升投资者信心的作用。

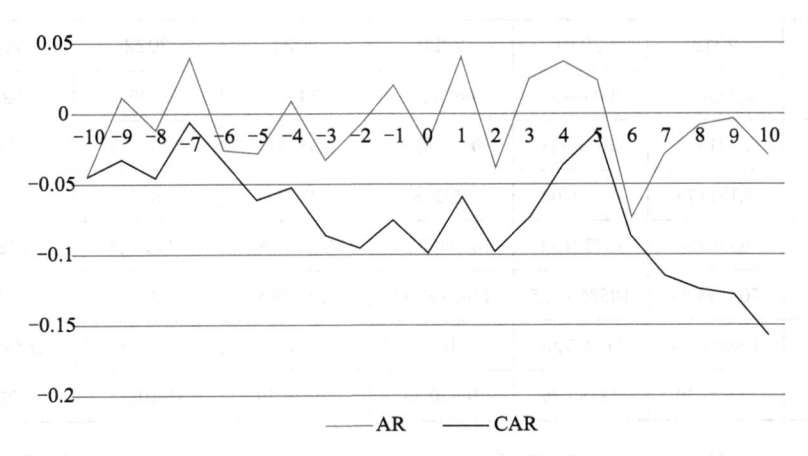

图 20-2　三七互娱 AR 和 CAR 变动情况

## 五、三七互娱开展 ESG 实践的财务绩效

由上文可以看出投资者对于三七互娱 ESG 评级的提升并无太大的反应，而恰恰 ESG 的主要作用就在于提升投资者对于企业的信心，这就说明 ESG 评级的提升对于三七互娱的投资者来说并不能增强他们对于企业未来发展的信心。

接下来研究三七互娱在大力发展 ESG 时期的企业价值表现，毕竟企业做任何行为的最终目的是提高企业价值，下表整理了 2018—2023 年三七互娱的托宾 Q 值、净资产收益率（ROE）、资产收益率（ROA）数据以及重要的财务指标数据。

从表 20-1 可以看出，三七互娱在 2018—2020 年期间企业价值在持续提升，然而在 2021—2023 年期间又存在明显下滑，表现在财务数据上，营业收入缓慢增长，营业成本不断提高，同时管理费用也在持续增长，三七互娱在 ESG 上的大量投入带来的除了 ESG 评级的不断提升，随之而来的还有营业成本与管理费用的增加。再加上 2021 年是三七互娱 ESG 成果显现的开始，第一次在 MSCI 评级中升至 A 级，是国内互联网传媒行业首家，之后更是节节攀升，各评级机构均给出超高评价。因此，在三七互娱身上产生的 ESG 评级与企业价值相反的发展状况，再结合上文三七互娱 ESG 评级提升并未带给投资者信心的结论，让人不由得思考 ESG 的良好表现对其企业价值是否有正向作用。

表 20-1　三七互娱 2018—2023 年企业价值数据以及财务数据　　　单位：万元

|  | 2018 | 2019 | 2020 | 2021 | 2022 | 2023 |
| --- | --- | --- | --- | --- | --- | --- |
| 托宾 Q | 1.953685 | 4.048793 | 4.674211 | 3.345938 | 2.2006 | 2.094813 |
| ROE | 0.171851 | 0.360523 | 0.454494 | 0.336821 | 0.251172 | 0.20964 |
| ROA | 0.131173 | 0.260702 | 0.293181 | 0.227984 | 0.184559 | 0.145382 |
| 营业收入 | 763267.97 | 1322713.6 | 1439970.31 | 1621649.82 | 1640603.42 | 1654687.17 |
| 营业成本 | 704194.34 | 1058667.25 | 1146891.53 | 1328729.55 | 1316967.17 | 1360348.82 |
| 净利润 | 100850.34 | 211477.01 | 276095.15 | 287557.59 | 295437.69 | 265857.02 |
| 管理费用 | 24606.29 | 22185.76 | 36620.84 | 46276.79 | 52601.37 | 59211.96 |

其他学者的研究也能够证明这一点，王双进等（2022）研究我国 2010—2019 年的上市工业企业，采用层次回归分析法和系统 GMM 法分析得出结论：工业企业 ESG 责任履行对财务绩效的影响呈 U 型非线性影响。也就是说在发展 ESG 初期会造成企业价值的降低。伊凌雪等（2022）以 2008—2019 年沪深 A

股上市公司作为研究样本，研究发现 ESG 表现对企业当期价值呈现明显负向作用，但随着 ESG 实践价值效应的积累，最终会通过提升企业竞争力和降低系统性风险使企业利益与社会利益相统一，从而对企业价值具有正向影响。

未来三七互娱的发展如何，我们无法准确预测，或许会如上述学者所研究的迎来企业价值的提升，但三七互娱发展 ESG 的事实告诉大家，看似良好的 ESG 表现很大概率无法在短时间内带来企业价值的提升，所以其他企业为了追求近期的企业价值提升是无法通过对 ESG 的投入来达成是较为确定的，并且以提升 ESG 评级为目的所做的行为很容易成为"面子工程"，这种情况下，不仅可以确认无法提升企业价值，更会增加企业成本，尤其是管理费用的增多，对企业的财务绩效也一定是反向作用。

## 六、结论与借鉴

ESG 实践应该围绕财务绩效改善而展开，不应该是为了提升评级而做的表面工作，根据搜集到的媒体报道，三七互娱明显存在"面子工程"的情况，比如环境信息披露方面，三七互娱在 2020 年提出在 2025 年达到"碳中和"，但随着一些公司提前完成，而三七互娱在 2023 年的社会责任报告中还存在披露"碳中和"计划不具体的问题；社会层面，三七互娱从 2023 年年初便深陷口碑、侵权等诸多风波，2023 年，三七互娱通报了两起违法案件，3 人因"职务侵占罪""挪用资金罪"等罪名被人民法院依法判决。并且早在 2021 年，三七互娱便被曝出旗下网游事业部原负责人因利用职务、收受研发供应商贿赂等行为入狱判刑；2022 年，前三七互娱企业文化专员艾某因犯职务侵占罪、挪用公款罪等被判刑。这些事件的发生更加证明了 ESG 的发展要落到实处，不能只是面子工程，否则很容易像三七互娱一样，ESG 评级越来越高，企业价值却不升反降。

对于其他的互联网企业，可以从三七互娱的 ESG 实践中得到一些经验教训。首先，对于互联网企业这种不需要实体生产的企业来说，环境方面主要应着眼于节能减排，并且简单的减排行为就足以为国家的碳排放目标的实现做出贡献。其次，在重点的社会和治理层面，应该把正确思路作为第一要义，适当的公益行为与对治理体系进行小修小补既不会对企业造成负担，也会促进企业的向好发展，重点是治理手段要强硬，坚决避免腐败等影响企业口碑的事件发生。希望同行业企业在吸取三七互娱的教训后，可以收获 ESG 评级、投资者信任与企业价值的多重丰收，同时希望三七互娱可以转换思路，把提升企业效益作为最重要的目标，做好企业管理，杜绝腐败现象，使三七互娱 ESG 实践真正匹配众多评级机构的高评级。

**参考文献**

[1] 王波, 杨茂佳. ESG 表现对企业价值的影响机制研究——来自我国 A 股上市公司的经验证据 [J]. 软科学, 2022, 36(6): 78-84.

[2] 王晓光, 肖红军. 中国上市公司环境、社会和治理研究报告 (2020)[M]. 北京: 社会科学文献出版社, 2020.

[3] 杨皖苏, 杨善林. 中国情境下企业社会责任与财务绩效关系的实证研究——基于大、中小型上市公司的对比分析 [J]. 中国管理科学, 2016, 24(1): 143-150.

[4] 张琳, 赵海涛. 企业环境社会和公司治理 (ESG) 表现影响企业价值吗？——基于 A 股上市公司的实证研究 [J]. 武汉金融, 2019(10): 36-43.

[5] 伊凌雪, 蒋艺翅, 姚树洁. 企业 ESG 实践的价值创造效应研究——基于外部压力视角的检验 [J]. 南方经济, 2022, 51(10): 93-110.

[6] 王双进, 田原, 党莉莉. 工业企业 ESG 责任履行, 竞争战略与财务绩效 [J]. 会计研究, 2022(3): 77-92.

[7] Freeman R E, Evan W M. Corporate governance: a stakeholder interpretation[J]. Journal of Behavioral Economics, 1990, 19(4): 337-359.

# 二十一　出版企业数字化实现路径研究
## ——以山东出版为例

王晓月[①]　王关义[②]

**摘要**：当前，我国出版业的数字化转型正处于全面加速时期，为了具体了解我国出版企业的数字化转型成果如何，本文以山东出版为研究对象，对其数字化发展进行探讨。山东出版是拥有编、印、发、供出版全产业链业务的大型出版企业。在数字化转型的浪潮中，该公司从策略、产业链、数字技术、新媒体营销、融媒体活动及文旅服务入手，进行数字化转型的布局，凭借其地理及历史优势，大力发展教育出版，而且定位于老年团体，大力发展文旅项目，开创了一条独具特色的数字化转型道路。

**关键词**：出版企业；数字化；路径；山东出版

## 一、引言

从阅读龟甲到读简，到读纸，再到数字媒介产生后的读屏时代，伴随着每一场媒介革命的到来，人们的阅读方式也发生了翻天覆地的变化[1]。《2022—2023年中国数字出版产业年度报告》提及，2022年，我国数字出版产业展现出较强的发展势头，其总收入达到13586.99亿元，比上年增加6.46%。如今，新技术的快速发展与应用，使得出版业的数字化转型正向纵深发展，数字技术的迭代更新不仅为出版业带来了新的机遇和挑战，还推动了我国传统出版产业的又一次革新。

对于出版行业的数字化转型，监管部门多年来相继出台了众多指导文件，推动了其发展方向及进程。2022年，中共中央办公厅、国务院办公厅印发了《关

---

① 王晓月，女，硕士，研究方向：会计制度与会计实务。
② 王关义，男，教授，管理学博士，博士生导师，研究方向：工商管理、传媒企业经济与管理。

于推进实施国家文化数字化战略的意见》，该意见提出了包括"加快文化产业数字化布局""构建文化数字化治理体系"等8项重点任务，为出版业的数字化发展建设指明了前进方向。同年，中共中央宣传部印发了《关于推动出版深度融合发展的实施意见》，该意见旨在加快推动出版深度融合发展，构建数字时代新型出版传播体系，坚持系统推进与示范引领相结合。

近年来，国家文化软实力的提升、传统出版与新兴出版融合发展战略的实施和推动数字化产业发展等相关政策的出台，都有力推动了出版业的高质量发展。目前，我国出版行业的数字化转型正处于全面加速时期。在国家大力发展数字化的背景之下，对出版企业数字化发展实现路径进行研究是十分必要的，不仅可以了解当下我国出版企业的数字化发展现状，而且能够深入探索出版行业的"新质生产力"。

## 二、出版行业数字化发展实现路径研究现状

传统出版企业进行数字化转型，不仅符合时代发展趋势，还能提高自身的竞争力，促进自身高质量发展[2]。近年来，众多学者对出版业数字化发展的背景、现状及面临的问题展开讨论，对出版业数字化转型的具体措施进行了总结概括，形成了不少研究成果。董小玉和刘千秋（2019）认为在当下传统出版面临生产模式、应用模式、发行渠道、业务流程等多方面冲击时，"内容为王""埋首经典"以及数字化等手段是其应对挑战，突破瓶颈的必然选择[3]。李海涛（2022）在全球经济数字化转型不断加速以及我国明确提出建设网络强国和数字中国的背景下，对于出版业的转型提出了三条路径——行业市场主体转型、信息组织方式转型和产业结构模式转型[4]。凌卫（2022）分析当前出版企业可能面临规划欠缺、效益价值难衡量、保障机制不健全的挑战，随后提出以战略设计和流程再造为重点，平衡主营业务与数字化新业务，促进出版业与生态产业链融合，升级组织人才战略，打造数字化转型保障机制[5]。刘九如和夏诗雨（2023）认为在数字经济蓬勃发展和新一代信息技术创新驱动的背景下，出版业数字化转型路径可从优化顶层设计、紧跟数字技术应用、实施产品数字化战略、坚持内容为本、落实"一把手"工程、构建良好生态等方面展开探索[6]。

## 三、案例分析

山东出版传媒股份有限公司（以下简称"山东出版"）于2011年设立，该公司以出版、发行、印刷等为主营业务，是拥有编、印、发、供出版全产业链业务

的大型出版企业。自成立以来，山东出版不仅大力发展数字出版、版权贸易、网络教育等新兴业态，而且开拓了研学文旅等领域，逐步将传统出版与新兴出版融合发展。

目前，我国出版业正处于从传统出版到数字化融合创新的转型期，行业整体转型升级正提速发展。各大出版企业纷纷布局数字化战略，大力提高自身数字化水平，以适应数字时代的发展需求。山东出版也早早地意识到数字化转型的重要性，并且主动布局自身的数字化战略，积极探索数字化业务发展。其数字化发展路径可以概括为以下几点。

### （一）制定明确的数字化转型策略

山东出版以"创新"为数字化转型基调，在稳健出版主业的同时，积极完善新兴业态，制定了教育生态创新、发行转型创新、供应链优化创新、品牌运营创新等战略。

在加强创新转型方面，山东出版聚焦在以下三方面：1.加强互联网化思维，在社群运营、自有平台建设以及三方平台运营方面实现新突破；2.实施实体书店自主发展提升，聚焦在多业态场景融合、阅读服务平台打造及阅读服务体系升级等方面；3.打造文旅核心竞争力，在课程研发、人才队伍建设、营地运营能力、开拓旅行业务等方面做好保障。

### （二）建立完善的数字出版产业链条

山东出版拥有出版社、数字出版公司、发行集团、印刷物资供应及外贸公司，是集编、印、发、供出版全产业链的大型传媒企业，其十分注重发挥全产业链协同优势，一直将教育出版作为主营业务，并且构建以此为基础的数字出版产业链。

第一，依据地域优势，大力发展教育出版。山东省是经济、教育大省，该省独特丰厚的历史文化、雄厚的资源优势为其教育出版服务发展提供了广阔的市场。孔子、孟子为代表的儒家文化，孙子、孙膑为代表的兵家文化，管仲为代表的法家文化以及泰山文化、沂蒙红色文化等文化精神是其出版发行的灵感。此外，山东出版作为人民教育出版社等主流教材出版单位的山东省独家代理商，负责相关书籍的宣传推广、印刷、发行和售后服务等工作。而且，山东出版是省内免费教科书和省教育厅推荐类教辅的唯一发行商，与山东省教育厅签订多项采购合同，承担着重大的教材教辅发行工作。

第二，推动智能低碳印刷，与多单位加强合作。一方面，山东出版在提出智能低碳印刷的同时，进一步拓展其印刷业务规模，形成了良好的品牌效应。同时，物资和外贸公司充分利用先进印刷设备和贸易、物资供应的丰富经验，整合优质资源，确保印刷用纸供应和服务质量。另一方面，山东出版不仅积极参与中央级出版单位用纸招标，与众多中央级出版单位建立良好合作关系，还主动加强与纸浆、纸张供应商的联系，维持好上游海外货源供应商渠道，严控进货成本。

第三，逐步推动网络营销数字化，保证供应渠道齐全。一方面，山东出版全力打造线上渠道矩阵，初步构建了数字化门店网络、综合文化服务平台、企微网络和社群网络"四张网络"。另外，山东出版持续优化"新华悦购"平台功能，为实体书店转型发展赋予科技动能；进一步推进社群运营，形成天桥书店"红雁"社群运营模式；开展抖音直播业务，全力打造山东新华抖音新媒体矩阵；推进"快团团"分销商业模式，强化与用户的联系。另一方面，公司拥有全范围的配送渠道和高水平的专业服务，线下门店、物流仓储、快递服务等配备齐整。同时，公司大力拓展客户业务，推动与山东鲁花、云南云垦等知名企业的战略合作，助力业务开展和利润增长。

### （三）持续推进数字化转型升级

近年来，山东出版强化互联网化思路，聚焦内部私域、外部私域和三方公域三类流量，利用人工智能、大数据等技术，促进书店集团互联网化发展，大力推进其教育出版的数字化转型升级。

第一，山东出版积极参与国家文化大数据建设项目，探索文化大数据产业发展新模式，推进科技成果转化应用，其"出版产业大脑"平台已经汇聚1.6亿条行业大数据，为该省新闻出版行业提供统计分析服务与技术支持。

第二，山东出版开发建设了"作业＋学情诊断大数据反馈"项目，还基于数字媒体、数字资源等应用研发了"山东出版中小学数字教材服务平台"，推进了公司教育出版的内容数字化，依据技术实现了教育服务的新突破。

第三，山东出版通过研发微信小程序，在电商平台实现了发行数据的实时监测和统计分析。另外，公司还成功搭建交易平台核心业务系统，推动了"数字融合版权交易中心"的产业化运营。

第四，山东出版投资参与设立鲁版致远数融股权投资基金合伙企业，该基金重点关注泛文化、新消费、新科技等领域，依托创新创业共同体，助力公司数字化转型，推动科技成果转化。

### （四）积极开展新媒体营销布局及融媒体活动

新媒体营销是当下流行的线上场景数字化形式，山东出版在线上营销和新媒体平台两方面同步发力，逐步推动了公司线上数字化发展。第一，山东出版稳步推进传统电商建设，在短视频、电商等平台开展图书营销，在第三方平台开设天猫、京东、淘宝店铺达到157家。第二，山东出版着力推进新型电商布局，积极探索新媒体运营模式，注册抖音等媒体账号，开发微信小程序、快团团等应用，并优化升级自有平台"新华悦购"。

融媒体活动是山东出版充分发挥渠道优势，扩大销售成果的主要渠道。"新华荐品"销售竞赛、重点图书销售竞赛等一系列活动都有力地促进了实体书店的自主运营。另外，山东出版与省教育电视台达成合作，还与山东省广电、融媒体等13家单位共同打造"山东青少年文体发展共同体"，深度参与青少年读书行动等活动，做到将阅读项目融入活动中，开拓服务教育新模式。

### （五）打造文化服务新场景，完善文旅布局

在文化服务方面，山东出版在实体书店的阅读功能基础上，充分发挥其综合文化服务能力，不仅打造了"室内研学"沉浸式体验场景，还围绕"一老一小"的消费趋势，打造了多种全新文化服务场景，并探索形成"老年大学新华分校""新华自习室"等商业模式进行推广。在文化旅游方面，可以概括为三部分：1. 山东出版对文旅机构进行改革，使其业务流程更加清晰明了，还组织全省教育专家团队，共同打造具有特色的高品质研学课程。2. 山东出版将中高端文旅及老年文旅作为目标，通过收购旅行社不断优化延伸其文旅产业链。3. 山东出版依托当地特色文化标识，如沂蒙山、儒家文化等投资建设教育营地，并逐步形成特色研学营地集群。另外，公司还牵头成立研学委员会、协同发展共同体，不仅推动文旅融合发展，还带动了出版发行上下游之间、文旅与教育事业之间、传统文化与世界文化之间的大融合。

## 四、结语

近年来，出版业的发展趋势呈现智能化、数字化和高质量的特点。"大智移云物"等新技术加速发展，ChatGPT等生成式人工智能技术正广泛应用，科学技术飞速的迭代更新使得出版业的数字化发展成为必然。作为山东省内优秀的出版传媒企业，山东出版顺应时代潮流，从全产业链、新媒体营销、文旅服务、技术更新、融媒体活动等方面入手积极制定转型策略、主动布局转型措施，凭借其地理、历史优势开创了一条独具特色的转型之路。

回顾山东出版的数字化转型之路，可以总结出其转型的特点，这对出版业的数字化转型提供了参考意义。第一，充分发挥其地理及文化优势，因地制宜完善其出版内容，做到精品出版。第二，顺应时代发展变化，积极引进先进科学技

术，通过多元化的发展模式助力其数字化繁荣发展。第三，打通上下游渠道，延伸产业链，积极推进产业升级和融合创新。第四，打造文化服务新模式，定位不同目标人群，拓展服务范围，多措并举推进公司新兴业态业务发展。

出版业作为文化产业的核心，一直是国家严格监管的对象，尤其在教育和专业出版领域，形成了较高的行业壁垒。同时，在强调"文化自信"、建设"文化强国"的时代背景下，文化产业发展也得到国家大力扶持。目前，我国经济持续回升向好，文化产业呈现平稳增长势头，出版行业正迎来无限的发展机遇。作为文化传播的重要载体，其肩负的责任更为巨大。因此，各大出版企业应当主动布局其数字化策略，推动文化科技的融合发展，探索适合自身的可持续发展道路。

## 参考文献

[1] 李广超，李欣. 中国传统出版企业的数字化转型 [J]. 今传媒，2014, 22(12): 77-79.

[2] 王强. 传统出版企业数字化转型的若干思考 [J]. 传播与版权，2023(8): 71-74.

[3] 董小玉，刘千秋. 媒介融合时代下的阅读嬗变与传统出版转型 [J]. 科技与出版，2019(1): 54-58.

[4] 李海涛. 数字经济背景下出版数字化转型趋势探究 [J]. 新闻爱好者，2022 (2): 106-108.

[5] 凌卫. 出版企业数字化转型发展探析 [J]. 出版广角，2022(14): 53-57.

[6] 刘九如，夏诗雨. 我国出版业数字化转型发展路径探究 [J]. 出版广角，2023 (22): 23-30.

# 二十二　环保类项目绿色债券财务风险研究
## ——以湖北文旅为例

王育媛[①]　杨荣[②]

**摘要**：近年来，随着全球对生态环境问题的日益重视，中国也出台了一系列环保法规和绿色经济政策，为文化企业的绿色化转型提供坚实的政策支持和导向。文化企业发行绿色债券筹集资金成为企业筹资的重要手段。但是，文化企业因其资产结构偏重于无形资产以及未进入报表的软性资产，企业盈利能力不足的时候，会使得绿色债券的还款风险显著增加。湖北文旅作为湖北省最大的国有平台型投资企业，通过发行绿色债券在文化旅游领域进行绿色融资、支持绿色项目，来带动长江经济带经济发展的同时，绿色债券的风险也不容忽视。本文对湖北文旅环保项目绿色债券财务风险进行研究，发现企业制定合理融资方案、政府完善信息披露制度、投资者提升绿色投资认知等措施有助于文旅行业环保类项目绿色债券财务风险的规避。

**关键词**：财务风险；文化产业；绿色债券

## 一、引言

旅游业是全球温室气体排放的重要产业部门之一，也是受全球气候变化影响较明显的产业。传统旅游产业的发展模式往往对自然资源和环境造成较大压力。为了缓解压力，保护生态环境和自然资源，旅游产业必须进行绿色化转型。

湖北文旅在绿色化转型过程中，需要投入大量资金用于环保类绿色认证旅游项目的建设。这些项目往往具有长期性、高投入的特点，需要稳定的资金来源。绿色债券的发行为湖北文旅的绿色化转型提供了资金来源的同时也带来了风险。本文以湖北文旅为例，希望通过研究环保类项目绿色债券财务风险，为政府、投

---

[①] 王育媛，女，会计硕士，研究方向：资本运营与财务管理。
[②] 杨荣，女，博士，研究方向：财务管理、公司治理、出版及印刷产业研究。

资者以及企业防范绿色债券财务风险提供可行建议，期望为文化企业选择发行绿色债券时防范财务风险提供现实经验和实践参考。

## 二、案例介绍

### （一）公司简介

湖北文化旅游集团有限公司（以下简称"湖北文旅"）是湖北省属国有控股大型文化旅游集团，成立于 2009 年 5 月，前身为湖北省鄂西生态文化旅游圈投资有限公司。2018 年 7 月，公司更名为湖北省文化旅游投资集团有限公司，简称"鄂旅投集团"。主要从事文化旅游、体育康养、商业贸易等三大产业板块，涵盖景区、酒店、旅行社、研学旅行、景区交通、旅游演艺、文创商品、规划设计、旅游电商等多个业态。

### （二）债券发行情况

2024 年 7 月 15 日，湖北文旅集团成功发行了 2024 年面向专业投资者非公开发行绿色公司债券（第一期），发行规模为 10 亿元人民币，期限为 3 年，票面利率为 2.24%，债券简称"G24 鄂旅 1"。募集到的资金用于集团旗下的绿色认证旅游项目建设，其中严西湖生态旅游示范区正处于建设阶段，项目推动有机农业和体验式农业的发展，并结合了健康养心湾的民宿和餐饮体验，以创造多元化的收入来源。仙桃市排湖文旅融合产业示范区则致力于农业与旅游的深度融合，其盈利模式主要包括举办各类节会活动，吸引赞助商和门票销售。梁子湖文化旅游区一期项目已部分完成投资，计划通过医疗服务、培训与会议、健康产业等多渠道实现盈利。

## 三、湖北文旅债券发行前后的财务风险的表现

公开数据显示，2024 年 6 月和 2023 年 12 月资产负债率分别为 69.97% 和 69.98%，2024 年 6 月末，公司负债总规模为 597.29 亿元，负债规模较大。这表明公司的总资产远不足以覆盖其总负债，存在资不抵债的情况。

### （一）绿债发行前后的财务风险分析

经营活动产生的现金流量是企业现金流量的主要来源，也是企业偿还债务、降低财务风险的根本保障。根据研究需要，本文选取现金到期债务比、现金流动负债比、现金债务总额比、现金利息倍数作为分析公司财务风险的指标。

企业 2023 下半年和 2024 上半年经营活动产生的现金流量分别为 4.31 亿元

和 4.57 亿元，同期现金到期债务、现金流动负债比、现金债务总额比均处于较低水平，表明企业短期和长期的债务偿还能力较弱。此外，现金利息倍数也低于理想水平，意味着企业用经营活动产生的现金偿还利息费用的能力有限。结合企业负债规模较大，资产负债率较高来看，这可能是由于往期债务利息费用负担过大和经营活动现金流量净额的增长不足造成的（表22-1）。

表 22-1 湖北文旅现金债务情况

| 财务指标 | 2024 年 06 月 30 日 | 2023 年 12 月 31 日 |
| --- | --- | --- |
| 经营活动产生的现金流量 | 4.57 亿元 | 4.31 亿元 |
| 现金到期债务比 | 0.1019 | 0.0505 |
| 现金流动负债比 | 0.0233 | 0.0147 |
| 现金债务总额比 | 0.0077 | 0.0072 |
| 现金利息倍数 | 0.6557 | 0.7979 |

数据或资料来源：湖北文化旅游集团有限公司公司债券中期报告（2024年）

综上所述，企业当前的财务风险较高，可能存在偿债困难，需关注现金流管理和债务结构优化，以提高财务稳定性和安全性。

### （二）绿债发行前后企业盈利能力分析

盈利能力可以体现企业获取收益的能力，是衡量企业经营效益的最重要指标之一。根据研究需要，本文选取毛利率、净资产收益率和总资产收益率来衡量盈利能力（表22-2）。

表 22-2 湖北文旅业务收入与成本分板块情况

| 业务板块 | 本期 营业收入/亿元 | 本期 营业成本/亿元 | 本期 毛利率/% | 本期 收入占比/% | 上年同期 营业收入/亿元 | 上年同期 营业成本/亿元 | 上年同期 毛利率/% | 上年同期 收入占比/% |
| --- | --- | --- | --- | --- | --- | --- | --- | --- |
| 文化旅游 | 30.74 | 26.04 | 15.29 | 12.08 | 20.31 | 17.82 | 12.30 | 12.57 |
| 体育健康 | 0.53 | 0.51 | 3.36 | 0.21 | 0.54 | 0.45 | 17.05 | 0.33 |
| 商贸物流 | 223.26 | 218.86 | 1.52 | 87.71 | 140.75 | 138.83 | 1.36 | 87.10 |
| 合计 | 254.53 | 246.41 | 3.19 | 100.00 | 161.60 | 157.09 | 2.79 | 100.00 |

数据或资料来源：湖北文化旅游集团有限公司公司债券中期报告（2024年）

公司核心业务为文化旅游，涵盖多个景区交通服务，本期营收 30.74 亿元，同比增长，毛利率较高，但收入占比有限。体育健康板块涵盖体育旅游和健康养生，本期营收 0.53 亿元，同比下降，毛利率显著降低，盈利能力较弱。商贸物流板块是公司重要业务，本期营收 223.26 亿元，同比增长，但毛利率仍较低，可能与商贸流通、物流配送的低利润特性有关。公司整体业务多样，但各板块盈利能力及收入贡献存在差异。

从表 22-3 看，企业毛利率在 2024 年 6 月 30 日为 3.19%，与 2023 年 12 月 31 日的 2.79% 相比，虽略有上升，但仍处于较低状态。2024 年中期报告中显示，截至 2024 年 6 月末，公司存货为 165.6 亿元，处于极高水平。极低水平的净资产收益率和总资产收益率表明企业利用自有资本创造利润的能力非常有限，几乎可以忽略不计。而高额的存货金额意味着企业存在大量闲置资本未能有效利用。公司经营的文旅景区和新型城镇建设业务均属于重资产运营模式，故账面形成了较大规模的在建工程和固定资产。而企业高额存货 165.6 亿元主要包括开发成本 47.31 亿元，库存商品 81.64 亿元等，主要是房地产项目开发成本、房地产项目完工结转及贸易业务开展过程中形成的库存商品，高额存货主要是贸易业务规模较大带来库存商品堆积所致。

表 22-3  湖北文旅盈利能力情况

| 财务指标 | 2024 年 06 月 30 日 | 2023 年 12 月 31 日 |
| --- | --- | --- |
| 毛利率 | 3.19% | 2.79% |
| 净资产收益率 | 0.0078% | 0.0043% |
| 总资产收益率 | 0.0142% | 0.0076% |

数据或资料来源：湖北文化旅游集团有限公司公司债券中期报告（2024 年）

## 四、湖北文旅环保类项目财务风险的成因

### （一）企业债务偿还压力大存在新债融资偿还旧债的问题

根据公司的相关财务数据可以看出在绿色债券发行之前公司的负债规模较高，资产负债率处于较高水平。如表 22-4 所示，从短期负债看，公司 2023 年下半年短期负债规模为 207.34 亿元，2024 年上半年短期负债规模 164.11 亿元，虽略有下降，但长期负债规模从 2023 年下半年到 2024 年上半年增加近 105.97 亿元，总体负债规模大幅度增加。

表 22-4　湖北文旅负债规模情况　　　　　　　　　　　单位：亿元

|  | 2024 年 06 月 30 日 | 2023 年 12 月 31 日 |
| --- | --- | --- |
| 短期负债 | 162.11 | 207.34 |
| 长期负债 | 373.64 | 267.67 |
| 合计 | 535.75 | 475.01 |

数据或资料来源：湖北文化旅游集团有限公司公司债券中期报告（2024 年）

表 22-5　报告期内公司债券涉及募集资金使用或者整改情况

| 债券简称 | 募集资金总额/亿元 | 约定募集资金用途 | 募集资金实际使用情况 |
| --- | --- | --- | --- |
| 23 鄂旅 Y2 | 3.00 | 募集资金用于偿还存量公司债券本金 | 全部用于偿还"21 云华01"到期、回售本金 |
| 24 鄂旅 01 | 8.00 | 本期公司债券募集资金扣除发行费用后，拟将 16 亿元用于偿还到期或回售的公司债券 | 全部用于偿还公司到期或回售的公司债券本金 |
| 24 鄂旅 02 | 8.00 | 本期公司债券募集资金扣除发行费用后，拟将 16 亿元用于偿还到期或回售的公司债券 | 全部用于偿还公司到期或回售的公司债券本金 |
| 24 鄂旅 03 | 6.00 | 本期债券募集资金扣除发行费用后拟用于偿还到期或回售的公司债券 | 偿还"21 鄂旅 Y2"本金 |
| "G24 鄂旅 1" | 10.00 | 本次债券募集资金拟投放于绿色项目 | 暂未用于绿色项目投放 |

数据或资料来源：湖北文化旅游集团有限公司公司债券中期报告（2024 年）

公司在发行绿色债券前债务规模大，现金流紧张。2024 年 7 月，为缓解资金紧张维持绿色项目运转，公司选择绿色债券融资。但绿债发行后，资金未投入绿色项目，反而用于偿还前期短期债务，且对外融资规模远超偿还能力。因此，绿债资金能否正常投入环保类项目、项目能否顺利进行、后期绿债能否顺利偿还均成问题，令人担忧。公司需审慎管理资金，确保绿债资金用于绿色项目，以保障项目顺利进行和后期债券偿还。

（二）企业资金流动性差导致资金压力加剧

1. 存货大量挤压导致企业现金流紧张

企业 2024 年上半年存货高达 165.61 亿元，主要由房地产项目开发成本和库存商品构成，存货较大主要是贸易业务规模增大带来库存商品增加所致。存货积压导致现金流紧张，资金压力加剧，难以消化库存，进而降低盈利能力和市场竞争力，形成恶性循环。企业已资不抵债，若存货不能迅速变现，偿债能力将进一步恶化。绿色债券融资虽不能直接解决存货积压，但可缓解资金压力，提供资源消化存货，降低财务风险。因此，企业需寻求有效方式处理存货问题，同时利用绿色债券融资缓解资金困境。

2. 资产受限导致资金流动性不足

企业资产受限会导致流动资金减少，影响正常运营。湖北文旅截至2024年6月末，受限资产达38.24亿元，占总资产的40.76%，包括投资性房地产、固定资产、无形资产和存货等，其中无形资产和投资性房地产受限比例较高。货币资产和应收账款虽受限比例较低，但仍影响流动资金。资产受限使企业难以通过抵押或质押获取贷款，推高融资成本，加剧资金压力，可能导致无法及时支付供应商款项和员工工资，影响企业正常运营（表22-6）。

表22-6 湖北文旅资产受限情况

| 受限资产类别 | 受限资产账面价值（包含该类别资产非受限部分价值）/亿元 | 资产受限部分账面价值/亿元 | 受限资产评估价值（如有）/亿元 | 资产受限部分账面价值占该类别资产账面价值的比例/% |
| --- | --- | --- | --- | --- |
| 货币资产 | 65.82 | 2.97 | — | 4.51 |
| 应收账款 | 20.56 | 0.02 | — | 0.10 |
| 存货 | 165.61 | 6.84 | — | 4.13 |
| 固定资产 | 97.84 | 6.76 | — | 6.91 |
| 无形资产 | 64.19 | 7.76 | — | 12.09 |
| 其他（投资性房地产、股票） | 106.72 | 13.89 | — | 13.02 |
| 合计 | 520.73 | 38.24 | — | — |

数据或资料来源：湖北文化旅游集团有限公司公司债券中期报告（2024年）

### （三）绿色资金投向环保类项目存在高风险低收益问题

企业所发行的绿色债券资金将用于集团旗下环保类项目建设，主要通过门票销售、特色餐饮住宿等方式盈利。由于生态示范区建设周期长、投入大，导致投资回收期长。环保类项目旨在改善环境而非追求经济效益最大化，因此与传统项目相比，经济效益较低，可能导致实际收益率不达预期。这使企业在通过绿色债券融资并投入绿色项目时，面临风险高、收益预期低的问题，增加了融资和投资的不确定性。

## 五、对策与建议

### （一）企业应制定合理融资方案，建立风险防控机制

为避免融资问题，企业应基于实际经营和融资需求制定合理债券融资方案，确保发债规模适当，避免利息成本过高，并合理配置债券产品结构，保证融资结构合理。发行前，企业需专业核算和审核发行风险，使风险透明化，便于企业、投资者和监管部门了解，投资者可根据风险偏好投资，缓解信息不对称，降低信用风险。这样可确保债券发行顺利，资金有效利用。

### （二）政府应建立绿色债券募集资金使用与信息披露制度

在绿色债券信息披露方面，国家发展改革委允许公司周转绿色债券筹集资金的 50% 用于日常运营，但央行及交易所规定资金应全部投入绿色项目，国际也要求企业应该将绿色债券所募集的所有资金投入绿色项目。政府应与国际接轨，建立绿色债券募集资金使用制度。同时，应完善绿色债券信息披露制度，设立监督管理部门，强化效益信息披露。当前绿色债券信息披露存在选择性或不完整问题，影响了信息的准确性和完善性。及时准确披露绿色债券信息，不仅可修正企业经营缺陷，还能突显企业社会责任感，赢得公众和投资者支持，为企业的长期可持续发展奠定基础。

### （三）投资者需提升绿色投资认知，关注企业绿色项目进展

绿色投资旨在实现经济、社会、生态间的和谐可持续发展，不以资源消耗和环境破坏为代价。绿色投资者综合考虑经济、社会、生态因素，创造绿色价值，推动绿色 GDP 增长，实现长期价值而非短期收益，促进社会经济的可持续发展。外部投资者在投资绿色债券时，需做好甄别与遴选，并在投资后增加对绿色项目的关注度，实时跟进项目进展，促进发行企业及时准确信息披露，以降低投资风险，实现长期获益。

## 参考文献

[1] 杜超，邓瑶 . 基于"三位一体"的地方政府教育专项债券风险防控体系构建研究——以陕西省为例 [J]. 商业会计，2024 (15): 105-108.

[2] 任胡 . 碳中和债券的风险研究 [D]. 兰州：兰州财经大学，2024.

[3] 董亚晓, 杜超. 地方政府教育专项债券风险管理研究——以陕西省为例 [J]. 行政事业资产与财务, 2024 (9): 107-110.

[4] 李普生. 企业资金筹集与管理及财务风险防范问题探讨 [J]. 中小企业管理与科技, 2024 (2): 80-82.

[5] 李淑锦, 徐明星. 融入绿色治理的公司债券违约风险评估 [J]. 信息与管理研究, 2023, 8(4): 81-91.

[6] 李蔚. 双碳背景下新能源企业绿色债券融资风险研究——以国轩高科为例 [D]. 呼和浩特：内蒙古财经大学, 2023.

# 二十三 传媒企业数据资产确认与计量
## ——以芒果超媒为例

杨华溢[①]  何志勇[②]

**摘要**：在传媒行业，数据资产已经成为企业核心竞争力的重要组成部分。传媒企业积累了大量用户数据、内容数据以及市场数据，这些数据资产不仅有助于企业深入了解用户需求和市场趋势，还能为企业的内容创作、市场推广以及战略决策提供有力的支持。芒果超媒通过多年的运营积累了海量用户观看数据、互动数据以及内容创作数据，这些数据资产为芒果超媒的内容创新和市场推广提供了宝贵的参考。传媒企业还可以利用数据资产进行市场趋势预测和风险评估，为企业战略决策提供科学依据。

**关键词**：数据资产；计量；确认；芒果超媒

## 一、数据资产相关理论基础

### （一）数据资产的定义

数据资产最早是理查德·彼得斯在1974年提出的，他认为数据资产包括持有的政府债券、公司债券和实物债券等资产。[1] 中国信息通信研究院将数据资产定义为：企业在生产经营活动中产生或者是从外部渠道获取的，企业拥有其所有权或控制权，并且预期能够在一定时期内为企业带来经济利益的数据资源，并提出数据资产可以视为新的一类无形资产。[2] 资产的概念包括三个关键点：过去形成的、主体控制和经济资源。大部分企业的数据基本满足这三点，所以一般情况下企业所持有的数据都可以被看作是数据资产。[3]

---

① 杨华溢，女，会计硕士，研究方向：资本运营与财务管理实务。
② 何志勇，男，副教授，研究方向：财务管理、公司治理、传媒经济管理。
本文系北京社科基金决策咨询项目"推动北京市出版深度融合发展研究"的阶段性成果。

## （二）数据资产特征

### 1. 非实物性

数据作为一种信息记录不具有实物形态，难以直接观察和触摸。这使得数据资产的价值容易被忽视，但其潜在价值却巨大。在互联网、物联网、传感器等技术的支持下，数据资产得以源源不断地积累和更新。这些数据资产为我们提供了一个全新的视角，使我们能够实时监测物理世界的各种现象，包括但不限于气象、交通、环境、生产等。

### 2. 可复制性

对现实事物客观属性的描写是数据，所以数据具有明显的客观性。数据能够独立于被描述的事物而存在，传统的数据主要依赖于人脑的记忆或纸质文本存储，数据的传递和获取也依赖于书写、印刷和阅读等传统手段。随着信息技术的飞速发展，数据的形式开始转变为电子化，电子数据可以以近乎零成本的方式进行无限量的复制和传递，这为数据的传播、转移和使用提供了极大的便利。

### 3. 依附性

数据并非独立存在，需要依附于特定载体才能发挥作用。数据需要依赖于特定的媒介进行存储、传递和传输。在人类历史发展的过程中，数据的存储方式不断创新，从最初的大脑记忆，到后来的纸质记录，再到现在的计算机存储和云端服务。这些载体在一定程度上决定了数据的可靠性和易用性。人类收集数据的目的是满足生存、繁衍和发展的需求。在企业运营过程中，数据伴随业务活动而生，为经营决策提供支持。离开了具体业务环境，数据便失去了价值，甚至可能成为负担。

### 4. 价值波动性

数据在不同时点的价值可能会产生较大幅度的波动。这是因为随着时间的推移，数据的准确性和相关性可能会发生变化，进而影响其价值。数据资产不同于传统的实物资产，它可以被多次重复使用，并且在使用过程中可能产生新的价值。这种重复使用的价值并非一成不变，而是受到数据质量、应用场景等多种因素的影响。数据资产相关的主要交易市场、市场活跃程度、市场参与者和市场供求关系等都会对数据资产的价值产生影响。技术的更新换代也可能导致某些数据资产的价值降低或失去价值。

## （三）数据资产确认的原则与标准

传媒企业数据资产确认的原则与标准至关重要，它们为数据资产的有效管理和利用提供了坚实的理论基础。

1. 数据资产确认要遵循真实性原则

数据资产必须是真实存在的，能够反映传媒企业的实际业务情况。企业在确认用户数据资产时，通过多重验证手段确保数据的真实可靠，从而为后续的数据分析以及应用提供保障。

2. 数据资产确认要遵循相关性原则

数据资产应该与传媒企业的业务活动密切相关，能够为企业创造价值。企业在数据资产确认过程中，注重分析数据资产与业务活动的关联性，通过数据挖掘和分析，发现数据资产在内容创作、市场推广等方面的潜在价值，为企业的战略决策提供有力支持。

3. 数据资产确认还应遵循可计量性原则

数据资产可以用货币或其他可计量的方式进行衡量。企业采用一系列数据资产计量方法，如成本法、市场法等，对数据资产进行量化评估，为企业的财务管理和绩效评估提供了依据。企业通过数据清洗、整合等手段提高数据资产的质量和可用性。

数据资产确认的原则与标准是传媒企业有效管理和利用数据资产的关键。企业通过遵循真实性、相关性和可计量性原则，成功确认了其数据资产的价值和潜力，为企业的持续发展提供了有力的保障。同时，企业还应不断完善数据资产管理制度和技术手段，提高数据资产的管理水平和利用效率。

## 二、数据资产的确认与计量

### （一）数据资产的确认

数据资产无形性的这一特点导致难以对其进行初始确认。对于企业来说，数据资产的获取过程需要经过多个步骤，数据资产在产生价值的过程中也就很可能会受到企业自身发展及需求的影响而变化，在这种情况下数据资产就不能被看作是无形资产进行处理。数据资产的初始确认应该包括三个方面：一是明确数据资产的范围，二是对数据资产进行确认，三是确定数据资产的初始计量金额。[4]

### （二）数据资产的计量

1. 初始计量

在传媒企业中，数据资产计量的方法有很多，其中成本法、市场法和收益法是最为常见的三种。成本法主要基于数据资产的获取或开发成本进行计量，这种方法简单易行，但往往忽略了数据资产的实际价值。市场法则通过参考类似数据资产的市场交易价格来计量，这要求市场上有足够多的可比交易数据，然而在实际操作中，由于数据资产的独特性和非标准性，可比数据往往难以获取。收益法则通过预测数据资产未来可能带来的经济收益来进行计量，这种方法更能反映数据资产的实际价值，但预测未来收益存在较大的不确定性。

在传统的企业资产中，价值的计量主要依赖于其成本和公允价值。数据资产的价值变动频繁、变动幅度大，公允价值的计量更能体现出数据资产的价值。成本计量要求实际发生，要有确定的对象和内容。数据资产的计量是一项复杂的工作，需要我们从多个角度进行全面考虑。对于数据资产的计量，我们应当采取一种综合性的方法。首先，将数据资产视为无形资产，从而对其进行初始确认，然后针对数据资产的实际使用情况进行后续计量。要注意区分数据资产的内部价值和外部价值，以实现对其价值的准确计量。

2. 后续计量

数据资产的后续计量指对数据资产的折旧摊销和减值测试等进行会计处理。数据资产与大部分的无形资产相似，没有消耗性，所以不用折旧。此外，大部分的数据资产价值应该是不断增值或者保持原值，所以也不用进行摊销。

（三）数据资产的披露

数据资产的表外披露，主要是对数据资产的初始入账金额以及价值的增减变动情况进行明确的披露，可以在财务报表的无形资产、存货或者专门另外设立的一级科目下面进行说明。此外，关于企业数据资产的使用寿命、摊销方法、减值测试以及数据资产用途的划分等次要部分，有能力的企业最好也在财务报表的附注部分进行相关说明。[5]

## 三、芒果超媒数据资产案例分析

### （一）公司简介

芒果超媒股份有限公司在媒体和娱乐领域颇具影响力，其前身可追溯到快乐购物股份有限公司，于 2005 年 12 月 28 日在长沙市工商行政管理局登记注册，经过多年的发展，公司不断壮大，并于 2018 年 7 月完成重要变革，公司名称由"快乐购物股份有限公司"变更为"芒果超媒股份有限公司"。公司股票于 2015 年 1 月 21 日在深圳证券交易所挂牌交易，此后其业绩持续增长，多次入选各类企业百强榜单。公司营业总收入和净利润均实现了稳步增长，展现出强劲的发展势头。

## （二）芒果超媒数据资产概况

芒果超媒依托强大的数据收集、处理和分析能力，构建了庞大的数据资产库，涵盖了用户行为、内容创作、市场推广等多个方面。这些数据资产不仅为公司的业务决策提供了有力的支持，还推动了公司业务的持续创新和优化。

芒果超媒利用数据资产对内容质量进行评估和优化，提高了内容的吸引力和传播效果。芒果超媒还通过精准营销和个性化推荐等方式，提高了市场推广的效率和效果。芒果超媒的数据资产不仅具有多样性和丰富性，还具有高度的实时性和动态性，涵盖了用户行为、内容创作、市场推广等多个方面的数据，借助先进的数据分析技术，公司能够实时追踪市场动态和用户需求变化，及时调整内容创作和市场推广策略。这种快速响应市场变化的能力，使得芒果超媒在竞争激烈的市场环境中能够保持领先地位。

## （三）数据资产的来源和实现

芒果超媒在自身的业务运营过程中，积累了大量数据资源，比如用户观看行为数据、内容制作数据、播出效果数据等。其次，芒果超媒通过与其他合作伙伴进行数据共享和交换，进一步丰富了其数据资产，这些合作伙伴包括内容供应商、广告主、运营商等，通过与他们合作，芒果超媒可以获取到更多的用户数据、市场数据以及行业数据，从而更全面地了解市场需求和竞争态势。不仅如此，芒果超媒也积极运用大数据、人工智能等先进技术对数据资产进行深度挖掘和分析。通过对数据的处理和分析，芒果超媒可以更好地理解用户需求、优化内容制作和播出策略、提升运营效率等，进一步实现数据资产的增值和利用。

芒果超媒基于其内部的海量数据研发了 AIGC HUB 平台，并将 AI 的功能与传媒内容的生产、节目的宣传推广和广告营销等环节深度融合，实现了芒果超媒用户和企业的双赢。[6]

## 四、建议与对策

芒果超媒在数据资产管理方面取得了显著的成效。通过构建完善的数据资产管理体系，公司成功实现了数据资产的全面梳理和整合，有效提升了数据资产的质量和价值。芒果超媒的数据资产管理实践为其他传媒企业提供了有益的启示。传媒企业要充分认识到数据资产的重要性，将数据资产管理纳入企业战略发展的重要组成部分。

### （一）制定统一的计量模式

为了进一步保证数据资产的计量方法更加规范，监管机构可以在考虑到数据的多样性和丰富性的基础上，制定明确的行业标准和方针政策。监管机构制定完成后，企业也要遵守并配合建立数据资产管理政策，保证财务人员遵守新的一致的计量标准。

### （二）严格执行企业会计准则

《企业数据资源相关会计处理暂行规定》进一步规范了企业关于数据资源的适用范围、会计处理适用的准则、列示和披露的要求等问题。企业在进行数据资产的会计确认和计量时，不仅要严格按照相关会计准则的要求进行处理，还要特别关注关于收入、无形资产和存货这三方面准则的要求，确保企业按照相关准则的规定严格执行。[7]

### （三）提升信息披露的透明度

在信息披露方面，监管机构应该发挥领头羊的作用，制定更加全面透明的信息披露标准。监管机构除了制定标准和政策外，还应该积极推动企业真正落实到位，建立包括数据资产各个环节完善的数据资产管理体系。[8] 在利用数据资产的基础上注重数据资产的安全性和隐私保护，确保数据资产的安全性和合规性。

## 五、结语

在数字化浪潮的推动下，传媒企业数据资产的发展趋势日益显著。随着大数据、人工智能等技术的广泛应用，传媒企业正逐渐实现数据资产的精细化管理和价值最大化。以芒果超媒作为 A 股市场唯一一家国有控股长视频新媒体公司，在数据资产管理方面取得了显著成效。数据资产的发展趋势不仅体现在数据规模的快速增长上，更在于数据价值的深度挖掘和应用。越来越多的传媒企业认识到，数据资产不仅是企业运营的重要资源，更是驱动业务创新和提升竞争力的关键因素。通过运用先进的数据分析技术和模型，传媒企业可以实现对用户行为的实时监控和预测，优化内容创作和市场推广策略，提高传播效率和广告效果。同时，数据资产还可以帮助企业及时发现和应对负面舆情，维护企业和品牌的形象。

## 参考文献

[1]　王世杰, 刘喻丹. 论数据资产的确认及计量 [J]. 财会月刊, 2023, 44(8): 85-92.

DOI: 10.19641/j.cnki.42-1290/f.2023.08.012.

[2] 肖雪娇, 杨峰. 互联网企业数据资产价值评估[J]. 财会月刊, 2022 (18): 126-135. DOI: 10.19641/j.cnki.42-1290/f.2022.18.016.

[3] 耿汉威. 数据资产会计分类确认及后续计量[J]. 财务与会计, 2022 (10): 81.

[4] 陶怡. 数据资产的计量和确认问题研究[J]. 商业观察, 2024, 10(13): 97-100.

[5] 高锦萍, 李沛怡, 刘兵伟. 数字化转型下的企业数据资产价值实现与核算问题探究[J]. 商业会计, 2023 (24): 84-88.

[6] 黄文聪, 晏敬东, 时凯振. 互联网视频企业数据资产价值评估——以芒果超媒为例[J]. 财务与金融, 2023 (6): 8-16.

[7] 马殷春. 数字经济背景下数据资产会计确认与计量问题研究[J]. 中国集体经济, 2024 (12): 125-128.

[8] 魏碧洲. 大数据时代下数据资产管理与应用研究[J]. 北方金融, 2023 (5): 25-29. DOI: 10.16459/j.cnki.15-1370/f.2023.05.024.

# 二十四　会计师事务所审计失败原因及防范策略研究——以长园集团为例

毕榕欣　华宇虹

**摘要**：随着社会主义市场经济的发展，审计作为重要的监管手段，对维护市场秩序和保护投资者利益发挥着关键作用。然而，财务舞弊现象频繁出现，审计失败事件时有发生，不仅损害投资者利益，也影响审计行业的健康发展。因此，本文通过对长园集团审计失败案例进行深入分析，揭示大华会计师事务所审计过程中存在的问题，深入剖析审计失败的原因，并在此基础上提出针对性的防范策略，以期减少审计失败的发生。

**关键词**：会计师事务所；注册会计师；审计失败

## 一、引言

近年来，上市公司财务舞弊事件频发，审计失败也越来越多。随着我国企业会计准则的日趋完善，也对审计人员的专业能力提出更高的标准。如果审计工作不能确保会计信息的准确性和可靠性，不仅会对利益相关者造成重大损失，而且削弱投资者对审计机构的信任。因此，本文旨在通过对长园集团审计失败案例的分析，提出相应建议，降低审计失败的风险，促进我国资本市场持续健康发展。

## 二、文献综述

周萍和项军（2020）认为注册会计师未恰当执行审计程序、独立性缺失、专业胜任能力与职业道德素养不足是审计失败的主要原因[1]。赵丽芳等（2022）提出注册会计师未勤勉尽责是造成审计失败的共性原因[2]。赵恒（2023）对瑞华事务所近五次的审计失败案例进行分析，针对注册会计师、事务所以及监管层面存在的问题提出相应建议，认为注册会计师应当保持职业怀疑，事务所应当严格把控业务承接环节，政府应当加大惩处力度[3]。

## 三、长园集团案例介绍

### （一）案例概况

1. 长园集团简介

长园集团成立于1986年，由中国科学院创建，专注从事工业及电力系统的智能化和数字化研发、制造与维护业务，提供智能化工厂整体解决方案。1991年成为广东省和深圳市高新技术企业，2002年在上海证券交易所成功上市。自上市以来，维持20%的增长速度，使其行业内竞争力和市场地位得到稳步提升。

2. 大华会计师事务所简介

大华会计师事务所成立于1985年，是国内八大会计师事务所之一，也是财政部大型会计师事务所集团化发展试点单位。大华会计师事务所以审计服务为核心，同时提供管理咨询、税务服务、工程项目管理在内的多元化服务，以"专业、敬业、职业"作为发展准则，为客户提供全面综合的专业服务。

3. 案例介绍

大华会计师事务所在审计长园集团2016年和2017年的年度财务报表过程中未能勤勉尽责，出具存在虚假记载的审计报告。长园集团控股子公司长园和鹰通过虚构海外销售、提前确认收入、重复确认收入、签订"阴阳合同"等一系列财务舞弊手段虚增业绩。经中国证监会深圳监管局调查发现，长园和鹰2016年和2017年虚增营业收入分别为14971.27万元和20958.78万元，虚增利润分别为12300.38万元和17989.83万元。2022年5月，深圳证监局发布"行政处罚决定书"，要求大华所进行整改，没收业务收入386.79万元，并处以罚款773.58万元。此外，还对签字注册会计师刘基强、张洪富、莫建民、陈良予以警告，并分别处以罚款6万元。

### （二）大华会计师事务所审计过程中存在的问题

1. 未能识别评估重大错报风险

经证监会调查发现，2016年长园集团出资18.8亿元收购长园和鹰80%的股权，且该收购包含业绩承诺，存在"高溢价""高业绩承诺"的双高情况。长园和鹰在2016年和2017年的业绩承诺完成率约为95%，接近达标，这一业绩压力可能导致财务数据的虚增。然而，大华会计师事务所在审计过程中未能保持必要的职业怀疑态度，没有识别出因业绩承诺产生的舞弊动机，导致其未能有效执行审计程序以发现长园和鹰的财务造假行为。

2. 应收账款函证程序存在缺陷

首先，大华会计师事务所在执行函证程序时未能充分覆盖大额应收账款，注册会计师也未在底稿中做出相关说明，导致关键客户的应收账款情况未能得到有效验证，可能掩盖潜在的坏账风险或收入确认问题。其次，对于回函的可靠性评估不足，未能进一步获得可疑回函的审计证据。面对收到来自同一快递的三家公司回函，寄件人并非函证客户，大华会计师事务所未在底稿中记录进一步审计程序，也未对异常情况进行说明。此外，对于部分未回函的客户，大华会计师事务所未能严格执行替代程序获取审计证据，可能导致审计结果出现偏差，影响审计工作的质量，进而对投资者和资本市场的决策产生误导。

3. 未能审慎评价审计证据

审计人员在评估关键审计证据时，并未投入足够的关注和细致的分析，导致未能揭示被审计单位潜在的财务问题。大华会计师事务所未能发现长园和鹰及其子公司在出口销售产品时提前确认销售收入的问题，没有充分关注风险和报酬转移时点的特殊条款。而且，大华会计师事务所未能对长园和鹰子公司上海和鹰融资租赁有限公司与客户中蒟万家的合同中"开票金额"是"合同金额"四倍的异常情况保持职业怀疑，没有发现"阴阳合同"问题[4]。此外，大华会计师事务所在发现长园和鹰设备与东莞倍成服装设备有限公司的裁剪机销售合同中存在重复确认收入的异常时，未进行必要的关注和进一步审计程序，以确保审计证据的准确性和完整性。

4. 未能获取充分适当的审计证据

大华会计师事务所仅对融资租赁业务起租通知书进行审核，忽略对相关交付验收单据的检查，违反审计规定。而且，对于中蒟万家的融资租赁业务，大华会计师事务所将2200万元的中介佣金由销售费用调整到营业成本，但是缺乏充分的审计证据作为支撑，审计报告中也并未对调整的原因和依据进行说明[5]。

## 四、大华会计师事务所对长园集团审计失败的原因分析

### （一）注册会计师层面原因

第一，注册会计师专业胜任能力不足，未能充分了解被审计单位及其环境，没有恰当评估收入确认方面的舞弊风险。在审计融资租赁等业务时，注册会计师并未充分理解相关会计准则和业务流程，导致未能发现潜在的财务问题。

第二，注册会计师职业怀疑态度缺失，在长期为同一审计客户服务的情况

下，项目组成员逐渐对客户产生信任，导致审计人员更容易接受客户的解释，减少必要的审计程序。面对长园集团财务报表中的异常数据和交易，注册会计师未能保持应有的职业怀疑态度，未对可疑情况进行深入调查和分析，导致未能及时发现财务舞弊行为。

第三，注册会计师审计程序执行不到位，审查审计证据时未能保持严谨的态度，未对部分大额应收账款执行函证程序。当审计证据收集不足时，没有实施进一步审计程序，导致会计处理中的错误未被发现，特别是对于海外销售收入的函证程序未能有效执行。同时，对于回函的异常情况没有进一步获取审计证据，也未对未回函的客户实施有效的替代程序。

### （二）大华会计师事务所层面

大华会计师事务所质量控制体系不健全，复核制度执行不力。会计师事务所在审计前应该充分评估客户的舞弊风险，制定相应的审计策略和程序，及时评估审计证据，发现可能存在的问题，从而严格控制审计质量[6]。然而，根据证监会调查结果发现，大华会计师事务所在对长园集团的审计过程中复核制度流于表面，没有严格执行三级复核制度，甚至存在数据记录错误的情况，导致审计程序执行方面存在明显缺陷。

此外，根据公开披露的信息，长园集团连续7年委托大华会计师事务所负责年审，均出具无保留意见的审计报告，直到2018年收到上交所问询函，改聘上会会计师事务所。正是长时间的合作关系，导致事务所及其审计人员对长园集团过于信任，影响审计人员的独立性和客观性，应该开展的审计程序没有充分实施，忽略长园集团重大错报风险，从而降低审计质量，最终导致审计失败，出具虚假的审计报告。

### （三）外部监管环境层面

监管部门对会计师事务所的监管执法力度不足，使得部分会计师事务所能够逃避应有的监管和处罚，在一定程度上降低违规成本，进而增加审计失败的风险。而且，我国监管体系主要侧重于行政处罚，辅以民事和刑事处罚。对于注册会计师的违规行为，监管机构通常采取警告和罚款的措施，而在情节严重的情况下，则会吊销执业资格证书。监管部门对于违规行为的处罚力度相对较轻，且处罚形式较为单一，违规所获得的企业收益远超违规成本，并不足以对整个审计行业形成威慑作用。

此外，法律法规的滞后性也可能对审计失败产生一定影响。随着市场经济的发展和企业经营环境的不断变化，新的财务舞弊手段层出不穷，而相关法律法规的更新和完善往往滞后于实践的发展，导致会计师事务所在面对新型财务舞弊手段时，缺乏足够的法律依据和判断标准，从而增加审计失败的风险。

## 五、防范审计失败的对策

### （一）提高注册会计师专业能力

1. 加强专业知识与技能培训

随着会计准则、审计准则以及税法政策的不断更新，注册会计师需要持续学习，掌握最新的专业知识。会计师事务所应该定期组织专业技能培训，邀请行业专家授课，确保注册会计师能够紧跟时代步伐，掌握最新的审计技术和方法。同时，还应注重培养注册会计师跨学科知识的学习，以提升其综合分析和解决问题的能力。

2. 强化实践经验积累与分享

会计师事务所应该鼓励注册会计师积极参与各类审计项目，尤其是较复杂、高风险的审计项目，以积累丰富的实践经验。同时，建立经验分享机制，通过定期召开案例研讨会、经验交流会等形式，促进注册会计师之间的经验分享和相互学习，提升注册会计师的专业素养，增强团队的凝聚力和协作能力。

3. 注重职业道德与诚信建设

会计师事务所应该加强对注册会计师的职业道德教育，引导其树立正确的道德观和价值观。通过组织学习相关法律法规、行业规范以及典型案例等方式，强化注册会计师的法治观念和纪律意识。同时，建立健全诚信档案和失信惩戒机制，对违反职业道德和诚信原则的注册会计师进行严肃处理，维护审计行业的健康发展。

### （二）优化会计师事务所管理体系

1. 完善质量控制体系

质量控制是审计工作不可或缺的核心与基石，会计师事务所应该建立健全内部质量控制体系，明确审计工作的各个环节和流程，制定详细的质量控制标准和操作规范。同时，建立严格的质量复核制度，及时发现和应对潜在的审计风险，确保审计工作的整体质量符合审计准则的要求。

2. 推进信息化建设

信息化是提升审计工作效率和质量的重要手段，会计师事务所应该积极推进信息化建设，利用现代信息技术手段提升审计工作的智能化、自动化水平。通过建立审计信息管理系统、数据分析平台等信息化工具，实现审计信息的集中管理和实时共享，提高审计工作的透明度和可追溯性。

3. 加强人力资源管理

人才是会计师事务所的核心竞争力，会计师事务所应该重视人力资源管理工作，建立健全人才选拔、培养、使用和激励机制。注重员工的职业发展规划，满足个人成长需求，激发员工的工作积极性和创造力。通过制订科学合理的招聘计划、培训计划和晋升计划的方式，吸引和留住优秀人才。

### (三) 增强外部监督效能

1. 完善监管法规体系

政府和相关监管机构应该不断完善审计监管法规体系，明确监管职责和权限，为监管工作提供有力的法律支撑。通过制定和完善相关法律法规、行业规范以及监管指引等方式，明确审计工作的标准和要求，规范审计行为，降低审计风险。

2. 加强监管执法力度

监管机构和执法部门应该加大对会计师事务所和注册会计师的监管力度和执法力度，通过定期检查、专项检查、飞行检查等方式，及时发现和纠正违规行为。对于违反法律法规和行业规范的会计师事务所和注册会计师，依法进行严肃处理并且公开曝光，以形成有效的震慑作用。同时，加大对违规主体的惩治处罚力度，提高违规成本，减少财务舞弊行为。

3. 推动社会公众监督

政府和相关机构应该通过建立举报平台、公开举报电话等方式拓宽监督渠道，方便社会公众参与监督。同时，还应加强与媒体的合作，利用媒体的力量对审计市场进行舆论监督，及时曝光违法违规行为，提高社会公众对审计工作的关注度和信任度。此外，还应建立健全舆论引导机制，及时澄清误解，消除负面影响，维护审计行业的良好形象。

## 六、结语

本文通过对长园集团审计失败的原因进行分析，提出相应的防范审计失败策略，对有效避免审计失败的发生具有重要意义。未来，会计师事务所应该不断加强内部管理，提升审计人员的专业素养。同时，监管机构也应加强监管力度，确保审计质量，维护资本市场的健康发展。

**参考文献**

[1] 周萍, 项军. 上市公司审计失败现状、成因及规避措施——基于2008—2018年证监会处罚决定的统计分析 [J]. 会计之友, 2020 (2): 141-145.

[2] 赵丽芳, 郭凯, 王蕾. 注册会计师勤勉尽责认定与审计失败关联问题研究 [J]. 会计之友, 2022 (24): 70-76.

[3] 赵恒. 审计失败原因及对策分析——以瑞华事务所为例 [J]. 老字号品牌营销, 2023 (01): 156-158.

[4] 沙思佳. 大华对长园集团审计失败案例研究 [D]. 天津：天津财经大学, 2023.

[5] 丁红文. 会计师事务所审计失败案例分析——以长园集团为例 [J]. 老字号品牌营销, 2024 (2): 108-110.

[6] 沈雁音, 郑柱. 会计师事务所审计失败防范研究——以瑞华会计师事务所为例 [J]. 湖北科技学院学报, 2022, 42(4): 47-54+73.

# 二十五　中兴财光华对仁东控股保理业务审计失败研究

陈卓[①]　彭文伟[②]

**摘要**：近年来，上市公司保理业务因其独特的融资模式和风险分担机制，在资本市场中得到了广泛应用。然而，随着业务规模的扩大和复杂性的增加，保理业务审计失败的现象也日益凸显。仁东控股作为一起典型的保理业务审计失败案例，其经验教训值得深入剖析。本文以仁东控股为例，深入探讨了上市公司保理业务审计失败的原因、影响及防范措施。通过案例分析，揭示了中兴财光华审计失败的原因，包括重大风险识别和评估程序不到位、审计证据获取不充分以及审计人员专业能力不足，并提出了完善重大错报风险识别和评估程序、获取充分有效的审计证据以及提升注册会计师业务水平等建议，为提高上市公司保理业务审计质量提供参考。

**关键词**：保理业务；审计失败；仁东控股

## 一、引言

在全球化与信息化交织的今天，金融市场的复杂性和不确定性日益加剧，各类金融创新业务层出不穷，其中保理业务作为供应链金融的关键一环，凭借其独特的融资模式和风险分散机制，在促进企业资金流动、优化资源配置等方面发挥着重要作用。然而，随着保理业务的快速发展，其背后的审计风险也逐渐暴露，审计失败案例时有发生，给市场参与者带来了巨大损失，也引发了监管机构和学术界的广泛关注。

仁东控股作为保理业务领域的知名企业，其保理业务审计失败的案例更是成了业界讨论的焦点。这一事件不仅揭示了企业在内部控制、风险管理、信息披露

---

[①] 陈卓，女，会计硕士，研究方向：资本市场与公司治理。
[②] 彭文伟，女，博士，研究方向：企业投融资、公司治理、出版传媒企业财务管理。

等方面存在的严重问题，也暴露了审计机构在审计程序执行、风险评估、独立性保持等方面的不足。因此，选择仁东控股保理业务审计失败事件进行深入研究。通过本文的研究，我们期望能够揭示仁东控股保理业务审计失败的深层次原因，为行业提供有益的警示和启示。

## 二、文献综述

### （一）关于保理业务相关研究

曲维玺与韩家平（2019）在其研究中指出，保理作为中小企业融资的关键支持力量，不仅缓解了中小企业的融资难题，还为全球贸易的持续增长提供重要动力。周哲（2016）则认为保理业务中应收账款质量风险来自销售商利用虚假合同、伪造票据、一票多用等形式来骗取银行贷款的不良行为。

### （二）关于审计失败原因及防范对策的研究

余玉苗与高燕燕（2016）在其实证研究中发现，审计失败及审计质量的低下，与注册会计师的个人特征之间存在着显著的关联性。陈晓刚（2020）认为注册会计师严格执行审计过程中的审计程序能够极大限度上减少审计失败。宋玮和张译丹（2014）研究表明，财务舞弊审计失败的主要原因包括审计程序的不合理性、审计证据的缺乏以及审计师未能尽职尽责等。

## 三、保理业务概述以及行业发展现状

### （一）保理业务介绍

保理业务是债权人转让应收账款，集坏账担保、融资、催收应收账款等多种方式于一体的综合金融服务，涵盖银行保理、商业保理等多种业务。其中商业保理可以帮助中小企业缓解融资困难，解决成本较高等难题，主要功能包括：分账管理、贸易融资、应收账款催收、坏账担保。

### （二）我国保理行业发展情况

近年来，我国保理业务规模持续扩大，为企业融资提供了重要渠道。我国商业保理业务量占保理市场份额高达34.6%。同时，为推动保理业务的健康发展，政府出台一系列政策文件，引导和推动金融资源向小微企业倾斜。信息技术在保理业务中的应用不断加速，大数据、云计算等前沿技术的应用，提升了保理业务的服务效率和风险管理水平。

## 四、案例背景

### （一）仁东控股介绍

仁东控股股份有限公司（以下简称"仁东控股"）起源于浙江宏磊控股集团有限公司，通过整体架构的转型，孕育出浙江宏磊铜业股份有限公司，后者于2011年12月28日成功登陆深圳证券交易所。于2016年进行了重大资产重组，全面剥离了传统的铜加工业务，转向金融科技这一新兴领域。

仁东控股的保理业务具体业务模式包括：1.应收账款买断。通过买断企业应收账款的方式从而帮助企业提供资金融通，缓解资金压力。2.应收账款管理。公司还提供应收账款的催收、管理以及坏账担保等服务从而降低企业的坏账风险。3.融资服务。基于受让的应收账款，为企业提供融资支持进而满足企业多样化的资金需求。

### （二）中兴财光华会计师事务所简介

中兴财光华会计师事务所（以下简称"中兴财光华"）始建于1983年，现在已在全国多个省市设立了35家分支机构。其业务范围广泛，涵盖审计鉴证、管理咨询等多个领域。其服务对象包括金融、证券期货、制药、农牧业、房地产等众多行业的企业。

### （三）证监会对仁东控股和中兴财光华处罚结果

1. 证监会对仁东控股及相关责任人处罚结果

2022年3月22日，中国证监会发布了行政处罚决定书并认定仁东控股披露的信息存在虚假记载，责令仁东控股改正，处以罚款150万元；给予仁东控股董事长、代董事会秘书霍东警告并处以罚款120万元；给予时任仁东控股副董事长、总经理、财务总监警告，并处以罚款50万元；给予时任仁东控股副总经理黄浩警告，并处以罚款50万元。

2. 证监会对中兴财光华处罚结果

2022年12月12日，中国证监会发布了行政处罚决定书并认定中兴财光华对仁东控股2019年度财务报表出具了不恰当的审计意见，责令中兴财光华改正，没收业务收入141.51万元，并处以罚款283.02万元，对签字注册会计师齐正华、王雅栋给予警告，并分别处以罚款30万元。

## 五、仁东控股保理业务审计失败原因分析

### (一) 重大风险识别和评估程序不到位

风险评估是审计工作的关键环节。如果注册会计师在审计前未能对被审计单位进行充分的风险评估，可能导致对审计重点的把握不准确，从而无法发现重大错报或舞弊行为。以下将从财务相关及市场相关经营风险两个角度分析中兴财光华审计失败原因。

首先，从财务相关经营风险来看。由表25-1可知，仁东控股2017～2019年的资产负债率分别为72.45%、80.00%、73.07%，整体呈现增长态势。此外，仁东控股自2017年起至2019年，流动比率呈下降趋势。可以看出，公司的债务负担明显加重。仁东控股面临着较高的偿债压力，很可能导致资金周转困难从而增加了仁东控股的经营风险。中兴财光华的注册会计师在了解到这些情况后，应深入了解资产和负债的具体构成，比较历史数据，分析资产负债率的变化趋势及其原因，评估风险、提出改进建议和加强沟通等措施。但是，中兴财光华的注册会计师并没有给予充分的关注。

表25-1  2017—2019年仁东控股资产负债率及流动比率

| 年份 | 资产负债率（%） | 流动比率（%） |
| --- | --- | --- |
| 2017 | 72.45 | 1.29 |
| 2018 | 80.00 | 1.01 |
| 2019 | 73.07 | 0.93 |

资料来源：本表数据来源于同花顺

其次，从市场相关经营风险来看。股权质押与冻结问题分析。2019年3月30日，和柚技术持有公司股份累计被质押152,953,195股，占其持股的96.36%，占公司总股本的27.32%；累计被冻结69,993,136股，占其持股的44.09%，占公司总股本的12.50%。由此可见，仁东控股的部分大股东持有的股份存在高比例质押以及部分股东的股份被司法冻结的情况。高比例的股权质押可能增加公司的财务风险，进一步削弱了公司的内部控制环境，从而对公司的控制权和市场稳定性产生不利影响。面对这一情况，中兴财光华的注册会计师没有很好地评估仁东控股的相关风险，未进行严格的审计程序。

### (二) 审计证据获取不充分

仁东控股伪造与北京和古生物科技有限公司、中新奇特（北京）商贸有限

公司、北京中彩瑞盈科技发展有限公司的其他业务款项，其行为实质上是伪造交易，旨在掩盖真实的财务状况。根据相关法律法规和会计准则，应收账款转让通知书是保理业务审计过程中应当予以关注的重要文件。审计人员应确保获取了所有保理业务相关的应收账款转让通知书，并核实其真实性和完整性。但是，中兴财光华的注册会计师在收集保理合同附件时，并未获取应收账款转让通知书。所以说，审计证据获取不充分是导致审计失败的重要原因。

### （三）审计人员专业能力不足

在中兴财光华对仁东控股进行的审计过程中，项目审计人员高度依赖公司内的专业信息系统人员来执行审计任务，但这些信息系统专家往往对审计项目的具体细节、历史背景及审计经验积累不足，导致在进行针对性测试时显得力不从心。

尤为值得注意的是，自 2018 年起担任仁东控股年报审计签字注册会计师的团队成员，均是首次涉足保理业务审计领域，缺乏必要的保理业务审计经验和行业洞察。在仁东控股采用复杂且隐蔽的舞弊手法掩盖其财务报表真实状况的背景下，这种专业经验的缺失使得审计团队难以穿透迷雾，及时识别并揭露潜在的虚假记录，进而成为导致审计失败的重要原因之一。

## 六、仁东控股保理业务审计失败防范措施

### （一）完善重大错报风险识别和评估程序

首先，注册会计师应加强风险识别。深入了解业务环境，包括保理业务的经营模式、业务流程、主要客户群体等，以识别可能存在的特定风险点。根据行业环境和市场趋势，分析保理业务所在行业的市场环境、政策法规变化、技术革新等因素，评估其对业务风险的影响。

其次，注册会计师应关注关键业务环节。加强对基础合同的真实性、合法性、有效性的审核，确保合同双方具有履约能力。关注应收账款的真实性、可转让性、回收率等，确保应收账款质量符合保理业务要求。利用多种识别方法，对潜在风险进行识别和评估。

最后，注册会计师需要建立风险评估体系。具体而言，根据保理业务的特点和风险类型，构建适用于该业务的风险评估模型，从而确定风险评估的关键指标，如客户信用评分、应收账款逾期率、坏账率等，以量化评估风险水平。

## （二）获取充分有效的审计证据

首先，应获取应收账款转让通知书。根据相关法律法规和会计准则，应收账款转让通知书是保理业务审计过程中应当予以关注的重要文件。审计人员应确保获取了所有保理业务相关的应收账款转让通知书，并核实其真实性和完整性。

其次，核对基础业务资料。审计人员应核对与保理业务相关的基础业务合同、发票、送货单等资料，确保这些资料的真实性和一致性。这些资料是验证保理业务真实性的重要依据。

此外，还要检查银行流水和融资款项。通过检查被审计单位的银行流水和融资款项，审计人员可以验证保理业务是否真实发生，以及融资款项是否按合同约定使用。

## （三）注册会计师提升业务水平

仁东控股的经营核心紧密围绕其支付系统与信息平台构建，因此，对于审计团队而言，掌握一定的计算机专业知识成为必要，以便能够深入挖掘与分析这些庞杂的数据，从而验证其真实性与可靠性。此外，仁东控股的主营业务广泛覆盖多个金融领域，这些业务不仅复杂多样，而且伴随的金融风险往往具有高度的隐蔽性。

面对这样的业务环境，审计人员面临的挑战显著加剧，其专业胜任能力被赋予了新的高度要求。审计人员不仅需要具备扎实的审计基础与技能，能够熟练运用审计工具与方法，更须具备对计算机技术的深刻理解，以有效应对数据密集型审计工作的挑战。同时，对金融行业的专业知识储备也至关重要，这有助于审计人员更准确地识别、评估及应对金融业务中潜藏的各类风险，确保审计工作的全面性与深入性。

# 七、结论

审计失败的影响是多方面的，不仅涉及事务所、投资者，还对整个社会经济秩序产生深远影响。对于会计师事务所而言，它不仅深刻损害了事务所长期以来建立的声誉，更是在现实市场中投下了巨大的阴影。对于投资者而言，它使投资者在错误的审计结论或财务报告基础上做出投资决策，最终可能导致经济上的重大损失。从更宏观的社会经济秩序视角来看，审计失败的影响更为深远。它向社会公众、企业的高层管理者及治理层传递了误导性的信息，破坏了信息的真实性与完整性。这种信息的不对称与缺失，直接加剧了决策过程中的不确定性和风险，对社会经济的健康发展构成潜在威胁。本文选取中兴财光华审计仁东控股失败的案例，研究了上市公司保理业务审计失败的原因及应对措施。得出了以下结论。中兴财光华审计失败可分为三点原因，分别是：重大风险识别和评估程序不到位、审计证据获取不充分以及审计人员专业能力不足。针对保理业务，审计人员应完善重大错报风险识别与评估程序，保持职业怀疑，还应该获取充分有效的审计证据，不断提升自身业务水平。

## 参考文献

[1] 周哲. 浅谈我国保理业务风险分析及其管控对策 [J]. 时代金融（下旬），2016(8): 363+373.

[2] 曲维玺，韩家平. 全球及中国保理行业发展特点、趋势分析与政策建议 [J]. 国际贸易，2019 (1): 90-96.

[3] 曹和平，侯宝升，唐丽莎. 保理融资：拓展银行信贷产品的企业融资之路 [J]. 江汉学术，2020, 39(4): 46-55.

[4] 余玉苗，高燕燕. 低质量审计是审计师个人特质导致的特例吗？——基于"污点"签字注册会计师的研究 [J]. 审计与经济研究，2016, 31(4): 30-39.

[5] 宋玮，张译丹. 审计失败原因分析及防范措施——基于证监会 2007—2013 年对于会计师事务所和注册会计师的处罚 [J]. 商业会计，2014(17): 24-27.

[6] 陈晓刚. 新证券法下上市公司财务报表审计对策研究 [J]. 中国注册会计师，2020 (11): 93-95.

## 二十六 "新零售"模式下对超市行业审计风险影响研究——以永辉超市为例

董曼茜[①] 华宇虹[②]

**摘要**：近几年，我国的传统实体零售业面临盈利难题，迫切需要进行转型。与此同时，线上零售的增长也显得乏力，已经进入了发展的瓶颈阶段。在这样的大背景之下，一种将线上和线下的销售渠道以及相应的配套服务进行深度整合的"新零售模式"应运出现，并迅速崭露头角，成为资本市场关注的核心议题。当零售企业转向新的零售模式时，其经营环境、业务活动和内部控制等关键因素都会经历某种程度的变革。本研究选择了国内的领军零售商永辉超市作为研究案例，从微观角度深入探讨了传统零售商在转型为新零售模式后可能出现的舞弊行为和可能存在的审计风险，并进一步讨论了相应的审计策略。

**关键词**：新零售模式；零售企业；审计风险

### 一、引言

随着电商行业的发展，自2016年起，超市零售企业逐渐扩大了生鲜电商的业务范围。例如，家乐福已被苏宁公司收购，并与苏宁智慧零售保持了持续的合作关系；盒马鲜生则是以"盒马鲜生"为平台开展线下经营活动。永辉超市成立了永辉云创，并陆续推出了永辉生活、超级物种等产品，与京东物流合作推出永辉到家等业务。此外，一些大型连锁超市也相继开展了生鲜到家业务。在2020年，疫情的出现为超市到家的业务模式带来了巨大的发展机遇。在众多企业纷纷探索开展线上业务以抢占市场份额的时候，生鲜到家业务的出现则为其注入了一股活力。尽管如此，那些涉足生鲜到家领域的互联网大公司也不例外。这意味着

---

[①] 董曼茜，女，会计硕士，研究方向：会计制度与会计实务。
[②] 华宇虹，女，博士，研究方向：财务管理、资本市场与公司治理、传媒产业经济与金融。

在超市零售领域寻找新的业务机会时，市场竞争变得更为激烈。与此同时，国家对食品和网络安全的监督力度也在持续增强。在这种情况下，超市零售行业在面对这些外部经营压力的同时必须做好内部管理和控制工作，以保证其健康持续发展。

显然，在超市零售领域，除了传统意义上的存货核算、内部控制和收入审计风险外，现在还存在一些新业务可能带来的审计风险因素，例如更严格的行业监管和处罚、更剧烈的市场竞争环境和更复杂的收入确认环境等。因此，在新时代宏观经济环境发生变化的大背景下，超市零售企业面临的审计风险需要进一步的明确化。本文聚焦于超市零售行业的审计风险识别和应对策略，选择永辉超市作为案例研究对象。致力于解决的核心问题是：在当前"新零售"模式下，超市行业可能面临哪些审计风险，以及如何妥善处理这些风险。

## 二、文献综述

### （一）"新零售"模式的相关研究

国内新零售的概念起源于2016年10月阿里巴巴时任董事局主席马云的演讲，他提到"今后30年内，社会发展会呈现五大新趋势，即新零售、新制造、新金融、新技术和新资源"。在2016年11月，国务院办公厅发布了《关于推动实体零售创新转型的意见》，其中强调实体零售应当鼓励线上与线下的结合，并积极推进"新零售"的发展。

新零售名词产生较晚，但它是今后发展的一个重要趋势，引发了业界与学界的热议，主要表现为以互联网为支撑，大数据与人工智能的运用，并结合心理学的知识，对商业模式进行了重新塑造，商品生产、分销和销售的全价值链条中实施了升级和改进，从而整合平台以形成一个完整的生态系统[1]。当前学界对新零售研究大多聚焦在"新零售"模式转型路径及未来发展方向上。赖红波（2020）[2]认为数字化背景下"新零售"正处于突破式的发展过程中，各领域之间的限制被打破，交互技术不断完善，原有"场"假设区域得到了进一步放松，产业链调整迅速，生产销售、前后台明显打通（图26-1）。消费者在超市线上App可以浏览商品，进行下单，超市线下店可以提供配送服务或者消费者到门店自提，根据消费者的消费偏好进行大数据计算，从而在线上App进行营销，形成有机的循环。

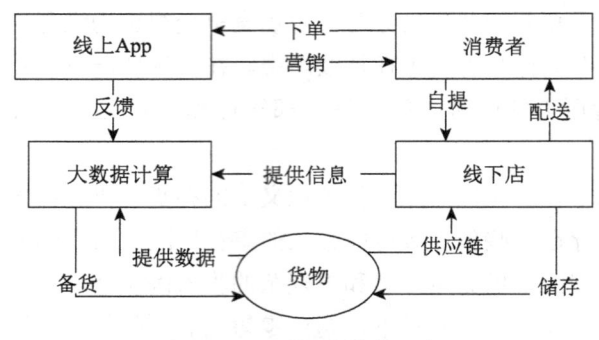

图 26-1 新零售模式示意

### (二)"新零售"模式下对企业审计事项的相关研究

Kotb 和 Roberts（2011）[8]认为，企业在商业模式上的创新将导致审计操作方式发生改变。现阶段，将新零售与审计结合的研究相对较少，研究主要聚焦于互联网商业环境下的审计费用、审计风险以及数字化审计模式等多个方面[9][10]。

首先，关于互联网商业模式下企业审计成本的研究，存在两种相反的观点。杨德明与陆明（2017）[3]利用 A 股上市公司的数据，通过实证分析，得出结论：实施互联网商业模式的上市公司在审计成本上会有显著增加。而张永坤等（2021）[4]认为：企业的数字化转型将导致审计成本的降低，注册会计师的专业能力、企业的产权和产业属性在企业的数字化转型过程中都发挥调节作用。其次，大部分研究指出，经营中的高风险，使得互联网公司面临的审计风险相对较高[5]。注册会计师通常倾向于使用数字化审计方式。他们更加重视直接分析原始数据和验证信息系统的内部控制效果。他们充分考虑到商业模式的持续性，并根据业务流程来识别可能的财务造假环节。为了降低审计风险，他们会有针对性地采用传统审计程序和各种数字化分析模型[6]。

## 三、永辉超市"新零售"模式下对审计风险的影响分析

### (一)永辉超市基本情况

1.永辉超市案例选择

永辉超市于 2001 年成立，它是中国首家将新鲜农产品引进超市的流通企业，并被国家的七个部门评选为中国"农改超"的典范，民众亲切地称其为"民生超市，百姓永辉"。2021 年 4 月，其入选 2020 年全国农业产业化龙头企业 100 强名单。另外，2021 年永辉超市净利润亏损了 48.28 亿元，与上年同期相比减少近 70 亿元，这是永辉超市自上市以来首年发生业绩亏损，因此财务数据真

实性、准确性有待验证，存在一定水平的审计风险。

在 2014 年，公司全面推行了"新式合伙人制度"（见图 26-2），这意味着地区负责人、一线核心员工乃至供应商都有资格成为合伙人，通过股权激励，提升企业活力。"新式合伙人"这一制度已经推广至所有的基层职位，它将公司的盈利与员工的收入紧密关联，从而大幅度地降低了损失。以果蔬行业为研究对象，当国内的果蔬部门损耗率超出 30% 时，永辉超市的损耗率仅为 4%~5%。经过实践证明管理层和员工的奖励可能是他们取得出色表现的关键，但同时也可能激发他们进行舞弊的动机。因此，本文选择了永辉超市作为研究对象，以探讨超市零售行业审计风险的识别问题。

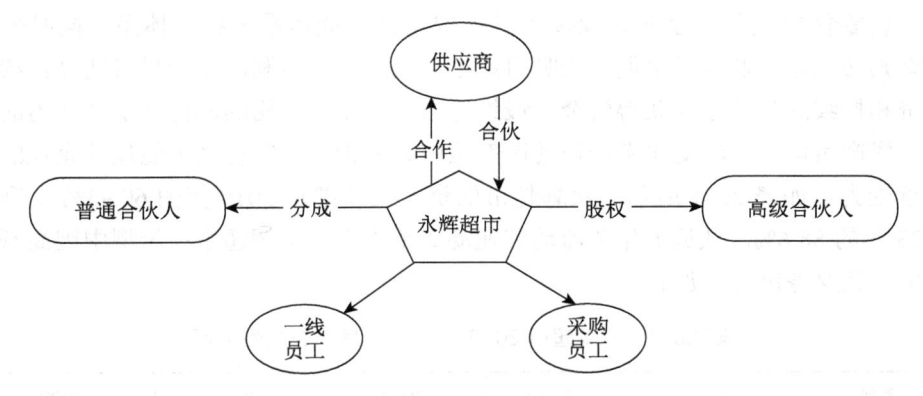

图 26-2　永辉超市新式合伙人制度

### 2. 永辉超市"新零售"运营模式

永辉生活家的卫星仓库，特别是与超级物种、永辉生活、永辉 Bravo 等在线商店的连接，与传统的仓储系统相比，可以保持前置仓库的独立性、灵活性，从而实现异地扩张的低成本。从 2018 年 6 月起至 2019 年 6 月止，永辉到家在福州已经设立了 23 个卫星存储设施，为福州市内超过 50% 的客户提供了服务。卫星仓库的建设并不是短时间内就能实现的，此前永辉超市和腾讯等大型企业已经对其进行了众多的数字化尝试，并成功地将微信和社交广告等多种先进的智能产品整合在一起。例如，他们通过扫码购买的方式，迅速推出了智能零售的标杆门店，为消费者提供了一个全新的购物体验，实现了线上和线下的全面数字化转型。

## （二）"新零售"模式下永辉超市舞弊风险分析

### 1. 战略扩张失败，经营风险显现

经营风险和战略风险是错报风险的重要影响因素[7]。由于企业内外环境复杂多变，企业作为新零售模式下的"试水企业"，其战略决策与执行存在着较大的困难与风险。永辉超市在2017年的年度报告中提到，他们计划在2018年开设100家超级物种门店，但到年底为止，"超级物种"仅新增46家。在2020年，"MINI店"的关闭数量达到了惊人的417家，而到了2023年，这一数字减少到了45家，造成了13.3亿元的亏损。

### 2. 持续高负债，运营资金紧张

新零售模式要求企业必须投入巨资构建供应链体系与物流体系，同时抢占顾客则必须持续通过低价促销来吸引流量，因此难以盈利。企业只有通过持续的筹资和持续的举债才能获得资金，最终造成企业资本结构的恶化和偿债能力的降低。资产负债率、流动比率和速动比率这些财务指标一定程度上能反映企业的风险承受力。如表26-1所示，永辉超市的资产负债率从2019年的60.93%上升到2023年的88.6%。从近五年的流动和速动比率来看，永辉超市在转型中因高额的负债，其财务风险增加。

表 26-1 永辉超市 2019—2023 年度财务风险指标

| 项目 | 2019 | 2020 | 2021 | 2022 | 2023 |
| --- | --- | --- | --- | --- | --- |
| 资产负债率 | 60.93% | 63.69% | 84.47% | 87.68% | 88.6% |
| 流动比率 | 0.99 | 0.95 | 0.84 | 0.84 | 0.77 |
| 速动比率 | 0.59 | 0.64 | 0.53 | 0.48 | 0.44 |

数据来源：永辉超市 2019—2023 年年报整理

### 3. 稳定股价，持续融资压力

永辉超市新零售转型的成效迟迟未达到预期，营业收入面临较大的下行压力。受经济环境以及"社区团购"等的冲击，利润自2020年第三季度开始骤降，2021年甚至出现了上市以来首次亏损（见表26-2），永辉超市股价连续大幅下跌，其市场价值减少了近300亿元；今日资本、沪股通、兴全基金，这些大投资方着手减持永辉超市的股份。2021年，企业提出全新"全渠道的数字化转型战略"，通过供应链、物流链、组织管理等全方位数字化升级，扭转现有经营格局，这意味着永辉超市今后会有更多资金需求量。

表 26-2　永辉超市 2019—2023 年度利润指标

| 项目 | 2019 | 2020 | 2021 | 2022 | 2023 |
| --- | --- | --- | --- | --- | --- |
| 营业收入增长率 | +20.36% | +9.8% | -2.29% | -1.07% | -12.71% |
| 营业收入/亿元 | 848.8 | 932 | 910.6 | 900.9 | 786.4 |
| 营业利润/亿元 | 16.4 | 22.85 | -48.28 | -32.98 | -14.76 |

数据来源：永辉超市 2019—2023 年年报整理

## 四、"新零售"模式下超市行业审计风险的应对

### （一）发展战略合理化

整个企业的运营过程中，财务报表的风险始终存在，对企业的正常运作和提高经营效率产生明显的影响。前文对永辉超市这一超市行业的典型代表分析中，可以观察到管理层提出的某些决策和战略方向缺乏科学依据，未对当前的市场状况进行深入解读。商业模式的转型之前，企业需要对其内部和外部环境有深入的认识。外界环境涵盖了市场策略、竞争状况、同一行业以及相关领域的详细信息和未来的发展方向。内部环境涵盖了资产和负债的流动性，以及债券和股权的构成。只有深入了解实际情况，我们才能制定出既合理又符合自己发展需求的策略。

### （二）资产负债更优化

企业偿债能力低下将影响偿还债务、吸引投资者和自身声誉，继而加大风险。针对永辉超市偿债能力低问题，企业可通过控制泛化规模扩张而转向采取与市场和消费者需求更加准确对接的路径来进行精细化高质量规模扩张。此外，超市行业中一些生鲜产品货架期短，商家可在深加工之后，增加保质期以控制偿债能力降幅。企业在进入新商业模式之后可以创新融资模式，如利用内部员工筹资来扩大企业融资渠道，利用分散借款或者筹资时间方式来规避还款时间聚集，降低无法偿还债务的风险。

### （三）收益分配标准化

合理地分配收益可以有效地激发员工及相关企业的工作热情，从而有助于提升经营效能、降低风险。投资者会根据公司的经营成果，确保充足的自有资产的前提下，进行利润的分配。对于经营状况不佳、盈利较少的年月，则应考虑紧缩式股权分配，向资本市场发出企业稳定发展的信号。在经营表现出色且盈利颇

丰的年份中，确保公司的现金流不受影响的同时，适度增加现金股利的发放，制定弹性股利分配制度，增强投资者的满意度和忠诚度的过程中，企业制度竞争能力也会得到提升。此外，可以定期为员工举办表彰大会，提供奖金或股权的激励措施。

## 五、结论

新零售模式下超市行业的审计风险，以永辉超市为例，该超市业务规模不断扩张、业务复杂性的增加以及商业模式的转型，特别是在线业务和配送业务方面，其财务核算和报告依赖于高度复杂的信息系统。这些自动化控制的信息系统覆盖了大量零售、线上和与供应商结算业务，对永辉超市的财务报告流程产生重大影响。

因此，在防范新零售模式下超市行业的审计风险时，审计人员需要特别注意以下几个方面：第一，加强对企业经营风险和战略风险的评估，优化评估内容，改进评估方法；第二，有针对性地增强对企业信息系统的审计，对其安全性和合理性给予高度关注；第三，对于那些具有内在风险的项目，实施特别的审计流程；第四，加大对内部控制审计的力度，并密切关注信息系统所带来的控制风险；第五加强对复合型审计人员的选拔和培训力度。

## 参考文献

[1] 刘鹤 . "新零售"的全程再造与变革趋势 [J]. 商业经济研究 , 2019(8): 33-36.

[2] 赖红波 . 数字技术赋能与"新零售"的创新机理——以阿里犀牛和拼多多为例 [J]. 中国流通经济 , 2020, 34(12): 11-19.

[3] 杨德明，陆明 . 互联网商业模式会影响上市公司审计费用么 ?[J]. 审计研究 , 2017(6): 84-90.

[4] 李菂，王培，张永坤 . 从"初光"开始：FAST 早期科学及前景展望 [J]. 科学通报 , 2021.

[5] 王春译 . 互联网金融企业审计风险探讨 [J]. 财会通讯 , 2016(28): 120-121.

[6] 惠志鹏 . 交通运输业的税收筹划问题——以大秦铁路股份有限公司为例 [J]. 企业科技与发展 , 2020(2): 153-154.

[7] 王爱群，张宁，蔚泓翔 . 高管变更对审计费用的影响研究——基于审计师风险感知视角 [J]. 税务与经济 , 2021(6): 61-68.

[8] Sorescu,. A., Frambach, R. Singh, J., Rangaswamyd, A., &Bridges, C. 2011

[9] Bills K L, Lisic L L, Seidel T A. Do CEO succession and succession planning affect stake holders' perceptions of financial reporting risk? Evidence from audit fees[J]. The Accounting R eview, 2017, 92(4): 27-52.

[10] Zaiceanu, A. M. &Hlaciuc, E. 2015. Methods for Risk Identification and Assessment in Financial Auditing Procedia[J]. Economics and Finance, 32: 595-602.

# 二十七 绿色债券发行和企业 ESG 表现
## ——以 TCL 科技绿色债券为例

杜有凯[①] 刘硕[②]

**摘要**：本文以 TCL 科技发行绿色债券为例，探讨了绿色债券融资对企业 ESG 表现的影响。通过分析 TCL 科技发行绿色债券筹集资金的使用情况，发现其通过支持绿色工厂建设和环保项目，有效提升了公司的 ESG 表现。绿色债券的发行不仅提高了公司的绿色声誉，还促进了技术创新和市场竞争力。本文通过探究企业借助绿色债券，实现降本增效，帮助企业实现绿色转型和可持续发展。此外，企业加强绿色债券信息披露，发挥绿色声誉效益，以吸引新的投资，推动企业实施创新驱动发展战略，为企业借助绿色债券实现可持续发展提供新思路。

**关键词**：TCL 科技；绿色债券；ESG 表现

## 一、引言

随着我国"双碳"目标的提出，为了缓和生态环境日益破坏与经济增长之间的矛盾，政府推动企业供给侧趋于绿色环保方向进行更新改造。绿色债券作为一种新兴的金融工具，不仅在全球范围内得到了迅速发展，还为中国债券市场注入了新的活力。为响应国家号召、顺应绿色金融和可持续发展的市场趋势，TCL 科技集团股份有限公司（以下简称 TCL 科技）成功发行了绿色债券，为企业长期发展拓宽融资渠道。其目的在于为 TCL 科技拓宽资金来源。TCL 科技通过将发行绿色债券筹集的资金用于支持其旗下的绿色工厂建设，包括节能、减排以及提高资源利用效率等项目，向外界传递其对环保和可持续发展的承诺，提升企业的绿色声誉，并进一步表明该企业在环境保护和社会可持续性方面的社会责任。

---

[①] 杜有凯，会计硕士，研究方向：会计制度与会计实务。
[②] 刘硕，副教授，硕士生导师，经济学博士、应用经济学博士后，研究方向：大数据分析与处理、公司理财。

本文通过案例分析，探讨了绿色债券融资对企业 ESG 表现的影响机制。TCL 科技发行绿色债券在理论上促进了 ESG 理论与实践的结合，通过这一行动展示了企业如何通过金融工具实现环境保护和社会责任的目标，同时提升企业的 ESG 评级，吸引可持续发展投资者。此外，这一做法还推动了 ESG 评价体系的标准化和透明度提升。在现实意义上，它增强了 TCL 科技的品牌形象和市场竞争力，为企业提供了新的低成本融资途径，并且吸引了偏好绿色投资的资本。绿色债券的发行也支持企业的绿色转型和可持续发展目标，符合全球"双碳"目标的趋势，提高了企业的风险管理能力，增强了投资者信心，并促进了股票和债券的稳定表现。通过分析 TCL 科技的案例，旨在为绿色债券市场的投资者和其他利益相关方提供更为明确和实用的指导，以促进可持续金融领域的进一步发展。同时，也希望能为其他企业在未来发行绿色债券时提供经验和参考，帮助他们更好地理解并利用绿色债券这样一种金融工具，实现环境与经济效益双赢的局面。

## 二、文献综述

央行于 2021 年印发的《绿色债券支持项目目录（2021 年版）》将绿色债券界定是一种特殊的有价证券，其募集资金专用于扶持满足特定标准的绿色产业、项目及经济活动。张小可和张居营（2024）认为这些债券的发行遵循法定流程，并承诺按照既定条件还本付息。绿色金融在引导资金重新配置、促进绿色企业技术创新中发挥巨大作用，绿色债券是绿色金融重要的金融产品与服务创新[1]。在经济效应方面，陈奉功和张谊浩（2022）认为绿色债券对企业股票市场价格产生提振效应，原因是企业绿色债券的发行引起了投资者对企业价值的关注[2]。吴世农等（2022）的研究表明，企业发行绿色债券可以有效促进绿色技术创新，提高环境绩效和企业价值。此外，一些学者还关注到绿色债券的行业溢出效应，认为企业发行绿色债券后，可以提升同行业其他企业的环境表现，降低同行业企业的融资成本[3]。王营和冯佳浩（2022）的研究将绿色债券发行作为政策划分依据，发现绿色债券能够显著提升发债企业的绿色创新水平。绿色债券由于低成本且能与创新活动的周期匹配，更易支持企业稳定的创新投入[4]。冯郑艳和刘立军（2024）认为企业发行绿色债券还可以提高环境和财务绩效，促进企业走可持续发展道路[5]。这些研究为深入理解绿色债券与绿色创新之间的关系提供了重要参考，同时也凸显了绿色金融政策在推动企业绿色转型方面的潜在挑战和机遇。

虽然已有研究对绿色债券及其对企业 ESG 表现的影响进行了初步探讨，但实证分析和数据支持方面的研究仍然不足。本文将侧重于采用定量方法来评估绿色债券对企业的实质性影响，旨在提供更加精确和科学的研究成果，以强化绿色债券领域的学术研究。此外，本文通过对绿色债券发行与企业发展之间的关系进行详尽分析，旨在为金融市场参与者、决策者和投资者提供更加详尽的指导和建议，从而弥补现有文献在实证研究方面的不足。

## 三、ESG 绩效

### 1. 环境（Environmental）

TCL 科技在环境方面取得了多个成果，包括绿色项目投资、绿色技术的创新和应用以及降低能耗和碳排放。公司为减少大量的二氧化碳排放，减少水资源浪费所做的努力有助于公司在环境方面的绩效提升。

从环境保护、节能降耗到"双碳"目标，绿色发展的核心目标正在从"保护"向"建设"转移，这要求企业在此过程中实现更高的价值创造。通过绿色债券融资，TCL 科技加大了对绿色技术创新的投入，推动了新型显示技术的研发和应用，这些技术往往具有更高的能效比和更低的环境影响。同时，TCL 科技通过绿色债券融资，将资金专门用于绿色工业建筑项目，如第 6 代柔性 LTPS-AMOLED 显示面板生产线和第 11 代 TFT-LCD 及 AMOLED 新型显示器件生产线。绿色项目实施后，实现了显著的资源节约和循环利用效果。具体来说，项目在 2023 年上半年运营可实现节约 995.43 万吨水资源，以及回用 0.48 万吨蒸汽凝结水。根据中诚信绿金科技的评估，这些项目在运营过程中未涉及环保处罚，未出现环境污染事件，表明了 TCL 科技在环境管理方面的优秀表现。这些项目不仅提升了公司的生产能力，有助于减少生产过程中的能源消耗和废物产生，也推动了清洁生产和循环经济的发展。

### 2. 社会（Social）

随着绿色项目的建设和运营，TCL 科技为社会提供了大量就业机会，2022 年员工人数达到 69828 人，较 2021 年增长了 4669 人。同时，公司注重员工的教育和培训，提升了员工的学历和专业技能，为绿色创新提供了人才支持。此外，TCL 科技还推出了"TCL 光伏阳光校园""A.I. 回家"等多项公益项目，助力乡村教育发展，促进了教育公平和社会和谐。通过创造就业机会、注重员工发展以及实施公益项目，TCL 科技在社会层面发挥了积极作用，为当地社区带来了实在的利益和福祉。

绿色项目带来的大量就业机会，有助于促进当地经济和就业的发展，改善人们的生活水平和福祉。同时，TCL 科技注重员工权益和发展，为员工提供良好的培训和发展平台，体现了企业的社会责任担当。此外，企业通过实施公益项目回馈社会，展现了其作为负责任企业公民的形象，推动了社会的可持续发展。良好的社会绩效不仅有利于企业自身的可持续发展，也增强了 TCL 科技的品牌形象和社会影响力，同时增加了公众对企业产品的黏性，为企业的长期战略目标的实现打下了牢固的根基。

3. 治理（Governance）

TCL 科技展现了一个健全的内部控制体系，这在其绿色债券的发行和管理中表现得尤为明显。公司设立了专门的募集资金监管账户，确保了资金的规范使用和专款专用；同时，依据内部决策流程和绿色项目筛选机制，TCL 科技能够确保资金被用于符合标准的绿色项目。公司还实施了项目进展监控和环境效益评估，以及定期的信息披露机制，以增强透明度和公信力。公司注重风险管理，并设有内部审计机制，确保持续监控和评估绿色债券资金的使用效率。通过这些措施，TCL 科技不仅提高了绿色债券发行和管理的规范性和有效性，而且支持了公司的绿色发展战略，提升了其在绿色金融领域的品牌形象和市场信誉。

TCL 科技还通过了中诚信绿金科技的第三方评估认证，维持了 G-1 等级，这进一步验证了公司内控机制的客观性、公正性和独立性。TCL 科技遵循绿色债券的信息披露标准，定期披露所筹资金的运用和绿色项目的建设状况，从而增强了公司的透明度和信誉度。

## 四、对策建议

### 1. 充分发挥绿色声誉效益

绿色声誉不仅能彰显企业绿色属性，为企业吸引消费者和投资者的光顾和青睐，而且还能为企业吸引优秀的人才，在一定程度上可以有效推动企业的绿色创新，间接为企业带来多方效益。TCL 科技应利用绿色债券、绿色基金等金融工具，为企业的绿色项目筹集资金，同时展示企业对绿色发展的承诺。同时，企业应加强环保宣传，通过各种渠道宣传企业的环保行动和绿色成就，提高公众对企业绿色形象的认知。建立客户和社区反馈机制也是关键的一部分，及时了解和响应利益相关者对企业绿色声誉的看法和建议。

### 2. 加强绿色债券信息披露

TCL 科技还需完善绿色债券信息披露框架，确保包含所有关键信息，如募集资金的具体用途、预期的环境效益、项目进展情况以及可能面临的风险和不确定性。在发行绿色债券时，公司应提供详细的项目计划书，包括项目的时间表、目标、预期成果和环境影响评估，以帮助投资者了解资金的具体使用方式和预期的环境效益。公司应定期发布绿色债券募集资金使用情况的进展报告，包括项目实施的阶段成果、资金使用情况、环境效益的实现程度以及与预期目标的对比分析。公司可以邀请独立的第三方机构对绿色项目进行评估和验证，确保项目的真实性和环境效益的准确性，同时披露绿色债券相关的潜在风险及其管理措施。通过专业的信息披露使得投资者和监管机构能够准确跟踪绿色债券发行和企业 ESG 表现，从而更好地发挥监督职能。公司应在年报和官网上设立专门的绿色债券信息披露板块，与投资者、环保组织等利益相关方进行沟通，并尽量遵循国际绿色债券原则和气候债券标准，同时利用区块链技术提高信息披露的透明度和可追溯性，确保信息不被篡改，增强信息披露的吸引力和说服力。

3. 坚持创新驱动发展战略

企业可以积极探索运用绿色债券、绿色信贷等金融工具筹集资金，以此有效推动其可持续发展项目的顺利实施。利用绿色债券获取资金，并加大对研发活动的资金支持，确保有足够的资源进行技术创新。创新技术的采用，如数字化能源管理系统，提高了能效，降低了碳排放，推动了绿色债券市场的发展。同时，企业仍可以通过提供有竞争力的薪酬、职业发展机会和创新环境来吸引和保留高技能人才。此外，创新应以市场为导向，企业需要密切关注市场动态和消费者需求，以确保创新成果能够满足市场需求。企业也可以通过与行业内外的其他企业、创新平台和创业公司合作，获取新的创意和互补的资源，加速创新过程。企业应将市场变动视作引领其创新方向的风向标，必须保持对市场趋势和顾客需求变动的敏锐反应，确保其创新成果与市场需求相符。创新是一个动态发展的过程，因此，企业需要对创新活动进行持续的监控和效果评估。通过建立关键绩效指标和定期的绩效考察，公司能够保障其创新战略的适应性和有效性，并依据市场反馈进行必要的战略调整。

## 参考文献

[1] 张小可, 张居营. 绿色金融如何影响绿色企业的技术创新？——基于绿色债券发行的准自然实验 [J]. 企业经济, 2024, 43(1): 139-149.

[2] 陈奉功, 张谊浩. 绿色债券发行能引发市场良性反应吗？——兼论"双碳"目标的政策激励效应 [J]. 证券市场导报, 2022(7): 48-60.

[3] 吴世农, 周昱成, 唐国平. 绿色债券：绿色技术创新、环境绩效和公司价值 [J]. 厦门大学学报(哲学社会科学版), 2022, 72(5): 71-84.

[4] 王营，冯佳浩. 绿色债券促进企业绿色创新研究 [J]. 金融研究，2022(6): 171-188.

[5] 冯郑艳，刘立军. 绿色债券对实体企业绿色创新的影响研究 [J/OL]. 金融经济，2023(12): 51-61+99[2024-09-29].

[6] 王月娥. 深圳能源集团发行绿色债券的动因与效应分析 [D]. 南京：南京邮电大学，2023.

[7] 尹秀秀. 比亚迪发行绿色债券动因及效应探讨 [D]. 南昌：江西财经大学，2023.

[8] 宋千惠. TCL 科技绿色债券融资对企业绿色创新绩效的影响研究 [D]. 哈尔滨：哈尔滨商业大学，2024.

[9] 刘璐. 绿色债券信息披露的法律规制问题研究 [J]. 债券，2024(5): 77-81.

[10] 董心如，武恩萍，曹萌. 绿色债券发行和企业 ESG 表现——以京汽绿色债为例 [J]. 中国商论，2024(14): 127-131.

# 二十八 基于 Z-score 模型的文化类上市公司财务风险防范措施研究——以光线传媒为例

范艳慧[①] 杨荣[②]

**摘要**：本文通过应用 Z-score 模型，对文化类上市公司中的光线传媒进行了财务风险评估，展示了光线传媒遇到财务风险的防范措施，为其他文化类公司提供借鉴。首先介绍了 Z-score 模型的原理及其在财务风险评估中的应用。其次阐述了光线传媒的基本情况及财务风险状况，利用公开的财务数据，计算了光线传媒的 Z 值，并对其遇到财务风险实行措施进行了分析。最后，对其成功经验进行总结，以期为光线传媒及其他文化类上市公司提供风险管理参考。

**关键词**：Z-score 模型；财务风险；文化类上市公司；光线传媒；风险管理

## 一、引言

### （一）研究背景与研究意义

在当前经济全球化和文化多元化的背景下，文化产业的发展速度日益加快，成为推动经济增长的重要力量。文化企业资产的独特性，固定资产占比不高、存货（非实物特点、即时性）不能确认是否能确认到报表当中，因此防范财务风险至关重要。北京光线传媒股份有限公司（以下简称光线传媒）作为中国影视行业的领军企业，关于影视剧行业上述特点更加突出。根据公开披露的财务报告，北京光线传媒股份有限公司的业绩在影视上市公司中最为亮眼。从上市公司的盈利水平来看，光线传媒在影视行业 18 家上市公司中以 0.74% 的股息率排名第一，股利支付率和派现融资比分别达到 48.82% 和 58.45%，在所有影视公司中名列前茅。但是近年来，光线传媒面临着主营业务相对单一、市场竞争加剧、投资并购

---

[①] 范艳慧，会计硕士，研究方向：财务管理与实务。
[②] 杨荣，副教授，研究方向：财务管理。

整合难题以及宏观经济波动等多重挑战，这些因素共同作用导致了其财务风险的显著波动。例如，光线传媒的资产负债表中存在一些异常和风险，预付款项导致大量资金占用，信用风险上升。营业收入等方面存在风险，存货相关的问题也可能导致支付能力的下降。此外，在投资并购方面面临一定的挑战。虽然公司通过战略投资猫眼娱乐等企业拓展了业务范围，但如何有效地整合这些资源并实现协同发展是一个难题。这些问题表明光线传媒在资产管理方面存在一定的不足，需要加强内部控制和风险管理。因此，通过运用 Z-score 模型对光线传媒的财务风险进行分析和验证，发现公司出现财务风险后采取的措施，也能为其他文化类上市公司提供风险预警和管理的参考，促进文化行业健康发展。

### （二）文献综述

FitZpatrick 通过单因素分析发现，陷于财务困境的公司与正常公司在财务比率数值上有显著差异，从而指出财务比率能够反映企业的财务状况[1]。随后，马柯维茨、威廉和米勒对财务风险进行了深入的理论研究，为后续的财务风险管理研究奠定了理论基础。吴世农和黄世忠率先开始探索企业财务危机预警；向德伟利用 Z 记分法，以上市企业为样本，对其财务风险进行了实证分析，此后对此研究的学者逐渐增多。梁谋等人利用 Z 值模型，中药上市企业为样本，度量了中医药上市企业的财务风险。

### （三）Z-score 模型介绍

Z 模型，也称为 Z-score 模型，是由纽约大学斯特恩商学院教授爱德华·阿特曼于 1968 年提出的多变量模型[2]。该模型利用多个财务比率组成的综合鉴别分析函数来评估企业财务失败的风险。阿特曼通过对 1946—1965 年期间的破产企业和正常经营企业进行抽样分析，使用 22 个财务比率剖析潜在的财务风险，并通过逐步多元鉴别分析（MDA）筛选出五种具有预测能力的财务比率，创建了 Z 计分法模型。这个模型结合五个变量，分别反映企业的偿债能力、盈利能力和营运能力，用于综合评估企业财务失败或倒闭风险的可能性。

Z-score 模型的计算公式：$Z=1.2X_1+1.4X_2+3.3X_3+0.6X_4+0.999X_5$

其中，各个变量的定义如下：

1. $X_1$= 净营运资本 / 总资产：反映公司资产的变现能力和规模特征。

2. $X_2$= 留存收益 / 总资产：衡量企业积累的利润，反映企业的经营年限。

3. $X_3$= 息税前收益 / 总资产：衡量企业在不考虑税收和融资影响的情况下，利用全部资产获得盈利的能力。

4. $X_4$= 优先股和普通股市值 / 总负债：衡量企业的价值在资不抵债前可下降

的程度，反映企业基本财务结构是否稳定。

5. X5= 销售额 / 总资产：衡量企业产生销售额的能力。

根据计算得出的 Z 值，可以对企业的财务状况进行判断，如表 28-1 所示：

表 28-1　Z-score 模型的公司财务状况判别标准

| Z 值范围 | 公司财务状况判别结果 | 结果分析 |
| --- | --- | --- |
| Z<1.8 | 财务状况较差 | 企业属于破产区，破产风险较高 |
| 1.8 ≤ Z<2.99 | 财务状况不稳定 | 企业处于灰色区，需要密切关注其财务状况 |
| Z ≥ 2.99 | 财务状况较好 | 企业处于安全区，破产风险较低 |

## 二、案例介绍

### （一）光线传媒基本情况及主要市场表现

光线传媒，正式名称为北京光线传媒股份有限公司，自 1998 年成立以来，已经成为中国电影行业的重要力量。作为一家综合性的娱乐集团，光线传媒的业务覆盖了影视制作、发行、放映以及艺人经纪等多个领域，构建了一个全方位的娱乐产业链。

从票房成绩来看，光线传媒参与投资、发行并计入本报告期票房的影片数量众多，且总票房收入相当可观。2019 年，光线传媒凭借《哪吒之魔童降世》这一动画电影取得了巨大的成功，该影片票房达到了 50.35 亿元，成为中国影史动画电影票房冠军。这不仅标志着光线传媒在动画电影领域的突破，也使其成为国内动画影视行业的龙头企业。然而，在 2019 年之后的几年中，光线传媒的市场表现有所波动。特别是在 2020 年和 2021 年，由于新冠疫情的影响，电影行业整体受到了严重冲击，光线传媒的业绩也因此出现了下滑。尽管如此，光线传媒在 2023 年的电影市场恢复向好的趋势中表现出色。特别是其出品的《第二十条》在春节档上映后口碑良好，票房连续实现逆跌，显示出公司在真人电影领域的强大实力和市场适应能力[3]。

### （二）光线传媒公司业务的高风险性分析

1. 宏观经济波动导致市场竞争加剧

资本寒冬下，电影行业快速发展的红利期已经结束，快钱不断涌入导致的烂片现象影响了用户观影体验，观影人次不断减少。同时，政策监管加强也给光线传媒带来了额外的成本压力。且随着 BAT 等互联网巨头进入影视行业，光线传媒等传统影视公司的生存空间受到挤压。这些互联网公司凭借强大的资金实力和流量优势，在电影产业链上形成了垄断，对光线传媒构成了巨大的竞争压力。

2.缺乏爆品支持且存货积压风险

光线传媒近年来在电影主业上业绩并不出彩，缺乏爆款电影的支持，导致收入增速下滑。一部爆款电影的票房收入可以占到当年公司营收的一半以上，而光线传媒近年来未能押中年度爆款电影，这直接影响了其业绩表。由于剧本和电影的制作周期较长，且市场需求具有不确定性，可能导致部分作品无法及时上映或销售，形成存货积压。这不仅占用了公司的资金和资源，还可能增加公司的运营成本和风险负担。

3.投资并购整合难题

光线传媒通过大举投资来构建内容业务的壁垒，但这种策略存在较大的风险。一方面，投资的项目可能无法达到预期收益；另一方面，过度投资可能导致公司现金流紧张，影响正常运营。此外，光线传媒在多元化探索方面效果一般，布局的实景娱乐项目几乎无一落地，且这些项目并不比左手倒右手的投资回报来得更快。

### （三）光线传媒财务状况分析

1.偿债能力分析

从表28-2可以看出，光线传媒从2018年到2020年，这两个指标的提高表明公司的短期偿债能力在增强，这是因为公司在此期间增加了流动资产或减少了流动负债。然而，到了2021年，这两个指标有所下降，可能意味着公司的短期偿债能力有所减弱。流动比率在2018年至2021年间逐年上升，显示出较强的短期偿债能力。然而，到了2022年和2023年，流动比率出现了下降，公司的短期偿债能力有所减弱，这意味着公司的流动性状况出现了问题。

表28-2 光线传媒短期偿债能力指标

| 年份 | 2018 | 2019 | 2020 | 2021 | 2022 | 2023 |
| --- | --- | --- | --- | --- | --- | --- |
| 流动比率 | 4.03 | 2.46 | 5.75 | 6.23 | 5.68 | 4.22 |
| 速动比率 | 2.74 | 1.86 | 4.38 | 4.66 | 3.84 | 3.05 |

## 2. 盈利能力分析

表 28-3　光线传媒盈利能力指标

| 年份 | 2018 | 2019 | 2020 | 2021 | 2022 | 2023 |
|---|---|---|---|---|---|---|
| 资产报酬率 | 0.18 | 0.10 | 0.03 | -0.03 | -0.08 | 0.05 |
| 总资产净利润率 | 0.13 | 0.08 | 0.03 | -0.03 | -0.08 | 0.04 |
| 净资产收益率 | 0.16 | 0.11 | 0.03 | -0.03 | -0.09 | 0.05 |

表 28-3 显示，该公司在 2018 年至 2023 年期间的盈利能力呈波动变化。从表格数据来看，公司的资产报酬率、总资产净利润率和净资产收益率均呈现出下降趋势，甚至在 2021 年和 2022 年呈现负增长，反映出公司净资产的盈利能力减弱，具有一定风险。

由以上两方面可以看出，光线传媒在偿债能力和盈利能力方面均表现出一定的波动性，这表明公司的财务风险状况可能存在一定的不稳定性。为了降低财务风险，光线传媒需要进一步优化经营策略，提升核心竞争力，以适应不断变化的市场环境。

## 三、基于 Z 模型光线传媒财务风险分析

### （一）光线传媒Z值分布分析

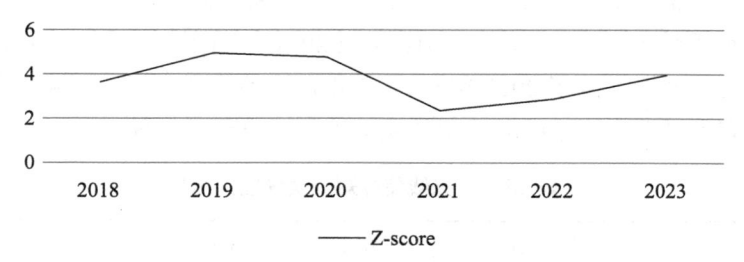

图 28-1　2018—2023 年光线传媒 Z 值分布状况折线图

由表 28-4、图 28-1 可见，从 2018—2023 年，Z 值总体上是一个波动的过程，但是总体上是下降的。在 2020—2022 年间，光线传媒的经营情况逐步恶化，其抵御风险的能力有所下降。在 2019 年，光线传媒的 Z 值达到了 4.96，是一个很高的数值，说明了该公司在该年度的偿债能力很好，融资风险也很小。2021 年、2022 年的 Z 值分别为 2.36、2.88，说明公司的财务情况并不是很好，这两年公司可能会遇到一些资金压力或者是市场环境的改变。到 2023 年，这一比率将会在前

两年的基础上反弹到 3.98。这显示出该公司在本年度为改进财政、减少风险所做的努力。

表 28-4 2018—2023 光线传媒 Z 值分布状况

| 年份 | 2018 | 2019 | 2020 | 2021 | 2022 | 2023 |
| --- | --- | --- | --- | --- | --- | --- |
| Z-score | 3.63 | 4.96 | 4.78 | 2.36 | 2.88 | 3.98 |

由此可以看出，从 2018 年到 2023 年，光线传媒的 Z 值分布也呈现出一种波动状态。虽然 2021 年、2022 年的财政压力很大，但是该公司采取了一系列有效的举措来提高财务水平，减少风险[4]。在 2023 年，该公司的 Z 数值已经恢复到不错的水准，这表明公司在这两年采取的改善财务状况和降低风险的措施是有效的。

### （二）光线传媒防范财务风险措施分析

**1. 加强电影业务投资与发行**

光线传媒通过加大在电影领域的投资力度，积极参与多部影片的制作、发行和推广工作。公司不仅注重影片的质量提升，还加强了市场推广和宣传策略，使得参与的影片在票房上取得了显著成绩。特别是 2019 年，光线传媒的电影业务收入实现了大幅增长。公司参与投资、发行或协助推广并计入本报告期票房的影片共 18 部，总票房达到 138.67 亿元。这一成绩较 2018 年的 12.1% 有了大幅度的提升，表明光线传媒在电影市场的占有率进一步提高。其中，《哪吒之魔童降世》等多部影片取得了优异的票房成绩，为公司带来了丰厚的收入。这些举措直接推动了电影业务收入的大幅增长，为公司业绩的提升做出了贡献。

**2. 优化动漫业务布局**

光线传媒近几年积极布局动漫业务，通过彩条屋影业等平台，逐步构建了完整的动漫产业链。公司不仅代理和制作优秀的动漫 IP，还积极拓展下游的动漫衍生品市场。这种全方位的布局使得公司在动漫领域取得了显著成效，为公司带来了更多的收入来源和增长动力。

**3. 提升扣非净利润水平**

光线传媒通过精细化管理和成本控制，成功地实现了扣非净利润显著增长。公司还加强了成本控制，通过优化生产流程、降低运营成本等措施来提高盈利能力。光线传媒注重提升运营效率，加强内部管理，优化业务流程，提高工作效率，并且很注重技术创新和人才培养，为公司的长期发展提供了有力支持。另外，公司还在财政管理上下了很大功夫，强化了财政预算，加大了风险管理力度，保证了资金的合理利用，对风险进行了有效的控制。在影视、动画之外，光线也在积极地向外扩张，包括艺人经纪、产业投资等，这既丰富了公司的经营格局，又采取了多样化的经营战略，增强了公司的市场竞争力和抵御风险的能力。

### （三）光线传媒成功经验总结与借鉴

#### 1. 灵活应对宏观经济波动与疫情影响

在宏观经济不确定性增加的背景下，文化产业类公司应建立更为稳健的财务管理体系，保持适当的现金储备，以抵御潜在的经济下行风险。针对疫情带来的影响，公司应制订灵活的业务调整计划，比如探索新的业务模式，以减轻疫情对传统业务的负面影响，降低其财务风险。

#### 2. 加强内容创新与市场适应性

面对观众口味多元化和交流媒体平台的竞争，文化类公司需要不断进行内容创新，以满足市场的需求。这包括开发具有创新性和差异化的作品，以及利用数据分析来预测和引导观众喜好，积极创作出更多优秀作品，从而提高作品市场接受度和商业成功概率。

#### 3. 优化存货管理与资金流动性

通过减少存货量，文化产业类公司能够显著提升其可支配资金。若存货减少，这意味着公司将拥有更多的流动资金用于日常运营和战略投资，从而增强其市场竞争力和应对突发事件的能力。改善应收账款管理也是提高资金流动性的关键。通过加快回款速度，减少坏账损失，可以进一步释放现金流，为其他业务活动提供资金支持。

## 参考文献

[1] 刘童宇. 民营影视企业高质量发展的探索——以光线传媒为例 [J]. 中国电影市场, 2024(8): 17-21.

[2] 孔煜斌. 财务预警 Z 模型在上市公司的应用改进探讨 [J]. 中国乡镇企业会计, 2024(7): 15-17.

[3] 袁泉, 董金捷, 刘立萌, 等. 北京光线传媒股份有限公司战略研究 [J]. 中国集体经济, 2024(8): 109-113.

[4] 张志花, 孟祥宇. 基于 Z-score 模型的格力电器财务风险分析 [J]. 现代营销（下旬刊）, 2024(2): 161-163.

[5] 宋如意. 基于 Z-score 模型的物流企业财务状况分析——以 S 快递为例 [J]. 中国储运, 2024(1): 159-160.

# 二十九 上市公司审计失败案例分析
## ——以南纺股份为例

房语嘉[①] 胥力伟

**摘要**：随着我国经济崛起，上市公司地位提升，审计重要性增加。现代企业制度分离所有权与经营权虽提高效率，但带来信息不对称和经营者风险。注册会计师审计成为关键监督手段，但财务造假案件频发考验审计行业。分析审计失败原因及应对策略成重要问题。以南纺股份案例为例，本文分析其造假动机、手段及审计失败原因，并提出防范建议，为现代企业和审计行业发展提供启示。

**关键词**：南纺股份；审计失败；财务造假；防范建议

## 一、引言

随着市场经济的深入发展，上市公司在促进经济增长和资源配置中扮演着关键角色。然而，财务造假与审计失败问题频繁曝光，不仅损害了广大投资者的利益，也动摇了公众对资本市场的信心。本文以南京纺织品进出口股份有限公司（以下简称南纺股份）"五年造假六连亏"的案例为切入点，深入分析其财务造假的目的、手段及审计失败的原因，具有重要的研究意义。

首先，本文有助于揭示上市公司财务舞弊的动机与手段，为监管机构提供有针对性的监管思路。其次，通过剖析审计失败的具体原因，可以督促会计师事务所提高审计质量，强化审计师的独立性和专业能力。最后，本文的研究成果可以为现代企业建立健全内部控制体系、防范财务舞弊提供实践指导和理论参考，对维护资本市场的健康稳定发展具有积极意义。

---

① 房语嘉，会计硕士，研究方向：资本运营与财务管理实务。

## 二、文献综述

近年来，上市公司财务造假事件频发，严重损害了资本市场的公信力和投资者利益。以南纺股份为例，徐嘉黛[1]提出该企业通过虚构交易、虚增营业收入、少结转营业成本、少提折旧摊销及坏账准备等手段，连续五年虚增利润高达3.44亿元[2]，最终引发证监会立案调查。林茵[3]指出该案例凸显了审计失败在财务造假中的重要作用。

审计失败的原因主要包括主观和客观两方面。主观上，尹释霖[4]指出一点：公司管理层为规避退市风险、谋取私利，不惜采取违法手段；客观上，贾旭龙[5]提出监管力度不足也是一个重要原因，违法成本过低[6]以及审计人员独立性缺失等问题，都为财务造假提供了可乘之机。此外，赖俊芳[7]认为会计师事务所内部控制体系不完善、舞弊识别能力不足，也是导致审计失败的重要原因。

刘元、林爱梅等人[8]提出，为防范类似事件再次发生，需加强政府监管力度，提高违法成本，同时强化审计师的独立性和职业道德，完善会计师事务所的质量控制体系。通过这些措施，共同构建一个公正、透明、健康的审计市场环境。

## 三、案例简介

### （一）南纺股份公司简介

南纺股份成立于1978年，1988年取得进出口自营权，1994年5月改制为股份制公司；公司经中国证券监督管理委员会核准成为上市公司，2001年2月5日采用上网定价发行方式在上海证券交易所向社会公开发行。2009年6月11日、12日受益政策扶植，南纺股份股价早盘大幅高开，其后股价经过震荡，股价被跟风资金快速封住涨停。

### （二）案例概况

2012年南纺股份公开会计差错更正并曝出高层涉嫌违法。证监会调查后确认其2006—2010年虚增利润3.44亿元，连续六年实际亏损，被罚款50万元。其间，南京立信永华会计师事务所持续担任审计但未质疑财报，始终出具无保留意见，引发对其独立性和专业性的质疑。

南纺股份2006—2010年具体虚增利润情况见表29-1。

表 29-1　证监会公布的南纺股份虚增利润情况

| 时间 | 年报中披露利润/万元 | 虚构利润/万元 | 实际利润/万元 | 虚构利润占其披露利润的比重 |
| --- | --- | --- | --- | --- |
| 2006 年 | 2,440.50 | 3,109.15 | -668.65 | 127.39% |
| 2007 年 | 2,792.74 | 4.223.33 | -1,430.59 | 151.22% |
| 2008 年 | 1,579.36 | 15,199.83 | -1,3620.47 | 962.40% |
| 2009 年 | 1,582.78 | 6,053.18 | 4,470.40 | 382.43% |
| 2010 年 | -104.89 | 5,864.12 | -5,969.01 | 5,590.73% |
| 合计 | 8290.49 | 34,449.61 | -26,159.12 | 415.53% |

### (三) 南纺股份财务造假手段

**1. 虚构交易**

南纺股份利用企业内众多个体户的便利条件，频繁采用虚构交易作为财务造假的主要手段，特别是在虚构采购交易方面。2012—2015 年间，南纺股份通过控制的公司和个人伪造银行转出单据和结算凭证，多次虚构采购交易。例如，2013 年该公司虚构采购资金 0.99 亿元，虚增收入 1.5 亿元，并据此成本核算方法虚增利润 0.39 亿元，这一虚增利润占当期营业利润的 91.83%。同年，南纺股份还伪造了 418 张银行结算凭证，总金额超过 2.41 亿元。

**2. 虚增营业收入，少结转营业成本**

被调查后，南纺股份承认，公司截至 2010 年底，由于虚增营业收入而导致的利润增加额达到 14913 万元，2009 年以前年度累计有 12000 万余元，2010 年当年虚增收入高达 2488 万元。我们知道，少结转营业成本，会导致公司成本减少，从而使利润增加，到 2010 年底通过减少结转营业成本的手段，南纺股份多计利润 4000 万余元。

**3. 少提折旧摊销，少计坏账准备**

南纺股份在财务处理上违反了我国会计准则的稳健性原则，通过不当手段进行会计计量方法的隐蔽变更，尤其是在固定资产入账价值上低报以少计折旧，包括购买南泰大厦时少计 150 万元及子公司南泰国际展览多年累计少计提的折旧与摊销费用。此外，公司还采用调节往来款项、转口贸易汇款等多种方式，刻意少计坏账准备，总额高达 2438.38 万元，人为制造利润增长假象。特别是 2005 年子公司一笔预计无法收回的 500 万元长期借款，未计提坏账准备，进一步虚增了公司利润。

#### 4. 侵占资产

南纺股份通过侵占其与其他公司共同出资设立的南京朗诗置地资产，实现财务舞弊。朗诗置地作为南纺股份的控股子公司，其盈利能力显著，对南纺股份净利润贡献超过10%。南纺股份利用增资扩股等手段，逐步侵占了朗诗置地的全部股权，以此虚增公司利润。

## 四、南纺股份审计失败原因分析

### （一）内部原因

#### 1. 未能识别南纺股份财务造假动机

南纺股份自2006年起持续亏损至2010年，为避免因连续亏损触及我国公司法及交易所规定的退市红线，公司采取了包括低估固定资产入账、少计折旧摊销及坏账准备在内的多种财务造假手段，以虚构利润、掩盖真实经营困境，从而保住其上市地位。然而，这些行为不仅违背了会计原则，也暴露了公司管理层及审计机构在监管上的失职，对公司未来发展埋下了巨大隐患。南纺股份虚构利润保住上市地位的意图十分明显，但注册会计师并未对此加以识别。

#### 2. 注册会计师审计失职，中介机构不独立

南纺股份财务造假长达五年，其间与其合作的会计师事务所却连续多年出具无保留意见审计报告，仅在东窗事发当年才转为保留意见，暴露了注册会计师审计的严重失职。这种长期合作的背景下，审计师未能对南纺股份明显的财务粉饰行为如伪造出口单据骗取退税等提出疑问，表明其审计业务执行不力。更关键的是，审计师的独立性受到质疑，长期合作导致的利益纠葛可能影响了审计的公正性，放任了南纺股份的财务舞弊行为，对资本市场的健康运行构成了威胁。

#### 3. 会计师事务所审计质量控制体系不完善

南纺股份长期财务违规行为未能在审计报告中有效揭示，暴露出会计师事务所审计质量控制体系的严重缺陷。审计人员在操作流程和职业准则上的疏漏，以及缺乏独立复核机制，均表明质量控制环节的薄弱。这源于对质量控制重要性的认识不足，以及内部管理规章在审计质量方面的缺失。不完善的质量控制体系不仅削弱了审计的监督和警示功能，还影响了从业人员的专业判断。

### （二）外部原因

#### 1. 政府监督力度不够及处罚力度过轻

南纺股份连续五年财务造假案暴露政府监督滞后与处罚力度不足。证监会介入晚且处理低效，对造假金额处罚轻微，未有效惩罚涉案会计师事务所及注册会

计师，导致震慑力不足，影响审计行业公信力与市场秩序。加强监督力度、提高处罚标准并严肃处理审计失败案例成为迫切需求。

2. 南纺股份公司自身内部控制失效

南纺股份的内部控制体系明显失效，具体体现在环境、程序和会计信息三大方面。公司权力高度集中于单晓钟一人，董事会形同虚设，导致内部控制环境恶化；关键岗位未实施有效分离，重大决策缺乏监督，内控程序形同虚设；同时，会计信息失真，内外部监督核查机制未能及时发挥作用，整体内部控制形同虚设，为财务造假提供了温床。

## 五、审计失败的防范建议

### （一）内部防范建议

1. 关注上市公司财务造假动机和手段

上市公司审计失败常源于财务舞弊，注册会计师在审计中需高度警觉潜在舞弊动机，并通过深化审计程序来降低风险。他们应关注上市公司可能采取的舞弊手法，运用数据对比与分析，如与行业数据对比或检查报表内部逻辑，以识别舞弊迹象。因舞弊行为会破坏财务报表间的逻辑关系，只要注册会计师具备足够能力，即可有效识别并应对，显著降低审计失败风险。

2. 强化对会计师事务所监督，提升外部审计师的独立性

会计师事务所需要对公司财务报告的真实性进行审计评价，那么首先其自身的业务也要在监督下进行，尤其是与公司建立长期合作关系的会计师事务所，外界监督必不可少。监督的同时，还应规定在公司出现财务造假事件时，相关会计师事务所要承担无限连带责任，包括罚款、停业等一系列处罚，这样也是在提高违法成本，监罚一体往往更有效果。审计师自身也要不断提高职业素养，强化职业道德，时刻保证审计师的独立性，提高审计业务的质量。

3. 完善会计师事务所审计质量控制体系

审计质量是衡量审计服务成效的核心标准，直接关系到审计监督职能的有效发挥。因此，会计师事务所需依据行业标准，构建全面且高效的质量控制体系，确保审计全过程符合高标准。这一体系不仅覆盖事务所整体层面的系统性控制，还细化到项目层面，实施严格的三级复核机制，以强化审计流程中的质量把控。此机制不仅保障审计质量，还清晰界定审计人员职责，激励其以更高标准执行复核任务，从而全面提升审计业务的质量与可靠性。

## （二）外部防范建议

**1. 提高政府监督效率，降低监督成本，加大处罚力度**

南纺股份财务造假案的长时间调查与处罚公布，凸显了加强政府尤其是证监会监督力度的紧迫性。需提升证监会办事效率，积极实施调查处罚，并降低监督成本以避免懈怠。审视我国审计失败案例，当前处罚力度不足，未达震慑效果。为维护投资者权益及审计市场健康，亟须加大对舞弊企业及违规会计师的惩罚力度，确保违法成本远超非法所得，包括高额罚款、吊销证书乃至营业执照等严厉措施，并记录于个人职业档案，以此强化审计行业自律与责任感，构建公正透明的市场环境。

**2. 完善被审计公司内部控制制度**

完善南纺股份的内部控制制度至关重要，需从多个维度入手：首先要优化控制环境，避免权力集中，确保人才引进与人事制度的公正性；其次要升级内控程序，实施岗位分离，强化重大决策与资金项目的审批流程，并加强对子公司的监管；最后，加强账单核查，确保会计信息的真实性与准确性，以全面提升内控体系的健全性与有效性。

## 六、结论

南纺股份审计失败案例揭示了审计失败的多重原因，包括审计人员能力不足、审计程序不严谨及外部监督不足。此案例损害了投资者利益和审计行业公信力。为防范审计失败，需提升审计质量、强化监管，确保审计工作严谨，维护市场秩序和投资者权益，促进市场公平公正透明。

## 参考文献

[1] 徐嘉黛. 南纺股份财务造假事件分析 [J]. 中外企业家, 2015(26): 143-144.

[2] 张露璐, 王倩倩. 南纺股份舞弊案例研究 [J]. 现代商业, 2014(36): 257-258.

[3] 林茵. 会计师事务所审计失败问题探讨——以南京立信会计师事务所对南纺股份审计为例 [D]. 南昌：江西财经大学, 2016.

[4] 尹释霖. 上市公司审计失败问题研究——以南纺股份为例 [D]. 北京：北京交通大学, 2016.

[5] 贾旭龙. 会计师事务所审计失败的原因及其对策 [J]. 老字号品牌营销, 2023(18): 30-32.

[6] 王杏云. 南纺股份审计失败案例分析及启示 [J] 经济研究导刊, 2015（18）: 183-184.

[7] 赖俊芳. 上市公司审计失败原因分析与对策研究 [J]. 全国流通经济, 2021 (11): 166-168.

[8] 刘元, 林爱梅, 单雅迪. 我国上市公司财务报告舞弊的特征和手段——基于 2008—2013 年证监会处罚公告 [J]. 财会月刊, 2015(28): 16-19.

# 三十　基于平衡计分卡的企业数字化转型绩效研究——以格力电器公司为例

付冰慧[①]　杨荣[②]

**摘要**：近年来，随着计算机技术高速发展，企业数字化转型已成为提升企业竞争力的重要手段，一些企业纷纷进行数字化转型。2024年5月11日国务院常务会议通过的《制造业数字化转型行动方案》也体现出我国对推动制造业高质量发展、加快新型工业化进程的高度重视。由于国家推动和形式变化，各行业都在积极进行数字化转型，本文以电器制造行业龙头企业之一的格力电器为例，以平衡计分卡为切入点，分别从财务、客户、内部流程和学习与成长四个维度全面衡量数字化转型前后给企业绩效带来的影响。

**关键词**：数字化转型；平衡计分卡；格力电器；企业绩效

## 一、引言

随着全球经济快速发展，数字化转型已经成为企业提高竞争力，实现持续发展的重要策略。数字化技术的不断进步促使传统企业通过技术创新、管理优化等来提升运营效率和客户体验。平衡计分卡作为一种综合的绩效管理工具，从财务、客户、内部流程及学习与成长四个维度，系统评估企业数字化转型效果。本文以格力电器为研究对象，探讨其在数字化转型前后企业绩效的变化，进而为其他企业提供参考。

## 二、文献综述

自党的十九大以来，数字化转型一直受到高度重视，在国内外引起强烈讨

---

[①] 付冰慧，会计硕士，研究方向：财务管理实务。
[②] 杨荣，副教授，博士，研究方向：财务管理。

论。简冠群、汪晓宝（2024）认为制造业作为国民经济的支柱产业，其数字化转型肩负着推动经济高质量发展和数字技术创新升级的双重使命[1]。曾蓉（2023）认为政策支持推动我国高质量发展，数字化转型已成为我国制造企业的必由之路[2]。

平衡计分卡作为一种绩效管理工具，已成为学术界和实务界的研究热点。Hogan 和 Coote（2014）认为企业绩效要从市场绩效和财务绩效两个维度衡量[3]。宋春晖（2024）认为，企业应该在绩效评价过程中关注财务指标的同时多注重非财务指标，提高绩效评价的有效性和准确性[4]。

## 三、格力电器公司概况

### （一）公司简介

格力电器成立于 1991 年，总部位于中国珠海，是全球领先的家电制造商之一。公司专注于空调、冰箱、洗衣机等产品的研发、生产和销售，拥有强大的技术实力和创新能力。公司致力于推动绿色环保和可持续发展，积极研发智能家居和人工智能技术，提升用户体验。作为中国品牌的代表，格力始终坚持"让世界享受更舒适的生活"使命，推动行业持续创新与发展。

### （二）数字化转型历程

格力电器于 2018 年顺应政策方针启动数字化转型，初期专注于提升技术创新能力。随后的两年，公司通过引入超级计算技术、拓展线上销售模式等加速数字化转型的实施。在 2021 年的智能工厂 TOP200 排名中，格力电器凭借信息技术与制造业的深度整合，以 97.09 分位列第二[2]。到 2023 年，格力电器强化自主创新和核心产业优势，加速产业转型升级，深化数字技术与产业的融合。

### （三）数字化转型路径

格力电器数字化转型主要体现在四大方面，格力电器近年发展策略如图 30-1 所示，格力数字化转型具体实施如图 30-2 所示。在人工智能技术的赋能下，格力电器的研发设计突破关键技术，更加趋向于智能化、自主化[10]；智能制造上，建设智能工厂，设备智能化与生产管理数字化程度提升，提高生产效率与产品质量；数字营销方面，深化线上线下改革，建立数字化销售渠道，推进线下体验、线上购买。在售后服务上，不断完善售后服务，构建"一站式"服务机制，通过深度融合人工智能、大数据等先进技术，打造高效服务，提升售后服务体验。

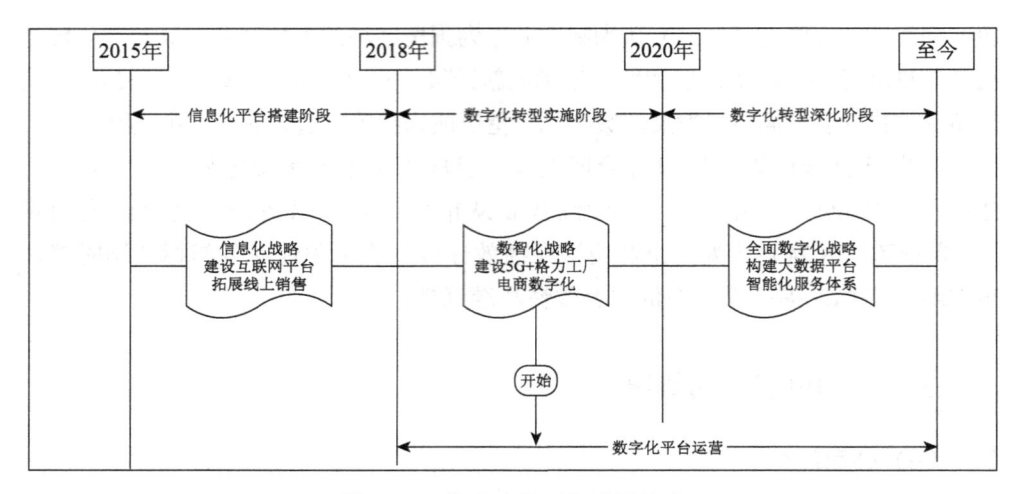

图 30-1 格力电器近年发展策略

数据来源：格力官网资料整理

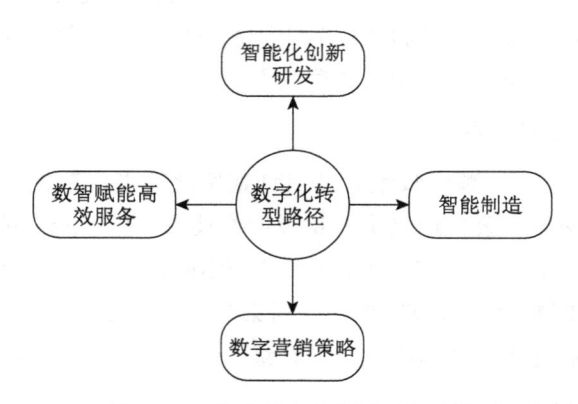

图 30-2 格力数字化转型具体实施

数据来源：格力电器年报整理

## 四、基于平衡计分卡的格力电器绩效分析

数字化转型显著提升了格力电器的运营效率和成本控制能力，使得格力电器能够更加精准地洞察消费者需求，提供个性化的产品和服务。对其自身发展上，通过引入 ERP、MES 等系统，提升内部流程的自动化和智能化。公司实现了生产计划、物料管理、质量控制等环节的高效协同，提高了生产效率和产品质量。下面从四个维度分别进行详细说明。

## (一) 财务维度

2017年，"数字经济"的字眼第一次在政府工作报告被提到，并且在2019年到2022年连续被写进政府工作报告。格力电器作为家电企业翘楚，于2018年开始数字化转型，2018—2020年处于转型初期，到2021年之后基本成熟[4]。本文选取格力电器部分年份数据来分析数字化转型前后的绩效变化。

### 1. 偿债能力分析（表30-1）

表30-1　格力电器偿债能力指标

| 财务指标 | 2016年 | 2017年 | 2018年 | 2019年 | 2020年 | 2021年 | 2022年 | 2023年 |
| --- | --- | --- | --- | --- | --- | --- | --- | --- |
| 流动比率 | 1.13 | 1.16 | 1.27 | 1.26 | 1.35 | 1.15 | 1.18 | 1.14 |
| 速动比率 | 1.03 | 0.96 | 1.02 | 0.96 | 1.05 | 0.80 | 0.95 | 0.82 |
| 资产负债率/% | 69.88 | 68.91 | 63.10 | 60.40 | 58.14 | 66.23 | 71.30 | 67.22 |

数据来源：同花顺 iFind

观察发现，格力电器流动比率和速动比率变化较小，观察资产负债率，2020年之前整体处于下降趋势，说明企业偿债能力提升。2020年之后企业资产负债率有所升高，可能由于数字化转型后公司投入资本，增加库存等原因。总体上，数字化转型前后，格力电器短期偿债能力和长期偿债能力都有所提升。

### 2. 营运能力分析（表30-2）

表30-2　格力电器营运能力指标　　　　　　　　　　　　　　单位：次

| 财务指标 | 2017年 | 2018年 | 2019年 | 2020年 | 2021年 | 2022年 | 2023年 |
| --- | --- | --- | --- | --- | --- | --- | --- |
| 存货周转率 | 7.78 | 7.56 | 6.51 | 4.78 | 4.03 | 3.45 | 4.00 |
| 应收账款周转率 | 33.80 | 29.32 | 24.44 | 19.50 | 16.64 | 13.19 | 13.19 |
| 固定资产周转率 | 8.43 | 11.05 | 10.57 | 8.83 | 7.49 | 5.81 | 6.01 |
| 总资产周转率 | 0.75 | 0.85 | 0.74 | 0.60 | 0.63 | 0.56 | 0.56 |

数据来源：同花顺 iFind

观察得到，2018年随着数字化转型的启动，固定资产周转率和总资产周转率都有提高，公司营运能力提高，之后由于受到疫情影响和产品质量的提升，存货周转率开始呈现下降趋势。应收账款周转率下降意味着企业需要重视收款效率和管理的问题。

综上，数字化转型给企业的营运能力带来了一定优势，但由于疫情和经济形势的变化，格力电器整体营运能力仍面临很大风险，格力电器需优化其资产配置，才能更好地适应数字化转型，进而提高公司绩效。

3. 盈利能力分析（表30-3）

表30-3 格力电器盈利能力指标　　　　　　　　　　　　　　　单位：%

| 财务指标 | 2016年 | 2017年 | 2018年 | 2019年 | 2020年 | 2021年 | 2022年 | 2023年 |
|---|---|---|---|---|---|---|---|---|
| 销售净利率 | 14.33 | 15.18 | 13.31 | 12.53 | 13.25 | 12.15 | 12.18 | 13.59 |
| 销售毛利率 | 32.70 | 32.86 | 30.23 | 27.58 | 26.14 | 24.28 | 26.04 | 30.57 |
| 净资产收益率 | 30.42 | 37.51 | 33.40 | 24.52 | 19.68 | 21.08 | 24.46 | 27.18 |
| 营业利润率 | 15.85 | 17.42 | 15.50 | 14.77 | 15.28 | 14.07 | 14.35 | 16.03 |

数据来源：同花顺 iFind

格力电器数字化转型前后营业利润率处于稳中有长的状态，处于行业较高水平。观察近八年毛利率，可以发现刚开始处于稳定状态，2019年之后有所降低，究其原因，发现格力在2019年积极拓展线上销售，并且推出一系列补贴活动，尽管销售额有所提升，但是短期内影响了销售毛利率[6]。总体而言，格力电器积极进行数字化转型对其盈利能力有一定的帮助，使其在疫情中也没有受到多大冲击。

4. 发展能力分析（表30-4）

表30-4 格力电器发展能力分析　　　　　　　　　　　　　　　单位：%

| 财务指标 | 2016年 | 2017年 | 2018年 | 2019年 | 2020年 | 2021年 | 2022年 | 2023年 |
|---|---|---|---|---|---|---|---|---|
| 营业收入增长率 | 10.80 | 36.92 | 33.61 | 0.02 | -15.12 | 11.69 | 0.60 | 7.93 |
| 净利润增长率 | 23.05 | 44.87 | 16.97 | -5.75 | -10.21 | 4.01 | 6.26 | 18.41 |

数据来源：同花顺 iFind

观察发现指标都是先升后降，在2017年达到峰值，在数字化转型启动的2018年，其增长率依然处于较高水平。数字化转型在格力发展进程中，短期内确实发挥了显著稳定作用，并产生一定的同步性影响。值得注意的是，2019年和2020年期间，净利润增长率却出现了明显下滑趋势。归因于格力2019年所实施的营销让利活动，虽然吸引了消费者，但也因为售价的降低导致了销售毛利降低。同时，由于企业在转型初期对于整体成本的控制能力相对较弱，即便产品销量提升，其带来的收入也不能将管理成本支出抵消。因此，在推进数字化转型过程中，格力需要更加注重成本管控和营销策略的优化，以实现长期稳健的发展[8]。

## （二）客户维度

在平衡计分卡中，客户维度关注企业在市场上的表现，主要包括客户满意度、市场份额等。这一维度帮助企业了解其产品或服务在客户心中的地位，以及如何通过改善客户体验来提升竞争力[3]。本文选取顾客满意度作为评估指标。

2024年中国顾客满意度指标空调满意度排名见图30-3。

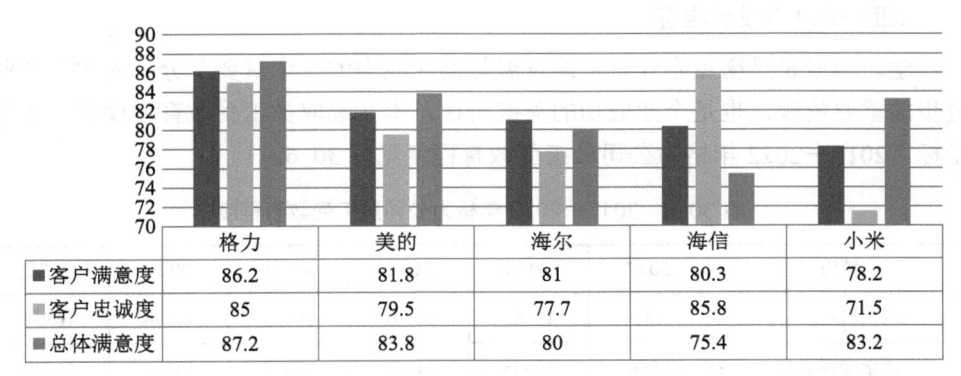

|  | 格力 | 美的 | 海尔 | 海信 | 小米 |
|---|---|---|---|---|---|
| 客户满意度 | 86.2 | 81.8 | 81 | 80.3 | 78.2 |
| 客户忠诚度 | 85 | 79.5 | 77.7 | 85.8 | 71.5 |
| 总体满意度 | 87.2 | 83.8 | 80 | 75.4 | 83.2 |

图30-3　2024年中国顾客满意度指标空调满意度排名

数据来源：中国品牌建设促进会官方数据

对比了2024年几大主要家电企业顾客满意度，格力电器的客户满意度位列前茅，且近几年一直是位列第一，这与其产品质量、服务有着密不可分的关系。即使是疫情的冲击，也没有让质量大打折扣，这才使得其有这么高的客户满意度，随着数字化转型的不断成熟，格力电器将继续专心拓宽市场，满足客户需求，为未来数字化经济发展提供全新的驱动力。

## （三）内部流程维度

内部流程维度旨在分析和评估企业内部的运营效率、流程优化以及创新能力。本文选取研发费用来评估格力电器创新能力，具体指标如表30-5所示。

表30-5　研发费用占营业收入的百分比

| 科目 | 2016 | 2017 | 2018 | 2019 | 2020 | 2021 | 2022 | 2023 |
|---|---|---|---|---|---|---|---|---|
| 研发费用/亿元 | -- | 36.18 | 69.88 | 58.91 | 60.53 | 62.97 | 62.81 | 67.62 |
| 营业总收入/亿元 | 1101.13 | 1500.20 | 2000.24 | 2005.08 | 1704.97 | 1896.54 | 1901.51 | 2050.18 |
| 研发费用占比/% | -- | 2.41% | 3.49% | 2.94% | 3.55% | 3.32% | 3.30% | 3.30% |

数据来源：同花顺官网

在创新方面，通过观察研发费用，可以看出企业潜心科技研发，投入大量资金[7]，2018年格力电器开始数字化转型之后，企业研发费用大有提升，2019年疫情席卷而来，研发费用和其占比分别有所下降，之后2020—2023年有所回升，并且较2018年之前高。这可见数字化转型给格力电器带来了极大优势，企业更加注重产品创新，这使得其在家电行业占据了龙头地位。

### （四）学习与成长维度

学习与成长是衡量企业可持续发展与创新能力的一个重要部分。人才是企业进步的重要资源，也是企业成功的关键所在，本文选取员工受教育程度作为评价指标。2017—2022年格力公司员工受教育程度见表30-6。

表30-6 2017—2022年格力公司员工受教育程度

| 学历 | 2017 | 2018 | 2019 | 2020 | 2021 | 2022 |
| --- | --- | --- | --- | --- | --- | --- |
| 本科及以上/人 | 11884 | 13982 | 17791 | 18023 | 17374 | 16893 |
| 大学专科/人 | 9806 | 10348 | 11641 | 12455 | 13095 | 11999 |
| 合计/人 | 85222 | 89100 | 88846 | 83952 | 81884 | 72380 |
| 本科及以上占比 | 13.94% | 15.89% | 20.02% | 21.47% | 21.22% | 23.34% |

数据来源：格力电器公司企业年报

格力电器在实行数字化转型之后，员工受教育程度逐年提高，通过对比2018年前后，发现员工大学本科及以上人数增长，其占比也在增长，体现出格力电器对员工专业知识水平的重视，科技进步的核心在于高素质人才的支撑。格力对高素质人才的引进将有助于进一步巩固和提升公司的核心竞争力，并为企业在数字化转型进程中迈向更加成熟阶段提供坚实的支持。

## 五、结论

### （一）研究结论

文章分析了格力电器在数字化转型前后企业绩效，通过选取指标的对比发现，格力电器通过数字化转型显著提高了营收和利润。智能制造与数字化管理的实施，使得生产效率提升、成本降低，增强了公司在市场中的竞争力。数字化转型使得客户的忠诚度更高，客户满意度大有提升，企业自身也更加注重创新和研发，智能工厂的建设与数字化供应链管理有效提升了整体运营效率，减少了库存和生产成本。数字化转型不仅提升了公司竞争能力，也提升了消费者黏性。在数字化转型过程中，企业更多地关注于员工技能训练与知识管理，培养与之相适应的企业文化。这样，既能激发员工的创新能力，又能促进企业的长远发展。

## （二）相关建议

尽管格力电器在数字化转型中已取得显著成果，但仍有进一步提升的空间。

### 1. 持续创新与技术投入

格力电器应继续加大对人工智能、物联网和大数据等新兴技术的研发投入，进一步提升产品智能化水平。创新不仅局限于产品，还应延伸至服务与管理，通过技术引领市场趋势，增强企业的竞争优势。

### 2. 完善数字化管理体系

随着数字化程度的加深，建立健全的数据管理和信息安全体系变得尤为重要[8]。格力电器应制定严格的数据治理标准，保障客户和企业信息的安全，同时确保各类数据在生产、销售、服务等环节的高效利用。

### 3. 加强员工培训与文化建设

在快速发展的数字化环境中，员工的技能提升至关重要。格力电器应定期组织数字技能培训，激励员工参与创新项目，营造开放和协作的企业文化，提升整体创新能力和适应能力。

### 4. 建立动态绩效评估机制

格力电器可建立系统化的绩效评估与反馈机制，对数字化转型的效果进行定期评价。这有助于公司管理层及时地识别存在的问题，并对战略进行适当调整，确保数字化转型符合公司的长远发展目标。

总而言之，数字化转型给格力电器带来了巨大的优势和机遇，本文借助财务和非财务指标，全面地分析了数字化转型前后格力电器的绩效。未来，格力应在持续创新、完善管理体系、深化渠道融合、关注可持续发展和建立动态评估机制等方面进一步发力，以确保在快速变化的市场环境中保持竞争优势。

## 参考文献

[1] 简冠群，汪晓宝. 制造企业数字化转型驱动价值创造的机制与效应——基于格力电器的案例研究 [J]. 财会通讯，2024(14): 154-159.

[2] 曾蓉. BSC 视角下美的集团数字化转型的绩效评价 [D]. 桂林：桂林理工大学，2023.

[3] Hogan SJ, Coote L. Organizational Culture in Motivation and Performance: A Test of Schein's Mode Business Research[J]. Information and Organization, 2014, 36(3):

609-1621.

[4] 宋春晖. 基于平衡计分卡的科创企业绩效评价研究——以浪潮信息为例 [J]. 理财, 2024（9）: 79-81.

[5] 李柯. 格力电器数字化转型 [J]. 财富时代, 2024（2）: 99-101.

[6] 姜丹. 数字化转型背景下家电企业国际化绩效研究——以美的集团为例 [D]. 南宁: 广西民族大学, 2023.

[7] 朱秀芬. 基于平衡计分卡的互联网企业并购绩效评价研究——以阿里巴巴并购恒生电子为例 [J]. 财会通讯, 2018（2）: 100-104.

[8] 李辉, 梁丹丹. 企业数字化转型的机制、路径与对策 [J]. 贵州社会科学, 2020（10）: 120-125.

[9] JA Porfírio, Carrilho T, JA Felício, et al. Leadership characteristics and digital transformation[J]. Journal of Business Research, 2020, 124(1): 610-619.

[10] 于淑敏. 格力电器数智化转型对企业绩效影响研究 [D]. 郑州: 河南农业大学, 2024.

# 三十一 财务报表分析视角下芒果超媒盈利质量与竞争力分析

郝昱君[①]  何志勇[②]

**摘要**：近年来，互联网行业迅猛发展，众多互联网企业的规模和业绩都有了显著增长。乘着行业的东风，领衔企业芒果超媒只有不断提高市场竞争力，才能在激烈的市场竞争环境中持续发展。从财务报表分析视角出发，分析芒果超媒行业盈利质量与竞争力，找出企业目前发展仍存在的风险，并对企业发展前景进行预测。通过财务报表分析，芒果超媒能调整经营策略，制定科学的发展决策。

**关键词**：财务报表分析；芒果超媒；竞争力

## 一、引言

财务报表分析是通过采集研究企业财务会计报告中相关数据信息等，通过计算、整合、研究，对企业的财务状况、盈利质量、竞争能力进行系统性分析的方法[1]。通过在总体上从资产负债表、利润表、现金流量表对芒果超媒财务状况评价，再从费用效率、利润含金量、利润持续性与企业竞争力关系等各方面分析，用数据反映芒果超媒的盈利质量。财务分析是管理者掌握财务状况、规避经营风险、预测未来前景的重要参考。因此，本文从财务报表分析视角出发，帮助芒果超媒提升公司盈利能力与行业竞争力。

## 二、公司简介

芒果超媒系由快乐购物有限责任公司整体变更设立，总部位于湖南省长沙市。主要经营活动为芒果TV互联网视频业务、新媒体互动娱乐内容制作及内容

---

① 郝昱君，会计硕士，研究方向：企业财务管理。
② 何志勇，博士，副教授，研究方向：财务管理与公司治理。

电商等三个部分。芒果超媒股份有限公司母公司为芒果传媒有限公司，持有本公司 56.09% 的股份。2023 年内，公司较好地完成了年度经营目标，实现营业收入 146.3 亿元，同比增长 6.74%；实现营业利润 18.2 亿元，同比增长 5.45%；实现利润总额 18.5 亿元，同比增长 4.77%。芒果超媒市场价值较高，在行业内有一定引领作用。

### 三、芒果超媒 2023 年度财务状况总体概览

#### （一）资产负债表

在资产方面，母公司资产负债表显示，公司资产总额从年初的 129.09 亿元到年末 125.53 亿元，资产总额略有下降，但还是比较稳定。另外，母公司的长期股权投资在总资产中占比达 96.98%，因此，母公司属于典型的投资主导型企业。由于母公司的长期股权投资规模达 121.73 亿元，因此母公司的对外投资基本是以对子公司的控制性投资为主。在负债方面，母公司资产负债表显示，企业的流动负债规模占比较大。从结构看，实质性经营负债总体保持稳定，母公司的经营业务对经营性负债资源的获取能力保持稳定。

#### （二）利润表

将母公司利润表的营业收入和营业利润的数据进行比较，2023 年企业的营业收入比上一年增加 9.24 亿元，营业利润大幅度增加 3.2 亿元。除了企业的营业成本比上一年大幅度增加 8 亿元外，其他项目如销售费用、管理费用、研发费用等基本上与上一年规模相当。这意味着，母公司报表上表现出来的盈利能力增加主要是母公司营业收入大幅度增加所致。

#### （三）现金流量表

从母公司现金流量表的基本态势来看，连续两年母公司经营活动产生的现金流量净额与投资活动产生的现金流量净额之和为负，说明有较大的现金缺口，这意味着母公司需要通过一定规模的筹资或者动用现有的现金存量来填补现金缺口。企业的现金流动性不良，需要关注现金流出的压力。

#### （四）对集团整体财务状况的初步印象

从资产的规模变化来看，母公司与整个集团的资产总额基本比较稳定，支持日常运营活动的主要动力来源是企业的利润积累，企业的市场规模扩张性不强，但盈利能力均在稳步发展，企业现金流动性不强。母公司和子公司均在持续不断地夯实生产经营规模，整个集团基本处于稳定发展的过程中。

## 四、盈利质量与企业竞争力分析

### （一）费用效率与企业竞争力

通过费用效率考察企业竞争力，主要可以关注销售费用率、管理费用率和研发费用率等指标的变化情况。从表 31-1 来看，企业的销售费用率较高，并且总体来看较为稳定，表明企业所具有的整体竞争优势比较显著；从管理费用率来看，企业在年度间有所降低，这一般说明企业的管理费用的有效性在提高；从研发费用率来看，企业在年度间有所提高，这一般说明企业的研发投入力度在加大。因此整体上看，企业是通过提高研发投入来保持其市场竞争力的。从核心利润率的变化情况来看，本年较上年有所上升，显示公司整体在市场上的盈利能力在提高，意味着企业年度强化研发和营销的举措取得了实实在在的效果。

表 31-1 芒果超媒费用效率有关指标

| 项目 | 2023 年 | 2022 年 |
| --- | --- | --- |
| 销售费用率 | 15.45% | 15.91% |
| 管理费用率 | 4.18% | 4.55% |
| 研发费用率 | 1.91% | 1.71% |
| 核心利润率 | 13.68% | 13.68% |

数据来源：芒果超媒年报披露

### （二）利润含金量与企业竞争力

2023 年公司的核心利润获现率较高，表明经营活动产生的现金流量能力较强。由于投资收益规模较低，其获现率高低并不会影响企业利润整体质量。因此，企业利润的含金量较高。

### （三）利润持续性与企业竞争力

从企业的年报信息中可以得到，2023 年归属于上市公司股东的净利润约为 35.6 亿元，而归属于上市公司股东的扣除非经常性损益的净利润约为 17.0 亿元，也就是说，本年的非经常性损益有约 18.6 亿元，说明公司的业绩会有较大波动，企业利润的持续性较差。由于核心利润占主体，企业当期实现的业绩基本上是由集团自身的经营活动带来的，业绩不会因其他偶然因素造成大幅波动，只要行业未来市场行情不发生太大变化，企业一贯的盈利水平是可以继续保持的。

## （四）盈利质量与竞争力的综合评价

如表 31-2 所示，2023 年度芒果超媒在资产质量和实力提升上，经营性资产整体上保持较高水平，经营性资产结构的主要变化发生在无形资产上。芒果超媒经营过程是购买影视版权或知识产权，形成了无形资产，再将这个无形资产出售来获取利润。无形资产的增长反映了企业经营能力的提升。在市场与盈利能力方面，公司的市场占有率在不断扩大，同时毛利率和核心利润率能够保持较高水平，说明企业产品的市场竞争力和盈利能力都较强。

表 31-2　芒果超媒经营性资产结构

| 报表类型 | 2023 年年报合并报表/万元 | 占比 | 2022 年年报合并报表/万元 | 占比 |
| --- | --- | --- | --- | --- |
| 应收票据 | 3,492.00 | 0.18% | 142,453.95 | 7.36% |
| 应收账款 | 349,652.34 | 17.89% | 323,543.15 | 16.71% |
| 存货 | 171,743.57 | 8.79% | 160,013.18 | 8.26% |
| 固定资产 | 14,241.96 | 0.73% | 16,527.59 | 0.85% |
| 无形资产 | 811,387.74 | 41.52% | 696,506.96 | 35.97% |
| 经营性资产合计 | 1,350,517.61 | 69.11% | 1339044.83 | 69.15% |
| 资产总额 | 1,954,017.84 | 100.00% | 1,936,298.42 | 100.00% |

数据来源：芒果超媒年报披露

## 五、芒果超媒运营风险分析

### （一）经营风险分析

收入结构单一，成长性受阻。芒果超媒目前的收入来源中会员与广告业务收入仍然是企业的支柱性业务。平台通过优质的内容不断吸引用户形成流量，通过收取广告商广告费用或者吸引用户付费成为会员的途径来实现收入增长，然而这种方法会使部分用户产生反感，导致用户流失。为了吸引更多的客户，平台继续高价买入头部内容版权或者花费高额费用自制节目，从而形成恶性循环，最终的结果是广告不断增多、会员费不断调高，而企业的成本也在不断上升，收入却难以实现增长。

营运能力差，资金周转存在压力。芒果超媒随着规模和收入的不断扩大，其应收账款的金额也在不断增加。应收账款周转率不断下降反映了芒果超媒在应收账款的回收上更加困难，也在一定程度上增加了不必要的损失。芒果超媒的应收账款的回款周期不断延长，而企业在激烈的竞争中需要不断投入资金，资金需求较高使得面临的资金压力大。公司有必要加强完善存货周转以及应收账款相关的信用管理政策，分析企业自身所适用的管理政策特点并提高企业管理水平[2]。

## （二）财务风险分析

表 31-3 中资产负债率指标 2022 年和 2023 年分别为 32.01%、31.31%，呈现出一个轻微的逐步下降的趋势，对于企业来说一般处于 40%—60% 为正常范围，芒果超媒的指标处于正常值。随着芒果超媒全面的发展以及自身全产业链运营模块，在全新的融合模式影响下快速扩张，新媒体平台经营以及相应内容制作发行收入均上升速度较快，也会导致账期内的应收账款相应地小幅度快速上升。

表 31-3　芒果超媒资产负债率有关指标

| 项目 | 2023 年年报 | 2022 年年报 |
| --- | --- | --- |
| 资产合计 / 万元 | 3,142,238.67 | 2,904,967.36 |
| 负债合计 / 万元 | 1,005,874.89 | 1,024,336.50 |
| 金融性负债总计 / 万元 | 809312.66 | 852395.25 |
| 资产负债率 | 31.31% | 32.01% |
| 资产金融负债率 | 25.76% | 29.34% |

数据来源：芒果超媒年报披露

## （三）存货变动风险分析

表 31-4　芒果超媒毛利率有关指标

| 项目 | 2023 年度 | 2022 年度 |
| --- | --- | --- |
| 营业收入 / 万元 | 1,462,801.63 | 1,370,433.97 |
| 营业成本 / 万元 | 1,290,625.72 | 1,206,453.20 |
| 毛利 / 万元 | 172175.91 | 163980.77 |
| 毛利率 | 11.77% | 11.97% |

数据来源：芒果超媒年报披露

2023 年公司毛利率都是正数，表明无亏损且一直处于盈利的状态。从表 31-4 可以看出，芒果超媒 2022—2023 年毛利率轻微下降，从 11.97% 下降到

11.77%，但基本保持在同一水平，变化不大。在长视频行业大环境中注入较高资金购买版权的亏损情况下，芒果超媒依靠自制低成本内容加上湖南卫视低价资源的获利能力相对较强，尽管毛利率有小幅的下滑，不过得益于自身丰厚的知识资源以及独特模式下的全产业链的资源共享，可以看出芒果超媒特有的盈利模式不仅具备了相当的获利能力，对运营成本的控制也较好，运营效率不断提高。

## 六、企业前景预测

### （一）企业经营活动的发展前景

截至目前，整个集团展示出来的企业经营活动的特征是：毛利率减小、核心利润率保持稳定，销售费用率较高、管理费用率下降，核心利润获现率较高，应收账款周转率、存货周转率较低等。

近年来芒果超媒应收账款周转率的表现不佳，企业的应收账款表现出流动性降低、回款能力有待提高的问题。具体来看，提高应收账款回款能力可以从以下两个角度考虑：公司可以从应收账款管理制度入手，完善应收账款收回体系，比如构建"5C"系统，使用"5C分析法从品质、能力、资本、抵押和条件五个方面对合作对象的信用进行评估从而提高应收账款收回的可能性。对于提高存货周转率，占据芒果超媒营业收入大头的芒果TV互联网视频业务主要分为了广告、会员及运营商业务，而这部分业务收入的多少又受到了新媒体互动娱乐内容制作业务的影响，因此影视剧综等作品的投入—产出周期在影响企业存货周转率的同时，也进一步影响到了应收账款的回款能力。一般情况下，一部作品得以与观众见面往往需要经过前期筹备、正式开拍、后期制作、审核修改等一系列漫长的过程，且烦琐的流程还不一定能够带来预期的经济效益。基于此，芒果超媒可以采取边拍边播的方式，这样不仅可以提前回笼资金，还可以随时根据观众的反馈修改剧本，最终为企业带来更多的收益。

### （二）完善筹资方式的发展前景

芒果超媒一直以来采用的都是以股权筹资为主，且在债务筹资方式的选择中仅存在短期筹资，忽略了发行债券、长期借款等筹资方式的优势。整体来看，芒果超媒的筹资结构不够合理，企业的筹资渠道较为单一，资金来源缺少多样性，因此需要对企业当前的筹资体系进行优化。一般来说，上市公司在制定筹资战略时应当综合考虑企业的筹资需求、自身发展条件、所处行业环境等各方面因素，并根据企业的发展变化不断对其进行调整，而这就需要企业构建一个多元化的筹资体系，拓宽企业筹资渠道，从而能够实施最符合企业实际情况的筹资战略。比如，芒果超媒可以通过发行债券这一筹资方式，在降低筹资成本的同时保障企业的控制权，并且还能够有效改善企业当前举债经营能力低、财务杠杆利用不足的问题；芒果超媒还可以根据自身的筹资需求选择多个金融机构进行合作，以分散企业的筹资风险，以面对当下波动较大的经济环境以及处于关键转折点的行业竞争现状。

### （三）优化研发投入的发展前景

加大科技研发投入，科学技术是第一生产力，创新是引领发展的第一动力。随着 5G、云计算、人工智能、AR/VR 等技术不断成熟和应用，内容产业呈现数智化趋势，元宇宙进入产业化落地阶段，新媒体行业内企业目前正面临着前所未有的技术革新风险，对科技研发进行足量的投入已经刻不容缓。同时，相关企业也必须意识到科技研发是一个长期投入、持续积累、无法一蹴而就的过程，企业不能因为一时看不到收益就减少甚至放弃投入。但是通过前文对于投资战略的问题分析可以得知，芒果超媒的科技研发投入与同行业其他企业相比差距较大，在科技日新月异、新兴技术蓬勃发展的当下明显缺乏核心竞争力。要想进一步强化企业盈利能力的发展性，就需要加大创新力度和研发投入，创新发展方向，增加新业务、新业态，来保持企业的竞争优势[3]。芒果超媒可以从人才引进和技术合作两个方向入手来加大企业科技研发投入：一方面，优化企业的科技人才引进机制，吸纳并培养技术型人才，建设高水平的科技人才队伍，形成企业自有的核心技术；另一方面，对于一些造成企业技术创新瓶颈的综合性技术，积极寻求与其他企业、科研单位的技术合作，从而实现技术创新资源的互补和共享。

## 七、结语

通过财务报表视角分析得出，芒果超媒存在毛利率减小、现金周转率较低等问题，但从整体上来看，公司产品的市场竞争力和盈利能力都较强，盈利模式具备良好的获利能力。未来公司通过改进经营活动、完善筹资方式、优化研发投入来规避潜在风险，相信芒果超媒可以保持一贯的盈利水平，在快速发展的互联网环境中实现利润与竞争力增长。

**参考文献**

[1] 郑诗凝. 财务报表分析视角下的商业银行竞争力分析 [J]. 会计师, 2023(21): 43-45.

[2] 刘静, 赵秋玲. 传媒行业改制盈利能力与企业可持续性发展——以芒果超媒为例 [J]. 现代企业, 2022(7): 52-54.

[3] 刘晓玉. 我国文化传媒上市企业盈利能力评价研究 [D]. 北京：中国石油大学, 2023.

# 三十二　凤凰传媒数字化转型绩效研究

黄江蕊[①]　付海燕[②]

**摘要**：随着科学技术研发的深入，数字经济的蓬勃发展，进行数字化转型已经成为出版企业实现高质量发展的重要途径。本文以凤凰出版传媒集团为研究对象，分析了凤凰出版传媒集团数字化转型的动因及转型进程；通过对凤凰出版传媒集团数字化转型后财务绩效能力、业务模式及成本投入效益的变化进行分析发现：凤凰出版传媒集团短期内数字化转型的经济效益可能不尽如人意，但对于长远发展而言，各环节分摊成本会减少，整体财务状况会保持稳定，效益会持续增加。

**关键词**：数字化转型；绩效；凤凰传媒

## 一、引言

《"十四五"数字经济发展规划》指出我国数字经济已经迈入更深层次的新阶段，企业数字化转型也在稳定推进。出版传媒行业是社会经济发展的重要组成力量，企业应抓住数字化发展新机遇，转变自身发展思维，创造新的核心竞争优势。凤凰出版传媒集团（以下简称"凤凰传媒"）作为我国出版行业内具有深厚实力和企业影响力的龙头企业，近年来积极开展数字化转型，分析其数字化转型对绩效的影响，为出版行业数字化转型瓶颈提供了破局之策，推动出版产业高质量发展。

## 二、文献综述

近年来，国内学者对企业数字化转型进行了一系列研究。在企业数字化转型动因方面，王娟指出，数字经济的普及推动了行业的数字化发展，使出版业数字

---

① 黄江蕊，会计硕士，研究方向：资本运营与财务管理实务。
② 付海燕，教授，研究方向：文化产业经济分析。

化转型成为必然趋势[1]。郭倩认为加快数字化转型有利于对冲不确定性风险，保障产业链供应链的稳定性和竞争力[2]。在数字化转型与企业绩效的关系方面，林悦通过研究发现出版企业数字化转型能够提升其长期经济效益[3]。李雪蕾认为数字化转型正向影响企业绩效，说明数字化转型对企业绩效有直接促进作用[4]。陈梦铃通过 PLS-SEM 模型实证分析，认为数字化转型对企业绩效有显著的积极影响，有利于企业降本增效，提升市场竞争力。并且开发性数字化转型对企业绩效的影响较少，探索性数字化转型对企业绩效具有更显著的影响[5]。

## 三、凤凰传媒数字化转型动因

凤凰传媒通过数字化转型升级改造自身内部的产业结构，与外界环境变化也建立起了直接的联系。凤凰传媒数字化转型动因分析如下。

### （一）顺应时代发展，提升自身竞争力

出版行业总体上处于传统行业，其盈利水平有限，用户的需求也逐渐呈现多元化，数字经济时代的到来可以打破传统的禁锢，也能更好地满足客户需求。凤凰传媒抓住此次机遇，努力将传统盈利模式转变为依托新媒体的多元化模式，明确了数字化转型作为未来发展、提升竞争力的重要策略，实现在发行、出版等多方面的资源协同共享。

### （二）建立新的业务模式，增加效益

传统出版业务模式效率低且受国家行业政策等多种因素影响，客户也更加倾向于使用掌上阅读等移动工具进行阅读，因此，凤凰传媒积极响应数字化转型浪潮，不仅构建了全链条的数字化运营体系，建立了新的业务模式，提升了运营效率，还创新性地推出了个性化内容推荐功能，解锁线上线下融合的新型文化消费场景，极大提升了用户体验与黏性，订阅量稳步上升，收益增加。

## 四、凤凰传媒数字化转型进程

从凤凰传媒数字化转型进程来看，可以大致划分为三个阶段。

### （一）初期发展阶段

凤凰传媒 2011 年完成上市后，在图书、报刊、电子出版物等主营业务上持续稳固发展，启动数字化教材项目并盈利。2012 年创江苏凤凰数据公司，运营华东最大云计算中心，引领数字化转型。2013 年利用资本市场进行融资和并购，促进出版与影视融合，实现内容多层次开发与价值创造。凤凰传媒在数字化

转型初期，既保持了传统出版的优势，又依托自身资金优势建立起数字化转型的多产业架构，为后续发展奠定了坚实基础。

### （二）探索实践阶段

2014—2015 年，凤凰传媒并购美国 PIL 公司童书业务资产及其多个子公司，为凤凰传媒的现有业务版图带来了全新的拓展与补充，并获得了较为成熟的国际拓展平台。在数字化业务方面，凤凰传媒致力于教材教辅的数字化，建立了数字化教研平台和数字化校园管理平台，依托互联网服务推广职业教育，电子报刊、移动阅读、网游及云计算多点开花。在这个阶段凤凰传媒更加明确数字化转型战略，加速了传统出版与数字出版的融合。

### （三）多元数字化阶段

进入多元数字化阶段后，凤凰传媒的数字产业布局日益完善。作为江苏省唯一具备教材出版发行资质的出版企业，凤凰传媒的教育出版业务非常强势，凤凰传媒以其特色板块教育出版行业作为突破口，利用旗下的智慧教育平台，打造了"一云多端"的智慧教育产业链，同联想、移动合作，推出独具特色的"数字化教育教学"的智慧教育服务平台，将传统业务与人工智能、大数据等数字技术结合，提供崭新的智慧网络出版技术服务，建设数字出版产业链。

## 五、凤凰传媒数字化转型绩效分析

### （一）财务状况及发展前景分析

分析凤凰传媒进入多元数字化阶段后的财务绩效能力变化情况，能够直观感受到数字化转型对企业财务绩效的影响，也可以从侧面反映其给未来发展带来的影响。

#### 1. 盈利能力分析

从表 32-1 可知，凤凰传媒进入数字化发展进程后，净资产收益率在一定范围内有所波动，但整体呈现上升趋势，说明数字化转型使得凤凰传媒整体资产利用效率得到了提升。与此同时，主营业务利润率在五年间呈现波动变化，说明公司在数字化转型过程中面临收入与投入资本不完全匹配的状况。凤凰传媒的整体盈利指标展示出小程度上升，在 2020 年疫情暴发时尤其明显，说明其数字化转型取得了成效。

表 32-1　凤凰传媒 2017—2021 年盈利指标统计

| 年份 | 2017 年 | 2018 年 | 2019 年 | 2020 年 | 2021 年 |
| --- | --- | --- | --- | --- | --- |
| 主营业务利润率 | 36.95% | 35.56% | 36.63% | 36.15% | 36.48% |
| 主营业务成本率 | 62.19% | 63.70% | 62.71% | 63.11% | 62.82% |
| 净资产收益率 | 9.41% | 9.94% | 9.66% | 10.84% | 15.23% |
| 销售净利率 | 10.95% | 11.79% | 11.23% | 13.30% | 19.83% |

数据来源：公司年报

**2. 偿债能力分析**

如表 32-2 所示，速动比率除在 2018 年呈上升趋势，其余年份均呈现下降趋势，现金比率呈现先增加后减少的趋势，其中 2019 年到 2020 年变化量最大，降低了 55.27%。凤凰传媒这段时间进行数字化转型后，将面对越来越明显的短期偿债能力减弱的问题。2017 年至 2021 年的资产负债率变化整体是呈现上升趋势的，这说明在数字化转型期间，凤凰传媒的长期偿债能力小范围降低但增长趋势明显。综合来看，随着数字化转型的不断推进，凤凰传媒的短期偿债能力受到了挑战，特别是流动比率的下滑，导致了它的债务负担更重，而长期偿债能力相比指标变化并不明显，这说明从长期来看，数字化转型会使偿债能力略有减弱但最终会趋于稳定。

表 32-2　凤凰传媒 2017—2021 年偿债指标统计

| 年份 | 2017 年 | 2018 年 | 2019 年 | 2020 年 | 2021 年 |
| --- | --- | --- | --- | --- | --- |
| 流动比率 | 1.85% | 2.01% | 1.88% | 1.43% | 1.29% |
| 速动比率 | 1.48% | 1.68% | 1.52% | 1.19% | 1.04% |
| 现金比率 | 90.05% | 135.69% | 125.39% | 70.12% | 36.64% |
| 资产负债率 | 36.28% | 35.94% | 38.90% | 40.21% | 42.70% |

数据来源：公司年报

**3. 营运能力分析**

从表 32-3 可知，凤凰传媒应收账款周转率在前四年趋势平稳，说明凤凰传媒的存货周转能力在一定程度上是增长的。凤凰传媒在进行数字化转型战略过程中，使用大量资金进行商业扩张，但它的资金并没有得到很好的利用，不过好在这种状况在 2021 年时得到了改善，由于外部环境和自身的发展，在 2021 年凤凰传媒的营运指标得到了明显提高。

表 32-3 凤凰传媒 2017—2021 年营运指标统计

| 年份 | 2017 年 | 2018 年 | 2019 年 | 2020 年 | 2021 年 |
| --- | --- | --- | --- | --- | --- |
| 应收账款周转率 / 次 | 13.10 | 13.61 | 12.71 | 13.11 | 18.79 |
| 存货周转率 / 次 | 2.98 | 3.28 | 3.06 | 2.99 | 3.18 |
| 总资产周转率 / 次 | 0.55 | 0.56 | 0.55 | 0.49 | 0.46 |
| 固定资产周转率 / 次 | 2.83 | 3.08 | 3.34 | 3.14 | 2.96 |
| 流动资产周转率 / 次 | 1.01 | 0.93 | 0.87 | 0.85 | 0.93 |

数据来源：公司年报

**4. 发展能力分析**

如表 32-4 所示，主营业务增长率在 2017 年到 2019 年是增长的，但在 2020 年下降成负值。2020 年和 2021 年，凤凰传媒的主营业务增长率分别为 -3.58% 和 3.15%，净利润增长率却在 2020 年一路飙升到了 14.12%，到了 2021 年更是翻倍上升到了 53.85%，结合时代背景，疫情两年，凤凰传媒在前期研发的线上教育数字教材等智慧教育板块的业务发挥了巨大作用，为公司创造了大量利润。由此观之，从长期看数字化转型使凤凰传媒取得了降本增效的成果。

表 32-4 凤凰传媒 2017—2021 年营运指标统计

| 年份 | 2017 年 | 2018 年 | 2019 年 | 2020 年 | 2021 年 |
| --- | --- | --- | --- | --- | --- |
| 总资产增长率 | 6.52% | 5.76% | 9.46% | 7.67% | 11.78% |
| 净利润增长率 | 0.11% | 14.78% | 1.75% | 14.12% | 53.85% |
| 主营业务增长率 | 4.78% | 6.68% | 6.80% | -3.58% | 3.15% |

数据来源：公司年报

综上所述，凤凰传媒在 2017 年至 2021 年期间通过数字化转型显著提升了盈利能力，尽管短期偿债能力受到一定影响，但长期偿债能力保持稳定。营运能力在经历初期挑战后逐步改善，而发展能力则表现出强劲的增长势头。即使在疫情对全球经济带来巨大打击的情况下，凤凰传媒也能利用前期打下的客源基础，大力发展线上网络直播，不断提升自身影响力，大幅度降低了疫情带来的影响。总体来看，凤凰传媒数字化转型不仅是大势所趋，也是目前对于企业未来发展最为有利的一个突破口。

## （二）业务模式创新效果分析

"十四五"期间，凤凰传媒践行融合发展战略，以数字技术为基础，围绕主营业务发展多元化新媒体企业，将传统的业务转型升级，建设线上线下融合发展的综合经营服务体系，将过去单一的生产模式逐步转变成多元化业务发展的全新生产模式。利用大数据技术制定客户专属产品及线上服务项目，增加客户满意度，截至 2022 年年底，凤凰传媒覆盖主流平台的新媒体营销矩阵总粉丝数近 2000 万个。依托优质的数据中心资源，专注于提供面向政府机构、企事业单位等广泛客户群体的一站式 IT 服务解决方案，如机房（机架）租赁、带宽运营、云服务。2023 年，推行的学科网业务收入 4.48 亿元，同比增长 18.52%；净利润 8546.72 万元，同比增长 29.80%。凤凰传媒融合发展智库连续两年入选国家新闻出版署出版智库高质量建设计划，各业务板块市场表现均处于行业靠前水平。

## （三）成本投入效益分析

凤凰传媒在数字化转型过程中，投入大量资金用于技术研发和基础设施建设，人才投入方面的支出也相应增加，经国家部门批准，凤凰传媒设立了博士后科研工作站，聚焦出版业融合发展状况与推进策略研究。经过前期的发展积累，凤凰传媒拥有着良好的口碑和丰厚的资源，并采取了一系列措施提升自身竞争力，加强品牌黏性。短期来看，发展新兴产业会使企业成本上升，营业收入随之下降，但是，当经过长期发展后会形成更加稳固的发展模式，企业对固定资产投入的依赖度会降低，成本投入会逐渐减少。凤凰传媒在进入全面数字化转型阶段后，组织层级减少，员工自主性增强，组织结构得到优化，也相应地提升了企业的运营效率，降低了管理成本。总体来说，凤凰传媒数字化转型后的成本投入效益良好。

# 六、研究结论及启示

## （一）研究结论

数字化转型是时代发展的必然趋势，实施数字化转型有助于出版企业的长久发展。研究发现，凤凰传媒根据自身情况与市场需求制定了具有针对性的数字化转型策略，通过创新业务模式，企业资产与收入增加，因为销售费用的上升导致利润增长不显著，而整体的财务状况是稳定的。从长远角度看，随着凤凰传媒的多元化数字业务模式逐渐成熟，各业务渠道的成本费用将逐步减少，效益会逐渐上升。相信随着数字经济的发展及高科技水平的进步，企业数字化转型的质量及稳定性会提升，综合能力也会得到进一步发展。

## （二）启示

其他出版企业可以借鉴凤凰传媒数字化转型的成功经验，建立适合自身发展的数字化体系。首先，结合市场需求及企业自身情况进行数字化转型。企业需深入分析市场需求变化，结合自身资源与能力，并聚焦行业前沿技术，推动产品迭代升级，以满足市场不断变化的需求。其次，围绕主营业务拓展其他业务领域，形成多元化发展的业务模式。通过技术创新和模式创新，拓宽产品线和服务范围，形成优势互补、相互促进的多元化业务生态，提升整体抗风险能力和盈利能力。最后，加大产品研发投入力度，广泛吸收科技人才。人才是推动企业发展的主力军，建立完善的人才培养与激励机制，构建创新团队，为企业的长远发展提供源源不断的智力支持和人才保障。

## 参考文献

[1] 王娟. 我国出版业数字化转型路径分析——以凤凰出版传媒集团为例 [J]. 出版广角, 2023(16): 60-63.

[2] 郭倩. 制造业数字化转型再提速 [J]. 小康, 2021(8): 82-83.

[3] 林悦. 文化出版业数字化转型绩效研究 [D]. 南京：南京信息工程大学, 2022.

[4] 李雪蕾. 数字化转型对企业绩效的影响研究 [D]. 济南：山东财经大学, 2024.

[5] 陈梦铃. 数字化转型对企业绩效的影响路径研究——基于 PLS-SEM 模型的分析 [J]. 经营与管理, 2024: 1-13.

# 三十三　审计失败原因及对策分析
## ——以天沃科技审计失败案为例

*解启迪[①]　胥力伟[②]*

**摘要**：本文通过对苏州天沃科技股份有限公司审计失败案进行剖析，从审计主体、审计客体、社会环境三方面分析审计失败的原因，具体表现为公司内部财务信息造假、审计程序执行不当、审计独立性缺失等问题。并对此三方面原因提出改进措施：构建更加稳健的内部控制体系，增强内部控制的有效性；强化审计合规性与效能，多维度策略优化审计程序遵循机制；优化审计环境，构建健康、可持续发展的审计环境。

**关键词**：会计师事务所；审计失败；天沃科技；财务舞弊；审计质量

## 一、引言

在当今复杂的经济环境中，审计作为确保企业财务透明度与市场信心的重要机制，其有效性直接关系到资本市场的稳定与资源配置的合理性。然而，近年来频发的审计失败事件，如天沃科技审计失败案，不仅给相关企业带来重大的经济损失，更对整个行业乃至社会信任体系构成了严峻挑战[5]。天沃科技，作为一家涉足多领域的企业，其审计失败案例暴露了内部控制的薄弱、审计程序遵循不力等问题。本文将对这些问题进行深入分析，以期提出有效的解决方案，帮助企业改进审计过程，防止类似的审计失败再次发生。希望通过对天沃科技审计失败案的研究，能为企业审计实践提供有价值的参考和启示。

---

① 解启迪，会计硕士，研究方向：资本运营与财务管理实务。
② 胥力伟，硕士生导师，研究方向：资本运营与财务管理实务。

## 二、天沃科技审计案基本情况

### （一）公司基本情况

苏州天沃科技股份有限公司，简称"天沃科技"，成立于1998年3月18日，于2011年3月10日在深圳证券交易所挂牌上市。主营业务包括电力设计及系统解决方案、高端装备制造、国防建设三大板块，涉及能源、环保、电力、装备、军工、船舶等国民经济重要产业领域。天沃科技在新能源、智能交通、电力工程服务、压力容器制造以及工业级绿色智能系统解决方案等多个领域内均具有显著的行业地位，是多个细分市场的领导者或重要参与者。天沃科技在国民经济和社会发展中占据着举足轻重的地位，对推动产业升级、促进就业、提高人民生活水平等方面具有重要作用。鉴于天沃科技在市场经济中的重要地位，选取该公司的审计失败案例更具代表性和影响力。

### （二）审计失败案情过程回顾

2023年4月27日，天沃科技宣布终止出售中机国能电力工程有限公司（以下简称中机电力）80.00%股权的计划，这一重组的失败进一步加剧了公司的财务困境。天沃科技收到了中国证监会的立案告知书，因涉嫌信息披露违法违规，证监会决定对其进行立案调查。

2023年5月3日，天沃科技公告，因未能在法定期限前披露经审计的年报，公司股票自5月4日起停牌。

2023年5月4日，公司股票正式停牌。

2023年10月26日，公司收到证监会行政处罚及市场禁入事先告知书。

2023年12月28日，天沃科技收到了中国证监会的行政处罚决定书，同时，深圳证券交易所对公司及相关责任人下达了公开谴责和通报批评的纪律处分，原因是未及时披露年报及业绩预告不准确。

### （三）公司违规事实

首先，公司定期报告存在虚假记载。天沃科技的定期报告中存在虚假信息，特别是控股子公司中机电力在37个新能源电力工程承包项目的收入确认上存在不实。涉嫌通过制作虚假的产值确认单虚构或调整项目完工进度，调节项目收入和利润，导致2017年至2021年披露的定期报告存在虚假记载。

其次，天沃科技未按照规定披露其与关联方之间的交易，包括非经营性资金占用和其他形式的关联交易，这些交易未被适当地记录和报告。

再次，公司未能遵循规定披露募集资金的实际使用情况，即投资者投资的资金可能未被用于公告中承诺的用途。

又次，天沃科技未能在法定期限内完成并披露2022年的年度财务报告，违反了上市公司的信息披露义务。

最后，股东持股变动情况未按规定披露，公司相关人员刘斌、陈玉忠未按规定披露其持有的公司股份变动情况，这涉及股东权益和市场透明度的问题。

上述行为无疑对公司的财务信息可靠性造成了显著风险，理应在审计过程中受到特别关注。然而，在2017—2021年间，尽管天沃科技的财务状况存在重大疑虑，审计师却连续出具了标准无保留意见的审计报告，未能有效揭示公司潜在的财务问题。这一系列无保留意见的出具，与后续揭露的"与审计质量相关的违规行为"形成鲜明对比，暴露出审计师在审计天沃科技的过程中可能存在审计质量的疏漏。这说明，负责天沃科技审计工作的会计师事务所在执行审计任务时，其审计标准和质量控制可能并未达到预期的高度，未能有效识别和报告公司的财务不规范行为。

## 三、审计失败原因分析

### （一）审计客体的原因

（1）企业有关财务信息违规造假。2016年ST天沃科技筹划重大资产购买，购买的标的即中机电力，作为ST天沃控股子公司，中机电力作为业绩承诺方，承诺考核期内实现的净利润之和不低于14.02亿元。具体承诺金额明细见表33-1。中机电力为实现承诺，制作虚假产值确认单，虚构或调整项目完工进度，调节项目收入和利润；未按规定披露关联交易；未按规定披露募集资金使用情况。具体虚增收入明细见表33-2。

表33-1 业绩承诺实现情况表

| 年度 | 项目 | 业绩承诺数/万元 | 原实现数/万元 | 差异额/万元 | 完成比例 |
| --- | --- | --- | --- | --- | --- |
| 2016年8月至12月 | 中机电力扣非、扣会计估计变更后归属母公司所有者净利润 | 15,500.00 | 20,553.93 | 5,053.93 | 132.61% |
| 2017年度 | | 37,600.00 | 37,805.03 | 205.03 | 100.55% |
| 2018年度 | | 41,500.00 | 45,863.64 | 4,363.64 | 110.51% |
| 2019年度 | | 45,600.00 | 37,725.99 | -7,874.01 | 82.73% |
| 合计 | | 140,200.00 | 141,948.59 | 1,748.59 | 101.25% |

数据来源：公司官网

表 33-2　天沃科技虚增收入明细表

| 年 份 | 虚增收入 / 亿元 | 占当期记载的营业收入绝对值 / % |
| --- | --- | --- |
| 2017 | 9.07 | 8.72 |
| 2018 | 19.71 | 25.59 |
| 2019 | 23.90 | 22.17 |
| 2020 | 13.77 | 17.85 |
| 2021 | 8.82 | 12.95 |

数据来源：中国证券监督委员会

（2）企业内部控制存在缺陷。有效的内部控制是预防和发现财务舞弊的第一道防线[1]。天沃科技在与关联企业间的业务往来中，未能确保关联交易的透明度，而这举动的背后离不开公司内部人员的直接干预，不合规现象似乎已被默认为常规做法。这反映出公司管理上存在着严重的疏忽，内部监控机制薄弱。

### （二）审计主体的原因

众华会计师事务所及参与审计的会计人员是天沃科技审计案的审计主体，因审计主体没有严格遵循审计准则，违规操作直接造成了审计失败，是审计失败最主要的原因。

1. 审计过程中没有严格遵循审计程序的要求

（1）货币资金审计存在缺陷

一是在审计识别资金占用为重大错报风险领域、公司披露存在关联方非经营性资金占用的情况下，未获取部分银行对账单和已开立银行账户清单的原件，也未记录相关控制过程。二是在执行银行函证时，对于多家发函收件人为个人、联系方式为手机号码等异常情况未予以关注，亦未关注同一自然人作为不同金融机构联系人的情况。三是对银行函证过程未保持有效控制，未对发函与回函相关信息如联系人、地址等执行核对程序，亦未关注部分银行回函地址及联系人与发函相关信息不一致的情况。

（2）营业收入审计存在缺陷

一是在关注到垫资业务模式下大部分 EPC 项目业主方不具备资金实力、项目融资及项目建设能力，且项目公司公章、营业执照由公司代管的情况下，认可公司按照履约进度确认收入，不恰当地采用函证方式获取完成产值、开票及收款情况等证据，未对收入确认的恰当性和审计证据的可靠性保持职业怀疑。二是在执行营业收入函证时，对于部分客户产值确认单与发函相关审计证据相矛盾、部分收入回函不符等情况未予以关注，未执行进一步审计程序。

（3）应收款项审计存在缺陷

一是对 EPC 业务中公司代管公章、营业执照的项目公司相关应收账款，不恰当地采用函证方式获取审计证据。二是对应收账款函证过程未保持有效控制，未对发函与回函相关信息如联系人、地址等执行核对程序；未关注回函中的多处异常情况，并保持职业怀疑；在部分回函不符或未回函的情况下亦未实施进一步审计程序。三是其他应收款及合同资产损失准备计提审计不审慎。公司其他应收款保证金及押金期末余额大且未计提损失准备，审计认可公司的会计处理，但底稿中未见不对其计提损失准备的具体依据。合同资产减值比例远低于同一客户下的应收账款减值比例，底稿中未见相关审计证据。

（4）递延所得税资产审计程序执行不当

公司在连续两年亏损的情况下仍确认大额递延所得税资产，审计认可公司上述会计处理，但未取得相关可收回性的审计证据，未对递延所得税资产确认的合理性实施进一步审计程序。

2. 审计独立性缺失

众华会计师事务所与天沃科技有长达 10 年的合作历史，审计业务从 2014 年开始到 2023 年。常年不更换会计师事务所可能导致企业对该会计师事务所过于依赖，进而使审计质量、审计独立性方面出现问题。长期的接触也可能导致审计师的判断受私人情感影响，并过于依赖往年审计结果，忽略细微变化，从而未能完全执行某些审计程序。

**（三）社会环境的原因**

（1）会计师事务所审计监管不及时：证监会对审计失败案件进行行政处罚的时间与审计失败发生时间间隔较长[2]。天沃科技行政处罚公告日期在 2023 年 12 月 28 日，而审计失败行为发生在 2017 年到 2021 年，间隔长达 7 年。较长的执法间隔时间难以迅速察觉并惩治不法行为，削弱了监管对上市公司违规行为的警示效应。

（2）对违规主体所受处罚力度小：天沃科技 5 年造假虚增收入高达 75.27 亿元而对天沃科技的处罚只是责令改正，给予警告和 300 万元罚款，对责任人也只是给予警告和罚款，责任人的刑事责任没能追究。

（3）政府过度干预影响审计秩序：中国的注册会计师审计制度于 1980 年正式重启并步入发展轨道，后在政府的直接指导下不断前行。政府不仅通过行政手段引领审计行业的重建之路，还促进了业内资源整合与结构调整，激发了市场对审计服务的广泛需求。然而，这种高度依赖政府引导的发展模式亦暴露出若干问题。尤其是地方保护主义与行业壁垒的普遍现象加剧了问题的复杂性，它们限制了市场的自由竞争和健康发展。政府在会计领域的适度干预有时能正面提升审计质量，但不可否认的是，许多干预行为背后的动机往往是局部利益驱动或是行业保护的考量，这在一定程度上抑制了市场的公正性与效率。

## 四、防范审计失败的对策分析

### （一）构建更加稳健的内部控制体系，增强内部控制的有效性

（1）加强风险管理意识与机制：建立全面的风险管理框架，确保风险识别、评估、监控和应对机制覆盖企业所有业务和管理层面。定期进行风险评估，识别内外部风险因素，制订相应的风险应对计划。

（2）完善公司治理结构：明确董事会、监事会和管理层的职责分工，强化独立董事和监事会的监督作用。提升管理层对内部控制重要性的认识，确保高级管理层积极参与并支持内控体系建设。

（3）优化内部管理体系：设立清晰的组织架构，明确各级部门和岗位职责，确保管理链条顺畅。规范内部工作流程，制定并执行标准化的操作规程，减少操作风险。

（4）建立健全内部控制体系：定期审查和修订内部控制政策和程序，确保其适应业务发展和外部环境变化。实施控制活动，如分离不相容职务、实行授权审批制度，以防止错误和舞弊。

（5）加强内部审计与监督：建立独立、高效的内部审计部门，定期或不定期进行审计，检查内部控制的执行情况。重视审计发现，对审计报告中提出的问题及时采取纠正措施，并跟踪整改效果。

### （二）强化审计合规性与效能，多维度策略优化审计程序遵循机制

（1）强化审计人员培训与考核：审计失败事件中，注册会计师或没有保持应有的职业谨慎[4]。这需要定期组织审计人员参与专业培训，确保其深刻理解审计准则、程序和最新法规要求。实施严格的考核机制，确保每位审计人员具备执行高质量审计工作的能力。

（2）实施审计质量控制体系：建立一套全面的审计质量控制机制，包括事前规划、事中监督和事后评估，确保每个审计项目严格遵循既定程序。

（3）增强内部监督：设置独立的审计质量监督部门或岗位，负责监督审计项目的执行情况，确保审计程序的遵循和审计质量的维持。

### （三）优化审计环境，构建健康、可持续发展的审计环境

规范政府监管行为，合理界定政府角色，实施适度且高效的监管政策，避免过度干预同时确保行业健康发展。不断优化事务所管理机制，改进会计师事务所的选聘与更换流程，确保基于绩效和服务质量的动态调整，增强市场竞争力。建立健全审计市场准入制度，明确审计职业标准，规范市场竞争，营造公平、透明的市场环境[3]。不断完善审计执业准则和行业规则，明晰法律责任，简化诉讼程序，增强法律约束力。增强事务所及审计师的法律风险意识，同时加强与公众的沟通互动，缩小认知差异，明确审计职责界限，帮助社会各界理解会计与审计责任的区别，以及审计失败与企业经营失败的本质区别。

### 参考文献

[1] 包刚. 会计师事务所审计程序失当问题探讨 [J]. 财会通讯, 2022(9): 124-128.

[2] 胡明霞，窦浩铖. 我国会计师事务所审计失败成因及治理 [J]. 财会月刊, 2021(15): 101-106.

[3] 舒惠好，殷德全. 优化审计执业环境推动提升审计质量 [J]. 中国注册会计师, 2021(2): 20-24.

[4] 张文荣，张景瑜. 审计何以失败——对 2001 至 2020 年度处罚会计师事务所及注册会计师的分析 [J]. 中国注册会计师, 2021(2): 119-123.

[5] 李杰，佐岩. 审计失败的反思与应对——以天丰节能公司审计失败案为例 [J]. 财会通讯, 2018(1): 85-88.

# 三十四　借壳上市对创业板企业财务绩效的影响
## ——以润泽科技为例

李金璇[①]　王关义[②]

**摘要**：随着我国资本市场的发展，创业板不断展现出生机与活力。虽然注册制实施之后，借壳上市热度有所降低，但依然是一种有效的资本运作方式。本文选择创业板第一个成功借壳上市——润泽科技借壳普丽盛为案例，分析其借壳动因，采用财务指标法评价上市前后的财务绩效，总结润泽科技在借壳上市过程中的一些经验，给希望通过创业板平台获得进一步发展的企业提供一些思路和参考，为正在借壳上市和打算借壳上市的创业板企业提供宝贵经验。

**关键词**：借壳上市；创业板；润泽科技；财务绩效

## 一、引言

自2018年末我国设立科创板并试点注册制，到2023年2月中国证监会全面发布注册制的规则制度，这表明我国公开发行公司债券实施注册制的改革之路走向尾声。核准制到注册制的改革，降低了资本市场的准入门槛，很大程度上影响了我国的借壳市场，使得借壳上市的优势逐渐缩小，这一运作方式不再是中小企业快速登陆资本市场的唯一选择。然而在2019年10月，证监会修订了重组管理条例，允许符合国家战略的高新技术产业和战略性新兴产业相关资产在创业板重组上市。这表明创业板借壳上市的大门被打开，借壳上市仍有其存在价值，既能让有实力的公司达到上市的目标，又能使壳公司获得资金并走出经营困境。

在政策变化的背景下，润泽科技顺势而行，采用重大资产置换、发行股份购买资产以及募集配套资金的方式，成功借壳普丽盛完成上市，成为创业板的"借壳第一股"。通过对润泽科技借壳前后的财务绩效进行分析，给希望通过创业板

---

① 李金璇，会计硕士，研究方向：财务管理实务。
② 王关义，教授，博士生导师。

平台获得进一步发展的企业提供一些思路和参考，同时也为正在借壳上市和打算借壳上市企业提供市场经验和参考建议。

## 二、文献综述

目前，国内外对于借壳上市的研究主要集中在动因以及绩效两个方面。

关于动因方面，国内外学者认为有很多因素导致企业选择借壳上市。Yuanyuan（2018）等发现，虽然说借壳上市门槛相对较低，但这并不是企业借壳上市的关键目的。绝大多数的企业借壳上市是为了获得基金投资，实现企业上市融资[1]。黄宏斌、刘赵（2020）从公司绩效的角度进行了研究，结果表明，借壳上市会更快地实现公司的目标，从而可以有效地规避公司 IPO 缓慢的弊端，同时对借壳上市的一些案例进行了研究，结果表明，公司可以通过借壳上市在短时间里迅速地提高公司的业绩，促进公司的可持续发展[2]。杜文艳（2017）结合了中国国情，认为企业并购的动因主要有：达到规模经济，提高经济效益；降低交易费用；壳公司卖壳改善经营状况；促进企业跨国发展；等等[3]。王姿丹（2019）也是对借壳上市和 IPO 上市相同点进行了归纳，无论哪种上市方式，都是为了企业能够获得进一步的融资，实现自身的做大做强[4]。

关于绩效方面，国内外学者认为公司在借壳上市之后财务绩效会变好，但也有部分认为上市后经营状况并未改善。Floros 和 Sapp（2011）研究了 585 个利用借壳手段进行上市的公司，得出这 500 多家企业在上市后收益明显，异常收益率达 48.1%[5]。王国松、邱月（2020）通过对中公教育借壳上市的财务绩效研究指出：中公教育在借壳上市后能够兑现业绩承诺，并且采取了数量相对可观的分红方案，由此可以看出借壳上市对于中公教育的财务绩效是有着积极影响的[6]。付汝尧（2023）在对申通快递借壳上市的财务绩效的研究结果中表明短期来看，市场对该公司借壳上市行为持看好态度；长期来看，借壳上市也提高了企业的财务绩效，各项指标都有明显改善[7]。Cecile 等（2012）通过研究、利用模型得出，借壳上市企业的长期绩效远远达不到首发上市公司的绩效水平，上市后效果并不明显[8]。

## 三、案例介绍

### （一）借壳方概况

润泽科技发展有限公司成立于 2009 年，是我国 IDC 行业的龙头公司。IDC

业务是指互联网现代数据中心建设和运营的综合服务，润泽科技符合创业板关于"国家战略的高新技术产业和战略性新兴产业资产"的定位。其主要业务布局为数据中心的组建和数据传输的服务，具备建设高质量的数据中心的能力，能够保证数据的良好有效运行，有能力满足当下科技企业以及互联网企业对于数据运行和维护的需求，同时能满足终端用户对于快速部署及可扩展性方面的动态需求。

## （二）壳公司概况

普丽盛创建于2007年，主营业务为液态食品包装机械和纸铝复合无菌包装材料的研发、生产与销售，2015年在深圳证券交易所创业板挂牌上市，股票代码为300442。然而从上市之后，普丽盛的利润持续下降。随着2019年10月证监会修订重组管理条例，普丽盛顺势走上了卖壳之路。

## （三）借壳上市过程

润泽科技从2021年4月披露借壳草案，历时一年时间，经历多轮问审，于2022年4月28日通过创业板并购重组委员会第一次审议，同意重组上市。整个借壳上市过程包括三个步骤，分别为重大资产置换、发行股份购买资产以及募集配套资金。

图34-1为润泽科技借壳上市关键节点流程。

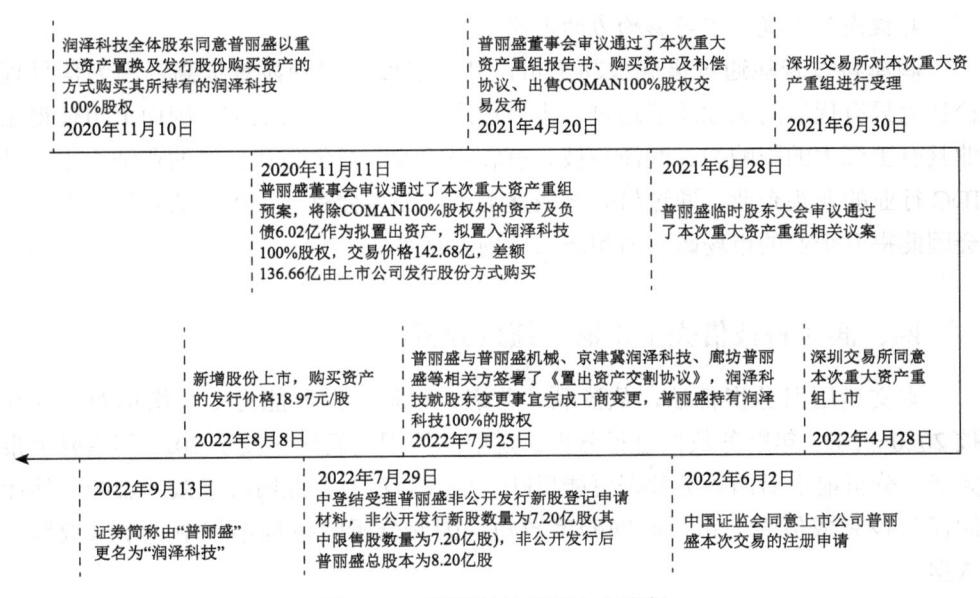

**图34-1 润泽科技借壳上市流程**

资料来源：润泽科技重组上市报告书，公司公告，安信证券研究中心

### (四)润泽科技借壳上市的动因

1. 并购重组政策的放宽

自 2011 年来,我国的重组上市政策持续紧缩,直到 2018 年,政策导向有了些许变化。为激励上市公司进行改革转型,帮助上市公司产业升级,证监会开始逐渐放松对企业借壳上市的要求。2019 年 10 月,证监会对重组管理条例的修订,是新三板市场第一次准许企业对创业板上市公司进行收购重组上市。

2. 核准制到注册制的改革

2023 年 2 月,中国证监会全面发布注册制的规则制度。核准制到注册制的改革,使得借壳上市的存在意义受到很多质疑,但完全实行注册制的过程并不是一蹴而就的。为适应从审批制到注册制的顺利转型,借壳上市仍是不少公司快速进入资本市场的一条重要路径。

3. 企业发展的需求

任何一家企业若缺少资金的持续供给,那么该公司的发展很容易因资金短缺受到抑制。因为 IDC 企业对技术要求不低,在人员、设备一些地方的需求很多,所以需要不少的资金来支持企业发展,从并购书就能体现润泽科技对资金的需要。企业欲继续通过传统的融资方式解决公司资金需求显然不现实,那么获得上市资格是解决融资压力大的最优途径。

4. 提高知名度及市场影响力的需要

润泽科技若能通过借壳成功上市,其知名度会得到显著提高,因为信号理论认为只有优质的企业才能通过资本市场严格的审核成功上市,因而上市使得企业具有更强大的影响力。润泽科技具有较强的行业竞争力和良好的业绩水平,是 IDC 行业的龙头企业。通过借壳普丽盛上市,公司会有一个更好的发展平台,也会因此提升企业的市场影响力和产品市场占有率。

## 四、润泽科技借壳上市财务绩效分析

本文运用财务指标法,从盈利、营运、偿债、发展能力 4 个指标对润泽科技 2020—2023 年财务数据进行分析。选取的原因是润泽科技于 2022 年借壳上市完成,分析前中后的财务数据更能反映其借壳前后对企业财务绩效的影响。然而润泽科技完成借壳上市后时间跨度较短,因此分析时按每年年中、年末数据为依据。

## （一）盈利能力

如表 34-1、图 34-1 所示，润泽科技在宣布进行并购重组前，即 2021 年中报前的销售净利率和净资产收益率数值均为负数，销售毛利率数据也不佳。而到了 2021 年年中，可能因为不少投资者感觉到润泽科技准备借壳上市，认为未来的润泽科技发展前景大好，财务指标开始上升。随后的一年内，各指标表现平稳。2022 年年中，润泽科技收到深交所同意以及证监会批复两个利好消息后，指标大幅上升，销售净利率变化最为明显的。自借壳上市成功后，润泽科技除 2023 年年中因公司加大了建设投入、业务规模扩大、净利润下降，导致净资产收益率的降低，其他的指标均保持平稳。说明借壳上市之后润泽科技的盈利能力发展势头良好。

表 34-1　2020—2023 年润泽科技盈利能力财务指标

| | 2020年年报 | 2021年中报 | 2021年年报 | 2022年中报 | 2022年年报 | 2023年中报 | 2023年年报 |
|---|---|---|---|---|---|---|---|
| 销售净利率/% | −52.02 | 1.53 | −1.87 | −10.72 | 44.09 | 41.72 | 40.40 |
| 销售毛利率/% | 16.16 | 20.72 | 20.86 | 19.36 | 53.11 | 51.63 | 48.57 |
| 净资产收益率/% | −37.50 | 1.12 | −2.36 | −4.52 | 38.80 | 10.00 | 22.54 |

数据或资料来源：同花顺

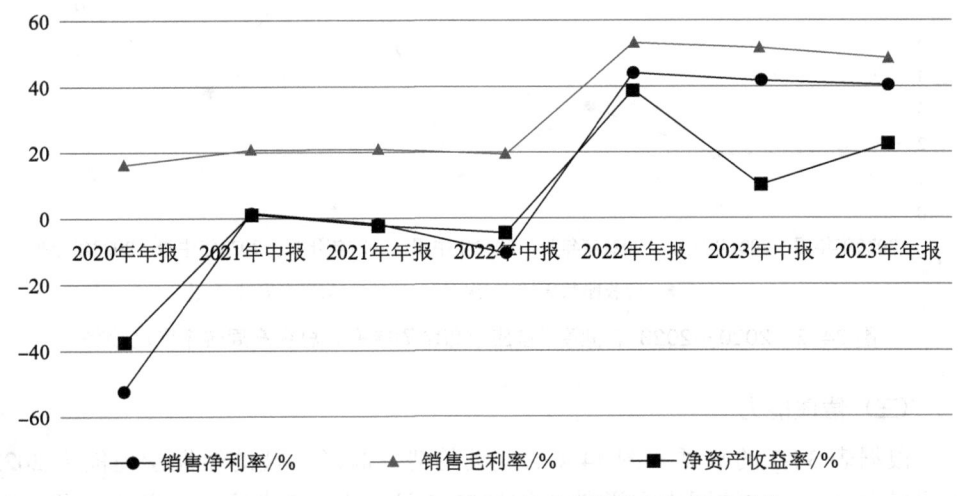

图 34-1　2020—2023 年润泽科技盈利能力指标变动趋势

## （二）营运能力

从存货周转率和应收账款周转率来看，润泽科技从2020年到2022年借壳上市完成前周转速度逐步加快，2022年年末之后增幅明显，主要因为证监会同意借壳上市，润泽科技融资成功后扩大产能，导致营业成本增长幅度大于存货的增幅，直到2023年年末归于正常状态。应收账款周转率在2023年年中降低，主要因公司客户六月份回款稍微滞后所致。总资产周转率一般用于综合评价企业的经营情况和资产使用率。润泽科技在借壳前后的总资产周转率一直较平稳，一直维持在0—0.5的区间内（表34-2、图34-2、图34-3）。

表34-2　2020—2023年润泽科技营运能力财务指标

|  | 2020年年报 | 2021年中报 | 2021年年报 | 2022年中报 | 2022年年报 | 2023年中报 | 2023年年报 |
| --- | --- | --- | --- | --- | --- | --- | --- |
| 存货周转率/次 | 0.66 | 0.56 | 0.98 | 0.31 | 4.77 | 305.97 | 5.80 |
| 应收账款周转率/次 | 1.77 | 1.70 | 3.11 | 0.99 | 8.39 | 3.25 | 6.05 |
| 总资产周转率/次 | 0.32 | 0.29 | 0.52 | 0.15 | 0.20 | 0.08 | 0.22 |

数据或资料来源：同花顺

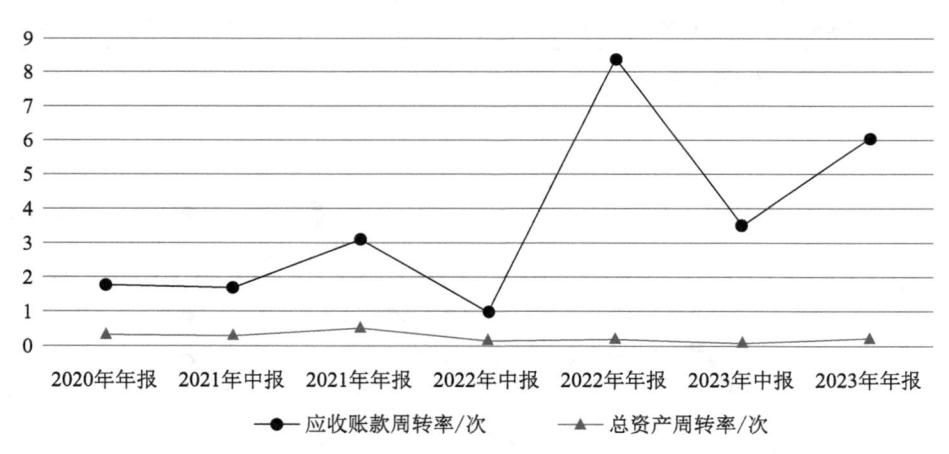

图34-2　2020—2023年润泽科技应收账款周转率、总资产周转率变动趋势

## （三）偿债能力

根据表34-3的数据和图34-4的变动趋势，润泽科技的短期偿债能力2022年明显上升，这主要因为润泽科技在2022年证监会宣布批复重大资产重组，显示短期偿债能力在借壳上市后呈现良好的状态。资产负债率的大幅变化，也是因为2022年润泽科技借壳成功后，加大了建设投入、新增了项目贷款。可以看

出，借壳成功对公司的偿债能力有积极的影响。

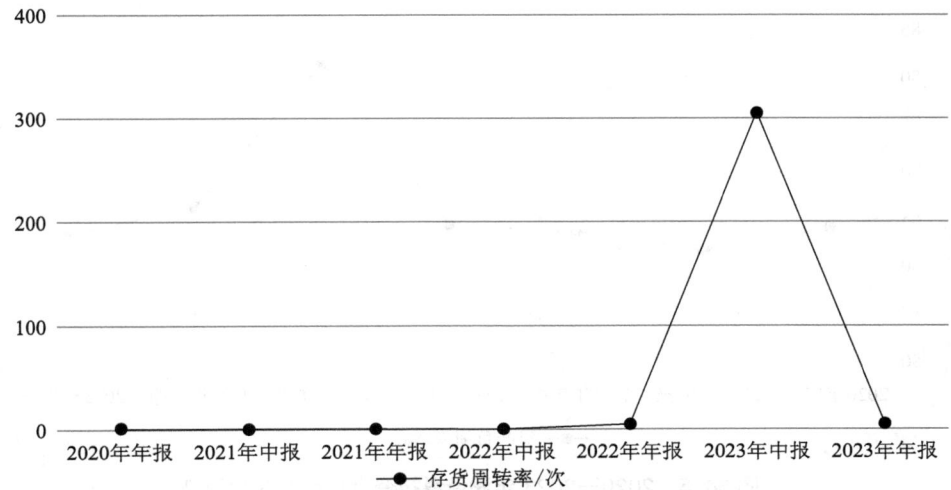

**图 34-3　2020—2023 年润泽科技存货周转率变动趋势**

**表 34-3　2020—2023 年润泽科技偿债能力财务指标**

|  | 2020年年报 | 2021年中报 | 2021年年报 | 2022年中报 | 2022年年报 | 2023年中报 | 2023年年报 |
| --- | --- | --- | --- | --- | --- | --- | --- |
| 流动比率 | 1.08 | 1.09 | 1.09 | 1.08 | 0.97 | 2.32 | 1.17 |
| 速动比率 | 0.36 | 0.40 | 0.41 | 0.45 | 0.96 | 2.32 | 0.99 |
| 资产负债率 / % | 64.07 | 61.79 | 63.60 | 64.46 | 81.49 | 66.37 | 63.34 |

数据或资料来源：同花顺

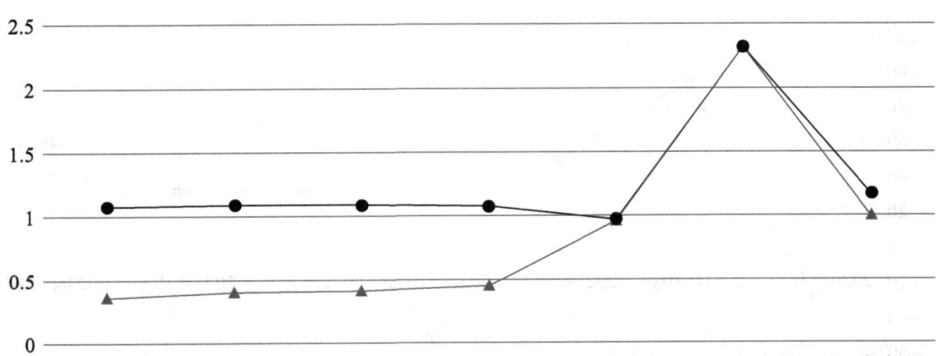

**图 34-4　2020—2023 年润泽科技偿债能力指标的变动趋势**

图 34-5　2020—2023 年润泽科技资产负债率变动趋势

## （四）发展能力

表 34-4　2020—2023 年润泽科技发展能力财务指标

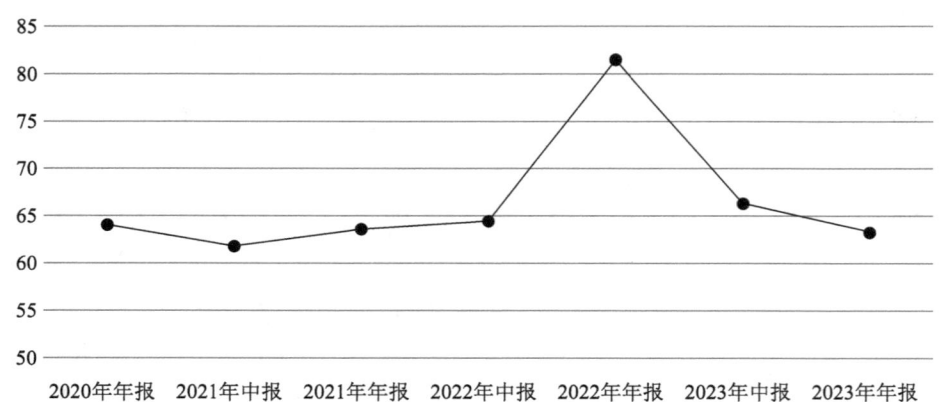

|  | 2020 年年报 | 2021 年中报 | 2021 年年报 | 2022 年中报 | 2022 年年报 | 2023 年中报 | 2023 年年报 |
| --- | --- | --- | --- | --- | --- | --- | --- |
| 营业收入增长率 / % | -28.21 | 93.41 | 50.52 | -49.52 | 32.61 | 32.30 | 60.27 |
| 总资产增长率 / % | -12.44 | -4.59 | -3.65 | -2.73 | 48.67 | 51.42 | 45.62 |

数据或资料来源：同花顺

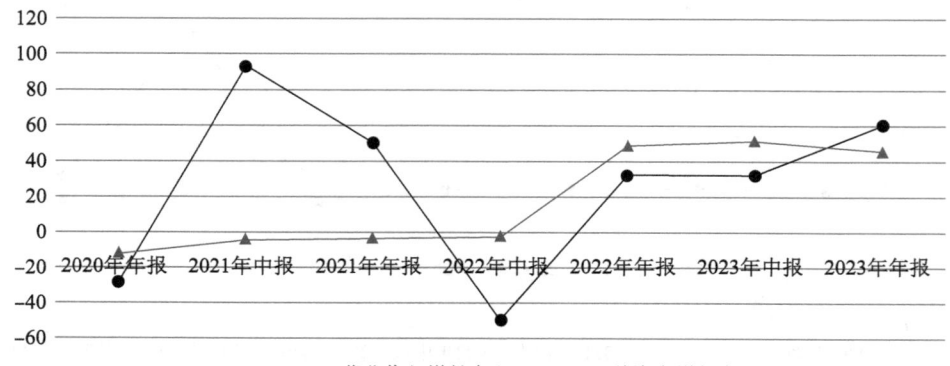

图 34-6　2020—2023 年润泽科技发展能力变动趋势

根据表 34-4、图 34-6 可以看出，润泽科技在借壳之前的营业收入增长率并不高，到 2022 年，营业收入增长率显著提升，主要因为成功上市带来了大量收入，说明借壳上市对公司的营业收入影响很大。润泽科技的总资产增长率 2022 年前的大幅变化，主要还是因为借壳上市导致的资产变动，但在 2022 年后便恢复正常并逐步上升，说明发展能力的增强。

## 五、结论与启示

### （一）结论

借壳上市以来，润泽科技累计净利润达到 29.6 亿元。2023 年，公司 IDC 业务稳步推进，实现营收 31.52 亿元，同比增长 60.27%；新增 AIDC 相关业务拓展顺利，实现营收 11.99 亿元。截至 2023 年末，润泽科技累计交付 13 栋算力中心，机柜总数约 7.6 万架，基本完成了全国"一体化算力中心体系"框架布局。随着智算需求快速增长，公司业绩有望继续增长。通过分析润泽科技 2020—2023 年的财务绩效，可以体现润泽科技进行借壳上市的成功对公司的发展影响巨大。

### （二）启示

作为 IDC 行业的龙头企业，润泽科技借壳上市的成功给该行业的其他企业选择如何上市提供了经验。首先需要企业看准时机，响应和利用国家政策的明智之举，遵循国家关于企业并购的相关政策，深度理解和利用好国家的扶持政策；其次需要自身对整合并购运作进行周密安排，这样能规避信息外泄导致的外来干扰，极大地减少了企业操作谈判的时间，降低了运作成本和风险；最后要综合考虑匹配资源，做好完整的市场调查，对壳公司的历史背景、发展形势等进行深入的研究分析，充分利用协调好重组后的优势资源整合，尽可能提升市场占有率，这样在借壳上市后才能给彼此带来可观的利益。

润泽科技的成功借壳上市，对在注册制改革背景下打算借壳上市以及对其他 IDC 行业公司的未来发展有一定的参考价值，同时，也能让拟打算借壳上市的公司做出正确的投资决定。在改革背景下，通过借壳这一运作方式上市在现在和未来或许不再成为主流，但具体到公司本身而言，选择最适合自己的发展方式，才是实现企业良好发展的第一要义。

## 参考文献

[1] Yuanyuan, WANG. Analysis of the Motivation and Financial Performance of Yuantong Express Backdoor Listing[C]//International Conference on Humanities Education and Social Sciences(ICHESS 2018), 2018.

[2] 黄宏斌, 刘赵. 借壳上市助力企业财务绩效的提升了吗[J]. 财会月刊, 2020(23): 44-51.

[3] 杜文艳. 浅议我国企业并购的动因、现状及对策[J]. 中国商论, 2017(24): 125-126.

[4] 王姿丹. 物流行业借壳上市的动因分析：以顺丰控股为例[J]. 时代金融, 2019(21): 76-77.

[5] Floros I V, Sapp T R. A shell games: On the value of shell companies[J]. Journal of Corporate Finance, 2011(17): 850-867.

[6] 王国松, 邱月. 借壳上市过程中的法律与财务分析——以中公教育借壳亚夏汽车为例[J]. 中国注册会计师, 2020(10): 116-121.

[7] 付汝尧. 申通快递借壳上市的财务绩效研究[J]. 投资与创业, 2023, 34(3): 108-111.

[8] Cecile Carpenter, Douglas Gumming, Jean-Marc Suret, The value of capital market regulation, IPOs versus reverse mergers[J]. Journal of Empirical Legal Studies, 2012, 9(1): 273-279.

[9] 徐诗涵. 我国科创板上市公司并购动因及绩效研究[D]. 南昌：江西财经大学, 2022.

[10] 钱紫薇. 互联网安全企业借壳上市案例分析——以奇虎360为例[J]. 商讯, 2019(27): 3.

[11] 林思言. 反向购买行为的财务绩效研究[D]. 长春：吉林财经大学, 2017.

# 三十五　ESG角度下苏泊尔财务绩效研究

李明阳[①]　孔晓春[②]

**摘要**：在我国"双碳"目标提出后，企业界纷纷调整发展目标，从单一追求经济增长转向探索经济效益与环境保护、社会责任并重的可持续发展路径。在这一过程中，可持续发展、绿色、低碳等成为引领企业前行的关键词汇。企业纷纷将关注点聚焦于如何将自身的业务战略规划与ESG战略深度融合，以实现两者的和谐共生。本文以苏泊尔为例，分析其ESG实践全过程，研究显示，ESG实践不仅有效提升了企业的财务绩效表现，还对其市场价值产生了显著的正面推动作用。企业应长期致力于ESG实践，助力企业长远发展。

**关键词**：ESG实践；财务绩效；苏泊尔

## 一、引言

在全球经济迅猛增长与环境挑战日益严峻的背景下，可持续发展的受重视程度前所未有。为实现联合国所倡导的可持续发展目标及促进全人类的共同福祉，寻求经济、环境与社会的高质量平衡发展成了必由之路。2020年我国"双碳"目标的提出，在此背景下，ESG（环境、社会与治理）治理理念备受瞩目，它聚焦于企业层面，强调评估并提升企业在环境保护、社会责任履行及公司治理结构完善等方面的绩效与贡献。越来越多的上市公司纷纷将目光投向自身的可持续发展能力构建，积极投身于ESG治理实践之中。不仅将ESG原则融入企业战略规划，还建立健全了相应的管理机制，并主动对外披露ESG治理成果与相关信息，以此展现企业的责任感与前瞻视野，为构建更加绿色、和谐、可持续的未来贡献力量。

---

① 李明阳，会计硕士，研究方向：资本运营与财务管理实务。
② 孔晓春，讲师，研究方向：财务管理、国际会计、资产估值。

## 二、苏泊尔概况

苏泊尔是一家专注于炊具、小家电的现代企业。公司于 1994 年成立，于当年生产出中国第一口安全压力锅，在短期内迅速成长为中国炊具龙头，并于 2004 年在深圳证券交易所上市，是中国炊具行业首家上市公司。自成立以来，苏泊尔不断为用户提供创新的、高品质的、有设计感的产品，引领中国厨房革命，开创家居生活新时代。目前，公司业务分布在炊具、厨房小家电、环境家居电器、厨卫电器四大领域。凭借多品牌、多品类的前瞻性布局，公司已成长为中国炊具、小家电行业的综合性领导企业。

苏泊尔的发展主要经历的第一阶段：1994—2004 年，通过推出国内第一口安全压力锅，苏泊尔迅速打开市场，并依托创新的营销策略，如"每天每店多卖一口锅"，实现了市场的快速扩张。在这一阶段，苏泊尔凭借其卓越的产品质量和市场策略，逐步确立了在国内炊具行业的领先地位。第二阶段：2005—2010 年，上市后，苏泊尔开始实施多元化战略，逐步从单一的炊具产品扩展到厨房小家电、厨卫电器等多个领域，形成了更为丰富的产品线。在这一阶段，苏泊尔还开始关注国际市场，通过设立海外生产基地和拓展海外销售渠道，逐步实现了企业的国际化布局。第三阶段：2011 年至今，在 SEB 集团的助力下，苏泊尔不断加大研发投入，推动产品的技术创新和升级，在全球范围内的生产基地和销售网络不断扩张。近年来，苏泊尔积极顺应渠道变革，大力发展线上销售渠道，通过数字化运营体系提升品牌与消费者之间的互动和黏性。苏泊尔紧抓市场机遇，不断创新和突破，逐步成长为全球知名的炊具及小家电制造集团。

## 三、苏泊尔 ESG 实践历程

苏泊尔 ESG 实践一直走在企业前列，在环境领域积极应对气候变化所带来的挑战与机遇，加强自然资源的可持续管理、化学品管理、减少污染物排放，完善相关风险管理与目标设置体系，推动高质量发展与绿色发展。在社会领域注重员工关怀，致力于保护员工健康安全并为员工提供完善的薪酬福利方案，并且积极开展、参与公益活动，持续为推广乡村教育事业做出贡献。在管理领域致力于可持续的经济增长，坚持走技术创新的发展道路，坚持建设合规、负责和高效的企业，不断推进廉政建设，加强风险管控。

### （一）苏泊尔在环境层面的ESG实践

公司致力于资源使用效率最大化，采取多项措施提升资源管理能力。在水资源管理方面，绍兴与玉环基地通过改进生产线，大幅提高了中水回用率；武汉基地则将地下水管改为明管，优化了漏点排查和管网梳理工作，有效避免了水资源浪费。各基地积极响应循环用水号召，不仅加强了污水资源化利用，还推进了废水在日常生活、工业生产和生态补水等多方面的应用。在包装材料管理方面，公司优先采用可循环、易降解的材料，减少了包装耗材的使用，并致力于培养用户的环保意识。同时，公司还推行了仓储包装材料的更换，使用轻量化或可循环材料，如玉环基地的零塑料包装项目覆盖率已达到57%，显著降低了资源消耗量。在能源管理方面，公司在生产端不断迭代节能设备，实现降耗减排，并设计了光伏装机发电项目。在运输端，公司充分利用仓储区位优势，重新定位仓储量中心，整合货运线路与运力资源，优化货运方式，并且取消外租仓库，减少基地到仓库短驳运输量，实现运输碳排放最小化。

### （二）苏泊尔在社会层面的ESG实践

苏泊尔始终秉持以人为本的理念，致力于为员工创造一个公平、公正、安全的工作环境。重视员工权益保障，严格遵循国家和地区的相关法律法规，积极推进合法合规的雇佣招聘政策，保障每一位员工的合法权益。在此基础上，通过提供福利支持、搭建员工培训与发展平台、关注员工安全与健康、开展各类员工活动等举措，让每一位苏泊尔人拥有幸福、愉悦的工作体验。

同时，苏泊尔积极承担企业社会责任，多方面推进各项公益活动及社区服务，通过苏泊尔小学、苏泊尔·未来生活家等公益项目，持续加大公益投入，推进教育援助、社区共建，公益帮扶，覆盖更多受益人群；公司还注重弘扬志愿服务精神，号召员工积极参与志愿服务行动，为社会贡献力量。

### （三）苏泊尔在公司治理层面的ESG实践

公司以可持续发展为战略导向，以公司实际为出发点，持续建立健全企业管理机制。2022年，公司主要在治理机制和合规经营两方面积极履责，为公司的稳健发展夯实根基。一方面，通过完善组织架构，制定绩效考核体系，实现全员绩效考核；另一方面，公司进一步完善内部的合规管理机制，开展反贿赂、个人信息安全保护等多项专项主题培训，不断提升员工的合规意识，全面提升公司治理能力。

为了构建一个安全有序的网络环境，公司致力于全方位保障公司运营、员工工作及客户信息的数据安全，特此构建了完善的网络安全内部控制体系。此体系通过持续优化网络安全相关的制度框架，有效降低了隐私泄露的潜在风险，确保了网络环境的安全稳固。与此同时，苏泊尔积极响应知识产权保护的号召，从四个核心维度出发，即知识产权制度建立与意识培养、知识产权资产取得、知识产权风险排查以及知识产权侵权打击，系统性地推进知识产权管理工作。这一系列举措不仅显著提升了员工对知识产权保护的重要性的认识，还为公司积累了宝贵的知识产权资产，有效防范了知识产权被侵犯的风险，从而维护公司的知识产权权益。

### 四、苏泊尔 ESG 表现对财务绩效的影响

苏泊尔 ESG 实践不仅可以提升企业自身的绩效水平，更为企业创造长远的价值增长。虽然初期阶段，ESG 实践的推行可能会伴随企业成本的暂时上升及运营资金的短期流出，然而，长远来看，坚持 ESG 实践能够不断累积并转化为显著的社会效益提升，为企业赢得良好的社会声誉与可持续发展的动力。为了深入剖析苏泊尔 ESG 实践对企业财务绩效的具体影响，本文选取 2018—2023 年的相关数据，并横向对比行业均值，对企业的财务绩效进行分析。

#### （一）偿债能力

偿债能力是影响公司财务状况的重要因素之一，它揭示了公司的财务状态以及生产运营的发展方向，这也是公司持续成长的核心。一般来说资产负债率在 40%—60% 则是较为稳健的状态，通过比较（见表 35-1），苏泊尔的资产负债率处于比较稳健的状态，其财务状况安全，长期偿债能力是完全可控风险的状态。通常，我们将流动比率设定为 2。根据表 35-1，苏泊尔在过去的六年里，流动比率一直保持在 2 左右，只有在 2021—2023 年相较于其他年份略微降低，这表明其用于偿还负债的流动资产状况相对稳定。通常，速动比率的标准是 1。如果速动比率偏低，那么公司可能会面临更大的短期还贷压力；如果速动比率偏高，那么公司可能会因为资产的增加而需要更多的资金，这就需要我们持续关注速动资产中的应收账款的回笼状态。苏泊尔 2018—2023 年的速动比率在 0.93—1.12 波动，短期偿债能力较好且稳定。这说明企业进行 ESG 实践，能够获得稳定的资金，而且 ESG 实践对偿债能力并未造成过大压力。

表 35-1 苏泊尔 2018—2023 年偿债能力指标

| 指标名称 | 2018 | 2019 | 2020 | 2021 | 2022 | 2023 | 行业均值（2023 年） |
| --- | --- | --- | --- | --- | --- | --- | --- |
| 资产负债率 | 44.45 | 42.23 | 41.13 | 44.90 | 45.40 | 51.31 | 44.71 |
| 流动比率 | 1.91 | 1.98 | 2.01 | 1.84 | 1.67 | 1.54 | 2.51 |
| 速动比率 | 0.94 | 1.12 | 0.93 | 0.93 | 1.09 | 1.10 | 2.01 |
| 产权比率 | 0.80 | 0.73 | 0.70 | 0.82 | 0.84 | 1.06 | 1.13 |

数据来源：公司年报、同花顺

## （二）营运能力

由表 35-2 可知，近几年苏泊尔应收账款管理水平在不断提高，2019 年该企业的应收账款周转天数达到了一个相对较高的水平。随后，受全球范围内暴发的新冠感染疫情持续影响，苏泊尔采取了更为宽松的信用政策以应对市场变化，这一调整直接导致了回款周期的相应延长，体现在接下来的三年里周转天数的增加。存货管理也从 2018 年开始逐渐转好，存货周转率从 5.43 波动上升到 2021 年的 6.04。然而，由于疫情的持续影响，特别是在 2022 年，国内疫情出现了反复，加之原材料价格的上涨，苏泊尔面临着物资囤积的可能性。因此 2023 年苏泊尔 ESG 战略优化服务质量，以用户为中心建设用户运营矩阵，通过公域、私域结合的方式发掘并满足消费者的多元化需求。进行会员以旧换新、提供"以换代修"服务等，从而提升客户满意度，也为公司产品拓展和品牌形象的提升奠定坚实的基础。

表 35-2　苏泊尔 2018—2023 年营运能力指标

| 指标名称 | 2018 | 2019 | 2020 | 2021 | 2022 | 2023 | 行业均值（2023 年） |
| --- | --- | --- | --- | --- | --- | --- | --- |
| 营业周期／天 | 97.81 | 92.56 | 100.22 | 100.86 | 108.67 | 94.97 | 133.92 |
| 存货周转率／次 | 5.43 | 5.93 | 5.88 | 6.04 | 5.35 | 6.60 | 5.63 |
| 存货周转天数／天 | 66.32 | 60.70 | 61.26 | 59.62 | 67.23 | 54.55 | 85.07 |
| 应收账款周转天数／天 | 31.48 | 31.95 | 38.96 | 41.24 | 41.44 | 40.43 | 48.69 |

数据来源：公司年报、同花顺

## （三）盈利能力

苏泊尔营业净利率从 2018 年来一直稳定在 9% 以上，表 35-3 显示 2023 年提升至 10.23%。净资产收益率从 2012 年开始逐年增长，2015 年开始在 20% 以上波动，2019 年高达 30.54%，2020—2022 年受新冠疫情的影响略有下降，2023 年上升到 34.62%。可见，苏泊尔 ESG 实践，对提升企业的盈利能力有所助益，企业通过实施严格的产品质量管理体系，不断加强技术研发与创新，积极引领并践行负责任的营销理念。构建了遍布全国的线上线下一体化服务网络，持续优化服务体验。从而打造既优质又富有创新性的产品和服务，进而显著提升客户满意度，赢得市场的广泛认可与信赖。

表 35-3　苏泊尔 2018—2023 年盈利能力指标

| 指标名称 | 2018 | 2019 | 2020 | 2021 | 2022 | 2023 | 行业均值（2023 年）|
| --- | --- | --- | --- | --- | --- | --- | --- |
| 净资产收益率 / % | 28.84 | 30.54 | 26.97 | 26.81 | 27.89 | 34.62 | 6.43 |
| 营业毛利率 / % | 30.86 | 31.15 | 26.42 | 23.00 | 25.79 | 26.30 | 27.21 |
| 营业净利率 / % | 9.35 | 9.65 | 9.91 | 8.99 | 10.24 | 10.23 | 1.56 |

数据来源：公司年报、同花顺

## （四）发展能力

表 35-4 显示苏泊尔近六年内营业收入增长率波动较大，2020 年和 2022 年营业收入增长率均为负数，其他年份增长率表现出较好的成长性。2020 年，苏泊尔遭遇了净利润与营业收入的双重下滑，这主要归因于新冠感染疫情的冲击，导致线下渠道营销活动大幅缩减。同时，由于苏泊尔在线上销售渠道的布局进展相对缓慢，未能有效弥补线下销售的减少，进而引发了整体销售业绩的下滑。此外，之后三年净资产增长率呈现出放缓态势，甚至在 2022 年出现了负增长，这进一步揭示了近年来企业规模的增长受到了经济环境波动及疫情等多重因素的不稳定影响。由此可见，ESG 实践，在短期内可能难以立即显现显著成效，且要求企业投入相当的成本资源，但从长远视角来看，苏泊尔在推行 ESG 实践方面展现出了强劲的成长潜力与广阔的发展前景，预示着其在可持续发展道路上有很好的市场前景。

表 35-4　苏泊尔 2018—2023 年发展能力指标

| 指标名称 | 2018 | 2019 | 2020 | 2021 | 2022 | 2023 | 行业均值（2023 年）|
| --- | --- | --- | --- | --- | --- | --- | --- |
| 营业收入增长率 / % | 22.67 | 11.22 | -6.33 | 16.07 | -6.55 | 5.62 | -8.51 |
| 净利润增长率 / % | 25.91 | 14.97 | -3.84 | 5.29 | 6.36 | 5.42 | -37.85 |

数据来源：公司年报、同花顺

## 五、结论

从整体来看，ESG 表现对企业的财务绩效存在积极影响。优秀的企业 ESG 表现有助于提高企业的日常生产和运营效率，减少生产成本和人员管理成本，从而促进企业业绩的提高。苏泊尔通过 ESG 实践完善内部控制、优化资本结构，降低了经营风险，提高了企业的风险防控能力；进行了严格的产品质量把关、稳定的供应链管控和积极的研发创新,增强了核心产品的竞争力,从而提升了企业的盈利回报能力;提升了企业公众形象和社会认可度,增强了企业的持续发展能力。所以进行 ESG 实践,有利于企业的长期发展。因此,企业应重视自身 ESG 实践,树立长期可持续发展理念。

**参考文献**

[1] 陈美霖. ESG 视角下乳制品企业的可持续发展绩效评价 [D]. 北京:北京外国语大学, 2023.

[2] 杨世玉. 伊利集团实施 ESG 对财务绩效的影响 [J]. 合作经济与科技, 2024 (17): 67-69.

[3] 徐焙莹. 海尔智家 ESG 实践对企业绩效的影响研究 [D]. 哈尔滨:黑龙江大学, 2024.

# 三十六 价值链视角下光线传媒盈利模式研究

李晴云[①] 佟东[②]

**摘要**：我国的传媒行业具有政府扶持力度不断强化、用户规模持续增长等发展优势。企业的发展离不开围绕产品生产、运作、销售及其他以企业最大获利为目的的一系列活动，所以对解决企业如何实现盈利难题的盈利模式选择和制定就显得尤为重要。

本文以光线传媒为研究对象，以价值链理论和盈利模式要素理论为理论基础，对光线传媒价值链视角下的盈利模式进行研究。本文首先对课题研究背景进行介绍，随后，分析了光线传媒的盈利模式。在此基础上，基于价值链理论对光线传媒的盈利模式进行解析，最后得出结论。

**关键词**：光线传媒；价值链；盈利模式

## 一、绪论

### （一）引言

随着传媒产业与互联网融合加速，国家政策持续推动媒体深度融合，要求优化资源配置并提供资金政策保障。2020年《关于加快推进媒体深度融合发展的意见》出台，2021年"十四五"规划再次强调此目标。同时，《中共中央关于党的百年奋斗重大成就和历史经验的决议》要求传媒行业加强传播手段创新，推动融合发展。在此背景下，互联网传媒企业需探索新的盈利模式，紧跟时代步伐。光线传媒作为互联文化传媒行业的佼佼者，以其快速增长和庞大的用户规模备受瞩目，其互联网视频平台运营模式对同行业具有借鉴意义。

---

① 李晴云，硕士研究生，主要研究方向为：会计理论与实务。
② 佟东，博士，硕士生导师，研究方向：文化产业经济、传媒经济与管理。

## 二、光线传媒盈利模式分析

### （一）企业简介

光线传媒（股票代码：300251）成立于1998年，经过24年发展，于2011年8月在深交所挂牌上市，注册资本1650万元。在初创阶段，光线传媒的主营业务是电视节目制作，这为光线传媒挣得了第一桶金。在随后的发展过程中，光线传媒精准把握网络时代的发展脉搏，着力进行业务拓展，在电视剧、在线票务、网络视频等多个领域播种开花，力主构建独特的全产业链模式。经过二十余载的奋斗，光线传媒建立了多元化的业务结构，包括电视剧、电影、视频直播等多种业务形态。[①]

### （二）光线传媒价值链分析

#### 1. 纵向价值链

光线传媒自2006年起涉足影视产业，2016年后解散电视节目制作部门，全力推进影视业务。通过股权投资和收购，公司增添了游戏、视频直播及影票服务等板块，转型为综合性娱乐公司。除影视核心业务外，光线传媒还涉足在线票务、视频直播和游戏等领域，实现多元化发展。其盈利模型从单一逐步转向多元，价值链也从上游制作扩展至中游宣发及下游全产业链，完成了从产品到平台再到生态模式的转变。光线传媒不仅依靠电影电视剧制作，还将电影IP改编为游戏、直播等业务，纳入价值创造链条。抓住移动互联网机遇，公司着眼于网络购票、收购猫眼并开展实景娱乐项目，最终构建了完整的影视生态圈。盈利模式也随价值链扩张而转变。

#### 2. 横向价值链

光线传媒和华谊兄弟是中国民营影视业极为重要的两家实力企业，在当今互联网的深入影响下，它们的发展之路不尽相同。

表 36-1　华谊兄弟 2022 年分行业营收

| 主营业务 | 营业收入 / 元 | 营业收入占比 |
| --- | --- | --- |
| 影视娱乐 | 44,412,524.83 | 67.8% |
| 品牌授权及实景娱乐 | 11,320,754.71 | 17.3% |
| 其他业务收入 | 9,771,482.18 | 2.31% |

资料来源：华谊兄弟年报

---

① 刁裕尚. 光线传媒盈利模式的评价研究 [D]. 青岛大学, 2022.

表 36-2　光线传媒 2022 年分行业营收

| 主营业务 | 营业收入 / 元 | 营业收入占比 |
| --- | --- | --- |
| 电影及衍生品 | 337,882,643.59 | 71.57% |
| 电视剧 | 358,980.41 | 0.08% |
| 经济业务及其他 | 133,819,911.51 | 28.35% |

资料来源：光线传媒年报

从表 36-1、表 36-2 可见，华谊兄弟和光线传媒同为多元化战略，但其重点各有不同，华谊兄弟的投资战略十分激进，一方面重点加大杠杆进行线下实景项目，如华谊兄弟世界、电影公社等项目的开发，另一方面部署互联网娱乐，以自有资金收购关联艺人企业、捆绑艺人并交叉持股、以对赌协议的方式实现其艺人发展。

光线传媒则是围绕影视主业较好地完成了产业链间的业务整合，不再选择按游戏、视频直播等业务具体区分营业收入的披露，而是将其都归入电影与衍生品大类，形成了轻资产、高周转的经营特点，初步形成线上线下联动的全产业链战略布局，保证了企业的健康发展。

因此，从两家企业价值链横向对比的成果来看，光线传媒的投资战略不会过于激进，保持了自身资金链的健康，同时坚持以影视为主业的全产业链开发，较为成功地完成了对上下游价值链的整合和优化。

（三）价值链视角下光线传媒盈利模式分析

光线传媒起初专注于电影电视剧制作，依赖广告收入和影视版权作为主要利润源，这受限于企业规模和电影市场成熟度。随着市场扩大，院线增多，观众需求增长，互联网发展，光线传媒把握机遇，将业务扩展到艺人经纪、网络 IP 开发、游戏等衍生产业，形成链条化盈利模式，强化了电影行业上下游的价值链整合。

随着泛娱乐行业的兴起，电影与其他娱乐形式的结合带来了更多新玩法和利润增长点，线上渠道变得越发重要。观众的娱乐需求也从单一观影扩展到在线看衍生剧、玩游戏、体验 VR/AR 等多元化形式。因此，光线传媒不仅局限于电影及其衍生产品，而且致力于打通线上渠道和线下全产业链，将品牌注入娱乐产业各层面。

光线传媒以高质量内容为核心，结合互联网优势，通过多元化盈利模式不断扩展业务范围，涵盖 IP、电视剧、电影、动画、渠道及艺人经纪等多个领域。

通过投资并购、战略合作等手段，构建了一个覆盖全产业链的闭环生态系统，成功实现了从单一影视制作公司向拥有多元化全产业链盈利模式的大型文化娱乐企业的转型，提升了市场竞争力和盈利能力。

## 三、价值链视角下光线传媒盈利模式财务效果分析

### （一）偿债能力分析

1. 短期偿债能力分析

表 36-3　光线传媒 2019—2023 短期偿债能力指标

| 年份 | 2019年 | 2020年 | 2021年 | 2022年 | 2023年 |
| --- | --- | --- | --- | --- | --- |
| 流动比率 | 2.46 | 5.75 | 6.23 | 5.68 | 4.22 |
| 速动比率 | 1.86 | 4.38 | 4.66 | 3.84 | 3.05 |
| 现金流量比率 | 0.83 | −0.02 | 0.71 | −0.01 | 0.59 |

资料来源：光线传媒年报

流动比率值一般在 2 左右就是正常表现，比率值越高也就表明该公司的偿债能力越强。从表 36-3 中可以看出，光线传媒的流动比率在 2019 年为 2.46，之后几年显著上升，2020 年达到 5.75，2021 年进一步增长至 6.23，显示出非常强的短期偿债能力。然而，到了 2022 年下降至 5.68，2023 年更是降至 4.22，尽管仍然保持在较高水平，但表明其短期偿债能力有所减弱。

速动比率用于衡量企业不依赖存货变现的短期偿债能力。光线传媒的速动比率同样在近几年内呈现出先升后降的趋势。从 2019 年的 1.86 上升到 2021 年的 4.66，显示出其不依赖存货的短期偿债能力也在增强。但到了 2022 年和 2023 年，速动比率分别降至 3.84 和 3.05，说明其不依赖存货的短期偿债能力有所减弱。

现金流量比率反映了企业用经营活动产生的现金流量净额偿还流动负债的能力。光线传媒的现金流量比率在 2019 年为 0.83，但随后几年中出现了负数，这表明其经营活动产生的现金流量净额不足以覆盖流动负债。但在 2023 年，现金流量比率回升至 0.59，虽然仍低于 1，但表明其现金流量状况有所改善。

综上所述，光线传媒近五年的短期偿债能力总体较强，但从 2022 年开始，流动比率和速动比率均有所下降，反映出其短期偿债能力有所减弱。同时，现金流量比率也不稳定。

## 2. 长期偿债能力分析

表36-4　光线传媒2019—2023长期偿债能力指标

| 年份 | 2019年 | 2020年 | 2021年 | 2022年 | 2023年 |
| --- | --- | --- | --- | --- | --- |
| 资产负债率/% | 18.3 | 7.9 | 8.76 | 8.96 | 12.54 |
| 产权比率/% | 0.225 | 0.086 | 0.095 | 0.098 | 0.143 |

资料来源：光线传媒年报

资产负债率是企业总负债与总资产之比，反映了企业总资产中有多大比例是通过负债筹资的。由表36-4可知，光线传媒的资产负债率从2019年的18.3%逐年下降至2020年的7.9%，然后在接下来的几年中略有上升，至2023年达到12.54%。这表明光线传媒的资本结构在逐渐优化，通过增加自有资本或减少负债来降低财务风险。

产权比率是负债总额与所有者权益之比，反映了企业借款经营的程度以及债权人权益的保障程度。光线传媒的产权比率从2019年的0.225%逐年下降至2020年的0.086%，并在此后的几年中保持稳定增长，至2023年达到0.143%。产权比率的下降和随后的缓慢增长表明，光线传媒在逐渐调整其债务与股权之间的比例，较低的产权比率意味着企业的债务负担相对较轻，债权人的权益得到更好的保障。

综合对上述两个指标的分析，光线传媒长期偿债能力整体看来是比较好的，但是它的资产负债率是偏低的，需要提高融资的能力。

### （二）营运能力分析

表36-5　光线传媒2019—2023年营运能力指标

| 年份 | 2019年 | 2020年 | 2021年 | 2022年 | 2023年 |
| --- | --- | --- | --- | --- | --- |
| 应收账款周转率/次 | 7.913 | 7.9 | 2.423 | 2.86 | 5.64 |
| 存货周转率/次 | 1.153 | 0.086 | 0.68 | 0.514 | 0.759 |
| 总资产周转率/次 | 0.259 | 0.111 | 0.115 | 0.077 | 0.163 |

资料来源：光线传媒年报

应收账款周转率反映了企业应收账款变现的速度和管理效率。如表36-5所示，光线传媒的应收账款周转率在2019年和2020年保持在较高水平（约7.9次），但在2021年降幅较大，2022年和2023年稍有回温。这表明光线传媒在应收账款的管理上虽有波动，但总体趋势向好，尤其是在 2023 年显示出较强的应收账款回收能力。

存货周转率衡量了企业存货的周转速度，反映了存货的流动性。光线传媒的存货周转率在五年内也呈现出较大的波动。从 2019 年的 1.153 次下降到 2020 年的极低水平（0.086 次），随后几年有所回升，但整体仍然偏低，表明存货周转速度仍然不够快，需要进一步优化库存管理。

总资产周转率反映了企业全部资产的利用效率。光线传媒的总资产周转率从 2019 年的 0.259 次下降到 2020 年和 2021 年的较低水平（分别为 0.111 次和 0.115 次）。2022 年的总资产周转率有所回升，2023 年达到 0.163 次，虽然仍然不高，但显示出一定的改善趋势。

综上所述，光线传媒近五年的应收账款周转率在经历大幅波动后，于 2023 年显示出较强的回收能力；存货周转率虽然有所回升，但整体仍然偏低，需要进一步优化库存管理；总资产周转率也呈现出一定的改善趋势，但仍需进一步提升资产利用效率。因此，光线传媒在未来的经营中应继续加强营运管理，提高资产周转速度和使用效率，以增强企业的整体营运能力。

### （三）盈利能力分析

表 36-6　光线传媒 2019—2023 年盈利能力指标

| 年份 | 2019 年 | 2020 年 | 2021 年 | 2022 年 | 2023 年 |
| --- | --- | --- | --- | --- | --- |
| 净资产收益率 / % | 10.8 | 3.24 | -3.23 | -8.09 | 4.98 |
| 总资产报酬率 / % | 8.68 | 2.8 | -3.07 | -7.29 | 4.4 |
| 营业利润率 / % | 39.28 | 27.39 | -23.43 | -96.41 | 31.77 |

资料来源：光线传媒年报

近五年，光线传媒的盈利能力呈现出显著的起伏与变化。如表 36-6 所示，其核心盈利指标之一的净资产收益率（ROE）在 2019 年达到 10.8% 后，遭遇了急剧的下滑，2020 年降至 3.24%，随后连续两年呈现负值，2021 年为 -3.23%，2022 年更是跌至 -8.09%，这一阶段显示了公司在运营效率和盈利能力上遇到了显著挑战。幸好在 2023 年，光线传媒的净资产收益率回升至 4.98%，这预示着公司财务状况有所改善。

总资产报酬率和营业利润率也是类似趋势，反映出公司在面对市场变化和经营压力时，其整体资产回报能力和业务盈利能力均经历了较大波动。这一系列数据的变动，揭示了光线传媒在过去几年中的经营困境与努力的同时，也表明公司需要提升其整体的盈利能力和市场竞争力。

### （四）发展能力分析

表36-7　光线传媒2019—2023年发展能力指标

| 年份 | 2019年 | 2020年 | 2021年 | 2022年 | 2023年 |
| --- | --- | --- | --- | --- | --- |
| 营业收入增长率/% | 89.7 | -59.03 | 0.74 | -35.35 | 104.74 |
| 净利润增长率/% | -31 | -69.28 | -207.09 | 0 | 0 |
| 净资产增长率/% | 3.36 | 0.82 | 6.07 | -13.57 | 5.09 |

资料来源：光线传媒年报

2019—2023年，光线传媒的发展能力经历了显著波动。如表36-7所示，营业收入增长率从2019年的89.7%骤降至2020年的-59.03%，随后几年虽有回升但波动较大，2021年仅增长至0.74%，2022年再次下滑至-35.35%，直至2023年大幅增长104.74%。净利润增长率则更为严峻，从2019年的-31%持续恶化，2020年降至-69.28%，2021年更是暴跌至-207.09%，随后两年虽无增长但避免了进一步下滑。净资产增长率则相对稳定，虽有起伏但整体保持正增长，显示出公司在资产规模上的稳健扩张。

公司在营业收入方面虽然实现了从低迷到反弹的转变，但在净利润增长方面仍面临较大挑战。同时，净资产增长率的波动也反映出公司在资本运营方面的复杂性和不确定性。

## 四、结论

本文以价值链分析为框架，对光线传媒的盈利模式进行分析。光线传媒坚守"内容为王"的核心理念，在影视领域深耕细作，同时积极拓展游戏、动漫等多元化业务，并加强新媒体渠道建设。与华谊兄弟等同行相比，光线传媒更加注重渠道优化与优质IP的孵化，确保电影主业稳健发展的同时，也为企业带来了新的增长点。在网络数字技术日新月异的背景下，光线传媒不断创新盈利模式，以消费者和价值链为核心，提升企业核心竞争力，推动文化传媒产业现代化进程。这种前瞻性的战略布局，不仅为光线传媒自身带来了持续稳定的收益，也为整个文化传媒行业的转型升级提供了宝贵的经验。

**参考文献**

[1] 张冰茹.价值链视角下影视行业盈利模式研究[D].武汉：武汉纺织大学,2023.

[2] 刁裕尚.光线传媒盈利模式的评价研究[D].青岛：青岛大学,2022.

[3] 詹云.基于财务视角的光线传媒盈利模式研究[D].南京：南京邮电大学,2021.

[4] 于金文.价值链视角下影视行业盈利模式分析[D].北京：北京外国语大学,2021.

# 三十七 企业财务共享中心存在的问题及对策研究——以美的集团为例

梁军宇[①] 华宇虹[②]

**摘要**：随着全球经济一体化的深入发展和企业规模的持续扩张，传统的财务管理模式面临严峻挑战。为应对这些挑战，越来越多的企业开始探索并实施财务共享中心（Financial Shared Services Center, FSSC）这一新型的财务管理模式。本文以美的集团为例，通过对美的集团财务共享服务中心的实施动因、运行现状的全面分析，揭示了其在实践过程中存在的问题，并针对性地提出了优化建议。研究发现，财务共享中心在提升财务管理效率、降低成本、增强服务质量等方面具有显著优势，但同时也面临数据安全、员工流动、业财融合等多方面的挑战。本文旨在为企业财务共享中心的建设与优化提供理论参考与实践指导。

**关键词**：财务共享中心；美的集团；实施背景；运行现状

## 一、引言

随着信息技术的飞速发展和全球经济一体化的深入推进，企业面临日益复杂的市场环境和激烈的竞争压力。传统的财务管理模式，如分散的财务核算、独立的资金管理、单一的财务报告等，已难以满足现代企业高效、低成本、高质量的管理需求。在此背景下，财务共享中心作为一种创新的财务管理模式应运而生，并逐渐受到企业的广泛关注和青睐。

美的集团作为全球知名的家电制造商，拥有庞大的业务规模和复杂的组织结构。传统的财务管理模式在美的集团内部存在诸多问题，如成本高、效率低、信息分散等。为应对这些挑战，美的集团决定实施财务共享中心，通过集中化、标

---

[①] 梁军宇，会计硕士，研究方向：资本市场与公司治理。
[②] 华宇虹，教授，研究方向：资本市场与公司治理。

准化的财务管理流程,实现资源的优化配置和成本的降低。本文将以美的集团为例,深入探讨其财务共享中心的实施背景、运行现状、存在的问题及优化建议,为企业财务管理模式的创新提供有益的参考。

## 二、美的集团财务共享服务中心的实施背景

随着美的集团业务的不断拓展和国际化进程的加速推进,企业面临越来越复杂的市场环境和竞争压力。传统的财务管理模式已难以满足集团快速发展的需要,亟须一种更加高效、低成本、高质量的财务管理模式来支撑企业的持续发展。

在传统的财务管理模式下,美的集团存在诸多问题,如成本核算不准确、资金管理不规范、财务报告不及时等。这些问题不仅影响了企业的经营管理效率,还可能导致潜在的财务风险和合规问题。因此,美的集团需要实施财务共享中心来解决这些问题。

通过实施财务共享中心,美的集团可以将原本分散在各个业务部门的财务职能进行集中整合,形成一个独立的、专业化的财务管理机构。该机构通过标准化、流程化的管理方式,实现财务信息的统一化、规范化,从而提高企业的财务管理效率和服务质量。同时,财务共享中心还可以为集团提供更加及时、准确的财务报告和数据支持,帮助集团更好地把握市场机遇和应对风险挑战。

## 三、美的集团财务共享服务中心的运行现状

美的集团财务共享服务中心以美云智数为运营单位,下设会计、资金、税务、运营四大业务功能。会计功能主要负责集团的财务核算和报告工作;资金功能负责集团的资金管理和调度工作;税务功能负责集团的税务筹划和申报工作;运营功能则负责财务共享中心的日常运营和管理工作。

美的集团财务共享服务中心通过标准化、集中化的财务管理流程,实现了财务信息的统一化、规范化。该中心制定了统一的财务核算标准和流程,确保了各业务部门财务核算的一致性和准确性。同时,该中心还通过集中化的资金管理方式,实现了资金的统一调度和优化配置。此外,该中心还建立了完善的财务报告体系和数据分析工具,为集团提供了及时、准确的财务报告和数据支持。

美的集团财务共享服务中心充分利用了信息化和智能化的技术手段,提高了财务管理效率和服务质量。该中心采用了先进的财务软件和系统,实现了财务数据的自动化处理和实时共享。同时,该中心还利用人工智能技术和大数据分析工具,对财务数据进行深度挖掘和分析,为集团提供了更加精准、有价值的财务决策支持(图37-1)。

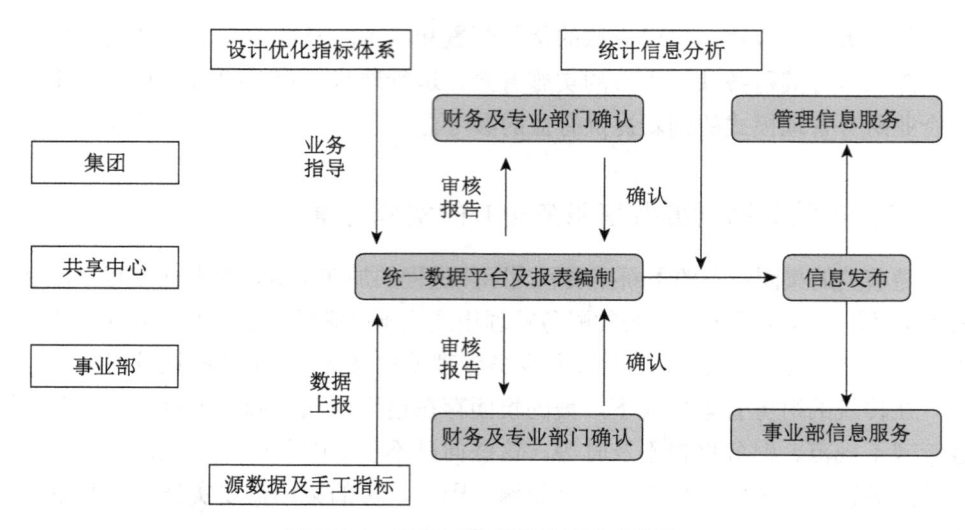

图 37-1　美的集团财务共享中心架构

## 四、美的集团财务共享服务中心存在的问题

### （一）数据安全问题

随着信息技术的不断发展和互联网技术的广泛应用，美的集团财务共享服务中心面临数据泄露、篡改等安全风险。一旦财务数据被泄露或篡改，将对集团的经营管理造成严重影响。因此，加强数据安全防护是美的集团财务共享服务中心亟须解决的问题之一（图 37-2）。

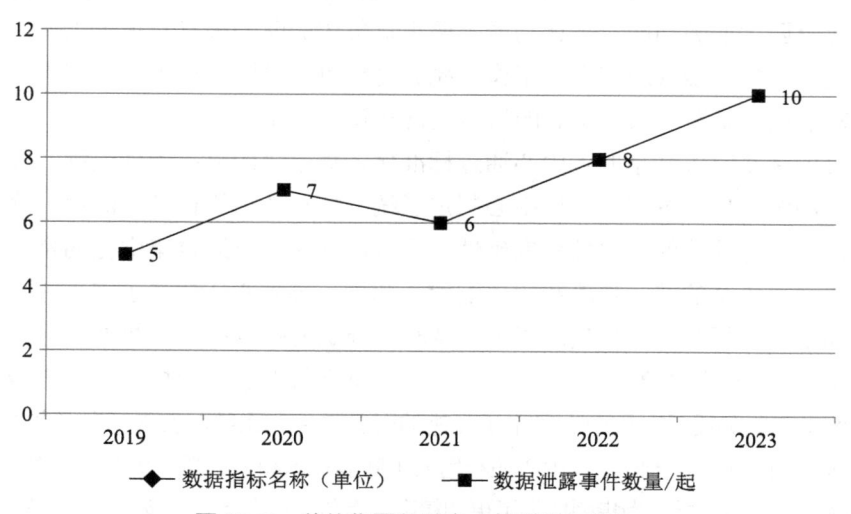

图 37-2　美的集团数据安全相关指标变化

## (二)员工流动问题

由于财务共享中心的建立导致部分基础岗位被取代或调整,员工流动率上升成为一个不容忽视的问题。员工流动不仅会影响工作的稳定性和连续性,还可能导致财务数据的泄露和丢失。因此,如何降低员工流动率、提高员工满意度和忠诚度是美的集团财务共享服务中心需要关注的重要问题(图37-3)。

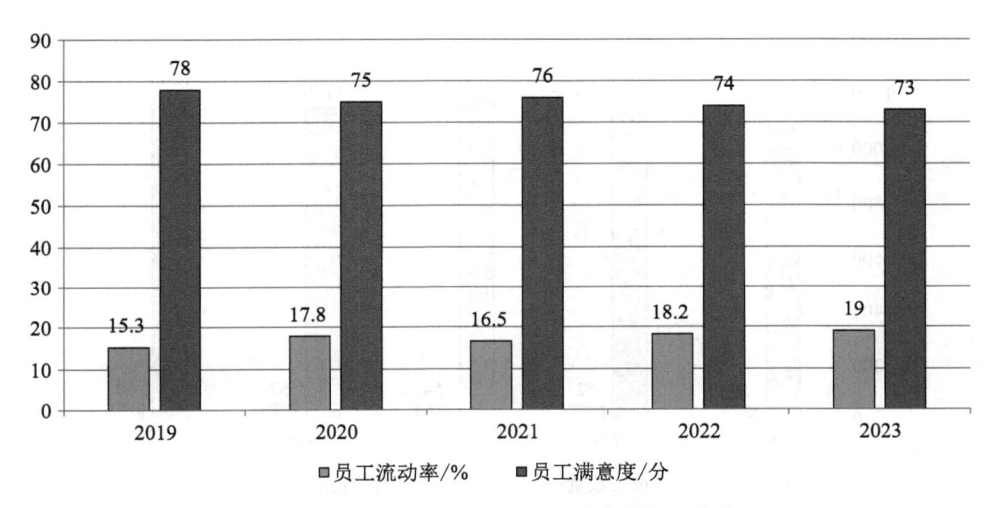

| 年份 | 员工流动率/% | 员工满意度/分 |
|---|---|---|
| 2019 | 15.3 | 78 |
| 2020 | 17.8 | 75 |
| 2021 | 16.5 | 76 |
| 2022 | 18.2 | 74 |
| 2023 | 19 | 73 |

图 37-3 美的集团员工流动与满意度变化趋势

## (三)业财融合问题

美的集团财务共享服务中心与业务部门的融合不够紧密,导致财务信息与业务信息之间存在脱节和滞后现象。这不仅影响了财务信息的及时性和准确性,还可能导致决策失误和业务风险。因此,加强业财融合、实现财务信息与业务信息的实时共享和协同是美的集团财务共享服务中心需要解决的重要问题之一。

# 五、美的集团财务共享服务中心的优化建议

## (一)加强数据安全防护

针对数据安全问题,美的集团财务共享服务中心应加强网络安全防护,通过采用加密技术、设立防火墙等措施,确保财务数据的安全传输和存储。同时,加强对员工的安全教育和培训,提高员工的安全意识和操作技能。此外,建立完善的数据备份和恢复机制,确保在数据丢失或损坏时能够及时恢复。

### (二) 优化人力资源配置

针对员工流动问题，美的集团财务共享服务中心应通过岗位轮换、培训等方式，提升员工的专业技能和综合素质，降低员工对单一岗位的依赖性和流动意愿。同时，关注员工的职业发展需求，为员工提供更多的晋升机会和职业发展空间。此外，建立完善的激励机制和福利体系，提高员工的满意度和忠诚度（图37-4）。

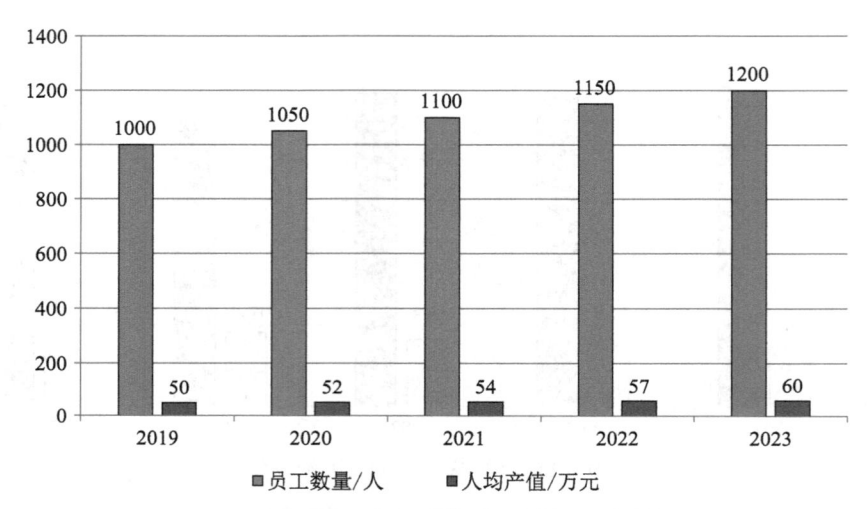

图 37-4 美的集团财务共享服务中心人力资源配置分析

| 年份 | 员工数量/人 | 人均产值/万元 |
| --- | --- | --- |
| 2019 | 1000 | 50 |
| 2020 | 1050 | 52 |
| 2021 | 1100 | 54 |
| 2022 | 1150 | 57 |
| 2023 | 1200 | 60 |

### (三) 促进业财融合

针对业财融合问题，美的集团财务共享服务中心应建立跨部门沟通机制，加强财务共享中心与业务部门的协作与配合，确保财务信息与业务信息的实时共享和协同。同时，通过信息共享和采购目录等方式，推动业务部门更好地了解和应用财务信息，提高业务部门的财务管理水平。此外，加强对业务部门的财务培训和指导，帮助业务部门更好地理解和应用财务管理知识和工具。

### (四) 持续优化和创新

除了针对具体问题的优化建议外，美的集团财务共享服务中心还应持续关注行业动态和技术发展趋势，不断优化和创新财务管理模式和方法。具体来说，可以关注以下几个方面：一是加强对新技术的研究和应用，如人工智能、大数据、云计算等，提高财务管理的智能化和自动化水平；二是关注行业动态和法规变化，及时调整财务管理策略和方法，确保企业的合规经营和稳健发展；三是加强与外部机构的合作和交流，借鉴和学习先进的财务管理经验和方法，不断提升自身的财务管理水平和服务质量。

## 六、结论

本文以美的集团为例，深入研究了企业财务共享中心的实施背景、运行现状、存在的问题及优化建议。通过分析和探讨，本文得出以下结论：财务共享中心是现代企业应对复杂市场环境和竞争压力的重要财务管理模式之一。通过集中化、标准化的财务管理流程和信息化、智能化的技术支持，财务共享中心可以提高企业的财务管理效率和服务质量，为企业的持续发展提供有力支持。美的集团财务共享服务中心在实施过程中取得了显著的成效，但也面临数据安全、员工流动、业财融合等多方面的挑战。针对这些问题，本文提出了加强数据安全防护、优化人力资源配置、促进业财融合等优化建议。为了保持财务共享中心的持续优化和创新，美的集团需要关注行业动态和技术发展趋势，加强对新技术的研究和应用，关注行业动态和法规变化，加强与外部机构的合作和交流。综上所述，本文的研究为美的集团财务共享中心的实施和优化提供了有益的参考。同时，也为其他企业实施财务共享中心提供了有益的启示和思路。在未来的研究中，可以进一步探讨财务共享中心在不同行业、不同规模企业中的应用效果和优化策略等问题。

## 参考文献

[1] 叶冰. 国有企业财务共享中心建设存在的问题及对策探究 [J]. 商场现代化，2024(5): 156-158.

[2] 张睿. 海尔智家财务共享中心建设优化研究 [D]. 哈尔滨：黑龙江大学，2022.

[3] 路倩影. 财务共享模式下营运资金管理绩效研究 [D]. 江西：东华理工大学，2021.

[4] 宗文娟，王伯伦. 基于业财融合的企业财务共享模式研究——以华为为例 [J]. 财会通讯，2020(12): 173-176.

[5] 陈兆鹏. 企业财务共享服务中心存在的问题与改善对策 [J]. 中国商论，2018(33): 118-119.

[6] 任洁. 我国企业集团财务共享服务中心的优化研究 [D]. 西安：陕西科技大学，2015.

# 三十八　新能源汽车公司财务报表分析
## ——以比亚迪公司为例

刘芳[①]　秦必瑜[②]

**摘要**：随着时代的发展，新能源已成为全球范围内的发展热点。新能源行业的上市公司已逐渐成为公众瞩目的焦点，新能源公司要想持续稳健发展，公司的财务状况不可忽视。本文以比亚迪公司为例，对其内部结构和财务数据进行了分析，从财务指标的分析结果中判断比亚迪在发展中存在的问题并提出对策建议，为财务数据使用者提供更加可靠的信息。

**关键词**：比亚迪；财务报表；偿债能力；发展能力

## 一、引言

在全球化的发展趋势下，世界各国正在制定新的经济发展战略，以"绿色经济，绿色增长"为重点发展规划。我国在过去五年中，采用动力锂电池技术的新能源电动汽车企业的市场份额以年均30%的速度增长。[1]新能源汽车对于我国的经济起到了重要的作用。因此，本文将对比亚迪公司的财务状况进行深入的探讨，对其成功的财务模式进行分析，为其他新能源企业的长远发展提供理论指导。

## 二、比亚迪公司经营状况分析

### （一）比亚迪企业简介

比亚迪公司于1995年成立，它主要涉猎的领域在新能源和汽车。如今比亚迪公司已经成为我国新能源汽车的领头企业。截至2023年，比亚迪公司关于汽车、汽车相关产品及其他产品业务的收入达到4834.53亿元，同比增长48.9%。[2]

---

① 刘芳，会计硕士，研究方向：财务分析。
② 秦必瑜，指导教师。

自汽车销售业开始发展以来，比亚迪公司在全国建立了九大生产基地，在很多方面领先于国际。比亚迪公司多年来逐步地完善自己的产业，迅速发展成为中国最大的产业结构品牌。

## （二）营业收入持续增长

对比亚迪公司 2018—2023 年的营业收入进行分析，如表 38-1 所示：

表 38-1　2018—2023 年比亚迪公司营业收入分析　　　　　　　单位：亿元

| 年份 | 2018 | 2019 | 2020 | 2021 | 2022 | 2023 |
|---|---|---|---|---|---|---|
| 营业收入 | 1301 | 1277 | 1566 | 2161 | 4241 | 6023 |

资料来源：网易财经

由表 38-1 可知，比亚迪公司营业收入 2018—2019 年略有下降，但 2019—2023 年却有较大增长。近年来，比亚迪公司的营业收入呈持续上升趋势，这表明该公司在经营方面取得了显著进展。它的营业收入的上涨，促使它的利润上涨，说明其经营状况处在正常增长的轨道。

## （三）营业成本增幅较大

对比亚迪公司 2018—2023 年的营业收入进行分析，如表 38-2 所示：

表 38-2　2018—2023 年比亚迪公司营业成本　　　　　　　　单位：亿元

| 年份 | 2018 | 2019 | 2020 | 2021 | 2022 | 2023 |
|---|---|---|---|---|---|---|
| 营业总成本 | 1270 | 1256 | 1490 | 2126 | 4012 | 5677 |

资料来源：网易财经

由表 28-2 可知，比亚迪公司的营业成本持续增加，从 2018 年的 1270 亿元增长到 2023 年的 5677 亿元，结合营业收入，可知利润也是逐年增长，从 30 亿元左右增长到了 300 多亿元。利润增加可能是由材料价格下降、人工成本降低等引起的。但是比亚迪的营业成本增长速度快，未来为了维持盈利水平，企业必须寻求更多的销售机会。如果无法提高销售价格或者扩大销售机会，那么企业的利润很有可能下降。

## 三、比亚迪公司财务分析

### （一）盈利能力分析

结合比亚迪公司的实际情况，选择了股东权益报酬率、总资产报酬率、销售净利率三个指标对比亚迪的盈利能力进行分析。具体分析如下表 38-3：

表 38-3　2018—2023 年比亚迪公司盈利能力指标数据

| 年份 | 2018 | 2019 | 2020 | 2021 | 2022 | 2023 |
| --- | --- | --- | --- | --- | --- | --- |
| 净资产收益率 | 4.96% | 2.62% | 7.43% | 3.73% | 16.14% | 24.40% |
| 总资产报酬率 | 4.03% | 3.03% | 5.05% | 2.59% | 5.67% | 6.66% |
| 销售净利率 | 2.73% | 1.66% | 3.84% | 1.84% | 4.18% | 5.20% |

资料来源：网易财经

由表 38-3 可知，2018—2021 年期间比亚迪公司净资产收益率增减不稳定，并且均低于 10%，这说明比亚迪的盈利能力在这四年期间较差。但在 2021—2023 年期间比亚迪公司的净资产收益率增幅为 332%，均处于合理的范围内，能够较好地反映比亚迪的运营效率和盈利能力。2018—2023 年期间，企业的总资产报酬率大体是上升趋势，说明企业的经营效率和经营管理在改善。销售净利率在近两年稳定增长，增长幅度为 127%，说明企业通过扩大销售获取报酬的能力变强，比亚迪的盈利能力增强。

（二）偿债能力分析

根据比亚迪的真实情况，选择了流动比率、速动比率、现金比率和资产负债率来对比亚迪公司的偿债能力进行分析。具体分析如表 38-4 所示：

表 38-4　2018—2023 年比亚迪公司偿债能力指标数据

| 年份 | 2018 | 2019 | 2020 | 2021 | 2022 | 2023 |
| --- | --- | --- | --- | --- | --- | --- |
| 流动比率 | 0.99 | 0.99 | 1.05 | 0.97 | 0.72 | 0.67 |
| 速动比率 | 0.76 | 0.75 | 0.75 | 0.72 | 0.49 | 0.47 |
| 现金比率 | 0.11 | 0.12 | 0.14 | 0.33 | 0.22 | 0.26 |
| 资产负债率 | 68.81% | 68.00% | 67.94% | 64.76% | 75.42% | 77.86% |

资料来源：网易财经

如表 38-4 可知，2018—2023 年期间，企业的流动比率出现下降趋势，下降幅度为 32.32%，说明资产的变现能力变弱，并且比亚迪公司的流动比率均低于标准值 2，说明比亚迪公司的短期偿债风险较大。同时企业的速动比率在 2023 年也降到近六年最低，对比 2018 年的数据，它下降幅度为 38.16%。这两个指标的下降说明企业的短期偿债能力降低，可能会影响到企业的正常经营。企业的资产负债率在 2020—2021 年趋于稳定，合理稳定的资产负债率表明企业的债权股权资本处于相对均衡稳定的状态，既有利于有效利用财务杠杆，又有利于长期经营。但比亚迪的资产负债率在 2022 年升高，增幅为 16.46%，说明在比亚迪公司的资金来源中，来源于债务的资金增多，来源于所有者的资金减少，说明比亚迪公司的资本结构是不合理的，可能会使企业的财务风险增加。

### （三）营运能力分析

从实际出发，对其营运能力分析主要考虑四个指标：应收账款周转率、存货周转率、流动资产周转率、总资产周转率。具体分析如表 38-5 所示：

表 38-5　2018—2023 年比亚迪公司营运能力指标数据

| 年份 | 2018 | 2019 | 2020 | 2021 | 2022 | 2023 |
| --- | --- | --- | --- | --- | --- | --- |
| 应收账款周转率 / 次 | 2.57 | 2.74 | 3.68 | 5.58 | 11.03 | 11.96 |
| 存货周转率 / 次 | 4.71 | 4.12 | 4.43 | 5.03 | 5.75 | 5.76 |
| 流动资产周转率 / 次 | 1.19 | 1.15 | 1.43 | 1.56 | 2.08 | 2.22 |
| 总资产周转率 / 次 | 0.70 | 0.65 | 0.79 | 0.87 | 1.07 | 1.03 |

资料来源：网易财经

由表 38-5 可知，首先应收账款周转率在这 6 年中持增长趋势，从 2018 年到 2023 年增幅为 365%，可以说明公司收账的速度是较快的，从而使比亚迪的坏账损失较少、资产的流动性较快，使得比亚迪公司的营运能力变强。其次，存货的周转率也缓慢上升。从 2018 年到 2023 年增幅为 18.23%。存货周转率越高，说明企业销售库存的能力越强，可以更快地给企业带来相应的效益。然后流动资产周转率也升高了，说明企业对流动资产利用得更好。最后总资产周转率，从 2018—2023 年看似增长，但是最高才 1.07 次，说明比亚迪的资金周转速度较慢，因为总资产周转率是衡量投资资产的规模与销售能力这两者配比情况的指标。所以也说明比亚迪公司的资产利用效率相对来说不高，会影响比亚迪公司的营运能力。总之，虽然比亚迪的资产周转较慢，但大体趋势是好的，所以比亚迪的营运能力是相对较稳定的。

### （四）发展能力分析

通过分析比亚迪实际情况，评价其发展能力的时候，主要考虑三个指标：净利润增长率、净资产增长率、总资产增长率。

表 38-6　2018—2023 年比亚迪公司发展能力指标数据

| 年份 | 2018 | 2019 | 2020 | 2021 | 2022 | 2023 |
| --- | --- | --- | --- | --- | --- | --- |
| 净利润增长率 | -26.67% | -40.42% | 183.83% | -34.03% | 346.48% | 76.84% |
| 净资产增长率 | 1.17% | 3.13% | 2.96% | 61.73% | 16.45% | 23.97% |
| 总资产增长率 | 9.26% | 0.51% | 2.75% | 47.14% | 66.97% | 37.58% |

资料来源：网易财经

由表 38-6 可知，比亚迪公司的净利润增长率呈上下波动的状态，这代表着比亚迪公司的发展能力处于不稳定的状态。比亚迪公司的净资产增长率在 2021 年达到最大值 61.73%，在 2022 年又有所下降，这说明企业 2021 年的净资产增长迅速，可以间接说明企业的规模扩张。再看总资产的增长率在 2021 年和 2022 年分别为 47.14% 和 66.97%，2021—2022 年的增长幅度为 29.61%。这表明比亚迪公司本期资产的经营规模的扩大速度变快。2022 年总资产增长率和净资产增长率都是正数，说明其总资产和净资产是增加的，但是增加幅度跨度大，说明其发展能力还不太稳定。在这三个数据中，净利润增长率的增减变动是最大的，说明其发展能力缺乏稳定性，不利于比亚迪公司长期健康发展。

## 四、比亚迪公司存在的财务问题

### （一）资产变现性较差

比亚迪的流动比率出现下降趋势，并且低于标准值，说明其资产的变现能力较弱。企业的资产变现性差，会对企业的偿债能力产生一定的影响。比亚迪可能没有能力偿还之前欠下的债务，可能会对企业的发展产生阻碍。

### （二）资本结构不合理

合理的资本结构是企业生存和发展的基础。[3] 比亚迪公司的资金中，来源于债务的资金增多，来源于所有者的资金减少。比亚迪公司的资本结构是不合理的，可能会使企业的财务风险增加。同时，比亚迪资产负债率是逐渐升高的，所以可能是它的负债过高或是资产规模较小，导致负债和资产之间的平衡被破坏，这可能会引发资金链断裂、债务无法及时偿还等问题。

### （三）资产管理效果较低

结合对比亚迪公司营运能力的分析，发现比亚迪公司的总资产周转率增长较慢，虽然在 2022 年达到了近五年最高，但是数据才为 1.07 次，这就证明比亚迪公司的资产周转期较长。出现这种现象可能是由于公司的存货过剩导致的企业资金被占用、企业经营管理不善、企业账款期限拖延导致的资金周转慢或者竞争环境恶劣导致企业销售额较低等导致的，这就会降低企业的营运能力，进而间接地影响企业的发展。

### （四）发展能力的稳定性较差

从上述分析可知，比亚迪公司发展能力的稳定性较差。这是因为发展能力增减不稳定使得比亚迪资金来源处于一个紧张的状态。如果比亚迪长期无法获得可持续的盈利，那么其将来收入的增长将会受到大幅度限制，这也将会导致比亚迪公司无法自给自足，使其发展受到限制。

## 五、比亚迪财务问题的对策与建议

### （一）加强企业的偿债能力

比亚迪公司应该根据自己的财务状况、经营状况来计划自己的负债，选取合适的借贷方法，设定一套负债的赔款评价指数，这样在公司的偿债能力超出这一指数的时候具备识别金融风险的能力，从而降低财务风险并加强企业的偿债能力。

### （二）优化企业资本结构

负债程度过高会导致财务杠杆效应放大，增加企业财务危机的风险。比亚迪公司资产负债率高，所以就需要其努力寻找最佳的资本结构，尽力降低企业的资产负债率，再结合企业现金流情况，减少流动负债的占比，避免出现流动负债过多、利息支付压力过大、现金流断裂的情况。

### （三）提高企业的资产周转速度

比亚迪要提高自己资产周转的速度，首先要加强对供应链的管理，通过降低库存量等方式来缩短对资金的占用期。然后是加强对其内部的管理，在保障产品质量的同时提高企业的生产效率。其次是加强企业的财务管理，确保供应商及时付款，并且适当调整企业的账期政策。

### （四）对资金流进行管理

结合对比亚迪公司发展能力的分析，发现发展能力的稳定依靠资金流的稳定。资金流是企业赖以生存的重要资产，想要管理好资金流，就要争取加速收款、延缓付款。因为资金流的不稳定会导致企业发展出现不稳定的情况，所以比亚迪应该建立一个规范的收付款模式，保证资金流的稳定。

## 六、结论

通过本文的分析，可以得知比亚迪公司是向着好的方向发展的。但是在一些方面比亚迪公司还是需要加强，尤其是比亚迪的资本结构和其发展能力这两个方面，这很有可能威胁到企业的发展，所以比亚迪在巩固自己优势的同时也要逐渐攻克自己的短板，以谋求最长远的进步。

### 参考文献

[1] 吴韫怡. 我国新能源企业盈利能力分析—以 A 公司为例 [J]. 现代商业, 2023(3): 84-87.

[2] 陈文星. 比亚迪财务报表分析 [J]. 北方经贸, 2022(9): 89-91.

[3] 吴俊. 保利发展偿债能力分析 [J]. 会计师, 2023(1): 68-70.

# 三十九　互联网企业并购财务风险分析
## ——以阿里巴巴并购网易考拉为例

刘歌[①]　王关义[②]

**摘要**：近年来，互联网行业掀起一股并购热潮。但由于科学技术更新速度极快、企业资产难以定性，互联网企业并购失败案例数量逐年增多。因此，如何有效识别与防范并购带来的财务风险至关重要。本文以阿里巴巴并购网易考拉为例，具体分析了并购带来的财务风险，并为互联网企业的并购提出了合理的建议。

**关键词**：互联网企业；并购；财务风险

## 一、引言

21世纪以来，"互联网+"风靡各行各业，网民人数爆发式增长，互联网企业迅速发展，经营状态趋势向好。为拓宽业务范围、提高市场竞争力、促进产业融合，互联网企业往往通过并购增强企业实力。

近年来，我国互联网企业的并购虽然数量多金额大，但也有不少失败的，例如腾讯并购易迅、百度并购YY直播等。多元化经营为企业带来新的财务风险，并购后难以整合使相关业务需要很长时间磨合，导致企业无法达到并购目标，最终并购失败。因此，本文从并购的动因及财务风险进行分析，以阿里巴巴全资收购网易考拉为例，研究互联网企业并购财务风险，为相关互联网企业并购提供建议。

## 二、文献综述

国内外关于互联网企业并购财务风险方面的研究主要从动因、财务风险分析

---

① 刘歌，会计硕士，研究方向：财务管理实务。
② 王关义，教授，博士生导师。

及防范对策三方面展开。

关于并购动因方面。Wang Zhi 和 Kling Gerhard（2023）认为跨境并购已成为中国收购方国际化的重要手段，政策扶持为其提供了较好的环境，有利于提高并购成功率[1]。杨清（2017）认为并购更加看重是否能够获取足够的市场份额，是否实现企业快速发展，是否分散经营风险和财务风险，企业是否能够通过并购提升企业价值和提升营运资金流动性[2]。

关于财务风险分析方面。向涛（2020）认为被并购方可能利用会计政策与估计美化其财报，且资产负债表不能正确对被并购方的未来盈利能力与企业价值进行评估[3]。王艺璇（2020）认为互联网公司并购财务风险从并购前估值方法及高额融资成本以及并购后资金链断裂等方面导致并购公司融资困难进行分析[4]。Perry 和 Herd（2004）针对并购中的估值问题提出在并购前要做好尽职调查，对被并购方的经营、财务、管理有全面理解，让估值更加合理[5]。

关于防范对策方面。高丽平（2021）认为企业并购是为了取得长远发展，电商企业核心业务发展至关重要，应将企业的现有资金投入到主要业务与核心产品中，让企业健康发展[6]。李媛（2020）认为并购方需制定完善的防范措施，全面了解被并购方情况，整合两者信息，适应市场趋势，改进公司内部控制，推动企业发展[7]。

## 三、阿里巴巴并购网易考拉案例分析

### （一）并购双方概况

1. 并购方

阿里巴巴集团控股有限公司（以下简称"阿里"）成立于1999年，2007年在 HKEX 成功上市，2014年在 NYSE 成功上市。上市后，阿里拥有了雄厚的资本支持，积极布局海内外业务，拓展自身业务板块。自成立以来，阿里一直不断寻找新的业务创新点，不断创新自身业务模式，已经形成了完整的商业生态圈。

2. 被并购方

2015年网易旗下的跨境综合电商网易考拉正式上线，2018年正式更名为网易考拉（以下简称"考拉"），开始向综合电商市场全面进军。依托网易集团大量的用户流量、丰富产品资源及雄厚资金支持，考拉得到了快速发展。自上线以来，公司规模快速扩张，一度成为跨境电商巨头，但盈利能力却事与愿违，财务问题日益加剧。

## (二)并购动因

### 1. 阿里巴巴布局跨境电商业务

随着互联网快速发展,跨境电商市场竞争白热化。阿里并购考拉,可以为其发展跨境电商业务奠定重要基础。考拉自上线以来,以自营直采为主要竞争优势,在多个国家建造采购点,并投入大量资金建造保税仓库。发展跨境电商业务对供应链建设有很高的要求,阿里收购考拉后,无须投入大量时间精力和金钱来建设供应链,天猫国际可以直接利用考拉仓储资源,在我国进口消费市场中占据更大市场份额。

### 2. 网易聚焦战略的实施

由表39-1可知电子商务服务并非网易核心业务,依靠烧钱模式得以快速发展的战略难以持续。面对该困境,网易集团出售考拉给阿里,可以获得巨额现金流来支持其他业务发展,更好地推进聚焦战略的实施,还可以借助阿里自身优势资源促进考拉持续发展。

表39-1 网易公司毛利率、电商业务毛利率及占总收入比重

|   | 2018Q1 | 2018Q2 | 2018Q3 | 2018Q4 | 2019Q1 | 2019Q2 |
|---|---|---|---|---|---|---|
| 网易电商业务毛利/亿元 | 3.56 | 4.47 | 4.52 | 3.08 | 4.79 | 5.28 |
| 网易电商业务毛利率 | 9.54% | 10.15% | 10.04% | 4.49% | 10.23% | 10.85% |
| 网易整体毛利率 | 42.00% | 44.50% | 54.90% | 38.60% | 44.10% | 53.60% |
| 电商收入占总收入比重 | 26.30% | 26.80% | 26.50% | 33.70% | 26.10% | 27.90% |

数据来源:网易年报

### 3. 发挥并购协同效应

为了将更多资源向优势核心业务倾斜,网易将考拉出售给阿里,可以为其核心业务的发展提供充足资金支持,长期下来有助于改善网易整体盈利情况。与网易相比,阿里收购考拉后可以带来更显著的协同效应,阿里着手升级直营业务,借助平台业务形成"双轮驱动"模式,并实现海外仓直购。考拉自身优势资源,可以为阿里这一系列战略目标的实现提供助力。

在跨境电商市场中,考拉和天猫国际的市占率分别位列第一第二,阿里收购考拉后,可以减少两者竞争,降低资源消耗。网易将自己成熟的跨境电商业务出售给竞争对手阿里,同时通过战略投资等方式使得阿里成为网易部分业务的投资者,这种互惠互利的战略合作为行业内其他企业提供了借鉴示范。此次收购可以提高电商平台议价能力,促进其他市场竞争者努力提高自身核心竞争力及跨境电

商市场规范发展,为消费者提供更多便利与选择。

### (三)并购过程及结果

2019年9月6日,阿里以20亿美元全资收购方式并购网易旗下的跨境电商平台网易考拉,图39-1是整个并购事件的流程。

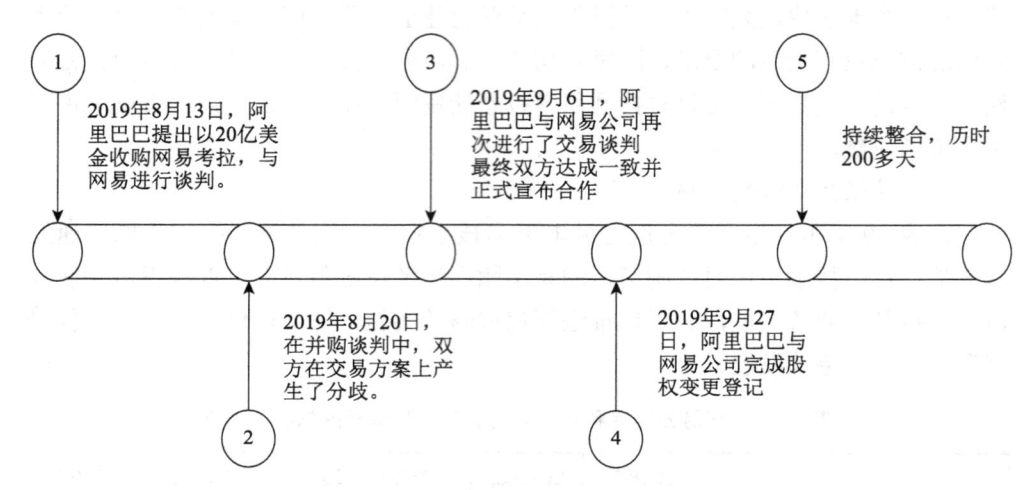

**图39-1 阿里巴巴并购网易考拉流程**

1. 2019年8月13日,阿里巴巴提出以20亿美金收购网易考拉,与网易进行谈判。
2. 2019年8月20日,在并购谈判中,双方在交易方案上产生了分歧。
3. 2019年9月6日,阿里巴巴与网易公司再次进行了交易谈判最终双方达成一致并正式宣布合作
4. 2019年9月27日,阿里巴巴与网易公司完成股权变更登记
5. 持续整合,历时200多天

数据来源:自行整理

### (四)并购财务风险分析

**1. 并购前估值风险分析**

财务信息不对称。考拉有强烈动机通过虚增资产或隐藏负债来提高自身价值,且阿里并无并购电子商务服务领域企业相关经验,因此对考拉价值进行评估时,其准确性和真实性很难得到保证,可能导致溢价收购。

估值偏高。从表39-1可知,考拉毛利维持在3亿~5亿元之间,相比于整个集团的毛利较低,盈利情况不理想,说明网易在电商业务领域投入成本非常大。阿里收购考拉的20亿美元并购价格远高于网易整个电商业务的毛利水平,估值明显偏高。

未来收益不确定。在没有明确发展规划和运营模式的情况下,阿里收购网易考拉后是否能实现收益以及收益的高低都将面临巨大的不确定性。

**2. 并购中融资风险分析**

融资能力风险。阿里资产规模较大、自身经营状况较好,融资渠道相对来说畅通无阻,现金资金链相对安全,采用现金支付方式完成交易,融资能力风险较低。

三十九 互联网企业并购财务风险分析——以阿里巴巴并购网易考拉为例

融资成本风险。阿里并购考拉全部资金都使用内部融资完成，无须对外支付股息或利息，没有过多手续费用和融资流程，融资成本风险较小。

融资结构风险。从下表 39-2 中可以看出，以资产负债率表示债务融资情况、股权融资情况用产权比率来表示。阿里在并购期间，资产负债率基本保持在 36% 左右，较为稳定，说明阿里资金充足，不需要通过其他渠道借债经营。阿里产权比率近几年都小于 1，变化幅度不大，说明近几年阿里股权融资结构相对稳定，融资结构风险相对偏低。

表 39-2 阿里巴巴 2017—2022 年财务数据指标

| 项目 | 2017 | 2018 | 2019 | 2020 | 2021 | 2022 |
| --- | --- | --- | --- | --- | --- | --- |
| 总资产/亿元 | 7171 | 9651 | 13130 | 16900 | 16960 | 17530 |
| 总负债/亿元 | 2777 | 3497 | 4333 | 6066 | 6134 | 6301 |
| 股东权益/亿元 | 4394 | 6154 | 8797 | 10840 | 10820 | 11230 |
| 资产负债率 | 39% | 36% | 33% | 36% | 36% | 36% |
| 产权比率 | 0.63 | 0.57 | 0.49 | 0.56 | 0.57 | 0.56 |

数据来源：阿里巴巴年报

3. 并购中支付风险分析

阿里用 20 亿美元全资收购考拉，主要源于其日常经营活动内部积累，可以降低资金成本，但一旦资金周转遇到困难，会给企业带来难以挽回的损失。由下表 39-3 可知，阿里经营活动流量净额一直处于正值状态且逐年增加、投资活动现金流量净额在减少，说明阿里处于快速扩张时期，投资规模大，且经营活动现金流量净额一直远高于筹资活动现金流量净额，说明其主要依赖自身日常经营而非外部融资来解决资金压力。从现金及现金等价物的期末余额可以发现阿里资金相当充裕且整体呈增长趋势，支付风险非常低。

表 39-3 阿里巴巴 2017—2022 年现金流量情况　　　　　　单位：万元

| 项目 | 2017 | 2018 | 2019 | 2020 |
| --- | --- | --- | --- | --- |
| 经营活动现金流量净额 | 8032600 | 12517100 | 15097500 | 18060700 |
| 投资活动现金流量净额 | -7836400 | -8389000 | 15106000 | -10807200 |
| 筹资活动现金流量净额 | 3291400 | 2035900 | -739200 | 7085300 |
| 现金及现金等价物期末余额 | 14373600 | 19930900 | 19849400 | 34598200 |

数据来源：阿里巴巴年报

4. 并购后整合风险分析

文化整合风险。文化与企业发展息息相关。企业在并购期间处于不稳定状态，高水平员工可能因待遇问题无法与并购方谈拢而被竞争对手挖走，造成人才流失。阿里与考拉多数员工适应能力和思想开放程度都较高，企业文化接受度和融合度较高，文化整合风险较低。

财务整合风险。阿里已拥有一套较为完善成熟的财务体系，有大量资金和充沛精力投入整合财务系统、培养精英财务团队，而考拉作为网易的一个子公司并没有独立的财务体系，其财务系统更偏向网易老本行游戏行业，因此并购后财务整合上存在一定风险。

业务整合风险。阿里为商家提供网络平台，商家对自己经营状态负责，而考拉采取自营直采模式，收入损失由考拉独自承担，两者运营模式有所不同。此次并购将考拉优秀的物流系统和成熟供应链体系引入天猫，为其跨境电商硬件设施助力，阿里也为考拉提供多元化服务，给双方带来益处，起到"1+1>2"的整合效果，业务整合风险较小。

## 四、互联网企业并购对策及建议

互联网企业并购已成为扩展业务和提升竞争力的重要手段，但并购往往伴随着风险与挑战，以下是针对互联网企业并购的对策及建议。

### （一）并购前

1. 明确并购目标与战略意图

在进行并购之前，企业需要明确并购目标和意图，根据自身长期战略，确定并购是强化现有核心业务，还是进入新的市场和技术领域。

2. 目标企业筛选与评估

在并购前，企业需仔细筛选潜在目标，确保其业务、技术、用户群体与并购方的战略方向一致。评估过程中应特别关注目标企业的财务状况、核心资产、市场定位和发展前景。

3. 财务与法律审查

互联网行业的知识产权、数据隐私和技术专利等问题尤为重要，进行财务和法律审查以规避潜在的法律风险和财务负担，确保并购后不会出现知识产权纠纷或合规问题。

## (二) 并购中

**1. 资源融合与技术协同**

互联网企业必须尽快实现双方在技术、平台和市场资源方面的协同效应。技术上的整合有助于提升运营效率、降低成本，同时通过数据共享和资源优化，实现业务增长。

**2. 企业文化与团队融合**

互联网企业具有鲜明的企业文化，并购双方的文化差异容易引发冲突，影响整合效果。企业应重视并购后的人才保留，通过激励措施、透明的沟通和文化融合计划，确保核心团队稳定，避免人员流失。

**3. 品牌与市场整合**

在并购中，品牌整合也是一个重要策略。并购方需要考虑如何通过品牌联动或重新定位来加强市场影响力，避免内部竞争和品牌重叠。

## (三) 并购后

**1. 技术与产品的深度整合**

并购后，企业应推动技术和产品的深度整合，通过优化产品线或整合平台，避免重复开发和资源浪费。对于互联网企业而言，技术和数据往往是其核心竞争力，企业可以利用并购后的新技术和新平台拓展产品功能，提升用户体验，增加市场竞争力。

**2. 用户和客户关系维护**

并购后，企业应注重维护现有用户和客户的关系，尤其是互联网行业的客户体验至关重要。并购后通过用户数据的整合分析，企业可以提供个性化服务和优质产品。

**3. 持续创新与发展**

并购不仅仅是扩大业务规模的手段，更是企业实现长期增长和创新的重要途径。通过并购，互联网企业可以引入新的创新文化、技术思维和业务模式，为未来持续发展提供动力。企业应持续加大研发投入，推动技术创新，保持对市场变化的灵活响应。

## 五、结论

并购是互联网企业发展的有效途径之一，研究互联网企业并购财务风险具有重要意义。面对估值风险，企业首先应当全面搜集目标企业信息，避免因信息不对称产生估值偏差；其次，企业应当选择合理的估值方法，避免高估值的错误发生。支付融资风险亦是企业并购过程中常见的财务风险，并购方应综合考虑自身的支付能力和偿债能力，选择恰当的方式进行支付，避免流动性风险和偿债风险。最后，企业应当充分利用多方资源，从企业制度、文化、财务等方面进行整合，以实现更高的经济与社会效益。

## 参考文献

[1] Wang Zhi, ling Gerhard, Li Jiayi. The effects of political embeddedness on cross-border mergers and acquisitions in China: Alibaba's case[J]. Asia Pacific Business Review, 2023, 29(2): 89-117.

[2] 杨清. 新三板企业并购动因与策略选择 [J]. 中国总会计师, 2017(1): 88-90.

[3] 向涛. 浅谈企业并购风险 [J]. 财会月刊, 2020(S1): 85-87.

[4] 王艺璇. 互联网企业并购财务风险分析与防范 [D]. 南昌：江西师范大学, 2020.

[5] Perry JS, Herd TJ. Mergers and acquisitions: Reducing M&A risk through improved due diligence. [J]. Strategy&Leadership, 2004, 32(2): 12-19.

[6] 高丽平. 跨境电商企业的并购动因及财务风险分析 [J]. 商场现代化, 2021(15): 164-166.

[7] 李媛. 关于企业并购中财务风险分析及其防范措施探讨 [J]. 财会学习, 2020(1): 33-34.

[8] 李阳一. 企业并购中的财务风险防范 [J]. 财会月刊, 2019 (S1): 79-87.

[9] 朱思奇. 企业跨国并购财务风险识别与评价 [J]. 财会学习, 2021(12): 49-50.

[10] 黄敏. 互联网企业财务风险控制研究 [J]. 财会通讯, 2018 (14): 109-112.

[11] 李丽钦. 试论企业并购中财务分析及作用 [J]. 财经界, 2023 (26): 126-128.

# 四十 数字化转型对能源汽车企业竞争力影响研究
## ——以比亚迪为例

刘舒宇[①] 杨荣[②]

**摘要**：本文旨在探讨数字化转型如何影响能源汽车企业的竞争力，以比亚迪为案例进行分析。通过盈利能力以及营运能力实证研究，揭示了数字化转型在提升生产效率、优化供应链管理、增强产品创新能力以及改善客户体验等方面对比亚迪产生的积极效应。同时，也指出了比亚迪在转型过程中面临的挑战，并提出了相应的对策建议。

**关键词**：数字化转型；比亚迪；企业竞争力

## 一、引言

随着科技的飞速发展，数字化转型已成为各行各业提升竞争力的重要手段。能源汽车企业而言，数字化转型不仅能够提高生产效率，降低成本，还能够推动产品创新，满足消费者日益多样化的需求。因此，研究数字化转型对能源汽车企业竞争力的影响具有重要的现实意义。本文以比亚迪为例，探讨数字化转型如何影响企业的竞争力，并分析其在应对数字化转型方面的具体策略，为其他企业提供参考和借鉴。

## 二、文献综述

肖旭等（2020）的研究指出企业需积极拥抱新兴的数字技术，通过全面的战略管理模式改革，来强化企业竞争力[1]。

陶林与李岩（2022）的研究成果指明，数字化转型在提高企业市场竞争力、

---

① 刘舒宇，会计硕士，研究方向：会计管理与实务。
② 杨荣，会计硕士，研究方向：财务管理。

减少运营成本，并精确刻画目标受众等方面发挥了至关重要的作用[2]。

杨永芳等（2020）研究表明，"线上+线下"新零售模式打破原有格局，实体零售必须与线上融合谋求发展，从而提升企业竞争力[3]。

李嵩（2020）认为数字化转型可以通过提高运营效率、优化客户体验和创新产品服务，提升企业竞争力[4]。

张晓（2021）探讨了数字化转型可以通过自动化和智能化技术，企业能够降低运营成本从而提高生产效率推动企业创新、提高效率[5]。

严子淳、李欣、王伟楠（2021）在论文中详细阐述了数字化转型的发展历程，分析了其在不同阶段的特点和挑战，并展望了未来的发展趋势[6]。

马学军（2023）指出数字化转型及大数据为企业战略决策提供了强大的支持，数字化工具使企业能够收集、存储和分析大量数据，洞察市场趋势和消费者行为，为决策提供科学依据[7]。

贾晓燕、王豆（2024）认为数字化技术的快速发展为能源产业的转型升级提供了新的机遇，通过深度应用数字化手段，能源电力企业不仅可以实现生产管理的优化、技术创新的快速迭代，还促进了行业内外的高效协同和用户服务的个性化升级[8]。

Majchrzak（2016）认为数字化转型在宏观层面主要强调数字技术，引发社会和行业层面的深刻变化[9]。

## 三、比亚迪数字化转型案例介绍

### 1. 比亚迪概况

比亚迪成立于1995年2月，经过20多年的高速发展，已在全球设立30多个工业园，实现全球六大洲的战略布局。比亚迪业务布局涵盖电子、汽车、新能源和轨道交通等领域，有着从能源的获取、存储，再到应用，全方位构建零排放的新能源整体解决方案。

### 2. 比亚迪数字化转型的路径

在数字经济的大潮中，数字化转型已成为企业持续健康发展的关键所在。比亚迪为了提高自己的竞争能力，也为了跟上时代的步伐，在网络高速发展的情况下，也在不断地尝试着进行数字转型。图40-1是它数字化转型的时间线。

四十　数字化转型对能源汽车企业竞争力影响研究——以比亚迪为例

2014年比亚迪开始注重数字技术的应用，以提高产品创新和智能制造能力。

2017年，比亚迪加速推进智能制造，提出了智能工厂的概念，并开始应用工业互联网技术。通过物联网和大数据分析，工厂的生产流程实现了数字化管理，生产过程中的数据可以实时监测和分析，进一步优化了运营效率，减少了生产中的资源浪费。

2020年，比亚迪加快了车联网和智能驾驶技术的推广。通过自主开发的车载系统，新能源汽车具备了远程监控、自动更新和智能导航等功能。

2014　2015　2017　2019　2020　2023

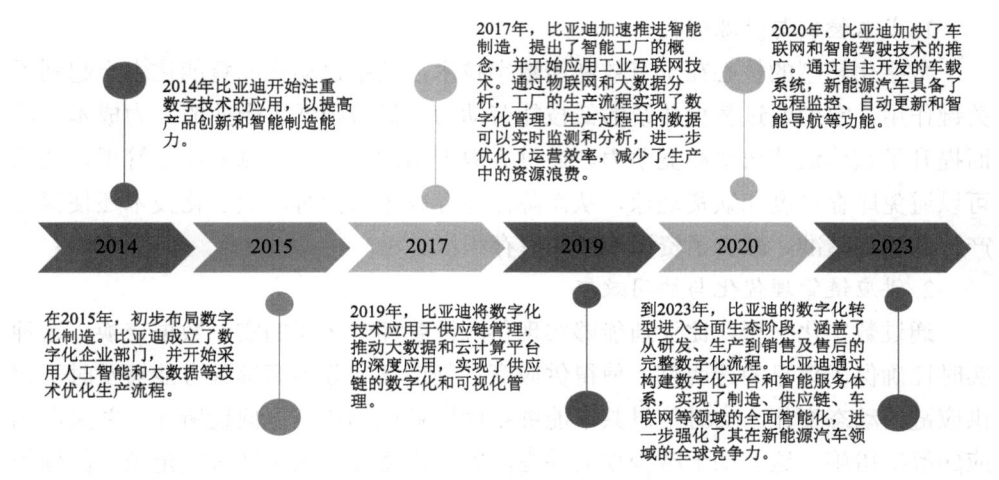

在2015年，初步布局数字化制造。比亚迪成立了数字化企业部门，并开始采用人工智能和大数据等技术优化生产流程。

2019年，比亚迪将数字化技术应用于供应链管理，推动大数据和云计算平台的深度应用，实现了供应链的数字化和可视化管理。

到2023年，比亚迪的数字化转型进入全面生态阶段，涵盖了从研发、生产到销售及售后的完整数字化流程。比亚迪通过构建数字化平台和智能服务体系，实现了制造、供应链、车联网等领域的全面智能化，进一步强化了其在新能源汽车领域的全球竞争力。

图 40-1　比亚迪数字化转型的时间线

**3. 比亚迪数字化转型程度**

通过对比比亚迪企业 2013—2023 年的年报，搜索数字化、智能化以及人工智能出现的次数，绘制出表 40-1：

表 40-1　比亚迪数字化、智能化字眼出现的次数统计

| 词汇 | 2013 | 2014 | 2015 | 2016 | 2017 | 2018 | 2019 | 2020 | 2021 | 2022 | 2023 |
|---|---|---|---|---|---|---|---|---|---|---|---|
| 数字化、智能化/次 | 0 | 0 | 0 | 0 | 0 | 0 | 0 | 9 | 11 | 8 | 26 |
| 智能/次 | 18 | 21 | 20 | 8 | 13 | 26 | 22 | 35 | 59 | 56 | 139 |

由比亚迪年报统计可得，从 2013 年数字化、智能化以及人工智能这些字眼出现的次数在慢慢增加，也体现出了比亚迪数字化转型程度也在慢慢加深，而且年报中所提到的这些字眼无外乎是要通过数字化技术全面升级汽车产品内外饰、人机互动、智能化等，进一步提升产品的综合竞争力和品牌影响力。

比亚迪通过积极完善 AI 服务器及其他高增长赛道的布局，不断深化与各板块的行业头部客户紧密合作，无人机、智能家居、游戏硬件等业务板块持续稳健发展，市场份额不断提升。

## 四、数字化转型对比亚迪竞争力影响机理分析

数字化转型会对企业的生产经营活动带来巨大的变革，使得企业竞争能力得到提升，以下是对比亚迪数字化转型对竞争力影响的机制理论分析。

1. 成本控制与资源优化

数字化转型的核心在于有效利用数字技术，其中自动化和智能化生产起到了关键作用。它们通过替代传统的低技能劳动力，显著降低了企业的人力成本，从而提升了整体运营效率和竞争力。通过大数据精确的需求预测和库存管理，企业可以避免库存过度和缺货现象，从而降低库存成本。同时，数字化技术还使得生产计划更加精准，减少了资源浪费和库存积压。

2. 供应链管理优化与协同效应

通过数字化平台，比亚迪能够实现供应链各环节之间的实时数据交换。这种实时性确保了信息的透明度，使得供应商、制造商和分销商等各方能够及时了解供应链的动态变化。实时信息共享能够帮助比亚迪迅速定位问题所在，并采取相应的解决措施。这有助于减少损失并提高客户满意度。同时通过制定统一的操作标准和流程规范，比亚迪实现了供应链各环节之间的协同作业。这有助于减少不必要的沟通成本和误解，提高整体运作效率。

3. 识别消费者个性化需求，提升用户满意度

企业能够通过分析收集到的消费者行为数据，构建详尽的用户画像。这使企业能够迅速识别并理解消费者的个性化需求，从而更精准地进行产品或服务的定向推广。通过这种方式，企业不仅提高了营销活动的效果，还优化了供需匹配，确保消费者获得更加符合其期望的产品或服务。这种数据驱动的策略有助于提升用户满意度和忠诚度，进而增强企业的市场竞争力。

综上所述，数字化转型显著降低了企业的运营成本，包括人力和资本支出的减少，从而增加了企业的利润空间。这些节省下来的资源可以重新分配到其他增值领域，如扩大生产或研发创新。同时，交易成本的降低促进了企业内部的专业化分工，这不仅提高了生产效率，还有助于企业在技术领域取得进步并积累竞争上的优势。

## 五、比亚迪数字化转型对企业竞争力的影响分析

### （一）盈利能力分析

本文就比亚迪数字化转型对盈利能力的影响，选取销售毛利率、销售净利润率以及净资产收益率三项指标对其盈利能力进行了评估，以探究数字化转型前后该公司的盈利能力差异。

## 1. 销售毛利率分析（图 40-2）

图 40-2　销售毛利率

数据来源：比亚迪年报

如图 40-2 所示，通过纵向分析比亚迪公司在 2013—2023 年销售毛利率的变化，我们可以发现在比亚迪实施数字化转型战略后的 2014 年开始，公司的销售毛利率整体上呈现出上升的趋势。2016 年销售毛利率高达 20.36%，创下了历史新高。尽管在 2021 年，销售毛利率有所下降，但在其他时间段内，销售毛利率仍然保持上涨态势，并且与转型前相比有了显著的提升，这证明了数字化转型的推进取得了显著的成效。

## 2. 销售净利率分析（图 40-3）

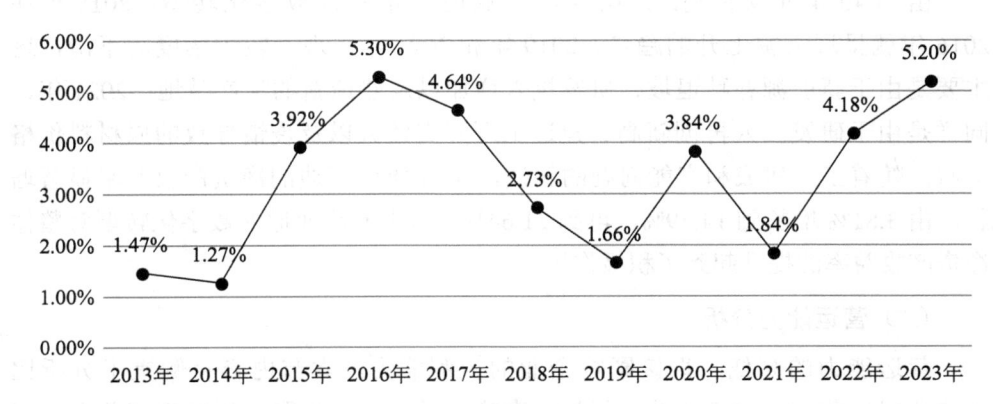

图 40-3　销售净利率

数据来源：比亚迪年报

由图 40-3 可以看出，在比亚迪实施数字化转型战略后，公司的销售净利率显著提升，2019 年和 2021 年的销售净利率出现了较大幅度的下滑也主要是由于 2019 年新能源补贴退坡的影响及公司加大了研发投入并建造了新的生产基地；而在 2021 年，是由于研发投入再创新高、建造工厂的开支较大，以及疫情导致的原材料价格飙升。不过，随着比亚迪工厂的建成和产能问题的解决，2022 年比亚迪的净利润实现了大幅增长，其余时间段的销售净利率也较以往有了显著提升。

3. 净资产收益率分析（图 40-4）

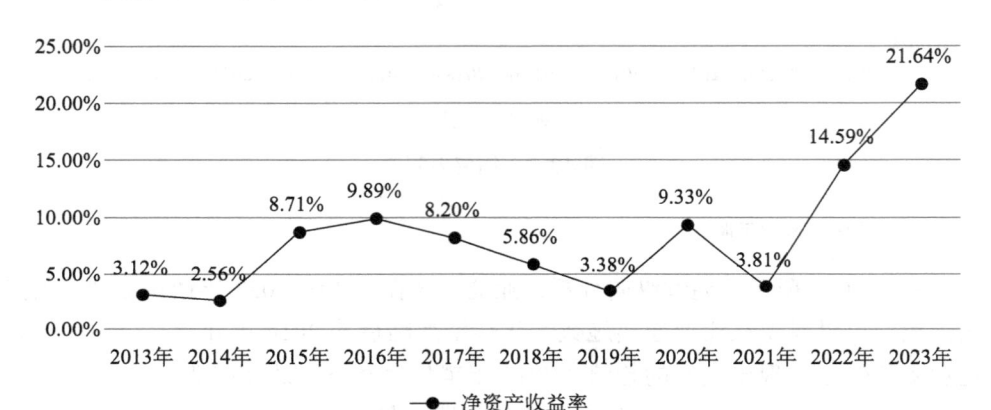

图 40-4 净资产收益率

数据来源：比亚迪年报

由图 40-4 可以看到，2014 年，比亚迪开始进行数字化转型，2015 年和 2016 年就呈现大幅上升的趋势。2019 年和 2021 年出现了较大幅度的下滑，这主要是由于新能源补贴退坡、研发投入增加以及建造新的生产基地；2021 年，同样是由于研发投入再创新高、建造工厂开支较大以及疫情导致的原材料价格上涨。随着工厂建成和产能问题的解决，2023 年比亚迪的净资产收益率显著增长，由 3.81% 增长到 14.59%，再到 21.64%，这表明比亚迪的数字化转型对整体净资产收益率的提升起到了积极作用。

（二）营运能力分析

营运能力的高低，直接影响企业的盈利能力。本节内容将侧重于分析比亚迪公司运营效率的三个核心指标：存货周转率、应收账款周转率和总资产周转率。

## 1. 存货周转率（图 40-5）

图 40-5　存货周转率

数据来源：巨潮网

由图 40-5 的存货周转率可以看出，在 2014 年比亚迪开始进行数字化转型的节点，存货周转率开始上升，且整体都呈现出上升趋势，通过实施数字化转型，比亚迪优化了供应链管理，提高了生产效率和库存控制能力，从而加快了存货周转速度。

## 2. 应收账款周转率（图 40-6）

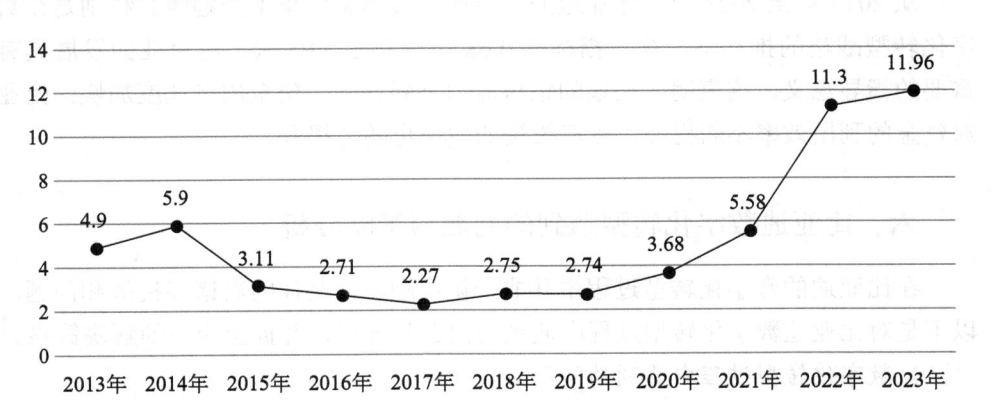

图 40-6　应收账款周转率

数据来源：巨潮网

从图 40-6 中可以看出，应收账款周转率从 2017 年呈逐渐上升的趋势，自 2017 年起，比亚迪在技术层面上显著成熟，形成了卓越的技术能力和成本控制竞争力。同时，比亚迪所展现的顶尖技术革新实力，日益增强了企业在价格谈判中的主导性，这种综合作用的枢纽因素，有效推动了该公司在应收账款领域内的周转率逐步提高。

3. 总资产周转率（图 40-7）

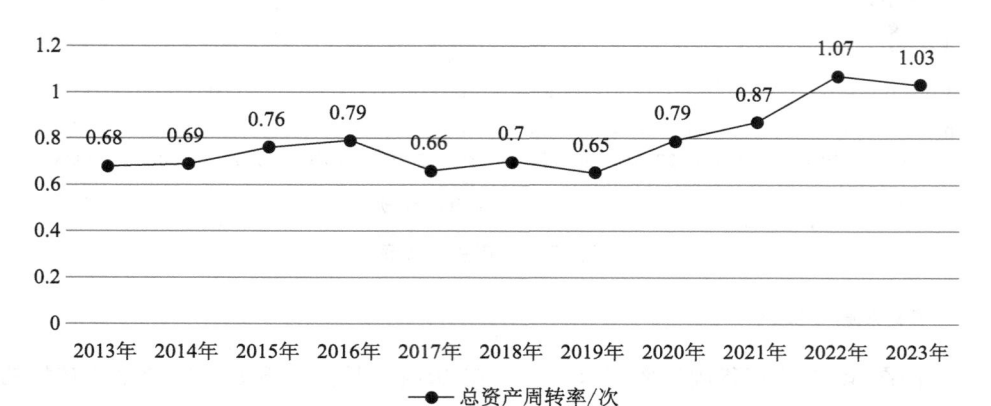

图 40-7　总资产周转率

数据来源：巨潮网

从 2013 年至 2023 年，比亚迪的总资产周转率整体呈上升趋势。特别是在数字化转型战略的推动下，这一指标从 0.68 次提升至 1.03 次，对企业的发展具有重要的指导意义。这表明比亚迪的销售能力不断增强，资金周转速度加快，企业对资金的利用效率不断提高，资产投资的效益也随之提升。

## 六、比亚迪数字化转型遇到的问题与策略分析

在比亚迪的数字化转型过程中并非一帆风顺，而是伴随着诸多挑战和问题。以下是对比亚迪数字化转型过程中遇到的问题和分析，并提出相应的解决策略。

1. 数字化转型过程中遇到的问题

（1）技术与人才匹配问题：数字化转型需要先进的技术支持，但比亚迪可能在某些技术领域存在短板，如数据分析、云计算等。同时，数字化转型也要求员工具备相应的数字技能和素养，但现有员工队伍中可能存在技能不足或转型意愿不强的情况。

（2）组织变革与文化适应问题：数字化转型往往伴随着组织结构的调整和业

务流程的重塑，这可能会引发员工的抵触情绪和不适应。企业文化的转型也是一个长期而艰巨的任务，需要改变传统的工作方式和思维模式。

（3）成本与效益平衡问题：数字化转型需要大量的资金投入，包括硬件设备、软件系统、人才培养等方面。如何在保证效益的前提下控制成本，是比亚迪需要面对的一个重要问题。同时，数字化转型的效果评估也需要一定的时间和周期，如何在短时间内看到明显的效益提升也是一个挑战。

2. 解决策略

（1）加大技术研发投入与人才培养力度：针对技术短板领域，加大研发投入力度，引进先进技术和设备，提升整体技术水平。同时加强员工培训和教育，提高员工的数字化技能和素养，培养一支具备数字化转型能力的人才队伍。与高校和研究机构合作，共同开展技术研发和人才培养项目，为企业的数字化转型提供持续的技术支持和人才保障。

（2）推动组织变革与文化转型：明确数字化转型的目标和战略方向，制订详细的实施计划和时间表。接着加强内部沟通和协作，消除员工的抵触情绪和不适应感，形成共同推进数字化转型的合力。通过宣传和教育等方式，引导员工树立数字化思维和理念，推动企业文化的转型。鼓励员工参与数字化转型的实践和创新活动，激发员工的积极性和创造力。

（3）优化成本控制与效益评估机制：在数字化转型过程中，注重成本控制和效益评估，确保投入产出比合理。建立科学的效益评估体系，定期对数字化转型的效果进行评估和反馈，及时调整实施策略。通过引入先进的管理理念和方法，提高企业的运营效率和管理水平，进一步提升数字化转型的效益。

## 七、结语

数字化转型对能源汽车企业竞争力的提升具有显著影响。以比亚迪为例，其通过数字化转型实现了生产流程的优化、供应链管理的协同以及客户体验的改善等多方面的提升，从而增强了企业的市场竞争力。未来，随着技术的不断进步和市场需求的变化，能源汽车企业应继续深化数字化转型，探索新的商业模式和创新路径，以应对日益激烈的市场竞争。

## 参考文献

[1]  戚聿东，肖旭. 数字经济时代的企业管理变革 [J]. 管理世界，2020(6): 134-152+250.

[2] 陶林,李岩.企业数字化转型动因分析及建议[J].合作经济与科技,2022(4):124-125.

[3] 杨永芳,张艳,李胜.新零售背景下实体零售数字化转型及业态创新路径研究[J].商业经济研究,2020(17):33-36.

[4] 李嵩.加快数字化转型步伐促进企业管理提升[J].国际工程与劳务,2020(7):36-40.

[5] 张晓.数字化转型与数字治理[M].北京:电子工业出版社,2021.

[6] 严子淳,李欣,王伟楠.数字化转型研究:演化和未来展望[J].科研管理,2021,42(4):21-34.

[7] 马学军.数字化转型背景下企业管理会计工具应用探究[J].中小企业管理与科技,2023(23):130-132.

[8] 贾晓燕,王豆.数字化转型对能源电力企业竞争力的影响研究[J].企业改革与管理,2024(15):158-160.

[9] Majchrzak A, Markus M L, Wareham J. Designing for digital transformation: Lessons for information systems research from the study of ICT and societalchallenges[J]. MIS Quarterly, 2016, 40(2): 267-277.

# 四十一　正中珠江对广东榕泰审计失败的案例研究

刘烨楠　黄孝章

**摘要**：在经济快速发展的背景下，市场竞争激烈，一些公司为了掩盖真实经营状况，可能会违规披露会计信息或与审计机构串通，导致审计失败。本文以正中珠江会计师事务所对广东榕泰实业有限公司的审计失败案例为研究对象，深入分析审计失败的原因，并提出改进建议，旨在提升审计质量，增强审计行业的公信力。

**关键词**：审计失败；正中珠江；广东榕泰

## 一、引言

近年来，上市公司频频发生财务舞弊，手段日趋隐蔽，审计失败案例也随之增多，对市场环境和审计行业声誉造成了严重影响。本文通过对正中珠江会计师事务所审计广东榕泰实业有限公司失败案例的研究，探讨审计失败的原因，并提出相应的改进措施，以期为审计行业提供参考，提升审计工作质量和行业声誉。

## 二、案例介绍

### （一）正中珠江会计师事务所概况

广东正中珠江会计师事务所成立于 2000 年 8 月 22 日，公司主营业务包括审查企业会计报表、出具审计报告、验证企业资本等[1]。在其发展的黄金五年期间，正中珠江为多家知名企业提供了审计服务，客户名单中包括康美药业、广东榕泰、华谊生活等。然而，自 2019 年康美药业财务造假事件曝光后，正中珠江的声誉和业务遭受重创，其审计服务质量受到市场质疑，导致业务量骤减。2020年，委托其审计的公司数量骤减至两家。连续的审计失败案例严重损害了正中珠江的品牌形象，导致其财务状况恶化。最终，正中珠江于 2022 年 7 月 8 日正式向工商部门提交了注销开业许可证的申请，标志着其作为会计师事务所的业务活动画上了句号，不再从事任何法定审计服务。

### (二) 广东榕泰实业有限公司概况

广东榕泰实业股份有限公司于 2001 年上市，主要生产与销售化学试剂与化工材料[2]。2014 年，广东榕泰开始探索业务多元化，将目光投向了互联网领域。2016 年，公司通过收购北京森华易腾通信技术有限公司，成功拓展了业务范围，增强了企业实力。

在业务拓展和市场竞争力提升的同时，广东榕泰也面临着财务报告和信息披露的挑战。2020 年，由于未能及时披露 2019 年财务报告，公司股票遭遇停牌，引发了证监会和社会的广泛关注。随后，公司因涉嫌信息披露违法违规受到证监会的立案调查。经过一系列调查和审计，广东榕泰被证实存在财务舞弊行为，受到了相应的行政处罚。这些事件不仅对公司的财务状况和市场信誉造成了影响，也为其未来的发展蒙上了阴影。

### (三) 广东榕泰审计案件回顾与分析

#### 1. 审计历程与问题揭示

正中珠江会计师事务所自广东榕泰上市起就一直为其提供审计鉴证服务，并且在此期间发表了标准无保留的审计意见。然而，随着正中珠江在其他审计项目中连续失职，广东榕泰在 2019 年更换了大华会计师事务所作为新的审计服务提供者。大华会计师事务所在随后的三年中，对广东榕泰的财务报告连续出具了保留意见，这一转变直接指向了广东榕泰可能存在的财务问题。广东榕泰审计报告意见摘要如表 41-1 所示。

表 41-1　广东榕泰审计报告意见摘要

| 年度报表 | 审计机构 | 审计人员 | 审计意见 |
| --- | --- | --- | --- |
| 2021 | 大华所 | 姜纯友、吴少华 | 保留意见 |
| 2020 | 大华所 | 姜纯友、吴少华 | 保留意见 |
| 2019 | 大华所 | 姜纯友、吴少华 | 保留意见 |
| 2018 | 正中珠江 | 陈昭、马云山 | 标准无保留意见 |
| 2017 | 正中珠江 | 陈昭、林恒新 | 标准无保留意见 |
| 2016 | 正中珠江 | 陈昭、林恒新 | 标准无保留意见 |
| 2015 | 正中珠江 | 冯琨琼、林恒新 | 标准无保留意见 |

## 2. 广东榕泰财务违规事件时间线

2020年4月30日：广东榕泰因未能及时发布2019年财务报告，导致公司股票停牌，引发证监会及公众关注。

2020年5月21日：广东榕泰收到中国证监会的立案调查通知，涉嫌信息披露违法违规。

2021年3月11日：广东榕泰收到广东证监局的行政处罚通知书，确认公司存在财务舞弊行为。

2021年5月13日：广东榕泰收到行政处罚决定书，公司及相关责任人受到相应的法律处罚。

通过这一时间线的梳理，我们可以看到广东榕泰在财务报告和信息披露方面存在的问题逐渐浮出水面，最终导致了审计意见的转变和法律的惩处。这些事件不仅对广东榕泰的经营和市场信誉造成了严重影响，也为审计行业敲响了警钟，强调了审计质量和独立性的重要性。

## 三、注册会计师层面的正中珠江审计失败原因分析

### （一）注册会计师面临的重大错报审计风险

#### 1. 忽视内部控制风险

公司股权结构是注册会计师需要关注的基本问题。根据公司股权结构，注册会计师可以了解到公司主要的管理人员和公司的基本治理情况，可以使审计师出具的报告更为准确。而广东榕泰案例中的注册会计师则忽视了这一基本问题，导致了审计的失败。

杨启昭、林素娟夫妇占公司约31%的股份，具有公司的绝对控制权，决定着公司的重大事务。这可能会导致管理人员凌驾于内部控制之上的经营风险。事实也确实如此：杨宝生利用关联方对企业进行非经营性侵占，试图对企业进行掏空。而当时公司的三名监事长并不重视公司的审计进度和审计成果，导致监事会形同虚设。很明显这是广东榕泰内部控制失灵的表现，而正中珠江的审计人员们却有意无意地忽略了这些信息，最终使得审计失败。

#### 2. 风险评估不到位

广东榕泰与北京森华也达成业绩对赌协议，该协议规定，北京森华未来三年实现净利润扣除经常性损益后，净利润不低于8840万元、12023万元、15244万元[3]。而根据表41-2可知，广东榕泰并未在2018年完成协议。因此，公司不得不计提了1,044.58万元的商誉减值。对赌协议的失败和巨额的商誉减值业为公司

埋下了巨大经营风险，公司面临前所未有的财务困境。很快，公司的财务报表就出现了问题，公司计提了 7.29 亿元的巨额商誉减值准备。而正中珠江的审计人员没有考虑到异常的商誉减值所带来的风险，没有深入追究公司可能存在经营风险，仍然出具了标准无保留的审计意见。

表 41-2  北京森华业绩承诺完成情况

| | 2016 | 2017 | 2018 | 2019 |
|---|---|---|---|---|
| 实现净利润/万 | 9187.71 | 12115.29 | 14520.60 | 35823.60 |
| 承诺净利润/万 | 8840.00 | 12023.00 | 15244.00 | 36107.00 |
| 差额/万元 | 347.71 | 92.29 | -723.40 | -283.40 |
| 完成率 | 103.93% | 100.77% | 95.25% | 99.22% |

资料来源：根据广东榕泰公告数据整理得出

### （二）注册会计师面临的检查风险

**1. 审计程序流于表面**

注册会计师在进行审计时，应该重点关注企业不合理的重大可疑交易行为，并进一步地检查、审核。但正中珠江的注册会计师在审计广东榕泰时并没有做到这一点。广东榕泰 2018 年对和通塑胶等 3 家供应商支付的款项，高达审计底稿中记载的采购金额 5.8 倍[4]。而这一行为在财务报表上却变成了供应商占用资金计提利息收入，反而增加了公司利润，达到了掩人耳目的效果。但正中珠江对于这一异常情况只做出了定性解释，并没有深入调查，获取更进一步的审计证据。同样，对于广东榕泰其余的异常资金往来，正中珠江也没有给予应有的重视，导致广东榕泰的财务问题越发严重。由此可见，正中珠江对广东榕泰的审计只是流于表面，对于已经明显存在的财务问题只是进行简单的解释，并未进一步履行审计程序，找到问题的根源。

**2. 函证程序执行不规范**

函证是注册会计师获取与所审计公司相关资料的过程，通过直接向第三方说明相关问题，进而获取审计证据。因此，函证的真实性较强。值得注意的是，为了保证回函的准确公证，函证的发出和收回都应该直接经过注册会计师，而不能经过第三方。而广东榕泰的审计案例却违反了这一规定。正中珠江通过现场发函的形式将函证交给了海威塑胶、万利亨和捷高鞋业，但这三家公司的回函均是从广东榕泰的财务总监处拿到的。显而易见，函证程序失控，不免让人怀疑回函内容是否真实，会计师收到的证据是否可靠。但正中珠江的注册会计师并没有对这一问题给予重视，反而听之任之，对于之后三家供应商的回函同样不合规的问题也没有仔细查验核对。

## 四、会计师事务所层面的正中珠江审计失败原因分析

### （一）审计独立性下降

保证审计质量是每个会计师事务所的基本义务，高的审计质量可以帮助报表使用者更好理解这一公司。审计质量和审计任期有着密切的关系。前中期，随着审计人员对审计公司的逐步了解，审计质量会越来越高。后期，事务所对公司了解较深，两者容易形成利益共同体，导致审计独立性大大下降。而正中珠江和广东榕泰的合作关系长达 18 年之久，长时间的合作使双方对彼此都有一定程度的熟悉，容易形成依赖。注册会计师可能在执行某些审计程序时流于表面，不去进一步查证，影响审计质量；同时公司可能依靠事务所出具的不准确的报告继续欺骗小股东，获取利益。长此以往，正中珠江的审计独立性将大打折扣。

通过历年审计报告发现，其中一位注册会计师陈某为广东榕泰审计了 13 次，2016 年和 2017 年更是作为广东榕泰年度报表审计项目的签字注册会计师。长期的合作关系容易产生利益关联，不禁让人怀疑，陈某在审计时已经丧失了其独立性，没有认真获取审计证据，最终导致了审计失败。

### （二）审计人员能力不足

审计的失败从最根本上而言还是审计能力的不足。由于信息不对称，注册会计师所能得到的信息少于公司内部管理者，注册会计师更应关注一些异常的财务数据，并获取审计证据来辨别公司经营情况。但正中珠江这一案例中，注册会计师们对这些数据并不敏感；或者说是察觉到了问题，但缺乏主观能动性，懒得去调查取证。纵观正中珠江的审计情况，审计失败的不止广东榕泰，还有康美药业和宜华生活。多起失败的审计案例说明正中珠江审计能力不足的不是某几位员工，而是整个会计师事务所。

## 五、防范审计失败的建议

### （一）充分了解企业各种风险

注册会计师必须将企业的风险评估和内部控制放在极其重要的位置。这两者不仅直接关系到企业财务报告的准确性和可靠性，更是保障企业稳健运营、维护投资者利益的关键所在。

风险评估是审计工作的基石。通过对企业面临的各种风险进行全面深入的分析，我们能够更准确地把握审计的重点和难点，从而制定出更为有效的审计策略。此举不仅有助于提升审计工作的效率，更能提高审计质量。内部控制是企业管理的核心。完善有效的内控制度，能及时发现、纠正企业存在的各种潜在性问题，确保企业各项经济活动合规高效。

### （二）严格执行各项审计程序

在审计工作中，严格执行各项审计程序是确保审计质量、维护投资者权益和社会公信力的核心要求。注册会计师在执行审计任务时，必须严格遵守各项审计程序，从初步的风险评估到详细的测试和分析，每一个环节都不能有丝毫懈怠。这不仅是法律法规的要求，更是对审计职业责任的尊重和坚守。

通过严格执行审计程序，注册会计师能够对被审计企业的财务状况和经营成果有更全面的了解和更深刻的认识，及时发现可能存在的风险和问题，并提出相应的改进建议。这不仅有助于企业完善自身管理，也有助于保护投资者的利益，维护市场的公平公正。

## 六、结语

本文深入探讨了正中珠江会计师事务所在审计广东榕泰实业有限公司过程中的失败案例，详细追溯了事件的发展脉络，并系统分析了导致审计失败的多重因素，包括但不限于内部控制的忽视、风险评估的不足、审计程序的执行不力以及审计独立性的缺失。

在此基础上，本文提出了一系列针对性的建议，旨在强化对企业风险的全面认识，以及严格执行审计程序的必要性。我们强调，只有通过不断提高审计人员的专业能力，深化对企业运营环境的理解，以及坚守审计程序的严谨性，才能有效预防审计失败的发生。

此外，本文的研究不仅为会计师事务所提供了减少审计失败、提升审计质量的参考，也为监管机构、上市公司以及投资者等市场参与者提供了宝贵的启示。我们期望，通过本文的深入分析和建议，能够促进审计行业的健康发展，增强市场对审计工作的信任，最终为维护资本市场的稳定和公平做出贡献。

**参考文献**

[1] 石露露. 会计师事务所审计失败的原因分析——以广东正中珠江会计师事务所审计广东榕泰为例 [J]. 投资与合作, 2023(2): 136-138.

[2] 陈思瑶, 田润稼. 严监管背景下独立董事履职研究——基于广东榕泰财务舞弊视角 [J]. 产业与科技论坛, 2023, 22(12): 33-34.

[3] 张柠兰. 正中珠江会计师事务所审计风险案例研究 [D]. 辽宁:辽宁大学, 2023.

[4] 王成. 注册会计师关联方审计中勤勉尽责问题的研究 [D]. 内蒙古:内蒙古财经大学, 2023.

# 四十二　双渠道改革后三只松鼠的企业财务分析

刘瑛[①]　吴仁群[②]

**摘要**：随着大数据的迅猛发展，零售食品企业的营销方式发生了根本性的变革。三只松鼠作为中国首家互联网食品品牌，通过线上渠道迅速崛起，成为中国销售规模最大的食品电商企业。然而，随着市场竞争加剧和业绩下滑，三只松鼠面临线上销售瓶颈，开始推行线上线下双渠道发展策略。本文通过分析三只松鼠近几年的财务报表，探讨双渠道改革对其盈利能力的影响及面临的财务风险。研究发现，双渠道改革中面临着成本上升、销售费用增加等问题。针对这些挑战，本文提出了加强双渠道融合发展、优化费用支出和注重技术创新等建议，旨在提升企业的盈利能力和市场竞争力。

**摘要**：财务风险；盈利能力；三只松鼠

## 一、引言

三只松鼠从纯电商品牌向双渠道改革的转型过程中，面临着线上流量红利的消失、线下渠道建设的高成本等问题。通过研究其改革困境，可以更深入地理解电商品牌在向双渠道转型时所需面对的各种问题和挑战。本文主要以企业报告和其他相关资料为依据，对企业财务、经营成果等方面进行剖析。三只松鼠作为电商行业的领军企业，其改革过程中的成功经验和失败教训对其他企业具有重要的参考价值。

## 二、三只松鼠公司行业环境

目前，我国消费市场的不断扩大和电子商务的快速发展，推动了休闲零食市场的快速增长。2023 年中国休闲食品行业的市场规模达到 9286 亿元，近五年年

---

① 刘瑛，会计硕士，研究方向：会计制度与会计实务。
② 吴仁群，教授，研究方向：管理决策、信息系统及应用。

均复合增长率为 5.12%。预计 2024 年中国休闲食品行业市场规模将达到 10093 亿元。其中，线上销售渠道在休闲食品行业中的占比逐渐增加，成为推动市场增长的重要力量。而且三只松鼠、良品铺子、百草味等品牌，不断加强营销手段，争夺线上市场份额。此外，线下休闲零食市场竞争也很激烈。传统品牌如良品铺子、三只松鼠、百草味等通过多年的积累，已经拥有了一定的品牌影响力和市场份额。而新兴品牌如赵一鸣、零食有鸣等不断涌现，在市场上迅速崛起，对三只松鼠的线下店铺营销产生了一定的冲击。线下零售渠道具备便利、现场体验等诸多优势，根据欧睿数据，2022 年休闲食品线下渠道整体占比超 80%，是中国休闲食品销售的主要渠道。

## 三、双渠道改革对三只松鼠盈利相关指标的影响

三只松鼠的财报数据显示，三只松鼠的线下营收持续下滑。2023 年上半年，三只松鼠营收 28.93 亿元，同比减少 29.67%。线下门店的营收从 2022 年上半年的 6.37 亿元下降至 2023 年上半年的 1.52 亿元，占总营收的比例也从 15.49% 下降至 5.25%。这主要是由于传统电商平台的营收下滑以及线下门店的持续削减。三只松鼠在财报中披露，上半年关闭了 222 家联盟小店，投食店也仅剩 1 家。这种大规模的门店关闭直接影响了线下业务的整体占比和营收。三只松鼠在线下渠道改革过程中面临着营收下滑、门店调整等多方面的问题，对三只松鼠盈利产生着影响，现对三只松鼠的盈利相关指标进行分析。[1] 三只松鼠 2019—2023 年盈利能力指标见表 42-1。

表 42-1　三只松鼠 2019—2023 年盈利能力指标

|  | 2019 年 | 2020 年 | 2021 年 | 2022 年 | 2023 年 |
| --- | --- | --- | --- | --- | --- |
| 营业收入 / 亿元 | 101.73 | 97.94 | 97.70 | 72.93 | 71.15 |
| 营业成本 / 亿元 | 73.45 | 74.54 | 68.99 | 53.43 | 54.55 |
| 净利润 / 亿元 | 2.39 | 3.01 | 4.11 | 1.29 | 2.20 |
| 营业净利率 / % | 2.35 | 3.08 | 4.21 | 1.77 | 3.09 |
| 营业净利率行业均值 | 14.48% | 15.28% | 12.94% | 11.99% | 13.27% |

数据来源：iFinD

如表 42-2 所示，三只松鼠高成本导致净利润随收入的下降而下降，2023 年 71.15 亿元的营业收入却仅有 2.2 亿元净利润。其营业净利率在 2019—2023 年期间波动较大，这是因为 2019 年三只松鼠提出"万店计划"。但是营业收入下

滑、营销成本过大，线下门店扩张速度无法用盈利弥补亏损，最终导致计划暂停。在企业整体营业收入出现下降的情况下，企业的毛利率也在逐年降低，主要是因为2020年、2021年新型冠状病毒感染疫情的冲击。在2022年三只松鼠出现食品安全问题并被舆论推到风口浪尖之后，三只松鼠的营业总收入下降至72.93亿元，毛利19.50亿元，同比下降25.35%。三只松鼠双渠道改革面临着严峻的考验，但其营业收入占比大的原因是没有摆脱对线上渠道的依赖，依靠电商平台拉动收入的增长。[2]

表 42-2　三只松鼠线下门店数量情况　　　　　　　　单位：家

| 经营业态 | 2019 年 | 2020 年 | 2021 年 | 2022 年 | 2023 年 |
| --- | --- | --- | --- | --- | --- |
| 投食店 | 108 | 171 | 140 | 23 | 1 |
| 联盟店 | 278 | 872 | 925 | 528 | 316 |
| 新增数量 | — | 719 | 309 | 45 | 12 |
| 减少数量 | — | 62 | 331 | 549 | 222 |

数据来源：公司年报

2019—2023年，三只松鼠的线下门店从激增转至大幅收缩。2019年，在线上占有率达到顶峰背景下，三只松鼠提出"万店计划"。2020年和2021年线下投食店和联盟店迅速扩张，但营业收入出现了负增长。可见线下渠道的店铺扩张并没有帮助三只松鼠实现营业收入的增加。因此，从2022年开始关闭了大量投食店，门店数量迅速缩减，但联盟店还保持着正增长的收入所以保有一定数量。这一变化反映了三只松鼠在面对市场挑战时不断调整其线下渠道改革的策略。[3]

近年来，三只松鼠面对营收下滑的局面开始聚焦新分销渠道。首先，三只松鼠通过与零食量贩品牌（如零食很忙、赵一鸣零食等）的合作，以及自建的社区品牌店等量贩式渠道，实现了营业收入的增长。2024年上半年，三只松鼠预计营业收入为50.4亿~51亿元，同比大幅增长74.19%~76.27%。虽然三只松鼠的线上渠道仍占据重要地位，但量贩式渠道作为线下渠道的重要补充，为公司的整体营收增长提供了有力支持。预计2024年上半年，三只松鼠净利润为2.86亿~2.92亿元，同比增长85.85%~90.08%。在大量开店这一经营战略被否定后，三只松鼠开始积极探索新的线下布局方式，各盈利指标的回升也验证了其向新分销渠道拓展这一战略的正确性。[4]

## 四、双渠道改革下三只松鼠财务风险分析

在双渠道改革中，三只松鼠未能摆脱线上渠道的营销压力，又迎来了开拓线下渠道带来的新挑战。三只松鼠双渠道改革的行为导致营收下滑，使其在营销费用的运营方面也有了更高的要求，存在着经营方面的风险。本文对费用支出与偿债能力进行分析来研究三只松鼠的财务风险情况。

三只松鼠线上营销主要依靠互联网平台，因此每获取一个新客户所付出的成本就会逐渐上升，企业与主要的合作平台签订合作协议后，需要按照成交额的一定比例支付平台服务费。三只松鼠依赖线上流量，为此需要支付大量的推广费用。三只松鼠线上销售的费用支出情况如表 42-3 所示，企业平台服务及推广费占销售费用的支出比都在逐年增加。[5]

表 42-3　三只松鼠平台服务及推广费与销售费用情况

| 年份 | 2019 年 | 2020 年 | 2021 年 | 2022 年 | 2023 年 |
| --- | --- | --- | --- | --- | --- |
| 推广费及平台服务费/亿元 | 6.60 | 9.61 | 13.26 | 9.79 | 7.78 |
| 销售费用/亿元 | 22.98 | 17.12 | 20.72 | 15.33 | 12.38 |
| 推广费及平台服务费占销售费用比 | 28.72% | 56.13% | 63.70% | 63.86% | 62.84% |

数据来源：iFinD

三只松鼠在其年报中对销售费用增加的解释是由营业收入增加导致的，那么其销售费用的增长率应该小于或近似等于营业收入的增长率，这暴露出了三只松鼠因线上渠道维护推广等销售费用过高导致其盈利能力下降的问题。

由于深受线上营销渠道的影响，线下营销渠道的潜在消费者对三只松鼠的价格敏感性极高，会被线上的特价或促销活动吸引。因此线下门店收效甚微，不足以分散依赖线上渠道的风险。三只松鼠自 2019 年扩张线下门店后，整体成本开始大幅攀升，其中折旧摊销和管理费用增长最为明显。同年占比仅为 7.84% 的收入规模让企业增加了 54.18% 的管理费用支出。2023 年线下门店营业收入占总收入比为 30.41%，同比增长了 -13.6%，但产生的无形资产、固定资产折旧及摊销费用达到 6319.01 万元，同比增长 3%。这些数据意味着三只松鼠线下门店具有较低的收入，对三只松鼠造成了负收益的效果。三只松鼠在 2020 年改变了发展战略，聚焦线下市场，但就营业收入而言，线下市场目前开拓的结果是营业收入不增反减。并且随着三只松鼠对线下市场开拓的投入逐渐加大，该问题在 2022 年暴露得更加明显。[6]

表 42-4  2021—2023 年期间费用合并报表指标          单位：亿元

| | 2021 年年报 | 2022 年年报 | 2023 年年报 |
|---|---|---|---|
| 销售费用 | 20.72 | 15.33 | 12.38 |
| 管理费用 | 2.83 | 2.83 | 2.27 |
| 财务费用 | 0.58 | 0.38 | 0.25 |

数据来源：iFinD

三只松鼠的销售费用占比很大，这主要是运输费的上涨和平台服务推广费用的增加致使费用随之增多，三只松鼠将重心放在了销售推广上，通过计算销售费用占营业总收入比率可以得出占比在 18%～21% 之间。2022 年销售费用较大幅度减少主要是会计政策变更所致，因为巨额的运输费和平台服务及推广费被计入了营业成本中。因为近几年三只松鼠为了平衡线上销售占比过高的情况加大了线下门店的开设力度，而线下门店的爆发式增长随之而来的是员工人数的增加，这也给三只松鼠职工薪酬的支付带来一定程度的压力，各项费用过高也是造成三只松鼠高收入低盈利的主要原因之一。

表 42-5  2019—2023 年三只松鼠偿债能力主要财务指标

| 比率名称 | 2019 年年报 | 2020 年年报 | 2021 年年报 | 2022 年年报 | 2023 年年报 |
|---|---|---|---|---|---|
| 流动比率/倍 | 1.54 | 1.69 | 1.6 | 1.80 | 1.57 |
| 速动比率/倍 | 0.48 | 0.74 | 0.27 | 0.33 | 0.35 |
| 现金比率/倍 | 36.48 | 60.12 | 17.14 | 10.37 | 12.58 |
| 资产负债率/% | 60.85 | 52.37 | 55.14 | 48.34 | 54.65 |
| 产权比率/% | 1.55 | 1.10 | 1.23 | 0.94 | 1.21 |

数据来源：iFinD

三只松鼠短期偿债能力的主要财务指标如表 42-5 所示。2019—2020 年，三只松鼠的流动比率、速动比率、现金比率都在上升，原因在于应付账款减少了 299.94 亿元。三只松鼠的流动比率总体呈现增加的趋势，但是处于上下波动的状态。而速动比率出现了下降趋势，主要是为了企业扩张和其他资金需求而将货币资金转化为其他形式的资产，导致货币资金减少。此外，三只松鼠的现金比率在 2021—2022 年大幅度下降，从上下波动的比率可以看出其现金偿还能力非常不稳定，存在短期偿债的风险。

## 五、建议

对于三只松鼠这种休闲零食公司来说,维持财务稳定性和风险把控力至关重要。本文根据三只松鼠双渠道改革的背景,提出以下建议:

第一,优化线下渠道布局。首先,针对业绩不佳的实体店,关闭低效门店,以减少不必要的运营成本。同时,在具有发展潜力的地区积极寻找新的开店机会。三只松鼠的实体店应当注重提升消费者的购物体验,通过产品试吃、互动游戏等方式增加消费者的参与感和忠诚度。其次,为了更贴近消费者,继续加大社区零食店的布局力度,将其作为未来线下扩张的主要方向,来优化零食店布局。最后,积极探索其他新型线下渠道,这有助于拓宽销售渠道,增加品牌曝光度,并满足不同消费者的需求。

第二,加强双渠道融合发展。三只松鼠可以利用O2O模式的推广和实施,通过线上线下双向引流,实现线上线下的有机融合。例如,在实体店设置线上优惠券和二维码等奖励机制,引导消费者进行线上购买;同时在线上平台为实体店进行宣传和推广,吸引更多消费者到店体验。在建立线上线下数据共享机制时,利用大数据技术对消费者行为进行分析和预测。这有助于三只松鼠更精准地把握市场趋势和消费者需求,从而制定更加有效的营销策略和产品策略。

第三,优化费用支出。首先,优化营销费用的支出,利用大数据和人工智能技术,分析消费者行为,实现精准营销,减少无效广告投放,优化费用结构及推广费率。其次,控制物流费用,可以考虑与第三方物流合作,利用其成熟的仓储和配送体系来减少运输距离和成本。适时调整包邮门槛,鼓励消费者批量购买,通过满减、满赠等促销手段降低单位物流成本。最后,降低采购成本,引入电子采购系统,实现采购流程的自动化和信息化,提高采购效率,加强采购过程中的成本控制,避免浪费和开销。[7]

第四,加强技术创新和产品多样化,增强市场竞争力。三只松鼠应该更加注重研发投入和技术创新,不断推出具有市场竞争力的新产品,满足市场多元化需求来增加企业收入来源。同时也要扩展产品线,不断优化生产、销售流程,以高效率、高质量和高附加值为主导,提升核心竞争力。

三只松鼠作为一家互联网起家的企业,其盈利模式和前景可能面临许多不确定性因素,比如市场变动或行业政策的变化。因此,企业需要优化线下渠道布局、双渠道融合发展、优化费用支出,同时再加强技术创新和产品多样化,为企业带来更多的销售机会,占据市场份额。

## 六、结语

本文通过对三只松鼠近几年的财务报表研究发现，双渠道改革对其盈利能力和财务风险方面产生了显著影响。在当前市场竞争加剧的环境中，三只松鼠必须平衡线上与线下双渠道的改革，以实现长期稳定的发展。为此三只松鼠需要进一步优化其线下渠道布局、加强双渠道融合发展、优化费用支出、加强技术创新和产品线的多样化等，以更好地适应市场需求和应对行业挑战。这些建议旨在帮助三只松鼠更好地应对市场竞争，提高产品附加值和客户黏性，在快速发展的过程中维持财务稳定性和风险把控力，为企业可持续发展提供保障。

### 参考文献

[1] 吴天雅. 互联网休闲食品企业的风险与应对研究 [D]. 武汉：中南财经政法大学，2020.

[2] 周浩然，于善波. 零售企业发展能力分析——以三只松鼠为例 [J]. 全国流通经济，2024 (1): 20-23.

[3] 田子雨，孙琳琳，佟东. 基于战略视角的企业盈利分析——以三只松鼠为例 [J]. 财务管理研究，2023 (9): 31-37.

[4] 田昇龙，彭慧林. 轻资产模式下的三只松鼠盈利能力分析 [J]. 河北企业，2024 (3): 36-39.

[5] 莫驰，吴晓涵. 基于哈佛框架的企业财务分析——以"三只松鼠"股份有限公司为例 [J]. 北方经贸，2021 (7): 93-95.

[6] 陈星宇. 轻资产运营模式下企业财务风险的管理研究——以"三只松鼠"为例 [D]. 广州：广东财经大学，2022.

[7] 寇林瑶. 三只松鼠财务报表分析 [J]. 河北企业，2023(1): 84-86.

# 四十三　恒锋信息盈利模式及财务评价

马凯旋[①]　刘硕[②]

**摘要**：由于我国人口处于老龄化阶段，人们对健全养老产业的呼声越发高涨。人口老龄化对中国的康养产业来说是一次巨大的机遇与挑战。以恒锋信息为代表的几家公司乘着"互联网+"的风口，逐渐成为推动"智慧养老"的翘楚，其盈利模式也在市场内取得成功。本文分析研究了恒锋信息的盈利模式与经营经验，以 EVA 绩效分析为主要手段对恒锋信息的财务状况进行分析，进而得出一套具有参考价值的标准盈利模式，同时也在其盈利模式中寻找到不足之处。相应的对策和建议为：恒锋信息需要加强产品研发；提供更加个性化的服务；探索多样化的营销方式；密切关注政策变化；加强人才培养和管理。这些对策可以使恒锋信息的盈利模式变得更加完善，同时也对养老产业发展提供了有益参考。

**关键词**：盈利模式；财务评价；EVA；老龄化

## 一、引言

截至 2023 年底，我国老年人口已经达到 2.97 亿人。这已经成为中国当今面临的急需解决的问题。相较于十年前，人口老龄化程度进一步加深。就目前而言，人口老龄化对中国的康养产业来说是一次巨大的机遇与挑战。我国养老行业的盈利能力仍有不足，并且发展经验也不足，并没过多的有参考价值的标准盈利模式，从而导致即使有国家政策扶持，也会有大量企业亏损破产。以恒锋信息为代表的几家公司乘着"互联网+"的风口，逐渐成为推进"智慧养老"的翘楚，其盈利模式也在市场内取得了巨大的成功。研究其盈利模式与相关经验，既有利于研究出一套具有参考价值的标准盈利模式，也可以在其盈利模式中寻找到不足之处，从而使得该行业发展更进一步。

---

[①] 马凯旋，会计硕士，研究方向：盈利模式分析与财务评价。
[②] 刘硕副教授，硕士生导师，经济学博士、应用经济学博士后，研究方向：大数据分析与处理、公司理财。

## 二、文献综述

Luo J, Meng L [1]Frontiers in Genetics 指出养老产业市场中，更多的影响在于：要以政府为中心，实现智能化养老服务的多元共治；多以需求为导向，完善智慧养老服务的相关设施供给；更要以平台化的服务方法来优化产业，从而推动以人才为核心的智慧养老服务高质量发展。

Min X [2] 在 Academic Journal of Business & Management 中指出国家的养老产业体系要不断夯实产品和服务质量的底层要求，保障老年人健康最基本的生活要求。创新服务模式，积极发展信息化、智能化、精细化、定制化。养老服务模式满足更高级、更高端的需求。

Luo L [3] 在医疗工程杂志中提出，不断加剧的老龄化将使社会保障与公共服务压力增加，人口红利被弱化，并对社会活力、创新动力与潜力增长产生持续影响，这是新时代人口发展所面临的重大风险与挑战。以科技创新为引领，不断丰富养老服务的内容、形式和体系。建立了符合中国国情的养老服务模式，养老服务的改革迫在眉睫。

郝晓宁 [4] 在卫生经济研究中指出，完善智慧健康养老体系，加强智慧健康养老产品的适老性，细分智慧健康养老市场，探索智慧健康养老与医疗保险的对接，从而推动智慧健康养老产业的发展。这些方面很大程度上影响老年人对智慧健康养老服务的支付意愿。

邓智烨 [5] 的论文提出，公司盈利模式主要依文献研究法、案例研究法进行分析，再找出经营管理上的重点，结合政策、技术、市场需求等多方面因素对公司盈利模式的选择因素进行分析，并从财务角度和非财务角度对公司三年的盈利模式效果进行评价。

陈千里 [6] 在论文中提到，中国养老现状主要在于三方面：居家养老、社区养老、机构养老。但当今最为关键的问题在于如何培养大量的、专业的养老服务型人才。行业发展前景也是不容小觑，相对空白的市场也给研究盈利模式提供了更自由的途径。

张雷和韩永乐 [7] 在论文中所述国内智慧养老所存在的问题及原因在于：我国智慧养老存在着信息化、智能化水平不高的问题；智慧养老产品"智慧性"不足；智慧养老产业发展不成熟；智慧养老产业缺乏统一标准，忽视了老年人的精神需求等。为了推动智慧养老产业的发展，我们必须始终以老年人为中心，并建立完善的制度体系。

从现有的研究结果来看，虽然许多学者对中国的养老产业做了各个方面的研究，但仍存在没有一定可参考性的盈利模式，本文即从研究盈利模式的角度出发，对这一行业进行深度分析，以期得到可操性更强的结论建议。

### 三、恒锋信息盈利要素与财务评价

研究盈利模式的方法多种多样，其中实地调研、案例分析是常用的方法。本文主要采用了案例分析和文献研究的方法，旨在总结成功的养老机构盈利模式，并为其他养老机构提供借鉴和启示。通过文献研究，我们可以了解国内外养老机构的盈利模式、经验和教训，为养老产业盈利模式的研究提供理论基础。对恒锋信息财务状况分析中使用了 EVA 分析，可以更直观地看出企业所实施的盈利模式对企业是否起积极有效作用。通过这些方法的综合运用可以全面了解恒锋信息盈利模式的现状和趋势，为养老产业的发展提供指导。

#### （一）恒锋信息基本情况

恒锋信息科技股份有限公司是一家中国的科技公司，总部位于福建省福州市。公司成立于 1994 年，主要从事计算机软件和硬件的研发、生产和销售，智慧城市，智慧养老等。智慧养老系统主要包括医疗健康管理、安全监测、智能化服务和社交互动四个方面。通过智能穿戴设备、远程医疗等技术，实现便捷迅速的健康管理和医疗服务；通过智能安防设备、智能门锁等技术，采用智能技术来监测和管理老年人的安全。同时，利用智能家居技术，为老年人提供智能化的家居生活服务。此外，通过智能社交技术和在线教育等服务，满足老年人的社交互动和学习需求。

智慧养老作为一种新的解决方案，其发展可以追溯到 20 世纪 90 年代。当时，中国老龄化问题越发突出，政府开始关注老年人的养老问题。随着信息技术和物联网技术的发展，智慧养老逐渐成为一种新的选择。在政策的支持和市场的推动下，智慧养老产业得到了国内外企业的广泛布局。目前，我国的智慧养老产业已经进入了快速发展阶段。

#### （二）盈利模式要素

恒锋信息在养老产业中的盈利模式多样化，既有平台服务费收益，也有硬件销售收益，同时利用数据分析服务和投资养老地产等方式实现盈利。而这种盈利模式的形成背景主要来自于三个方面。首先是中国的老龄化趋势和养老产业的快速发展。随着中国对养老服务的需求越来越大，以及科技的不断进步，智能化养老设备和服务也得到了广泛应用，为养老服务提供了更多的选择和可能性。在这种背景下，恒锋信息积极探索和创新养老产业的商业模式，通过提供养老服务平台、智能硬件、数据分析服务和投资养老地产等多种方式，满足老年人和养老机构的需求，实现企业的盈利。

### （三）盈利能力分析

恒锋信息的盈利能力分析情况如表 43-1 和图 43-1 所示。

表 43-1  2018-2022 年盈利能力分析　　　　　　　　　　单位：%

| 盈利能力指标 | 2018 年 | 2019 年 | 2020 年 | 2021 年 | 2022 年 |
| --- | --- | --- | --- | --- | --- |
| 销售毛利率 | 26.78 | 28.79 | 29.23 | 23.54 | 25.58 |
| 营业净利率 | 10.21 | 10.81 | 11.77 | 7.68 | 7.52 |
| 净资产收益率 | 11.42 | 11.59 | 10.10 | 9.46 | 7.4 |
| 总资产报酬率 | 7.24 | 7.15 | 6.25 | 4.49 | 3.45 |

数据来源：恒锋信息 2018—2022 年年度财务报表

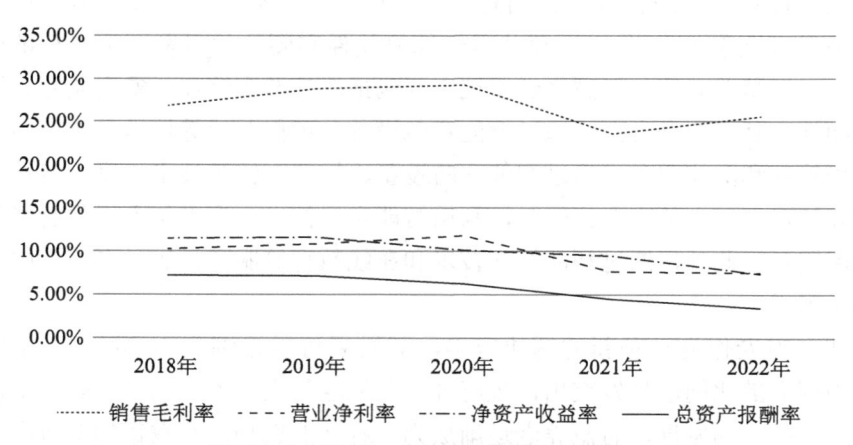

图 43-1  2018—2022 年盈利能力分析

恒锋信息销售毛利率基本维持在 25% 左右，营业净利率受社会环境影响在 2020 后呈下降态势，说明企业受外部环境影响较大，净资产收益率一直处于下降趋势，说明公司支配内部资本的能力有所下降，应当引起重视。整体来看在主营方面盈利能力较为稳定，虽有波动，但整体变化与外部环境影响和公司发展阶段相呼应。从折线图上来看，各个数据均处于下降态势，但下降的幅度较小，更印证了该公司盈利能力较为稳定。

### （四）EVA 绩效分析

EVA（Economic Value Added）是一种财务管理工具，它是一种衡量公司经营绩效的指标，可以衡量公司的经济附加值。EVA 的核心思想是企业在进行经营决策时，应该优先考虑资本的机会成本，即当企业使用资本时，应该比资本的成本高，以创造更多的经济附加值。

税后净营业利润计算公式如下：

税后净营业利润 = 营业利润 + 财务费用 + 资产减值损失 + 开发支出
－递延所得税资产增加额 －EVA 税收调整额

恒锋信息采用的企业所得税税率为 15%，因为其属于国家重点扶持的高新技术企业，如表 43-2 所示。

表43-2　具体的税后净利润计算调整　　　　　　　　　　　　　单位：万元

| 项目 | 2018 年 | 2019 年 | 2020 年 | 2021 年 | 2022 年 |
| --- | --- | --- | --- | --- | --- |
| 营业利润 | 6111 | 6820 | 6749 | 5037 | 4377 |
| 财务费用 | -58.41 | -3.963 | 88.01 | 343 | 345.8 |
| 资产减值损失 | 533.4 | — | — | — | — |
| 开发支出 | — | 130.5 | 1047 | 1403 | 2997 |
| 递延所得税负债 | — | — | 0.198 | 5.683 | 8.079 |
| 递延所得税资产 | 415.5 | 634.4 | 2772 | 2455 | 2159 |
| EVA 税收调整额 | 664.03 | 665.40 | 804.87 | 389.82 | 468.44 |
| 税后净营业利润 | 5506.46 | 5646.74 | 3261.81 | 3943.86 | 5100.44 |

数据来源：恒锋信息 2018—2022 年年度财务报表

根据恒锋信息 2018—2022 年年报，资本总额计算结果如表 43-3 所示。

表43-3　2018—2022 年资本总额计算　　　　　　　　　　　　单位：万元

| 项目 | 2018 年 | 2019 年 | 2020 年 | 2021 年 | 2022 年 |
| --- | --- | --- | --- | --- | --- |
| 所有者权益 | 49590 | 55555 | 48310 | 52000 | 55190 |
| 短期借款 | — | 1000 | 4489 | 12720 | 20320 |
| 交易性金融负债 | — | — | — | — | — |
| 长期借款 | — | — | — | — | — |
| 一年内到期的非流动负债 | — | — | — | 76.57 | 51.02 |
| 应付债券 | — | — | — | — | — |
| 长期应付款 | — | — | — | — | — |

续表

| 项目 | 2018 年 | 2019 年 | 2020 年 | 2021 年 | 2022 年 |
| --- | --- | --- | --- | --- | --- |
| 递延所得税负债 | — | — | 0.198 | 5.683 | 8.079 |
| 递延所得税资产 | 415.5 | 634.4 | 2772 | 2455 | 2159 |
| 资产减值损失 | 533.4 | — | — | — | — |
| 在建工程 | 199.4 | — | 92.46 | 169.4 | 4440 |
| 资本总额 | 49508.5 | 55920.6 | 49934.74 | 62177.85 | 68970.1 |

数据来源：恒锋信息 2018—2022 年年度财务报表

加权平均资本成本（WACC）的计算公式如下：

$$WACC=(E/V)\times Re+(D/V)\times Rd\times(1-Tc) \quad (43\text{-}1)$$

各年度加权平均资本成本（WACC）计算如表 43-4 所示。

表 43-4　2018—2022 年加权平均资本成本计算

| 项目 | 2018 年 | 2019 年 | 2020 年 | 2021 年 | 2022 年 |
| --- | --- | --- | --- | --- | --- |
| 股权资本/万元 | 164984.99 | 210940.78 | 216213.01 | 226770.05 | 226136.60 |
| 债务资本/万元 | 5988.13 | 9330.43 | 9626.34 | 19975.56 | 32268.45 |
| 股权资本成本率 | 5.42% | 8.73% | 0.88% | 2.83% | 2.36% |
| 债务资本成本率 | 2.73% | 2.67% | 2.66% | 2.57% | 2.57% |
| 企业所得税率 | 15% | 15% | 15% | 15% | 15% |
| 加权平均资本成本率 | 5.32% | 8.48% | 0.96% | 2.8% | 2.39% |

数据来源：Wind 数据库、2018—2022 年恒锋信息年度财务报表

EVA 的计算公式为：

$$EVA=\text{税后净营业利润}-(\text{资本总额}\times\text{加权平均资本成本}) \quad (43\text{-}2)$$

各年度 EVA 计算如表 43-5 所示。

表 43-5　2018—2022 年 EVA 值计算表

| 项目 | 2018 年 | 2019 年 | 2020 年 | 2021 年 | 2022 年 |
|---|---|---|---|---|---|
| 税后净营业利润/万元 | 5506.46 | 5646.74 | 3261.81 | 3943.86 | 5100.44 |
| 资本总额/万元 | 49508.5 | 55920.6 | 49934.74 | 62177.85 | 68970.1 |
| 加权平均资本成本率 | 5.32% | 8.48% | 0.96% | 2.8% | 2.39% |
| EVA/万元 | 2872.61 | 904.67 | 2782.44 | 2202.88 | 3452.06 |

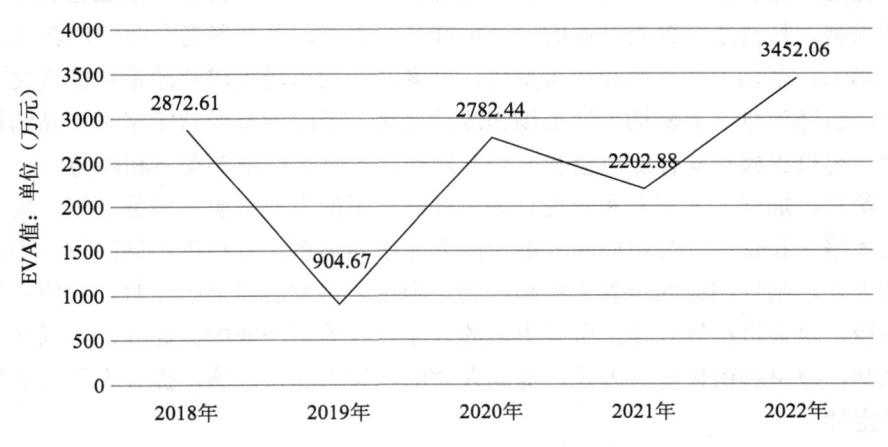

图 43-2　恒锋信息 2018—2022 年 EVA 值变动图

由表 43-5 和图 43-2 可以看出，恒锋信息的 2018—2022 年的 EVA 值一直保持正值，尤其是在 2022 年达到新高，直接飙升至 3.45 亿元，说明企业所创造的价值在大幅度提高，2019 年 EVA 值下降的原因可能是公司的资本使用效率下降，可能是市场竞争加剧、成本上升、收入下降等因素导致的。此外，公司的资本结构也会对 EVA 值产生影响，等等。综上说明，恒锋信息所实施的盈利模式对企业是起积极有效作用的，在生产经营活动中为企业创造了企业内在价值，并且其创造价值的能力也在逐年提升。

## 四、盈利模式存在的问题与对策建议

### （一）盈利模式存在的问题与原因分析

该公司在养老产业的盈利模式存在问题的原因主要是产品和服务缺乏差异化和创新、产品缺乏多样性以及对市场和政策变化的反应不够及时。针对这些问题，恒锋信息需要加强产品研发和创新，提供更为个性化的服务，同时探索更多的营销渠道和方式，以及密切关注市场和政策的变化，提高公司的市场竞争力。

### (二) 对策和建议

针对恒锋信息在养老产业盈利模式存在的问题，以下是一些对策和建议：

第一，加强产品研发和创新。随着我国老龄化的加快，养老产业的发展已成为社会关注的热点，养老产业需要加强产品研发和创新，应该加强对老年人需求的了解，应用技术创新，如人工智能、物联网、大数据等，开发出更加智能化、数字化的产品和服务；利用好政府对智慧养老产业的扶持力度，走在智慧养老产业的前列，打造适合养老产业的一套标准产业模式，推动养老产业的创新发展。

第二，密切关注市场和政策变化。养老产业的市场需求和政策环境变化较为频繁，恒锋信息需要密切关注市场和政策变化，及时调整经营策略和产品结构。同时，可以积极参与行业协会和展会等活动，了解行业最新动态和趋势。

第三，加强人才培养和管理。为了提高员工的专业素质和服务意识，需要加强人才培养和管理。公司应建立健全的人才培养体系，并根据不同岗位、不同层次的人才，制订相应的培养方案和计划，满足公司发展需求；同时，还应该加强与高校、培训机构等合作，引导更多的人才投身养老产业中；此外，可以建立激励机制，吸引和留住优秀人才，提高人才的归属感和认同感，提升企业人才队伍的稳定性。

## 五、结论

结合盈利模式实施效果分析，从财务的视角出发，结合2018—2022年财务报表分析，企业盈利能力虽然略显疲态，但重在其发展势头良好，当企业的EVA值保持正值，并且整体处于上升状态时，表明该企业创造内在价值的能力较强。恒锋信息具有这样的盈利模式，这对公司的企业发展起到积极作用，这意味着公司在其资本成本之上获得了更高的经济利润，从而增加了其市场价值和股东财富；同时，保持EVA值的正向动态变化也反映了公司运营效率、资产配置以及管理水平等方面的不断改善。因此，该盈利模式值得同行借鉴，它为整个养老产业的发展决策提供了重要参考。

### 参考文献

[1] Luo J, Meng L. Research on Adoption Behavior and Influencing Factors of Intelligent Pension Services for Elderly in Shanghai[J]. Front Genet. 13: 905887.

[2] Min X. Study on countermeasures to promote the healthy development of China's pension industry[J]. Academic Journal of Business & Management, 2022, 4. 0(9. 0): 102-107

[3] Luo L. Analysis of Coupling Coordination Degree between Big Health Industry and Pension Service[J]. J Healthcare Engineering. 2022: 6427024.

[4] 郝晓宁, 张山, 马骋宇, 等. 城市老年人智慧健康养老服务的支付意愿及影响因素研究[J]. 卫生经济研究, 2022, 39(1): 19-22+26.

[5] 邓智烨. 卫宁健康盈利模式及效果分析[D]. 南昌: 江西财经大学, 2021.

[6] 陈千里. ZJ养老项目商业模式研究[D]. 长春: 吉林大学, 2022.

[7] 张雷, 韩永乐. 当前我国智慧养老的主要模式、存在问题与对策[J]. 社会保障研究, 2017(2): 30-37.

# 四十四　中兴财光华会计师事务所对蓝山科技审计失败案例研究

马露[①]　何志勇[②]

**摘要：** 财务舞弊事件频发，注册会计师常未能发现，导致虚假审计报告，损害投资者和事务所信誉。以 2020 年中兴财所对蓝山科技的审计失败为例，发现问题包括审计独立性不足、内部控制失效和监管不力。建议提高审计谨慎度、增强专业能力、严格审计程序、保持怀疑态度，并完善监管制度。

**关键词：** 审计失败；财务舞弊；中兴财所；蓝山科技

## 一、引言

蓝山科技挂牌新三板后表现优异，吸引大量投资，但中兴财所的审计失误导致投资者失望，引发证监会对四家中介机构的调查，42 家拟 IPO 企业的审核被暂停，对市场造成了负面影响。证监会调查发现，中兴财所的审计存在严重问题。本文分析了这一事件对审计失误的影响和警示作用。

## 二、文献综述

### （一）审计失败的原因

国内学者主要从审计主体、审计客体等方面研究审计失败。何柯吟（2020）指出函证失效、缺乏职业怀疑和风险评估失效是常见原因[1]。郑璇（2022）则提到内部控制审计不到位和审计证据搜集不充分也是审计失败的原因[2]。

在审计客体方面。王彦杰、孙晓曦等（2021）指出上市公司内部控制制度的不完善以及财务数据造假是导致重大审计失败的关键因素[3]。王小宝（2020）则

---

① 马露，会计硕士，研究方向：资本运营与财务治理。
② 何志勇，研究方向：资本运营与财务治理。

认为上市公司舞弊频繁是因为造假成本低且收益高[4]。

（二）审计失败的防范

沈利刚（2022）[7]和包刚（2022）[8]提到建设"四位一体"质控体系和完善内部审计质量控制制度对辨识和防范会计舞弊有帮助。胡明霞和窦浩铖（2021）[9]指出注册会计师的职业道德建设对防范审计失败具有重要意义。王秋菲和栾丹（2020）[10]则认为提高审计人员的大数据技能和应用爬虫技术，可以更精确、高效地收集审计证据，从而降低审计失败的风险。

## 三、中兴财所对蓝山科技审计失败案例介绍

（一）审计失败事件回顾

2020年4月29日，蓝山科技向股转系统申报了精选层，并向不特定合格投资者公开发行股票，计划进行小规模IPO。

2020年5月13日，蓝山科技收到监管机构的询问函，主要涉及公司控股股东股权质押比例过高、研发支出资本化的合理性及前五大客户波动较大等40项问题。

2020年11月27日，证监会对蓝山科技发出了调查通知，因涉嫌信息披露违法违规，公司被立案调查，财务造假行为也得到了确认。

2021年4月14日，蓝山科技停牌。

2021年11月12日，证监会发布了处罚公告，要求蓝山科技进行整改，并对其第三方会计师事务所也进行了处罚。

2021年11月15日，证监会对中兴财所及相关会计师发布了行政处罚决定。

2022年7月25日，证监会对蓝山科技相关责任人发布了行政处罚决定书。

蓝山科技通过虚构采购、销售和研发活动，伪造固定资产处置以满足精选层要求，谭澍和赵瑞梅主导了欺诈，高管参与编造虚假单据和报告。证监会于2021年11月对公司处以近400万元罚款，要求整改，四家相关机构也被调查，导致公司陷入困境。

（二）事务所审计情况

中兴财光华会计师事务所未发现蓝山科技的隐性关联方交易舞弊，导致审计意见不当，受到证监会的行政处罚。

### 1. 未识别隐性关联方交易

（1）未识别隐性关联方与未披露关联方

尽管可勤达尔科技等公司在法定上不符合关联方标准，但实际上由蓝山科技的控制人控制，因此属于隐性关联方。蓝山科技未披露这些关联关系，中兴财光华会计师事务所也未识别。天越五洲科技等公司与蓝山科技主要人员存在股权和职务关系，符合关联方定义，但蓝山科技在2017—2019年的报告和2020年说明书中未披露这些信息，中兴财光华会计师事务所也未发现异常。

（2）未发现蓝山科技隐性关联方购赊交易

2017—2019年间，蓝山科技及其子公司通过虚假采购和销售交易形成了虚假业务循环，但审计人员未发现财务报表中的虚假信息。

表44-1　2017—2019年蓝山科技购销业务的数据虚增详情　　单位：百万元

|       | 虚增收入额 | 虚增利润额 | 虚增存货额 | 虚增应收账款额 |
|-------|-----------|-----------|-----------|---------------|
| 2017年 | 292.24    | 100.32    | 60.71     | 4.00          |
| 2018年 | 187.40    | 54.49     | 45.40     | 27.69         |
| 2019年 | 331.28    | 90.78     | —         | 31.34         |
| 总计   | 810.92    | 245.89    | 106.11    | 63.03         |

数据来源：证监会处罚公告

2017—2019年，蓝山科技虚增收入超81000万元，销售利润超24500万元，存货超10600万元，应收账款超6300万元，其中2019年虚增收入规模最大，超过33100万元。

表44-2　2017—2019年蓝山科技造假前后的业务收入对比　　单位：百万元

|       | 真实收入额 | 虚假收入额 |
|-------|-----------|-----------|
| 2017年 | 384.23    | 676.48    |
| 2018年 | 454.91    | 642.32    |
| 2019年 | 342.42    | 673.69    |
| 总计   | 1181.56   | 1992.49   |

数据来源：证监会处罚公告

在过去三年中，蓝山科技的真实营业收入最高为45491.39万元，而报表中记载的收入每年约为65000万元。通过计算分析，可以明显看出蓝山科技在采购销售业务中存在大规模的造假行为。特别是 2019 年，虚增收入几乎等于真实收入的 100%。

（3）未发现蓝山科技隐性关联方研发交易

2017—2019 年间，蓝山科技与隐性关联公司虚列了 44237.03 万元的研发支出，但审计未发现实际研发能力或成果，且对合作方的访谈内容未识别为虚假信息。

表 44-3　2017—2019 年蓝山科技研发业务虚增数据详情　　单位：百万元

|  | 虚增无形资产额 | 虚增管理费用额 | 虚增研发费用额 |
| --- | --- | --- | --- |
| 2017 年 | 4.62 | 46.82 | 51.44 |
| 2018 年 | 106.03 | 30.32 | 131.73 |
| 2019 年 | 136.10 | 35.34 | 65.42 |
| 总计 | 246.75 | 112.48 | 248.59 |

数据来源：证监会处罚公告

根据表 44-3 所示，最初阶段，蓝山科技对无形资产的虚增较小，2017 年仅为 462.27 万元。自 2018 年起，虚增无形资产金额大幅增加，到 2019 年达到 13610.08 万元。

（4）未发现蓝山科技存在隐性关联方资产处置交易

2019 年 12 月，蓝山科技以优化生产模式为理由，出售了价值 4383.18 万元的设备，掩盖了固定资产的真实情况。这笔交易是虚假的，伊普赛斯没有收到款项，审计未发现这一情况。

2. 出具不恰当审计意见

尽管蓝山科技存在舞弊，中兴财所的注册会计师刘永等人仍对其 2017—2019 年的财务报告发表了无保留意见。

3. 证监会行政处罚

蓝山科技因舞弊行为受到了 2021 年的证监会处罚，中兴财所因未遵循审计准则而遭到处罚。

（1）对蓝山科技及相关责任人的处罚

2021 年 11 月 12 日，证监会因财务舞弊对蓝山科技做出行政处罚决定。2022 年 7 月 25 日，进一步处罚包括：对公司罚款 400 万元并警告整改；实际控制人谭澍和赵瑞梅各罚款 700 万元并终身禁入证券市场；其他责任人警告并各罚款 50 万元。

### (2) 对中兴财所及相关责任人的处罚

中兴财所未发现蓝山科技的舞弊行为,审计报告中仍然给出了无保留意见。2021年11月15日,证监会对中兴财务所及其直接责任人员刘永、李铁庆、赵海宾进行了处罚,警告相关责任人,并处20万—30万元的罚款。责令中兴财所限期改正,没收业务收入并处110万元罚款。

## 四、中兴财务所审计蓝山科技失败原因

### (一) 中兴财所层面

**1. 未充分考虑承接业务的风险**

与IPO和上市公司相比,新三板挂牌企业处于成长阶段,内部控制薄弱,股权集中,财务造假和审计失败风险增加。中兴财所未有效识别隐性关联方交易,如蓝山科技的赛博香港控股69.20%,实际控制人为董事长母亲赵瑞梅。新三板企业审计工作量大但费用低,内部控制不完善,审计风险高,低费用和高工作强度可能影响审计质量。会计师事务所需具备科技专业知识,但因费用低通常不聘专家核实研发支出,增加审计失败风险。

**2. 事务所及所派注册会计师独立性存疑**

根据蓝山科技历年的审计报告可知,中兴财所长期审计蓝山科技,刘永几乎连续6年参与,可能导致独立性丧失和审计失败风险。另一位注册会计师李铁庆自2017年起也持续参与审计,独立性同样难以保证。

**3. 审计质量复核程序流于形式**

蓝山科技审计项目组和质控部门复核存在形式化问题,如合同和验收单据签名相同、函证程序控制不严、未发现交易对手异常工商信息。质控部门独立复核不严谨,未深入核查关键证据;轻信项目组提供的审计证据,未进行进一步核实。这些问题导致审计工作不够严谨,降低了审计质量,提高了审计失败的风险。

### (二) 蓝山科技层面

**1. 舞弊手段隐蔽**

截至2023年底,我国新三板市场已挂牌企业超过6000家,市场吸引力有所上升。然而,因准入门槛低,挂牌企业普遍实力不足,可能通过舞弊手段掩盖真实情况,如复杂的关联方交易增加了审计难度。蓝山科技曾利用关联方舞弊手法,疫情期间现场核查难度加大,使舞弊手段更难被发现。

2. 内部控制失效

蓝山科技的控股权由赵瑞梅和谭澍母子掌握，赵瑞梅间接持有 69.2% 的股份，股权高度集中。谭澍兼任董事长和总经理，未能有效分离董事会与管理层，导致监督和内部控制不足。尽管审计部门由审计委员会管理，但谭澍兼任审计委员会职务，内部审计效果受损，增加了舞弊和审计失败的风险。

## 五、防范审计失败的建议

### （一）会计师事务所层面

1. 承接业务时充分考虑风险

会计师事务所要实现持续发展，需依赖高质量审计服务以保持良好声誉。审计前需准确评估风险，慎重选择项目，使用科学工具评估潜在风险，并设立预评估部门筛选业务。然而，中兴财所在审计蓝山科技时忽视了股权集中、内控问题及内部审计团队的科技知识，可能长期服务新三板企业导致未能准确评估风险。应详细分析被审计单位情况，优化审计计划，提高效率，并对长期服务的公司进行回顾性审查以决定是否继续审计。

2. 严格遵守审计轮换制度

首先，严格遵守审计规定，避免连续审计同一企业超过五年。其次，通过统计分析审计项目，了解每位审计人员的参与情况，有助于组建团队和监督轮换。在连续审计时，应由前审计人员介绍公司情况，但不直接参与审计，以降低风险并加速内部人才培养。

3. 加强审计质量控制复核

会计师事务所需建立两个层次的审计质量控制体系：内部复核和质量控制复核。内部复核由专业人员检查审计证据和底稿，并调整安排以获取更多证据；质量控制复核则关注高风险事项的审计程序和结果合理性。结合风险导向审计模式，需准确识别风险并执行相应复核程序，必要时由风险控制和技术部门进行额外复核。

### （二）审计项目组层面

1. 注重新三板挂牌企业的风险评估流程

审计新三板企业时面临更高财务舞弊风险，因此需加强风险评估。新三板企业常有股权集中和内控问题，监管要求随层级变化，晋升更高层级时潜在问题可能暴露，如蓝山科技在从创新层转入精选层时财务造假被发现。审计人员需全面评估风险，了解内控、行业背景和客户需求，进行财务数据分析，若风险过高，应考虑退出或采取有效控制措施。

2. 严格执行进一步审计程序

（1）控制测试

公司通常通过内部控制措施来维持正常运营并实现盈利目标。审计人员会评估这些控制措施的有效性，包括对管理层行为的观察和控制的全面检查。为了确保审计的准确性，需要尽量保持独立，减少被审计单位的影响。然而，在对蓝山科技进行内部控制测试时，中兴财所未能维持独立性，主要依赖蓝山科技提供的信息，未进行独立调查，从而导致了审计失败。

（2）实质性程序

审计人员必须执行全面实质性程序并严格控制流程，以获取准确证据，防范审计风险。在案例中，审计人员未严格把控函证和银行对账单的流程，收集了伪造的对账单和询证函，未核查虚假证据，导致未发现蓝山科技的欺诈。中兴财所的审计控制不严，获取了虚假证据。严格的流程控制可显著降低审计失败风险，审计需从多个角度监控并收集间接证据。

3. 保持职业怀疑

在审计中，保持职业怀疑态度至关重要，以防欺诈。审计人员需关注公司经营和市场特征，重点分析关键财务指标，识别潜在舞弊。以蓝山科技为例，审计人员未保持足够怀疑，未执行有效程序，未发现舞弊。应关注内部控制执行情况、行业风险和业绩压力，深入分析关键财务指标，并遵循科学程序，确保审计证据的获取和核实，避免错误。

## 参考文献

[1] 何柯吟. 针对函证不当导致审计失败的反思 [J]. 中国注册会计师, 2020(12): 112-114+2.

[2] 郑璇. 关联方审计失败的原因及对策分析——基于2006-2020年证监会处罚决定书 [J]. 中国注册会计师, 2022(1): 85-88.

[3] 王彦杰, 孙晓曦, 江岭, 等. 上市公司重大审计失败的多重并发因素分析——基于22个案例的清晰集定性比较 [J]. 财会通讯, 2021(13): 118-122.

[4] 王小宝. 注册会计师执业环境与审计质量 [J]. 会计之友, 2020(4): 33-36.

[5] 沈利刚. 面向财务造假防范的会计师事务所质控体系构建 [J]. 财会通讯, 2022(9): 119-123.

[6] 包刚. 会计师事务所审计程序失当问题探讨 [J]. 财会通讯, 2022(9): 124-128.

[7] 胡明霞，窦浩铖. 我国会计师事务所审计失败成因及治理 [J]. 财会月刊，2021(15): 101-106.

[8] 王秋菲，栾丹，张洛迪. 网络爬虫技术获取审计证据的应用研究——以亚太实业审计为例 [J]. 会计之友，2020(17): 131-136.

# 四十五　基于桑克模式下企业战略成本管理研究
## ——以海澜之家为例

马一然[①]　胥力伟[②]

**摘要：** 数字化时代对企业成本管理提出了更加精细化的要求，服装零售企业采用的传统成本管理模式已无法适应当前市场发展的需要，因此基于提升核心竞争力与综合效益的战略成本管理理论受人追捧。同时，桑克模式从战略成本动因、战略定位以及价值链多个角度对战略成本管理进行研究，是战略成本管理最为全面的分析工具。本文以海澜之家为例，采用桑克模式进行战略成本管理研究，分析其战略成本管理存在的问题，提出优化策略及保障措施，以期为服装企业提供参考。

**关键词：** 桑克模式；战略成本管理；价值链；成本动因

## 一、引言

战略成本管理是市场经济发展的必然趋势，囊括了现代成本管理的最新成果，可以从多个层次满足企业目标管理的需要，完成降低成本的目的。相较于传统成本管理更具全局性、长期性、动态性以及延伸性，更符合服装零售企业的发展特点。当前，市场竞争的日益激烈，企业面临的竞争环境也越发复杂。我国的服装企业面临着复杂多变的挑战，各种因素不断影响和制约着企业的发展经营，导致企业难以获取经济回报的同时，负担还在不断加剧，给企业发展带来了诸多难题。

互联网技术的迅猛发展和智能制造的持续推进，为我国服装企业带来了新的发展契机。根据中国服装行业研究报告的数据，2023年我国服装类零售额已达

---

① 马一然，会计硕士，研究方向：资本运营与财务管理实务。
② 胥力伟，副教授，研究方向：资本运营与财务管理实务。

8664.4亿元，呈现出微弱的复苏态势，头部品牌发展前景良好。在这样的市场环境下，企业要想在激烈的市场竞争中脱颖而出，就必须有效提升管理效率，实现高效的成本控制。本文采取桑克模式对海澜之家进行战略成本管理分析，提出战略成本管理优化措施，以提升企业竞争优势，达到降本增效的目的，同时为其他服装企业进行战略成本管理研究提供借鉴。

## 二、海澜之家公司概况

### （一）公司简介

海澜之家集团股份有限公司（以下简称"海澜之家"）成立于1997年，位于江苏省江阴市华士镇，是一家拥有多个品牌的服饰生活零售集团，以服装为龙头产业，涉及男装、女装、童装、职业装及生活家具等品牌。公司采用连锁经营为主要经营模式，除了旗下职业装品牌圣凯诺采用的是传统的自主生产经营模式。2014年，海澜之家通过借壳凯诺科技成功上市，股票代码为600398。

### （二）公司现状

本文以2019—2023年海澜之家公开年报的数据为基础进行分析，近五年营业收入与净利润趋势如表45-1。2022年相较于2021年，各项数据均有所下降。2022年，营业收入为185.6亿元，同比下降8.06%；净利润为20.62亿元，同比下降14.11%。海澜之家收入与利润的下降一方面受服装市场整体需求疲软的影响，消费趋于保守、回归理性，服装市场整体仍处于弱复苏状；另一方面企业受到战略的影响，要求海澜之家继续坚持集团化发展战略，门店增加导致的费用上涨导致企业利润增速缓慢，此时海澜之家优化战略成本管理是必然选择。2023年，海澜之家的净利润同比增长41.53%，这一数字远高于营业收入的增长率，表明公司在成本控制、运营效率提升等方面取得了显著成效。

表45-1　海澜之家2019—2023年营业收入与利润趋势表

| 年份 | 营业收入/亿元 | 变动比例/% | 净利润/亿元 | 变动比例/% |
| --- | --- | --- | --- | --- |
| 2019 | 219.7 | 15.09 | 31.68 | -8.34 |
| 2020 | 179.6 | -18.26 | 17.18 | -45.78 |
| 2021 | 201.9 | 12.41 | 24.01 | 39.77 |
| 2022 | 185.6 | -8.06 | 20.62 | -14.11 |
| 2023 | 215.3 | 15.98 | 29.18 | 41.53 |

数据来源：国泰安数据库、海澜之家2019—2023年报

## 三、桑克模式下海澜之家战略成本管理分析

### (一)战略成本动因分析

1. 结构性成本动因。在企业规模方面,截至 2024 年 6 月底,海澜之家的门店总数达到了 6957 家,其中主品牌海澜之家系列的门店总数为 5908 家。作为国内知名的服装品牌,海澜之家在男装市场占据重要地位,这一庞大的门店网络为海澜之家提供了强大的销售渠道和品牌影响力。在地理位置方面,海澜之家总部所在的江阴市新桥镇,是长三角地区经济较为发达的地区之一,拥有完善的交通网络和丰富的资源禀赋。这有助于海澜之家在供应链管理、物流配送等方面实现高效运作,同时也有利于其更好地把握市场趋势和消费者需求,推出符合市场需求的产品和服务。在整合程度方面,海澜之家与供应商的合作主要基于可退货原则,辅以不可退货条款。这种模式确实有助于双方目标一致,避免滞销风险,但在供应商的选择和控制上却存在不足,由于供应商分散,难以发挥规模优势以争取更大利益。

2. 执行性成本动因

从员工参与度角度来看,有效的员工培训、晋升机制与激励机制,有助于企业员工提高工作积极性、责任心与执行力。公司第一期员工计划持有的公司股票数量为 2249.23 万股,占公司总股本的比例为 0.47%。从全面质量管理角度来看,海澜之家遵循全面质量管理的理念,即将质量管理贯穿于产品设计、原材料采购、生产制造、物流运输、销售服务等全过程。这种理念强调以顾客为中心,通过持续改进和全员参与,不断提升产品和服务的质量。

### (二)战略定位SWOT分析

海澜之家战略定位 SWOT 分析具体见表 45-2。

表 45-2 战略定位 SWOT 分析

| 优势(Strengths) | 劣势(Weaknesses) |
| --- | --- |
| 1. 品牌影响力强,中国男装行业市占率排名第一 | 1. 国际品牌影响力不够,国际上市场占有率低 |
| 2. 覆盖了男装、女装、童装、家居等多个领域 | 2. 经济依赖性强,受整体经济影响大 |
| 3. 实现了线上线下融合的全渠道销售模式 | 3. 战略成本管理不够具体和深入 |
| 4. 依托新一代信息技术,打造智慧服装体系 | 4. 对供应商依赖性强 |
| 机会(Opportunities) | 威胁(Threats) |
| 1. 拓展国际市场,实现品牌的全球化布局 | 1. 消费者需求变化 |
| 2. 加大在数字化领域的投入,提升品牌竞争力 | 2. 市场竞争激烈 |

## （三）价值链分析

### 1. 内部价值链分析

海澜之家的基本活动有原料采购、营销以及售后服务等，支持活动包括人力资源管理、存货以及运输等。海澜之家的技术开发、采购管理、销售服务等是主要价值链活动。海澜之家内部价值链分析如图 45-1 所示。

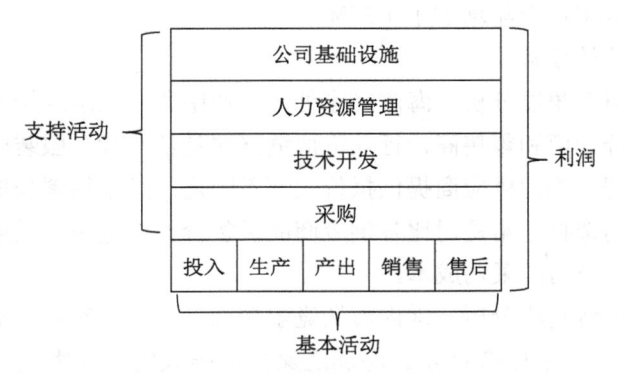

图 45-1　海澜之家内部价值链分析

在技术开发环节，海澜之家非常重视技术研发，专门成立研发中心；不仅开展自主研发，还与供应商开展联合研发，以更好地把关服装产品的质量、工艺和流行趋势。截至 2023 年年报数据，海澜之家研发费用已经超过 2 亿元，同比增长 3.25%。

在采购管理环节，海澜之家先付定金后结款的销售回款模式进一步加剧了与供应商之间的矛盾。集中采购模式因其涉及的因素众多，容易错过良好的销售时机。同时，由于集中采购的数量较大，一旦订单签订便难以更改，企业难以根据市场需求及时调整订单，这也导致存货周转速度难以提升。以 2023 年为例，海澜之家的存货周转天数高达 282 天。尽管采购和订货成本有所降低，但仓库中滞销产品的增多导致了仓储成本的显著上升。

在销售服务环节，海澜之家的销售形式分为线上和线下。线上销售主要通过电商渠道平台实现，具有显著的成本优势。这种优势不仅体现在减少高额的广告、促销费用投入上，还能降低人力成本的耗费。相较于线下实体店，线上销售既可以突破时间限制，又能够降低整体运营费用。从 2023 年年报数据来看，线上销售的毛利率达到 48.15%，较 2022 年提高了 8.27%。然而，目前海澜之家线下销售依然占据主导地位。线下销售主要包括直营、联营和加盟三种形式。通过加盟商的加入，海澜之家的供应链成本管理范围得到扩展，有助于形成规模效应；但线下渠道管理会产生大量成本费用。加盟商通常会将门店的内部管理交给企业负责，且不承担存货滞销风险，这导致企业在维护品牌形象的同时，增加了培训、沟通的成本。而在直营模式下，企业需要承担商业中心高昂的租金及繁杂的运营费用。由此可见，无论是哪种销售模式，企业都需要消耗大量成本费用，并且这些费用还呈现不断上涨的趋势。2023年年报显示，直营店的营业成本比上年增长51.48%，毛利率减少了0.55%；而加盟店的营业成本也比上年增加了10.46%，但毛利率比上年增加了1.55%。

2. 外部价值链分析

从纵向价值链角度分析，海澜之家处于行业中游，上游连接各大原材料供应商，下游承接分销商和零售商，行业价值链终端是消费者。服装原材料行业存在极大的利润空间，因此供应商提供报价大都不固定，且未签署长期协议。海澜之家对生产材料的选择通常是对比各供应商的供货价择低选用，供应商频繁更换等问题势必会增加公司的采购成本。

从横向价值链角度分析，国内市场竞争加剧，海澜之家也面临着来自其他品牌的竞争压力，如表45-3所示。海澜之家凭借强大的品牌影响力和市场地位保持了领先地位；雅戈尔虽然面临一定的经营压力但仍保持了一定的市场竞争力；七匹狼则通过品牌升级和渠道拓展实现了较快的业绩增长。海澜之家在市场份额和盈利情况上有优势，但面对竞争对手，提升研发技术是海澜之家保持竞争优势的关键。

表45-3 男装品牌2023年度盈利情况对比

| 公司名称 | 营业收入/亿元 | 变动比例/% | 净利润/亿元 | 变动比例/% |
| --- | --- | --- | --- | --- |
| 雅戈尔 | 137.5 | -7.23 | 34.34 | -32.31 |
| 七匹狼 | 34.5 | 6.70 | 2.70 | 79.30 |
| 海澜之家 | 215.3 | 15.98 | 29.18 | 41.53 |

数据来源：国泰安数据库

## 四、优化海澜之家战略成本管理的建议

### （一）规划销售渠道，发展线上业务

销售作为供应链的下游环节，最重要的是做好渠道规划并了解市场和消费者需求。首先，大力发展线上业务。充分利用各种电商平台以及互联网技术，做好线上推广，提高线上渠道比重，能够更好地进行成本管理。其次，做好市场需求

预测。服装企业受很多因素影响。企业可以根据服装产品的周期变化，及时做好需求预测，不仅能满足市场需求量，还能缓解库存压力，节约成本。最后，了解消费者需求。借助信息化手段，对销售数据进行分析，全面了解消费者的心理、喜好、时尚倾向等，在产品的设计和推广上为大部分消费群体服务，促进销售顺利推进，也能控制和节约销售成本；同时可将消费群体进行分类管理，有针对性地提供差异化产品需求，为企业创造更多、更大的利润空间。

### （二）加强供应商管理，优化采购流程

作为供应链上游的采购环节，供应商管理尤为重要。我们不能过于依赖供应商，而应多选择稳定、可靠的供应商进行合作，以避免在突发情况下，企业被置于被动境地。首先，应建立并完善供应商档案，结合原材料数量、质量、价格以及供应商信誉等因素对供应商进行全面的综合评价，考察供应商的资质，并采用有效的评价指标对供应商进行分类管理，以选择最适合的供应商。其次，进行全面调研，将筛选出的优质供应商进行整合，与企业形成优势互补，建立长期、稳定的战略合作伙伴关系；同时稳定供货渠道，避免交货环节产生的风险，从而降低采购成本。最后，改进采购流程，加强采购计划的科学性，有效控制采购成本，注重柔性管理，在降低风险的同时，能进一步提高企业收益。

### （三）加强存货管理，提升仓储效率

仓储环节在供应链中起着承上启下的作用，加强存货管理，提高仓储效率，不仅能控制仓储成本，也能有效促进供应链上其他环节的运作。针对服装企业的存货管理，一方面，应加强精细化运营提高仓储效率。通过实现精细化运营，加强上游采购和下游销售之间的匹配度，可以缓解仓储压力。另一方面，及时处理仓库中存在的滞销产品。如果属于可退回产品，需加快试销期的反馈速度，不能满足市场和消费者需求的，应及时退还给供应商，避免占用过多仓储资源，增加仓储成本；而对于不能退回的产品，要及时采取降价促销、优惠返场等政策，及时缓解库存压力。

## 五、结论

建立和完善服装企业的成本管理体系，全面提升企业成本管理的标准化和规范化。首先，加强预算管理的精确度和执行力，编制生产计划、产品成本预算等，全体参与预算管理，有效实现对成本的预算和控制。其次，制定企业供应链各环节的成本管理制度，从研发到采购，从生产到仓储，从销售到决策，每个环节的成本管理都实现规范化、标准化。再次，建立并完善成本责任中心，明确各

部门的责任管理，最大限度地实现成本的优化控制。最后，还应该有效地将信息化技术引入企业的内部管理，尤其是成本的管理和控制上，能够达到事半功倍的效果。例如：运用信息化资源共享方式，能够有效整合供应链资源，降低企业成本。

服装企业的成本管理与企业利润息息相关，成本管理的高效性能够给企业带来更大的市场竞争力。结合海澜之家成本管理的现状和特点，给出了一些合理优化成本管理的建议。建议服装企业引入新的成本管理理念，构建供应链的成本管理体系，提高管理效率的同时，可以帮助企业扩大管理范围，提升整体的运营效率。

**参考文献**

[1] 孟小欣. 桑克模式在公司战略成本管理中的应用——以青岛啤酒股份有限公司为例 [J]. 财会通讯，2019(5): 109-112.

[2] 石浩. 桑克模式下的集团公司战略成本管理研究 [J]. 会计之友，2021(13): 49-55.

[3] 许菱，陈曦. 基于桑克模式的小米公司战略成本管理优化研究 [J]. 财会研究，2023(11): 34-40+80.

[4] 陈湘州，杨桐鑫. 拼多多战略成本管理及启示 [J]. 合作经济与科技，2024(3): 122-124.

[5] 谢伟利. 服装生产企业成本管理控制问题及对策 [J]. 产业经济，2021(8): 53-54.

[6] 冯素萍. 品牌服装企业成本管理和控制探讨 [J]. 商讯，2023(3): 88-91.

# 四十六　基于 GONE 理论的金正大财务造假事件研究

梅雨　赵慧群[①]

**摘要**：近十年间，我国上市公司领域频繁曝出财务舞弊案例，此类事件不仅动摇了资本市场的根基稳定性，还对企业未来发展构成了显著阻碍。本文以金正大生态工程集团股份有限公司为例，基于 GONE 理论框架深入剖析其造假动因，由此得到启发并从管理层和治理层两个维度出发对治理上市公司财务造假提出以下建议：完善企业内部控制制度、完善存货监察程序、加强职业道德教育、增加财务造假的违法成本。

**关键词**：财务造假；GONE 理论；金正大

## 一、引言

2022 年 1 月 4 日，证监会正式对外公布了首张处罚决定书，矛头直指山东"肥料大王"金正大生态工程集团股份有限公司（以下简称"金正大"）。该公司因长期存在的财务舞弊行为而遭受严厉制裁，其实际控制人万连步更被处以长达十年的证券市场禁入处罚。这一判决与金正大多年来的财务造假，虚假贸易业务和关联方交易直接相关，造假金额巨大，对资本市场带来了极大影响。本文旨在深入剖析这一事件，探讨其背后的原因、影响及启示。

## 二、金正大财务造假案例介绍

### （一）金正大公司基本情况

金正大集团全称为金正大生态工程集团股份有限公司，成立于 1998 年 8 月

---

① 赵慧群，指导老师。

26日，初始注册资本为328603万元，主要经营各种肥料等农业产品，并为农民提供解决农业种植相关服务。2010年，金正大集团在深圳证券交易所上市（股票代码002470）。金正大集团的总部位于山东临沂，是国家级高新技术企业，同时也是国家创新型企业，是肥料行业的标杆企业，在肥料行业处于领先地位。

### （二）金正大财务舞弊手段

**1. 虚增收入和利润**

根据证监会发布的详尽通报，自2015年至2018年上半年期间，金正大公司存在严重的财务舞弊行为，具体表现为虚增收入总额高达230.72亿元人民币，同时虚增成本亦达到了210.84亿元人民币，两者相抵后，实际虚增的净收入数额为19.88亿元人民币。金正大公司采取了一系列复杂且隐蔽的手法来实施这一欺诈行为，主要包括与供应商、客户、关联方及其他第三方公司合谋，签订并无实际交易基础的虚假合同，以此虚构业务交易记录。此外，公司还在日常的生产经营活动中伪造各类凭证及支持性文件，通过这一系列精心设计的操作，使得公司账目呈现出虚假的繁荣景象，其诈骗手法十分高明。

表46-1 金正大2015—2018年虚增财务数据及占比情况　　　　单位：亿元

|  | 虚增收入/亿元 | 虚增成本/亿元 | 虚增利润/亿元 | 虚增收入/总收入 | 虚增利润/总利润 |
| --- | --- | --- | --- | --- | --- |
| 2015年 | 24.65 | 23.05 | 1.6 | 13.89% | 12.2% |
| 2016年 | 84.72 | 74.28 | 10.44 | 45.22% | 99.22% |
| 2017年 | 61.31 | 56.81 | 4.5 | 30.91% | 48.33% |
| 2018上半年 | 60.04 | 56.7 | 3.34 | 30.53% | 28.81% |
| 总计 | 230.72 | 210.84 | 19.88 |  |  |

数据来源：金正大财务报告

**2. 未按规定披露关联方关系及其交易**

证监会调查发现，金正大还存在未按规定披露关联方及关联方交易的违法行为，涉及诺贝丰、富朗、诺泰尔三家企业。金正大分别在2018年、2019年通过预付账款方式，向诺贝丰支付非经营性资金55.5亿元、25.3亿元；另外两家企业均通过虚增采购活动的方式进行财务造假，2018年、2019年富朗涉及金额分别为0.52亿元、5.59亿元；而诺泰尔涉及金额分别为0.87亿元、0.57亿元。这三家企业的实际控制人是金正大实控人万连步的妹妹万某君，按性质应属于金正大的关联方，但是金正大实际并未对外披露诺贝丰等是其关联方，而且将两家公司之间的资金往来披露为经营性资金,严重违反了财务报告准则的规定。

3. 虚假记载部分资产、负债科目

(1) 虚增发出商品

为了解决大额预付账款余额和虚假暂估存货余额,掩盖库存盘亏问题,金正大通过领用虚假暂估入库的原材料和实际已经盘亏的存货、虚构电费和人工费等方式虚增产成品25.4亿元,并与关联方等公司合作,进行虚假交易,将这批产成品虚假出库,计入发出商品。上述情况导致金正大2019年虚增存货31.97亿元。2020年大信事务所经检查与复核之后,确认2019年的发出商品全部不存在。

表46-2 虚增发出商品汇总表

| 项目名称 | 发出商品余额/亿元 | 存货余额/亿元 | 发出商品/存货 |
| --- | --- | --- | --- |
| 2018年 | 0 | 35.28 | — |
| 2019年 | 31.97 | 57.07 | 56.02% |
| 2020年 | 0 | 18.21 | — |

(2) 虚减应付票据

金正大通过数家银行,分别出票和承兑票据,交易的对手方都是与金正大一起串通参与造假的公司,它们之间的交易都是虚构的,开具票据也是用于辅助其用于虚构交易的财务舞弊。金正大针对这些应付票据,未进行任何的会计处理,没有入账,致使其财务报表数据出现重大错误,应付票据和其他应收款项目在2018年和2019年报表中分别减少了9.28亿元和10.28亿元。

## 三、基于GONE理论的金正大财务造假动因分析

GONE理论由G. Jack Bologna和Robert J. Lindquist于1993年提出,它认为:贪婪(Greed)、机会(Opportunity)、需要(Need)、暴露(Exposure)等四方面因素共同造成了舞弊行为的发生,这些因素互相联系、互相作用,共同影响着公司的舞弊风险。

### (一) 贪婪因子分析

管理人员进行财务造假的动机往往是因为贪婪。他们为了满足自己对金钱的渴望就会越过道德底线,通过各种不正当的手段牟取暴利。金正大的创始人万连步从1998年开始创业,花费十年时间建立了缓控释肥生产基地,销售收入超过

26 亿元，金正大于 2010 年在深圳证券交易所上市。从证监会通报情况来看，参与财务造假的人员除了实际控制人万连步，还包括公司董事会与管理层成员，他们为了不使自己的利益受损，罔顾道德与法律的约束，合谋造假，侵占中小股东的利益。根本原因是自身贪婪，通过不正当手段，使个人获得短期利益，而不考虑企业的长远发展。同时，他们也缺少诚信经营的企业文化和道德品质，才会致使他们走上违法犯罪的道路。

### （二）机会因子分析

公司内部治理体系和内部控制存在严重问题。2015—2021 年，金正大的第一大股东是临沂金正大投资控股有限公司，持股比例一直保持在 34%～39% 之间，第二大股东就是万连步个人，其持股比例在造假期间基本保持在 18% 左右，而公司第四到第十大股东总持股比例不超过 8%。考虑到万连步又控制着临沂金正大投资控股有限公司，所以一定程度上可以说万连步在金正大公司中已经可以一家独大，具备绝对的话语权。金正大掌舵人万连步，同时担任着董事长和总经理，没有做到不相容职务分离，导致万连步权力过大，内部监督失效。万连步试图进行财务违规操作时，其他股东很难有能力阻止。从金正大连续多年的舞弊来看，其内部控制显然存在着一些漏洞。

此外，金正大以预付账款的名义给关联方支付了大笔款项，在此之前，没有任何证据表明金正大对关联方背景、信用及财务状况等进行了必要的了解，没有对大额预付款的相关风险进行评估，也没有对使用预付款的合理性和必要性进行适当评估。这表明金正大的内部控制制度并不像表面上那样，某些制度可能并不存在，或者即使存在也可能没有得到有效执行，从而为进一步的财务造假行为铺平道路。

### （三）需要因子分析

#### 1. 业绩的需要

自 2015 年起，国家政策环境发生显著变化，化肥行业的优惠措施被逐步取消，加之节能减排政策的深入实施，农业领域对降本增效的迫切需求日益凸显。特别是 2015 年和 2017 年，中央一号文件明确指示，要求实现化肥农药使用的零增长目标，这直接推高了化肥行业的生产成本，并使得市场销量达到饱和状态。在此背景下，金正大公司上市初期采取了过于激进的扩张策略，盲目追求产量与利润的增长，忽视了市场需求的实际变化。证监会数据显示，金正大在 2016 年通过财务造假虚增利润超过 10 亿元，占当年总利润的 99.22%，这实际上揭示了该公司在该年度几乎处于无盈利状态。2018 年金正大发行股份购买农投公司 66.67% 股权。在此次交易中，金正大承诺，2018 年、2019 年、2020 年实现的净利润分别不低于 957.44 万欧元、1110.65 万欧元、1508.19 万欧元。如未达到目标，差额部分将补偿给金正大。为实现这一业绩承诺，金正大选择粉饰财务报表。

2. 套现的需要

除了业绩的需要，金正大公司进行财务造假，一部分原因还在于套现的需要。随着 2015 年后化肥行业整体步入下行周期，金正大作为行业领头羊也面临着巨大的生存压力。面对行业衰退的必然趋势，公司管理层开始寻求在破产边缘的自救之路。他们利用关联方交易的不透明性，精心策划了一系列虚假交易：从虚构的供应商处采购原材料，制造资金流出的假象；随后，这些假供应商再将资金转给假客户，假客户则与金正大签订虚假的销售合同并出具伪造的原材料采购单，最终完成资金的回流。这一系列复杂操作不仅掩盖了真实的财务状况，还为公司管理层提供了套现的机会。2019 年，金正大会计师事务所因无法对财务报表的真实性发表意见，使得多年的造假行为得以继续隐藏。然而，随着资金链的断裂，金正大自 2019 年起陷入亏损，至 2020 年累计亏损高达 40 亿元，财报显示总亏损更是达到了 80 亿元，其中包括 27 亿元的坏账，这些资金大多流向了未披露的关联方，难以追回，很可能已经被管理层私自挪用。

(四) 暴露因子分析

一般来说，造假行为即使被发现，其被发现后披露的可能性也受制裁力度的影响。首先，金正大连续四年财务造假，而负责审计的会计师事务所又没有尽到审计义务，公众很难发现该公司的财务造假行为。2015—2017 年这三年签字发表意见的注册会计师均为同一人，直到 2018 年更换新的注册会计师后才识别到金正大财务舞弊的迹象，并对其财务报表发表了保留意见，这说明前任注册会计师并没有对金正大进行有效监督。

其次，证监会对金正大处以 755 万元的罚款，但金正大通过 3 年的财务造假行为，获得了 230 亿元。证监会的罚款与之相比不过是九牛一毛。而 20 年前安然公司财务舞弊，CEO 甚至被判刑 24 年，显然美国对财务舞弊的惩罚力度更强，而且对事务所、银行等涉及机构也处以非常严重的处罚。所以我国的监管机构处罚虽然有所改观，但是与美国等国家相比，仍然有提升改进的空间。

## 四、金正大财务造假案例对上市公司的建议

此次金正大的财务造假行为不仅给广大投资者造成了严重损失，也对整个

行业的信任有着一定的打击，导致投资者对公司、行业信任缺失，造成资本市场不稳定。本文紧接对金正大财务舞弊动因的分析，针对性地提出治理财务舞弊的建议。

### （一）完善企业内部控制制度

构建健全且高效的内部控制体系，是遏制企业财务舞弊行为的关键防线。鉴于内部控制薄弱是诱发财务造假的主要因素，其对于企业长期稳健发展的重要性不言而喻。首要任务是优化股权结构布局，确保股权比例合理分配，避免出现"一股独大"的局面，同时鼓励中小股东及职工代表发表自身意见，并推动独立董事在薪酬委员会及审计委员会中担任关键职务，以制衡管理层权力。次要任务是强化内部控制制度的制定与执行，依托公司实际情况，分析具体问题，针对薄弱环节采取有针对性的改进措施，建立健全风险评估机制，确保内部控制措施有的放矢。

### （二）完善存货监察程序

金正大案例中虚构交易链条的财务舞弊手法，凸显了存货真实性核查在审计中的重要性。传统审计手段如函证、抽样检查等在面对存货虚构交易时可能失效，因此，审计师应加强对存货实物的全面盘点与验证，以揭露潜在差异。同时，会计师事务所应警惕简化审计流程带来的弊端，确保对存货审计的全面覆盖，避免选择性审计带来的高风险。上市公司应严格执行存货审计程序，保障审计工作的深入与细致，维护审计报告的公信力与准确性。

### （三）加强职业道德教育

加强管理人员与财务从业人员的职业道德教育，是构建诚信经营环境的重要基石。针对管理者，应强化道德教育与责任追究机制，遏制贪婪与道德沦丧导致的财务舞弊行为。同时，建立健全奖惩制度，确保管理者行为得到正确引导。对于会计人员，则需加强法律法规学习，定期举办职业道德与专业技能培训，提升其职业素养与法律意识。此外，还应关注会计师事务所审计人员的职业道德建设，通过定期的职业道德培训，增强其职业判断能力与道德自律意识。

### （四）增加财务造假的违法成本

为有效遏制财务造假行为，必须大幅提高违法成本。现行法律虽已规定高额罚款，但仍需不断完善，确保法律制裁的严厉性与威慑力。对于企业内部人员与外部审计人员的财务造假行为，应依法严惩不贷，形成强有力的法律震慑。同时，加大对会计师事务所的监管与处罚力度，对失职行为零容忍，追究其未能有效识别企业舞弊行为的责任，并对协助或隐瞒舞弊的审计师采取更为严厉的法律与民事追责措施，包括剥夺其执业资格等。

## 参考文献

[1] 安雯琪. 基于 GONE 理论的金正大财务舞弊案例研究 [D]. 太原：山西财经大学，2023

[2] 黎皓. 金正大财务造假动因分析和启示 [J]. 财务月刊. 2022. 158-160

[3] 张志远. 基于 GONE 理论的金正大财务舞弊治理研究 [D]. 太原：山西财经大学，2023

[4] 王国梅. 上市公司内部控制存在问题及优化 [J]. 财会学习, 2020, (26): 193-194

[5] 窦笑晨. 农业类上市公司审计风险防范研究 [J]. 中国注册会计师, 20122018, (6): 85-87.

[6] 徐小敏. 财务报告内部控制失效案例研究综述及探讨 [J]. 江苏商论, 2017, (11): 100-102.

[7] 仇胜琪. 基于 GONE 理论的 ST 天马财务舞弊案例研究 [D]. 南京：南京邮电大学，2022.

[8] 韩玉萍. 基于 GONE 理论的上市公司财务报告舞弊研究 [D]. 镇江：江苏科技大学, 2014

[9] 余晓凤. 上市公司虚构经济业务型财务造假探析——基于 GONE 理论 [J]. 财会通讯, 2021 (20): 125-129.

[10] 张妍. 基于内部控制视角的上市公司货币资金舞弊多案例研究 [D]. 哈尔滨：黑龙江大学, 2021.

# 四十七 企业财务状况质量与竞争力分析
## ——以恒瑞医药为例

庞云坤[①] 佟东[②]

**摘要：** 随着中国式现代化建设的推进，技术的不断变革和新药的不断涌现，医药企业不断扩大资产规模、拓展海外市场等，持续提升企业竞争力。本文采用张新民教授和钱爱民教授开发的财务质量分析方法对企业竞争力进行分析，以财务状况质量为基础分析和评价企业竞争力，有助于企业发现竞争力问题，及时调整发展和经营战略，促进企业可持续发展。

**关键词：** 资产质量；企业竞争力；财务状况质量

## 一、引言

在当今复杂多变的经济环境中，企业财务状况的质量不仅是企业内部管理与运营效率的直观体现，更是其对外展现竞争实力、吸引投资者与合作伙伴的关键因素。因此，深入剖析企业财务状况的质量，并据此评估其市场竞争力，对于企业的可持续发展具有重要意义。恒瑞医药成立于1970年，是集科研、生产和销售为一体的大型医药上市企业，已发展成为国内知名的抗肿瘤药、手术用药、造影剂及特殊输液产品的供应商。本文以恒瑞医药为例，研究该企业财务状况质量，进一步分析恒瑞医药在市场上的竞争力。

---

① 庞云坤，硕士研究生，研究方向：资本运营和财务管理实务。
② 佟东，博士，研究方向：文化产业创新管理、传媒经济与管理、出版业转型发展。

## 二、营运资本管理与企业竞争力

### (一) 短期贷款管理与竞争力

合并资产负债表显示，企业的货币资金规模年初为 151.11 亿元，年末数为 207.46 亿元，而短期借款余额则由年初的 12.61 亿元变为 0。短期借款发生变化的原因在于，在 2022 年 12 月，企业与中国银行股份有限公司连云港经济技术开发区支行签订国内商业发票铁线协议，取得 12.6 亿元有追索权的应收账款保理融资款，而在 2023 年 1 月企业已经全部偿还本息。[1]

企业的经营资产能够带来核心利润，而核心利润又带来了现金流量，因此企业的货币资金存量不断积累，在经营活动上不需要通过短期借款进行贷款融资。[2] 企业在货币资金存量充足的前提下没有短期借款是企业竞争力加强的表现。

表 47-1　恒瑞医药 2022—2023 年货币资金及短期借款　　　单位：亿元

| 项目 | 2022 年 | 2023 年 |
| --- | --- | --- |
| 报表类型 | 合并报表 | 合并报表 |
| 货币资金 | 151.11 | 207.46 |
| 短期借款 | 12.61 | 0 |

数据来源：恒瑞医药年度财务报告

### (二) 其他应收款及其他应付款质量与竞争力

47-2 数据显示，2022—2023 年恒瑞医药的母公司的其他应收款金额大，合并报表中的其他应收款金额小，母公司为子公司提供的货币资金量约为母公司和合并报表其他应收款之间的差额，以 2023 年为例，即母公司约为子公司提供了 32.77 亿元的货币资金。这部分的差额意味着恒瑞医药的母公司通过其他应收款项目向集团子公司提供了大量的货币资金以支持集团的业务发展，这是恒瑞医药母公司营运资本管理的重点。[3] 在其他应付款方面，2023 年末，母公司其他应付款规模达到 4.92 亿元，而合并中其他应付款项目金额为 2.82 亿元，差额为 2.10 亿元，表明母公司对子公司的资金具有一定的汇集调配力度，可以实现营运资本的集中管理。

表 47-2　恒瑞医药 2022—2023 年货币资金、其他应收款、其他应付款　　单位：亿元

| 报表类型 | 2022 年合并报表 | 2022 年母公司报表 | 2023 年合并报表 | 2023 年母公司报表 |
| --- | --- | --- | --- | --- |
| 货币资金 | 207.46 | 197.28 | 151.11 | 133.30 |
| 其他应收款 | 4.38 | 35.77 | 5.62 | 38.39 |
| 其他应付款 | 6.09 | 8.01 | 2.82 | 4.92 |

数据来源：恒瑞医药年度财务报告

### （三）存货质量与竞争力

恒瑞医药存货周转率及毛利率如表 47-3 所示。

表 47-3　恒瑞医药存货周转率及毛利率　　单位：亿元

| 项目 | 2022 年度 | 2023 年度 |
| --- | --- | --- |
| 营业成本 / 亿元 | 34.87 | 35.25 |
| 毛利率 | 83.61% | 84.55% |
| 平均存货 / 亿元<br>平均存货 =（年初 + 年末）/2 | 24.57 | 24.19 |
| 存货周期速度 / 次<br>存货周转速度 = 营业成本 / 平均存货 | 1.42 | 1.46 |

数据来源：恒瑞医药年度财务报告

存货周转速度与企业竞争力。合并报表的数据显示，整个集团的存货周转率连续两年基本维持在 1.4 次 / 年。在没有和同行业其他企业相比较的情况下，单纯从周转率的计算结果来说，这个速度应该略低，是企业竞争力较弱、存货管理质量较低的表现。

存货质量评价，可以从三个方面来看。

第一，存货的周转性。

表 47-4　2023 年恒瑞医药、复星医药、蓝帆医疗的存货周转率

| 项目 | 恒瑞医药 | 复星医药 | 蓝帆医疗 |
| --- | --- | --- | --- |
| 营业成本 / 亿元 | 35.25 | 215.95 | 43.21 |
| 毛利率 | 84.55% | 47.94% | 12.30% |
| 平均存货 / 亿元 | 24.19 | 74.43 | 11.08 |
| 存货周转速度 / 次 | 1.46 | 2.90 | 3.90 |

数据来源：恒瑞医药年度财务报告

对比后发现，其中存货周转率最好的是蓝帆医疗，达到每年3.90次，复星集团也达到每年2.90次的存货周转率，但是恒瑞医药的存货原值周转率最低。所以，恒瑞医药在存货的周转性上的营运能力水平不足，资产周转性的竞争力并不乐观，有待提升。

第二，存货的盈利性。恒瑞医药存货的毛利率表现优良，基本维持在83%以上，虽然有波动但是总体上保持稳定，体现出极强的竞争力。并且企业存货的毛利率显著高于蓝帆医疗和复兴医药，说明恒瑞医药的产品在市场上的受欢迎程度比竞争对手强，是存货质量竞争力强的体现。

第三，存货的保值性。恒瑞医药的保值性较强，整体质量较高。尽管从2022年至2023年，恒瑞医药的存货跌价损失由1.47亿元减少到1.07亿元，相比存货增长量的亿元级别而言，企业存货跌价的规模很小，大规模减值的问题没有出现，企业极大可能能够按照存货的账面价值顺利实现变现。[4]

综合恒瑞医药存货的周转性、毛利率以及保值性来看，恒瑞医药的存货质量良好，虽然有周转率较差的情况，但是毛利率高、保值性强，存货在市场上具有较强的竞争力。

## 三、非流动资产质量与企业竞争力

### （一）固定资产质量与竞争力

1. 固定资产质量的企业竞争力

表 47-5

| 项目 | 2023 年 | 2022 年 |
| --- | --- | --- |
| 固定资产原值 / 亿元（取自报表附注） | 98.23 | 92.25 |
| 平均固定资产原值 / 亿元<br>平均固定资产原值 =（期初 + 期末 /2） | 95.24 | 85.23 |
| 营业收入 / 亿元 | 228.20 | 212.75 |
| 固定资产周期转率 / 次<br>固定资产周转率 = 营业收入 / 平均固定资产原值 | 2.40 | 2.50 |

数据来源：恒瑞医药年度财务报告

恒瑞医药的固定资产周转性良好。企业的固定资产原值周转率虽有所下降，但也基本保持在每年2.4次左右，维持在较高水平，说明其固定资产推动符合市场需求的产品能力较强，固定资产的竞争力较强。

## 2. 固定资产保值性

如表 47-6 所示，从固定资产的结构来看，房屋及建筑物占了固定资产的一半以上，而机器设备占比为 45% 左右，固定资产的增长主要来源于这两项，是企业最重要的固定资产。机器设备是制药企业最基础的设备之一，保值性较差。原因在于制药机器装备属于非标准型产品，不同的产品和剂型要求对应的设备各有不同，往往根据客户需求进行特别定制，所以灵活性较差，难以用于其他用途。[5]

表 47-6　恒瑞医药 2022—2023 年固定资产账面价值及构成

|  | 2022 年 |  | 2023 年 |  |
| --- | --- | --- | --- | --- |
|  | 数额 / 亿元 | 占比 | 数额 / 亿元 | 占比 |
| 房屋及建筑物 | 27.67 | 51.40% | 28.81 | 52.85% |
| 机器设备 | 25.40 | 47.19% | 24.95 | 45.77% |
| 运输工具 | 0.17 | 0.32% | 0.17 | 0.32% |
| 电子设备 | 0.59 | 1.09% | 0.58 | 1.06% |
| 合计 | 53.83 | 100% | 54.51 | 100% |

数据来源：恒瑞医药年度财务报告

## （二）无形资产质量与竞争力

### 1. 无形资产的规模与企业战略和业务结构的吻合程度

恒瑞医药 2021—2023 年无形资产规模增长推动企业营业收入增长的能力变化趋势如图 47-1 所示。

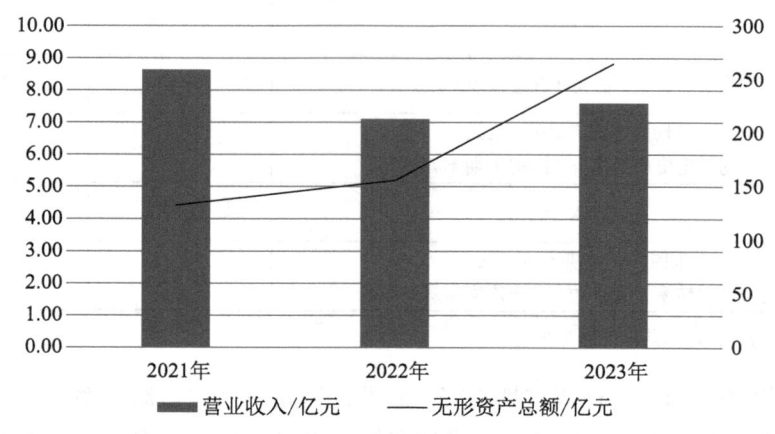

图 47-1　恒瑞医药 2017—2021 年营业收入与无形资产总额趋势

数据来源：恒瑞医药年度财务报告

在 2017—2020 年，恒瑞医药的营业收入随着无形资产的稳定增加而增长，无形资产有效提高了企业的竞争力，发挥出应有的效能。虽然 2022 年企业的营业收入有小幅度下滑，但是无形资产并没有减值计提，说明 2021 年新增的无形资产只是暂时还没有和其他资产组合发挥应有的作用，其对于企业竞争力的影响还要看后续市场竞争环境的变化以及企业的发展。[6]

## 四、盈利质量与企业竞争力

### （一）利润质量与竞争力

**1. 利润含金量**

由表 47-7 可知，恒瑞医药的核心利润获现率 2022 年度不足 1，而在 2023 年度远大于 1，说明企业在本年度转变了经营战略，提高了核心利润获现率，很好地将核心利润转化为相应的现金流，利润质量有了很好的转变。恒瑞医药 2022 年的核心利润获现率仅为 41.47%，而在 2023 年，企业极大地提高了核心利润获现率，达到了 185.47%，表明企业 2023 年经营活动产生的现金流量能力较强。[7] 总的来看，企业利润的现金能力较高。

表 47-7　恒瑞医药 2017—2021 年利润含金量分析

| 项目 | 2023 年度 | 2022 年度 |
| --- | --- | --- |
| 核心利润（1） | 41.21 亿元 | 30.51 亿元 |
| 经营活动产生的现金流量净额 (2) | 76.44 亿元 | 12.65 亿元 |
| 核心利润获现率 (3)=(2)/(1) | 1.85 | 0.41 |
| 投资收益（4） | -0.49 亿元 | 3.87 亿元 |
| 取得投资收益收到的现金（5） | 0.96 亿元 | 1.66 亿元 |
| 投资收益获现率（6）=（5）/（4） | -1.96 | 0.43 |

数据来源：恒瑞医药年度财务报告

**2. 利润持续性与企业竞争力**

（1）营业收入增长率

恒瑞医药 2017—2021 年营业收入变化趋势及营业收入增长率变化如图 47-2 所示。

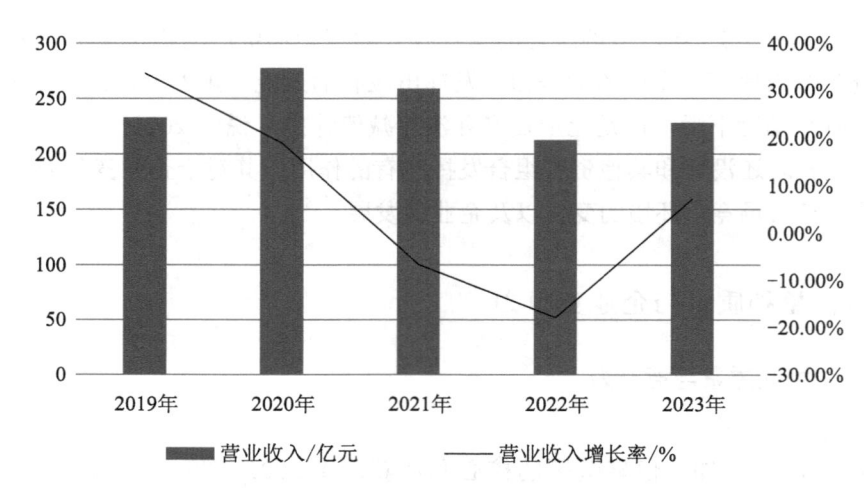

图 47-2 恒瑞医药 2017—2021 年营业收入及营业收入增长率

数据来源：恒瑞医药年度财务报告

恒瑞医药的营业收入虽有波动，但基本维持在 200 亿元以上，整体表现较为稳定。在 2021—2022 年恒瑞医药的营业收入增长率却降为负值，说明企业此时想要保持以往的市场份额十分困难，如果再不改变营业收入下滑的局面，则可能会被竞争对手吃掉市场份额，降低竞争力。[8] 2023 年营业收入增长率有所下降，但是营业收入依然呈现了迅猛的增长态势，说明企业在一年内不断成长，在市场竞争中能够取得投资者的青睐。

（2）净利润的增长与资产扩张

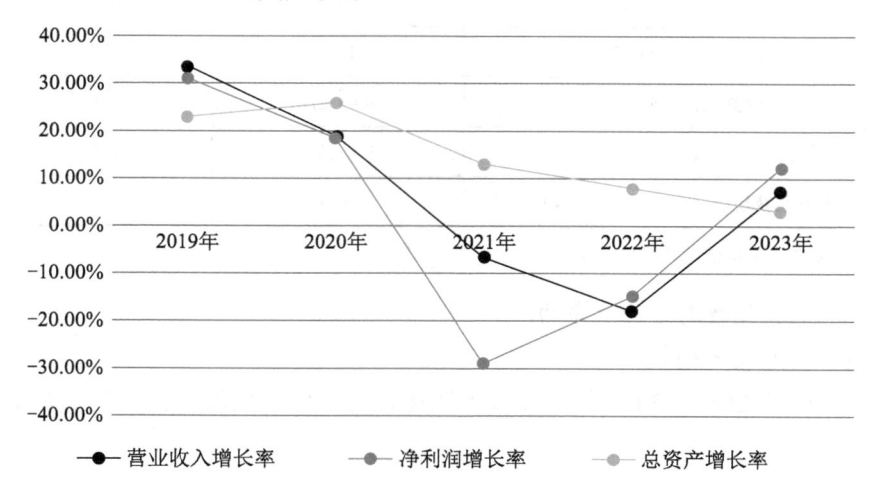

图 47-3 恒瑞医药 2017—2021 年净利润、总资产和营业收入变化趋势

数据来源：恒瑞医药年度财务报告

在 2019—2020 年，总资产的增长推动了净利润和营业收入的增长，此时企业在稳定发展，而且资产的扩张策略偏向保守。[9] 而在 2023 年，总资产增长率比净利润增长率和营业收入增长率都要低，说明企业经营活动带来的收入和利润足以支撑企业的资产扩张，无须借助积累来进行扩张。

3. 利润的波动性

表 47-8　恒瑞医药 2022—2023 年主要会计数据　　　　　单位：亿元

| 主要会计数据 | 2023 年 | 2022 年 |
| --- | --- | --- |
| 营业收入 | 228.20 | 212.75 |
| 归属于上市公司股东的净利润 | 43.02 | 38.15 |
| 归属于上市公司股东的扣除非经常性损益的净利润 | 41.41 | 34.10 |

数据来源：恒瑞医药年度财务报告

2023 年归属于上市公司股东的净利润有 43.02 亿元，而归属于上市公司股东的扣除非经常性损益的净利润有 41.41 亿元，两者只相差 1.61 亿元，即企业的非经常性损益为 1.61 亿元左右，占比约为 3.74%，不会对企业业绩带来太大的波动，企业利润的持续性较好。

综合来看，恒瑞医药的利润含金量较高。2023 年企业加强了利润转化为现金流量的能力；企业的营业收入和利润都发生了显著的上升，成长性有所改善，因此企业的利润质量有向好的趋势。

## 五、对恒瑞医药的综合评价及建议

### （一）对恒瑞医药的综合评价

总的来说，恒瑞医药以经营资产为主，实施以经营业务为主导的战略，主营产品较为单一，"抗肿瘤"药物是企业主要的营业收入和利润来源。恒瑞医药通过主营业务获得利润，经营资产盈利能力良好。恒瑞医药的资产结构性良好，与企业实施的战略相吻合：恒瑞医药主要依靠研发和销售药物获取利润和现金流，企业的经营资产占比更高。恒瑞医药存货周转性显著比竞争对手复星医药和丽珠集团低，存货总额持续增长，而且企业主要依靠销售抗肿瘤药物获得收入和利润，如果抗肿瘤药物在未来市场出现滞销的状况，那么将会造成存货积压，企业前期投入的生产不能及时地带来现金流，引起经营风险和资金链断裂的风险，造成企业竞争力下降。在盈利能力方面，企业毛利率和核心利润率能够保持在较高水平，说明企业产品的市场竞争力和盈利能力较强。除此之外，企业需注意对经营性资产周转率和核心利润率的提高，进一步促进企业可持续发展。

### （二）对恒瑞医药的建议

1. 坚定国际化战略，占据主导地位

恒瑞医药在寻求突破当前挑战的过程中，国际化战略依然是核心路径之一。公司可考虑吸纳国际资本，深化与海外企业的合作联盟，通过利益共享机制减少拓展国际市场的障碍。此外，构建与海外医疗机构的合作桥梁，旨在增强在目标市场的销售渗透力，加速国际化进程。

2. 优化存货管理制度，提升存货周转率

恒瑞医药应优化存货管理体系，以提升存货周转效率为核心目标。首要任务是精准把握存货需求，通过深入分析历史市场占有率和销售趋势，科学预测未来一年的原材料需求，并合理设定安全库存水平。在此基础上，制订灵活的生产与采购计划，确保与市场需求紧密对接，减少库存积压。除此之外，实施集中采购，通过与上游供应商建立长期合作协议，利用规模经济效应降低采购成本，并确保供应的稳定性。此外，探索前向一体化战略，促进业务的多元化发展。

3. 加强固定资产管理，提高使用效率

恒瑞医药的固定资产构成主要包括房产设施与机械设备，优化其周转率对于激活资产潜力、提升运营效率至关重要。针对闲置的房产资源，恒瑞医药可灵活采取租赁策略，转化为稳定的租金收入流，增强现金流动性。对于关键机械设备，则需实施严格的维护计划，确保定期检修与适时更新，保持其高效运行以满足生产需求。对于技术过时、无法满足当前生产标准的设备，应及时进行淘汰处理，通过报废或变卖回收资金，避免资源闲置。

## 参考文献

[1] 潘婷. 核心竞争力视角下企业财务战略管理优化策略探析 [J]. 中国集体经济，2024(25): 153-156.

[2] 郭炎森. B 公司竞争能力 SWOT 分析与建议 [N]. 山西科技报，2024-06-03(B05).

[3] 任冰. SF 公司财务竞争力评价及提升研究 [D]. 延安：延安大学，2024.

[4] 张旭旸. 全产业链下光明乳业财务竞争力评价研究 [D]. 兰州：兰州财经大学，2024.

[5] 曾仪. Z 公司财务竞争力评价研究 [D]. 长沙：中南林业科技大学，2024.

[6] 姚林山. 加强财务战略管理增强企业核心竞争力 [J]. 乡镇企业导报, 2024 (10): 192-194.

[7] 万小涛. 核心竞争力下的企业财务战略管理分析 [J]. 市场周刊, 2024, 37(14): 102-105.

[8] 周鑫. 企业财务竞争力评价指标体系构建研究——以汽车制造业为例 [J]. 中国管理信息化, 2024, 27(06): 63-65.

[9] 姚坤悦. 三只松鼠竞争力战略研究——基于财务分析与波特五力模型 [J]. 老字号品牌营销, 2024 (1): 162-165.

# 四十八  上市公司反收购动因、策略研究
## ——举伊利反收购事件为例

权文媛[①]  罗荣华[②]

**摘要**：研究我国的上市公司的反收购防御策略及其经济后果对于面临控制权被转移的风险的股东和管理层具有一定的借鉴和启发。本文通过对伊利反收购事件的原委进行分析，对伊利公司采取的反收购策略及其经济效果进行研究。最终研究发现：经营业绩被低估并且股权分散的企业容易被敌意并购，企业在面对敌意收购时，若能迅速地意识到危机采取合适的策略，就会延长收购进程时间；多层次策略不仅有助于反收购的成功也会有利于公司日后的经营管理。

**关键词**：控制权争夺；反收购动因；反收购策略

## 一、引言

随着相关法律的修订等外部环境的变迁以及股权分置改革的完成，上市公司股份的全流通格局逐步形成，致使控制权转移的交易成本降低，造成上市公司面临的控制权被转移的风险也不断增加，在面对这种被恶意收购风险时，国内的上市公司开始逐渐尝试通过公司治理的制度安排来保护公司控制权。然而，限于我国的经济法律的完善程度和资本市场成熟程度的约束，有关反收购的研究不完善，再加上我国尚无系统的、专门的反收购立法[1]等原因，很多公司并没有设立有效的防御机制，且很多管理层缺少反收购的危机意识，采用的反收购策略又时常触及法律红线，很大程度地影响了反收购策略的实施效果，无法有效地抵抗恶意收购。而恶意收购本身夹杂牟取暴利的动机，恶意争夺控制权破坏原有公司价值，搅乱良性的市场秩序。因此，在此选择以伊利反收购阳光保险事件为案例，指出容易被恶意收购的特质，以及伊利对反收购策略的选择。希望为现有的

---

① 权文媛，会计硕士，研究方向：企业内部控制。
② 罗荣华，讲师，研究方向：文化产业、文化金融。

反收购相关研究提供补充，以及为上市公司应对恶意收购提供相关经验，提高上市公司反收购意识、促进市场经济的健康发展。

## 二、文献综述

对于反收购相关理论与实践，学者们有诸多研究。目前，反收购措施合法性判断标准存在不明确性，首先是有关对国内反收购条款设置的合法性，李继霞、罗心眸认为可以通过类型化反收购措施的判断标准、关注回购条款的限制与前置程序、拓宽具体反收购计划的适用空间等方式探索构建我国反收购措施的合法性路径[1]。田雪扬、肖可义认为反收购的法律条款法律位阶低，反收购决定权不够明确，反收购措施效力判断标准不明等方面存在不足[2]。其次是有关反收购策略的研究，杨国莉、耿逸凡认为上市公司通过对反收购的策略应用的利弊进行分析，可以更好地防范被恶意收购的风险[3]。总的来看，目前我国有关反收购法律建设仍然有待进一步完善，上市公司在面临恶意收购时，由于缺少健全的法律法规的参照，在实施反收购策略时，其效果有可能不尽人意，本文选取这一事件作为研究对象，是因为在该案例中运用的反收购手段较为常见，不仅充实了反收购案例库，同时也为其他股权分散的上市公司构建反收购对策体系提供经验借鉴。不仅有助于提升企业的战略应变能力、风险管理能力和投资者关系管理能力，还有助于优化公司治理结构、维护股权结构稳定以及探讨法律合规性和监管政策影响等问题。

## 三、案例概况以及过程

### （一）伊利反收购案件主体介绍

被并购方，内蒙古伊利实业集团股份有限公司位居全球乳业五强，2023年实现营业总收入1231.71亿元。因为伊利反收购阳光保险事件发生时间为2016年，所以在此主要介绍相关期间的财务数据和股权结构，在此期间其营业收入和净利润呈现增长状态，这说明伊利公司有较强的盈利能力，具有强大的发展潜力。2015年6月到2016年2月。伊利股下跌，其原因是遭受"三鹿奶粉"的事件的影响，不过其品牌仍然具有很高的商业价值，同时，其公司股权结构高度分散，对比万科，发现其与"宝万之争"时期的万科的股权类似，均为分散型股权，公司的经营权和管理权处于分离状态，容易成为被恶意收购的对象。

并购方，阳光保险全称阳光保险集团股份有限公司，于2005年成立，阳光保险是国内七大保险集团其中之一，而此次参与举牌的正是阳光保险旗下两家公司，阳光财产和阳光人寿，阳光保险为二者的第一大股东，因而三者构成一致行动人。

### （二）伊利反收购案件过程

伊利股份发表的2015年年报显示阳光保险成为新晋大股东。在2015年的9月至12月这三个月，阳光人寿通过分红保险产品大幅买入伊利公司10910.89万股，占总股本1.80%，位居第五，在2016年上半年，阳光保险持股数未发生变化。但是从7月开始，阳光保险开始持续大量地买入，最终在9月份持股比例达到5%。

伊利的反收购过程主要分为三阶段：第一阶段，2016年8月阳光保险继续开始增持活动，伊利开始对其将近一年的增持的行为警觉起来，于是选择先下手为强，拟修改公司相关章程，已加固"防火墙"阻碍收购活动的进程，具体表现为提高收购门槛，预防"野蛮人"控制公司董事会，组织其参与公司管理；第二阶段，2016年9月14日阳光保险增持到触及举牌线，超过伊利股份董事长潘刚，9月19号，伊利公司发布公告宣布第一次的紧急停牌并向公众说明理由是资产重组或非公开发行股票有关重大事项的筹备，在十个交易日以内紧急停牌；第三阶段是伊利的反击时期。9月23日伊利公司宣布将持续停牌，于9月30日发布了关于本次定向增发计划的公告，10月14号，申请继续停牌。伊利集团在10月21日公布了5家公司定向增发计划，募集到90亿元人民币，其中46亿元人民币将购买中国圣牧37%的股份，这一股份将使伊利集团在中国圣牧集团拥有最大股份。10月22日，该公司宣布将于24日开始恢复股票交易。伊利股份在受到阳光保险的突然袭击后，做出了快速的反应，并紧急停牌，并且在停牌的过程中，积极地采取了一系列的措施来防范和应对恶意的收购。伊利股份在短短一个月内，就制订出了一套反收购计划，并成功实施。最终，伊利股份也成功地将阳光保险的股权稀释到了举牌线之下，避免了公司控制权被夺取的危险。

## 四、伊利反收购的动因

### （一）防止控制权被争夺

首先，伊利股份公司的股权结构十分分散，使得在二级市场上收购伊利的股份成本降低，再者，此时伊利品牌价值存在市值被低估的现象。此时，阳光保险在伊利企业已经入资1000万元成为阳光保险第二大投资项目，不难保证阳光保险后续会继续入资，成为第一大股东参与公司决策；同时会引诱其他"鲨鱼"闻到"血腥味"也会有增持的目的。

### （二）避免阳光保险入主会带来经营风险

企业一般是出于降低成本、增强品牌影响力等目的通过收购具有协同效应的企业来扩大规模。这是迅速实现对外发展的有效手段。而恶意收购通常不是为了提高标的公司的价值，相反是为了侵蚀标的公司的资产，一旦他们掌握了标的公司经营管理权，很可能会通过变卖资产等方式获得巨大的现金流然后投入短期获利等项目上获得暴利，然后退出，带来巨大的经营风险。

### （三）避免损害公司品牌价值

事件发生期间，伊利自身具有较高的品牌价值，是中国乳品行业的龙头企业，其价值得到了国际权威机构的认可和消费者的广泛信赖。2016年荷兰合作银行发布的"全球乳业20强"的名单显示，伊利的排名为全球第8强，可见其实力的强大。而阳光保险举牌的行为，将会带来负面影响，致使广大投资者对伊利的经营能力提出质疑，影响消费者对其产品的选择。为了维护公司自己的品牌价值，公司必须实时采取反收购措施来应对恶意收购，增加投资者的信心。

## 五、反收购策略及其效果

### （一）预防性反收购策略及效果

早在2014年伊利就发布了员工持股计划，该计划将30%的额外净收益作为股份计划的红利。伊利公司鼓励员工持有公司的股份，并设法让股票价值提升，使员工不会轻易地转手自己的股票，面对恶意收购时，可以增强企业自身的控制权。预防性策略还包括修改公司章程，增加限制性条款，阳光保险2016年7月持续增持最高持股4.91%，虽未触及举牌线，但伊利还是灵敏地意识到危机，在8月就召开股东大会，拟修改公司章程，相关章程的修改增加了收购的成本，例如未来如果被阳光保险收购完成，就无法在短时间内更换董事会成员参与公司经营，同时还涉及巨额的经济补偿。

从预防的效果来看，一是由于员工持股计划涉及员工持股比例过低，并没有在很大程度上解决控制权被争夺的威胁，二是修改公司章程的行为不符合法律的规范，最后没有实施，没有起到预期的效果。

### （二）主动型反收购策略及效果

1. 紧急停牌，采取拖延战术

尽管阳光保险在举牌以后多次发布声明，说后续不会再有增股的打算，但是回顾阳光保险 2015 年的同一天就同时举牌三家公司,可以预判此次举牌伊利是别有用心,面对阳光保险的突然袭击,伊利股票在五天内迅速宣布停牌,后续设法继续停牌,争取时间拖延对方增持的行为。

停牌策略,不仅阻止了阳光保险继续增持股票,还让公司的管理层能够在第一时间找到对策,避免自己的控制权受到威胁,这也给了伊利股份充分准备的时间,拖延了对方收购的进程。

2. 非公开发行股份引入"白衣骑士"

2016 年 10 月 22 日,伊利宣布了非公开发行股票方案,以 15.3 元每股的发行价格增发不超过 5.87 亿股,募集资金总额为 90 亿元。

该策略实施后,总股本由原来的 60.65 亿股增加到了 66.52 亿股。此时阳光保险的持股比例被稀释至 4.56%,以及通过相关条款的约束,保证了股权结构的稳定。此次募集的资金用于长期战略,收购了中国圣牧 37% 的股权,新建生产线、液态奶的改建项目等。这增加了伊利的供应端,优化了自身的产业结构,提高了伊利在市场的竞争力,大力抢占高端奶制品市场。但同时由于引入"白衣骑士"也为公司日后的控制权的稳定带来了隐患,应该针对此建立相应的预防机制。

3. 股票期权与限制性股票激励计划

伊利股份在被阳光保险举牌之后,宣布了股票期权和限制性股票激励计划,此次激励的对象是核心业务人员与核心技术人员,总计人数 294 名。授予权益总计 6000 万份,占总股本 0.99%。行权有效期为 4 年。

从实施效果来看,股权激励在保护企业高管和员工利益,留住人才提升公司竞争力的同时,也在一定程度上保护了公司控制权,可以增加企业被收购的成本,起到积极的应对效果。

## 六、启示

本文选择以伊利反收购阳光保险这一事件为研究对象,经过相关的文献调研和资料收集,对事件双方的主体进行了简单的介绍,对事件的发生进行梳理,剖析了伊利反收购的动因和其实施的反收购战略。本文认为上市公司在具有股权结构高度分散,品牌价值高且市值被低估的体征时容易被恶意收购。在抵御恶意收购时,迅速的意识有利于反收购措施的实施,多层次策略不仅有助于反收购的成功,也会有利于公司日后的经营管理。本文最后得出以下启示。

1. 优化股权结构,降低被并购的风险

回顾国内几次著名的"恶意收购"案例,均发现,被收购的最大原因就是股权高度分散，导致收购成本变低，信息严重不对称。因此为了避免被恶意收购，上市公司应该对股权结构进行合理的优化，在一定程度上需要提高股权的集中度，增加恶意收购的难度，预防对公司的控制权进行掠夺。

2. 反收购策略应符合制度环境

伊利股份在设置"驱鲨剂"时，曾因新修改公司章程与《中华人民共和国公司法》（以下简称《公司法》）、《中华人民共和国证券法》（以下简称《证券法》）相违背而遭证监会问询，如伊利股份将原《证券法》规定的5%举牌线私自降低至3%。虽然我国收购和反收购活动日益频繁，但目前反收购案例不足，相关体系不完善[5]，那么上市公司就缺少借鉴学习的材料，多数公司事前缺少被恶意收购的危机感，在其公司章程中并未设立反收购条款来预防"野蛮人"，当真正发现被敌意公司恶意收购时，往往过于慌乱，选择的方法违规，触及法律红线，不仅影响反收购措施的有效性，还会遭受经济损失。

3. 完善反收购管理制度及法律建设

正如前面所言，未来上市公司的收购和反收购活动会非常频繁，为了使资本市场健康发展，我国应该建立一部专门涵盖反收购规制的法规，这样在对资本市场的发生的反收购行为进行研究和判断时就有了科学的依据，长期下来，就会形成适合中国国情的反收购策略，上市公司在面对恶意收购时，就会适时地选择合法合规的措施来抵御"野蛮人"，及时地掌握主动权。

## 参考文献

[1] 李继霞，罗心眸. 我国上市公司反收购措施的合法性研究 [J]. 新经济，2024(5)：75-89.

[2] 田雪扬，肖可义. 我国上市公司反收购行为的法律规制 [J]. 长春师范大学学报，2023, 42(7)：37-42.

[3] 杨国莉，耿逸凡. 部分企业反收购策略利弊及运用分析 [J]. 商场现代化，2023(5)：22-24.

[4] 张秋实. 控制权争夺视角下上市公司反收购案例研究 [D]. 长沙：湖南大学，2022.

[5] 袁春生，牛世魁. 公司章程反收购条款设置、治理风险与审计费用 [J]. 审计与经济研究，2022, 37(2)：46-57.

# 四十九　医药企业财务造假案例研究
## ——以康美药业为例

隋心欣[①]　杨春[②]

**摘要**：医药公司的运营复杂性和监管导致财务欺诈行为频发，这对行业的健康发展构成了严重威胁。本文以康美药业财务造假案为例，分析医药企业中的财务造假的原因和行为，并提出相应的启示和对策。本文通过审查财务报表和财务指标，发现康美药业公司存在虚构收入、虚增资产和隐瞒负债等行为。本文进一步分析揭示了资金压力、内部控制缺失和外部审计不力是导致康美药业财务造假的主要原因。财务造假行为不仅侵害了投资者的合法权益，也破坏了市场的正常运作，同时对企业形象产生了不良影响。企业应加强内部控制与监管，增强企业社会意识，加快科技手段的应用来预防财务造假行为。

**关键词**：康美药业；财务造假；财务报表；监管

## 一、引言

随着资本市场的日益成熟，财务造假事件屡有发生，不仅损害了投资者的利益，也严重破坏了市场的公平性和公正性。康美药业在医药行业中占据着重要地位，因此，其财务造假案作为典型案例，为我们提供了深入剖析和反思的机会。该公司在2016年就存在虚报营业收入与成本等一系列财务造假行为，被曝光后，震惊了整个资本市场，严重影响了其信誉，也使各类投资者受到了严重的利益损失。本文将康美药业作为研究对象，分析其造假原因和动机，并提出相关解决方案及对策，来供有关行业借鉴。

---

① 隋心欣，会计硕士，研究方向：会计制度与会计实务。
② 杨春，讲师，研究方向：财务管理理论与实践。

## 二、文献综述

许多学者对财务舞弊的成因和财务造假的惩罚措施做了较多研究。陈雪松（2015）认为财务造假的原因分为主观原因和客观原因两类，主观原因多是故意弄虚作假，客观原因则分为以下几个方面：一是我国法律法规不够健全，社会监督不到位，执法环节薄弱；二是企业的审计人员职业素养低，在违法时，往往选择沉默，受公司高管约束，缺少独立性[1]。

王燕燕（2015）以香橼公司和浑水公司为研究对象分析了两者造假的共同特征，他们发现当一家公司存在以下迹象时，可能涉嫌财务造假：一是远高于同行业的毛利率，二是管理层的诚信值得怀疑[2]。

闫瑞凤（2017）提出五条应对财务造假的建议：第一，增加财务造假惩罚力度和成本；第二，会计制度的制定要符合法律规定；第三，能够建立完善的内控体系；第四，会计人员要培养诚信价值观；第五，增加监督管理投入[3]。

李虹（2018）对企业管理人员进行调查问卷时发现，在我国，公司管理者的学历越高，舞弊的可能性越大[4]。

## 三、康美药业财务造假案例介绍

康美药业成立于1997年，总部位于中国广东省，是一家集中药饮片、化学药品原料药及制剂的研发、生产和销售于一体的大型医药企业。康美药业在中药材的规范化种植、中药饮片的生产、中药材的贸易等领域具有较强的市场竞争力，是中国中药行业的龙头企业之一。

2018年，康美药业由于涉嫌在财务报告中作出虚假陈述，被中国证监会启动了立案调查程序。证监会调查结果显示，康美药业存在长期的财务造假行为，主要包括虚增收入与利润、虚增货币资金和固定资产、存在重大遗漏、没有按照规定进行关联交易披露。康美药业2016年虚增营业收入89.99亿元，到2017年攀升到100.32亿元，货币资金及营业利润也有不同程度的虚增。康美药业的财务造假行为持续时间长，涉及金额巨大，严重违反了资本市场的法律法规，损害了投资者的合法权益，破坏了市场秩序。中国证监会对此进行了深入调查，并对公司及相关责任人员进行了行政处罚，包括对公司罚款60万元人民币，对实际控制人罚款90万元人民币，并终身市场禁入。此外，康美药业还被强制实施退市风险警示。

康美药业的财务造假案例引起了社会各界的广泛关注，对提高上市公司财务透明度、加强监管力度、保护投资者权益等方面提出了更高的要求。这一事件也成为中国资本市场加强法治建设、提高上市公司质量的一个重要契机。

表 49-1 2016—2018 年康美药业财务数据披露情况　　　　单位：亿元

|  | 2016 年度 | 2017 年度 | 2018 年度 |
| --- | --- | --- | --- |
| 营业收入 | 89.99 | 100.32 | 16.13 |
| 利息收入 | 1.51 | 2.28 | — |
| 营业利润 | 6.56 | 12.51 | 1.65 |
| 货币资金 | 225.48 | 299.44 | — |
| 固定资产 | — | — | 11.89 |
| 在建工程 | — | — | 4.01 |
| 投资性房地产 | — | — | 20.15 |

资料来源：证监会官网

## 四、康美药业财务造假的手段及原因分析

### （一）康美药业财务造假的手段

1. 虚增营业收入、营业利润与营业成本

康美药业通过编造虚假的交易记录，与无实质业务往来的公司合作开具伪造发票，并与关联方进行非真实的交易，以此提高交易价格或捏造交易，进而虚增收入。康美药业还被指控提前确认收入，即在商品或服务交付前，提前开具销售发票，或在客户未接受商品或服务前就确认收入。在 2018 年之前，公司的营业成本、营业收入、现金流入等方面均出现账实不符的现象。公司因为前期会计数据差错，修改了多处主要财务数据，其中包括营业成本多计 76.62 亿元，营业收入多计 8.9 亿元等。

2. 虚增资产

康美药业通过虚构工程项目、提前确认固定资产等方式虚增资产。康美药业采取虚构工程项目的手段，从而夸大了其在建工程和固定资产的账面价值。此外，公司还通过提前确认固定资产，将尚未完成的工程提前计入固定资产，以此来虚增资产价值。

3. 虚增陈述

康美药业在公告和年报中对公司的财务状况和业务进展做出了虚假陈述，误导了投资者和市场。康美药业夸大其业务规模和盈利能力，以此来吸引投资者和

提升股价。

### (二)康美药业财务造假的原因

康美药业财务造假案的发生并非偶然,其背后存在着深层次的原因。

**1. 内部控制缺失**

从企业内部治理的视角来看,康美药业面临着显著的内部控制不足,缺乏有效的监察和平衡体系以预防和揭露财务不实行为。公司高层管理人员为了追求更高的利润或掩盖经营不善的问题,采取了财务造假的手段。由于内部监控体系的缺失,公司未能适时发现并改正这些违法行为。

**2. 资金压力**

康美药业在急速扩张的道路上,面临着资金链的严峻挑战。为了维持公司表面的繁荣和满足资本市场预期,公司采取了虚构收入和资产的方式来缓解资金压力。

**3. 外部审计不力**

作为对上市公司财务报告进行审核的第三方机构,外部审计师事务所未能有效履行其审计职责,未能发现康美药业的财务造假行为,这也暴露出审计质量的不足。

## 五、康美药业财务造假的后果与影响

康美药业财务造假事件的曝光,无疑对公司、投资者、市场、监管机构和整个社会产生了深远的影响。这一事件不仅严重损害了康美药业的品牌形象,导致消费者和投资者对其的信任度大幅下降,更在资本市场引发了广泛关注和深度反思。首先,公司声誉遭受重创,品牌价值大幅缩水,这对于一个以信誉和质量为核心竞争力的医药企业来说是致命的。其次,许多投资者因此遭受了巨大的经济损失,特别是那些在造假期间买入公司股票的投资者。此外,财务造假事件削弱了投资者对中国资本市场的信心,尤其是对于那些依赖财务报告做出投资决策的投资者来说,这种信任的缺失可能导致他们对于整个市场的投资变得更加谨慎。同时,事件促使中国证监会等监管机构加强了对上市公司财务报告的审查,强化了法律法规的执行力度,提高了对财务造假的处罚力度。总之,康美药业的财务造假事件是一个典型的案例,展示了财务不端行为对企业和市场的破坏性,并促使各方采取措施来提高财务报告的准确性和透明度,保护投资者的合法权益。

## 六、防范和打击财务造假的对策与建议

康美药业财务造假案例揭示了企业治理、监管制度以及市场环境等方面存在的严重问题。为了遏制和打击资本市场中的财务造假现象，我们提出了以下一系列对策和建议。

1. 加强企业内部治理

在经济持续增长的背景下，企业作为市场经济的核心力量，其重要性越发显著。企业管理层的专业能力和道德标准对企业的成长和持续性健康发展起着决定性作用，因此，企业必须重视提升内部高管的职业素养和道德水准。管理层的综合素质不仅受个人经历和教育背景的影响，还取决于企业内部的控制系统。康美药业的财务操纵行为揭示了其管理层专业能力的不足和对法律的忽视，以及内部控制制度的严重缺陷。为了改善这一状况，公司在追求发展的同时，也需要加强内部文化、制度和人员素质的建设。建立完善的信用制度，规范管理流程，制定合适的绩效评估体系，并确保监事会充分发挥作用，这样有助于企业更快更好地实现经营目标，最大化企业价值。

2. 提高审计独立性，保证审计质量

注册会计师的核心职责是持续保持专业的怀疑精神，在遵循职业道德和保持审计独立性的基础上，依照审计准则收集充分的审计证据，并在此基础上客观地形成合理的审计意见。正中珠江会计师事务所在对康美药业进行多年审计的过程中，未能揭露该公司存在的会计信息问题，其审计程序存在明显的缺陷。这表明正中珠江未能完全履行其应尽的职责，有人甚至推测该事务所可能已经丧失了审计独立性。为了确保审计工作的质量，会计师事务所不应仅依赖过往审计经验和既有审计程序，特别是在审计长期客户时。会计师事务所应当吸取历史经验教训，同时重视注册会计师的经验和专业知识的持续发展，不断完善对企业的监督流程，强化责任制度。审计工作应将经验与创新结合，以此确保审计报告的准确性和可靠性。

3. 提高会计人员素质

会计人员的职业素养对于企业财务数据的准确性和对外公布的会计信息的可靠性具有直接的影响。如果会计人员的职业素养不达标，可能会导致会计错误，甚至在极端情况下引发会计信息造假的行为。因此，会计人员必须秉持持续学习的态度，与时俱进，提升自己的专业技能和综合操作能力。同时，企业也应重视会计人员的职业素养，通过严格筛选，选拔出合格的会计人才，并在员工入职后定期进行培训和考核，以增强会计人员的操作熟练度、精确度以及辨别数据真伪的能力，从而全面提升企业内部会计工作人员的整体素质。

## 七、结论

通过对康美药业财务造假案例的深入分析，我们可以看到企业财务造假行为的严重性和危害性。康美药业财务造假事件不仅损害了投资者的利益，也严重破坏了市场的公平和公正，对整个社会的信任体系造成了严重冲击。为了防范和打击企业财务造假行为，我们需要从多个方面入手，共同努力，维护市场的公平和公正，保护投资者的利益，促进企业的健康发展。

## 参考文献

[1] 陈雪松. 会计信息失真原因及对策探析 [J]. 现代商贸工业, 2015(29): 97.

[2] 王燕燕. 独立董事背景与会计信息质量相关性研究综述 [J]. 广西质量监督导报, 2015(8): 45-46.

[3] 闫瑞凤. 信息化环境下行政事业单位会计内部控制和监督 [J]. 财经界, 2017(9): 193.

[4] 李虹. 试论企业强化会计管理工作的有益探索 [J]. 现代商业, 2018(24): 176-177.

# 五十 机械工业出版社业财融合问题研究

卫杰龙[①] 李治堂[②]

**摘要**：在大数据时代背景的冲击下，业财融合作为数据赋能企业经营发展的新动力，成为当前财务管理的新趋势，是企业价值创造的重要途径。本文聚焦机械工业出版社（以下简称机工社）业财融合问题，通过调查分析机工社在业财融合方面的具体实践，分析其业财融合取得的成效，探索其存在的问题，并结合实际提出相关对策建议。

**关键词**：机械工业出版社；业财融合；问题与对策

## 一、引言

随着经济全球化的步伐不断加快，市场竞争日益激烈。出版业正处于一个全新的转折点，面临着众多挑战与机遇。业财融合作为一种新兴的管理模式，将业务和财务紧密结合起来，旨在通过优化资源配置来提升企业的经济效益和市场竞争力。业财融合不仅仅是理论上的融合，更是一种实际操作的策略，它要求企业在日常经营管理中充分利用财务数据进行决策，同时关注企业的经济活动和盈利能力。此外，业财融合强调风险评估与管理，以确保企业能够有效应对各种市场变动，保持稳健的财务状况，从而增强企业核心竞争力并实现可持续发展。

当今，出版业市场化改革和数字化转型也对业财融合提出了新的要求。而机械工业出版社作为国内出版领域的佼佼者，在业财融合实践方面积累了宝贵的经验。本文以机械工业出版社业财融合为研究对象，研究机械工业出版社推动业财融合的举措、成效，分析其在业财融合过程中存在的问题，并提出相应的对策，为其他出版企业开展业财融合提供借鉴和启示。

---

① 卫杰龙，会计专硕 研究方向：公司财务管理。
② 李治堂，北京印刷学院教师 研究方向：公司财务管理。

## 二、文献综述

关于业财融合，近年来国内学者从不同的方面进行了研究。田高良（2021）[1]认为业财融合主要体现在四个方面，即合作关系、合作与制衡、融合价值链和信息一体化，并提出业财融合应以战略为首要目标，通过流程牵引，将企业业务流、信息流、资金流等数据流充分共享，再经对数据的专业系统性分析，为业务决策提供有效的支撑。蒋盛煌（2022）[2]通过整合相关研究，将业财融合从实现目标的角度分类为信息融合论、组织融合论和价值融合论3种，并最终实现企业战略目标。缪启军（2024）[3]指出，业财融合应该是财务与业务和谐共生的一种状态，二者并无侧重。并且在业财融合的背景下，企业内部的财务数据和业务流程都应相互间透明串联，挖掘数据背后的价值，从而为业务决策创造条件。

此外，有关出版领域的业财融合措施，学者们也发表了自己的观点。张默（2023）[4]指出出版企业基于业财融合的信息化建设将成为发展新方向，并通过案例分析肯定了业财融合信息化建设在实现企业内部信息共享、强化风险管控以及提高运营管理效率和效果方面的作用。王一彤（2021）[5]认为，在传统纸媒受当下环境影响极大的情况下，出版企业迫切需要业财融合这样的新型管理模式，将财务与业务工作相融合的同时，通过综合分析以便能更好地解决成本效益问题。张聃（2021）[6]认为在新技术的冲击下，出版企业需要业财融合来适应外部环境的不断变化，通过将区块链、大数据、人工智能等融入财务工作当中，促进业务、财务与新技术的有机结合，实现出版企业管理模式的更新。

从以上研究成果来看，虽然学者对于业财融合在企业中如何应用有着多重视角的丰富研究，但仍缺乏对真实的案例进行分析。本文基于案例研究视角，认为业财融合将涉及多个方面的协同工作，包括战略规划、日常运营、风险管理、决策支持等。尤其对于出版业来讲，旨在通过优化资源配置、提高运营效率、加强风险控制，从而提升企业的整体竞争力，实现经济和社会效益双丰收。

## 三、机械工业出版社业财融合实践分析

机械工业出版社成立于1950年，是建国后国家设立的第一家科技出版社，前身为科学技术出版社，1952年更名为机械工业出版社。机工社立足机械行业，坚持服务党和国家工作大局，服务工程科技发展和工业化建设。其坚持前沿发展理念，通过业财融合发展道路，在经营规模、产品结构、品牌影响等方面均取得了较快发展和显著进步。

## （一）机械工业出版社业财融合措施

**1. 数字化转型与创新**

随着"十三五"规划的圆满结束，机械工业出版社积极响应数字化时代的号召，大力推进出版业务的数字化转型。该出版社不仅在电子书、在线阅读等领域取得了显著成绩，还通过引入先进的数据分析技术，对读者行为进行深入挖掘，为内容创新和个性化推荐提供了有力支持。

机械工业出版社在"十四五"规划中，针对业财融合方面也有着具体的措施，例如在分销产业方面，机工社秉承稳固挺拔主业、寻求增量发展，确保规模效益同步增长的发展目标，强化数字化引领。为了更好地服务于客户和提升运营效率，机工社致力于深化公司旗下的"百云书房"以及其他线上馆配采选平台，通过短视频推荐等创新形式，使之成为用户喜爱的阅读空间。同时，公司也在不懈完善业务管理系统，确保"晴川"系统能够与财务系统紧密对接，从而实现信息的无缝传递与管理。

**2. 供应链优化与协同**

机械工业出版社注重供应链的优化和协同。其为提高供应链的稳定与服务品质，构建了完整的闭环管理系统。建立和完善整个流程的各个环节的操作规范和业务过程节点，使信息流、物流、资金流有机结合，提高各个节点的信息采集能力。同时，机工社进一步深化了业务与财务的融合。通过这种创新的财务管理模式，显著提升了与供应商之间的协同效应，确保了供应链中资金流转的速度和效率得以大幅提升。这种做法不仅降低了成本，而且也增强了整个供应链对风险的共同承担能力。

**3. 绩效管理与激励机制**

机械工业出版社实施了科学的绩效管理体系，将员工的个人绩效与团队绩效紧密结合。基于相关财务数据，机工社通过设立明确的绩效考核标准和激励机制，激发了员工的工作积极性和创造力。同时，机工社还注重员工的职业发展，并打造优质相关线上财务课程培训，使全社员工对财务数据形成一定认知，为全社响应业财融合理念发展奠定坚实基础，最终实现出版企业自身的高质量发展。

## （二）机械工业出版社业财融合成效

通过业财融合的实践，机械工业出版社取得了显著的成效：

经济效益方面，经过长期的业财融合探索，机械工业出版社取得了多项成效。首先，成本效益得到显著提升。通过优化资源配置，提高运营效率，出版单位能够有效降低成本，增加收入。其次，收入结构也得到了优化。公司不仅拓展了销售渠道，还加强了对线上业务的投入，提高了利润率。此外，通过整合营销资源，出版社也增加了利润来源。最后，内部管理效率得到提高，进而降低了运营成本。

社会效益方面，经历业财融合深度建设，通过了解针对财务数据的分析，得到及时性的财务指标，通过这些财务指标，决策层可以在资源有限的情况下调整产品结构、强化内容质量控制和品牌建设。在此基础上，机械工业出版社出版了大量优质内容，如《机械原理》等畅销书，并积极履行社会责任，把握自身优势，响应国家号召，出版科技领域的专业图书。这些举措极大地提升了企业的社会形象和影响力。同时，通过建立完善的社会责任管理体系，机工社也确保了社会责任工作的全面落实，实现企业自身的可持续发展。

## 四、机械工业出版社的业财融合问题与对策分析

### （一）机械工业出版社业财融合问题

1. 数字化转型不均衡

在当前的经济形势下，机工社对于数字化转型的认识仍旧处于初步阶段，这种认识的局限性反映在多个层面。首先，机工社内部不同产业之间、部门与部门之间的数字化转型进展不平衡，缺乏一种均衡发展的态势。具体表现为，一些部门和产业对新技术的接受程度较高，而另一些则相对滞后，导致全社的数字化进程参差不齐。

此外，资源的数字化水平较低，从业财融合视角看，这不仅意味着相关数据资源的利用率不高，而且也缺乏有效的管理和利用。数据分散在各个角落，没有形成一个统一的体系，这大大降低了信息的流通效率和应用价值。

2. 产业链协同不充分

当前，机工社在各个产业内部及各产业之间的协同发展仍面临着一些问题。这种问题主要源于资源配置的不均衡、行业标准的参差以及专业知识的多样性。产业间的合作与整合变得尤为困难，而产业内的竞争态势则相对明显，各自为战的现象屡见不鲜。在业务运营、客户服务、产品开发乃至管理流程等多个层面上，存在着阻碍公司整体协作和效率提升的路径障碍。这些障碍不仅延缓了业财融合战略的推进速度，也影响了企业长远发展的潜力。

3. 专业人才储备缺乏活力

机工社在业财融合过程中虽然拥有丰富的内容资源、作者资源等优势，但在业财融合方面仍缺乏专业人才，这需要员工具备扎实的财务、会计、审计等专业

知识、了解业务运营的基本规律和市场动态，并且能够与不同部门的同事有效沟通，协调各方资源，确保业务和财务的顺畅运作。在这样的条件下，机工社要想坚持发展业财融合道路，现有的人才培养的引进计划还需进行改进和完善。

### （二）机械工业出版社业财融合对策

#### 1. 加强数字化转型

随着信息技术的不断发展，新的出版技术层出不穷。机械工业出版社需要不断跟踪最新的技术趋势，以保持其在数字化出版领域的领先地位。同时，在数字化转型过程中，数据的安全和隐私保护成为了一个重要的问题。机工社需要确保其收集和使用的用户数据得到妥善保护，避免数据泄露或被滥用。这不仅需要加强技术防护措施，还需要建立完善的数据管理政策和流程。

#### 2. 完善供应链协同

在供应链管理中，如何有效地管理供应商是一个关键问题。机械工业出版社需要与供应商建立良好的合作关系，确保原材料的稳定供应和质量控制。然而，由于市场竞争和价格压力，供应商可能会出现供货不稳定或质量下降的情况，这给企业的生产和运营带来了风险。

在业财融合视角下，如何有效地控制成本也是一个重要的问题。机械工业出版社需要与供应商协商共同针对相关财务数据，分析合理价格，同时优化采购策略和库存管理，以降低运营成本。

#### 3. 建立财务共享服务中心

建立财务共享服务中心需要整合不同部门的财务系统和流程，以实现数据的统一和标准化。然而，由于历史原因和部门间的差异，这可能是一个复杂和困难的过程。这需要克服系统兼容性、数据格式等方面的障碍，以确保系统的顺利运行。同时，财务共享服务中心的建立需要专业的财务人员来支持。机工社目前缺乏一定的财务人员培训和转岗制度，这些都是为适应新的业财融合工作模式而可以采取的有效措施。当然，还需要考虑投入大量的时间和资源，以及并非所有的财务人员都愿意接受新的工作模式等方面。

#### 4. 培养组织文化、创新组织结构

在推动业财融合的过程中，企业必须彻底转变其传统的组织文化，以及适应新的工作模式。这种变革往往会引发员工们的抵抗情绪和对新环境的不适反应，因为他们可能会担心失去熟悉的工作节奏或被边缘化。同时，为了适应业财融合的需要，机工社也可能需要对现有的组织结构进行调整，这些调整包括但不限于部门之间的合并，职责和功能分配上的重新定位，以及对组织架构进行战略性的优化，等等。

## 五、结论与启示

在当前的出版行业中，业财融合的概念正逐渐被广泛接受和实践。本文通过深入探讨机械工业出版社的业财融合措施，以及存在的相关问题分析，揭示出业财融合不仅能提高企业的管理效率，还有助于应对激烈的市场竞争和读者多样化的需求。

未来，面对市场的快速变化和读者需求的日益增长，出版企业必须不断地探索和深化业财融合的实践，创新管理模式，从而更好地适应这一时代的挑战。

首先，积极拥抱数字化时代是至关重要的。利用云计算、大数据和人工智能等先进的技术手段，将财务和具体业务进行深度融合，不仅可以推动业务流程的创新与变革，还能有效地提升工作效率和资源利用率。其次，构建高效的供应链管理系统对于出版企业来说同样关键。通过与供应商建立紧密的合作关系，加强沟通与协作，建立财务共享平台，不断优化供应链条，能够实现信息共享和资源的最大化利用。最后，业财融合不仅为出版企业提供了一种管理和财务整合的手段，而且还为其构建了一个坚实的绩效管理框架。一个完善的绩效评价体系能够激发每个员工的潜能，让他们对自己的工作成果感到自豪，同时也可以增强团队合作精神，从而为企业带来更高的经济效益和社会效益。总而言之，出版企业可以通过业财融合实现业务增长与财务健康的双赢局面，推动产业向着更加繁荣和可持续发展的方向迈进。

## 参考文献

[1] 田高良.大数据背景下业财融合的内在机理探讨[J].会计之友,2021(13): 16-21.

[2] 蒋盛煌.基于财务共享的业财深度融合探究[J].会计之友,2022(1): 2-9.

[3] 缪启军.业财融合：为企业高质量发展注入新动能[J].财务管理研究,2024(5): 1

[4] 张默.出版企业基于业财融合的信息化建设案例研究[J].财会学习,2023(1): 155-157.

[5] 王一彤.国有出版企业业财融合问题研究[J].商业故事.2021(23): 16-17.

[6] 张聃.智能化背景下出版企业业财融合管理体系构建思考[J].2021(12):34-36

[7] 机工社"十四五"发展规划纲要.(2023)

# 附　录

审计风险研究——以普华永道审计恒大为例　孙文宇　刘硕
云南白药集团股份有限公司营运风险管理研究　索振宇　李治堂　周依群
张氏财务分析框架下的海尔智家发展路径探究　王光兴　胥力伟
财务体系助力企业创新发展研究——以华为为例　王洁　胥力伟
比亚迪公司内控优化分析　王蓉　谢巍
罗欣药业公司财务风险管理研究　王树正　陈亮亮
海天味业财务状况质量与竞争力分析　王莹　何志勇
乳品上市公司财务风险分析——以天润乳业为例　王昱颖　华宇虹
哈佛分析框架下阅文集团并购新丽财务绩效研究　王月阳　刘益
"新零售"模式下互联网企业审计风险分析——以 X 企业为例　王子璇　罗荣华
云南白药集团股份有限公司财务报表分析　苏乐萱　陈鹤杰
超市零售企业的审计风险及应对策略——以永辉超市为例　修兴洪　彭文伟
掌阅科技数智化发展模式研究　闫紫洋　佟东

**上述文章因篇幅有限，其内容已制作电子文件，请通过二维码扫描查询。**